격물치지학, 성리학을 해체하다

격물치지학,
성리학을 해체하다

박정심 지음

심산

● 글쓴이의 말

공부의 시작은 無知한 호기심이었다. '지금의 나는 누구이며 어떻게 생겨났는가?' 이것이 학문적 문제의식이 되고서 참 오랫동안 고민하였고, '근대'는 나와 같은 한국인이 생긴 지점이라는 차원에서 연구의 시발점이 되었다. 대개 한국철학 연구가 조선 유학에 집중되었던 탓에 선행 연구가 적었다. 한국 근대를 유럽중심주의와 식민주의적 관점에서 벗어나 주체적 관점에서 다시 본 것이 『한국근대사상사』였으니, 부족하지만 나에게는 연구의 총론에 해당하였다. 이후 연달아 한국 근대사상가 가운데 주목할만한 가치가 있다고 판단한 박은식과 신채호 사상에 관한 책을 출판하였다.

근대 이후 한국에서는 서양철학의 학문적 범주와 개념을 중심으로 철학적 사유를 하게 되었다. 가장 핵심적인 주제어는 주체와 객체가 아닐까 싶다. 이 개념과 일치하지는 않지만, 전근대와 근대, 그리고 지금을 관통하는 철학적 주제어이면서 새롭게 물어야 할 논제로서 격물치지학에 주목하였다. 근대는 번역어의 시대였다. 전근대의 유학적 사유와 개념은 더 이상 세상을 해명하는 기제가 될 수 없었으니, 새로운 서구적 근대를 수용하고 번역하는 일이 상대적으로 더 중요해졌다. 일본의 사상가 마루야마 마사오는 번역이 근대일본을 가능하게 했다고 할 정도로, 비서구지역의 근대는 서양을 번역하는 것과 긴밀한 관계가 있다. 번역한다는 것은 번역할 대상이 선행하지만, 또 번역할 수 있는 자신의 언어가 있어야 가능한데, 여의치 않을 경우에는 낯선 대상을 담을 용어를 새롭게 만들기도 했다. 번역은 단순한 전달 수단에 그치지 않았다. 근대 번역은 이질적인 사유의 갈마듦을 가능케 하는 문명적 전환의 전령사였다. 서구 근대의 번역을 통해 새로운 사유 방식과 학문 체계, 그리고 문명을 수용하였다.

근대 격물치지와 격물치지학은 그 격변을 고스란히 담고 있다. 근대는 조선왕조의 성리학에서 근대의 서구 문명으로 사유와 학문, 그리고 삶의 양식 전반에 걸쳐 획기적인 변화가 일어났다. 그 긴 여정을 따라가 보면, 전근대적 사유와 세계 인식이 근대라는 프리즘을 지나면서 어떻게 변질되었으며, 지금 우리가 가지고 있는 사유가 어떻게 생성되었는지를 알아차릴 수 있다. 그리고 새로운 시대를 읽어내려는 근대 지식인의 고뇌도 엿볼 수 있다.

처음 이 글을 쓰기 시작했을 때는 격물치지란 주제어를 중심으로 성리학에서 근대까지 세계와 사물에 대한 인식 변화를 체계적으로 분석하는 것에 중점을 두었다. 격물치지에 관한 사상사적 검토를 통해 전근대와 근대, 그리고 근대 넘어서기를 시도하였는데, 그렇다면 이런 연구 주제가 '지금 나의 삶과 어떻게 연관되어 있는가?'란 질문으로 자연스럽게 연계되었다. 연구 내용을 오늘날의 관점에서 간략히 정리하는 수준에서 마무리해서는 안 된다고 생각했다. 인류세시대의 격물치지 재성찰로 확장된 V장의 3절은 이런 물음에 대한 나름의 고민이다. 이것은 한국 유학이 하나의 역사적 전통으로서 훈고학적 연구 대상에 그치지 않고 오늘날의 철학으로서 자리매김할 수 있어야 한다는 평소의 생각이 반영된 것이기도 하다.

지금 나는 지난 백 년의 역사를 되짚으며 다시 근대를 어떻게 읽을 것인가를 고민한다. 전근대와 근대를 지나 새로운 시대인 인류세를 살아가고 있는 지금. 다시금 직면한 커다란 질문은 "우리는 그들처럼 되기 이외의 길은 없었는가, 그래서 우리는 잘살고 있는가?" 이다. 무엇이 문제인지 알기 위해서는 걸어온 길을 되돌아보고, 낡아 쓸모없다고 여겼던 것조차 다시 살필 필요도 있다. 이러한 철학적 작업은 유학을 옹립하거나 한국 근대사상을 정립하는 연구사적 검토에 그치지 않아야 한다고 생각한다. 철학적 성찰이란 체계적이고 분석적인 앎을 통해 지금 여기 나의 삶을 비판할 수 있어야 하고, 삶에 대한 통찰이 앎을 반추하는 것이다. 근대 한국 사상에 관한 연구가 다양한 '삶들' 의 다리가 되어, 우리가 어떻게 사는 것이 좋은지 함께 고민하는 장이 되기를 희망한다. 그리고 나의 작은 연구가 다른 연구자들과 만나 하나의 담론을 만들고 그것이 세상을 달리 보는 시선이 되고 나아가 더 좋은 삶을 지향할 수 있기를 염원한다.

하지만 나의 한계를 절감한다. 이론적으로 한국 유학을 인류세시대의 철학이란 관점에서 성찰하지만, 그것이 실제적인 실천력을 담보할 수 있는가에 대해서는 자신이 없다. 더욱이 나의 삶은 늘 나무를 베는 작업이었지 탄소배출을 줄이는 데 일조한 적이 없다. 나는 흔적을 덜 남기고 탄소발자국을 줄이고자 노력한다. 그런 맥락에서 내 연구가 쓸데없이 귀중한 나무를 베는 헛된 일은 아닌가 되묻는다. 삶은 언제나 생경하고, 늘 머뭇거리게 한다.

目次

I. 문명 간의 충돌과 성리학의 공고화

1. 격물치지에 대한 되물음

1) 근대적 격변과 삶

철학적 사유는 역사적 시공간을 반영한다. 그래서 '지금 여기'의 실제적 삶에서 일어나고 있는 사태와 그 맥락을 체계적으로 이해하고자 하며, 그 관계망에 있는 자신을 해명하려고 한다. 인간은 삶의 맥락에 대한 비판적 성찰을 통해 자기 이해를 새롭게 하기도 하지만, 한편으로 '지금 여기'란 삶의 관계망이 달라지면 삶이 자연히 변하고 이에 따라 인간 이해 역시 변화하기도 한다. 이는 인간이 주어진 환경에 수동적으로 반응한다기보다는, 삶의 여러 조건을 판단하고 대처하는 과정에서 변화한다는 뜻이다. 근대는 보편적 문명이 전환되었을 뿐만 아니라 삶의 양식 전반에 걸쳐 격변이 일어났다. 그래서 전근대와 근대 이후 우리의 삶은 동질적인 측면보다 이질적인 측면이 훨씬 많다.

철학적으로는 성리학적 세계관이 해체되고 과학기술적 문명이 삶의 준거로 자리잡은 것이 가장 큰 변화였다. 근대적 시공간은 성리학이 기반을 둔 장場과 공존할 수 없었다. 과학과 기술의 발전은 지게와 마차로는 구현할 수 없는 시간과 공간을 제공하였다. 또 기차와 철도로 표상되는 근대적 시공간은 천원지방天圓地方의 천하에서 벗어나 오대양 육대주라는 지구적 세계로 우리를 데려다 놓았다. 그리고 근대적 일상을 생성하고, 근대적 사유를 탄생시켰다. 성리학은 모든 존재자가 리理와 기氣로 이루어져 있다고 여겼지만, 근대적 일상은 더 이상 리기란 개념으로 해명할 수 없는 새로운 세계였다. 근대적 인간 역시 리기론으로는 온전히 해명할 수 없었을 뿐만 아니라 근대적 삶을 언표할 새로운 개념이 필요하였다.

언어는 철학적 사유를 담는 시대적 그릇이다. 언어가 담고 있는 의미를 넘어서서 사유를 전개한다는 것은 불가능하다. 근대적 개념어는 근대적 시공간에서 생성된 삶을 사유하고 체계화하는 도구였다. 근대 한국의 철학적 사유는 근대적 개념어의 탄생과 궤를 같이하였으니, 개념어의 탄생은 곧 근대 철학의 생성으로 이어졌다. 근대 철학의 탄생에 지대한 영향을 미친 것은 서구 근대문명이었다. 그런데 한국 근대는 서구 근대와는 매우 이질적인 사상적 토대와 역사적 경험을 갖고 있었기 때문에, 서구적 근대는 일차적으로 '번역' 되어야 했다. 성리학적 세계관을 담고 있던 언어는 그 의미망이 해체되거나 변용되었고, '격물치지' 는 그러한 근대적 격변을 담아내는 핵심적인 개념어였다.

주자는 『예기』의 한 편이었던 『대학』과 『중용』을 독립시켜 『논어』 『맹자』와 함께 사서체계四書體系를 정립하고, 사서를 중심으로 유학사상을 전개하였다. 특히 『대학』의 격물치지에는 망실된 부분이 있다고 판단하여 보망장補亡章을 썼으니, 『대학』 보망장은 주자 학설을 이해하는 추뉴樞紐라고 할 수 있다. 실제로 격물치지는 성리학적 사유체계의 기축基軸이었다. 그런데 아이러니하게도 근대 격물치지학은 이러한 성리학을 해체하는 핵심 역할을 하였다. 성리학적인 격물치지와 근대 격물치지학의 계승과 단절을 재성찰하면, 그 간극이 드러나고 지금 우리가 직면하고 있는 철학적 문제에도 닿게 된다.

근대 이후 인류의 삶은 과학기술을 제외하고 말하기 어려울 만큼 그 영향력이 대단하며, 과학기술은 삶의 변화를 주도해 나가는 지위를 점유하고 있다. 근대과학은 서양에서 유입되었다. 과학의 초기 번역어였던 격물치지학은 성리학의 핵심인 격물치지와 근대문명성의 핵심인 과학기술주의의 간극을 극명하게 보여주는 근대적 개념어였으니, 그것은 성리학의 해체와 근대적 인간과 세계의 탄생이란 근대 역사를 고스란히 담고 있었다. 전근대적 삶이 해체되고 근대적 삶의 양식이 자리잡던 시기의 혼란과 격변 과정이 번역어로서의 격물치지학에 반영되었다. 격물치지학은 리기심성론으로 해명되지 않은 세계와 근대적 인간 주체에 관한 철학적 담론의 중심에 있었다. 한편 '격물치지'는 근대적 격변과 위기에 대응하는 사유의 지형을 보여줄 뿐만 아니라, 지금 다시 그것을 어떻게 통찰할 것인가에 대한 문제를 제기하고 있다는 측면에서 전근대와 근대 그리고 현재를 함축적으로 관통하는 철학적 주제어이기도 하다.

2) 도덕문명과 과학문명의 충돌

근대에 이르러 오대양 육대주를 아우르는 세계 역사가 시작되었지만, 유럽사가 곧 세계사인 것처럼 오인했던 것에서도 볼 수 있듯이, 근대 이래 서구문명은 세계적 보편 이념으로 간주되었다. 개항 이후 한국사는 서구 근대문명의 모방 혹은 번역의 역사처럼 치부되었다. 이러한 근대적 패러다임을 가능하게 한 것이 바로 과학기술의 발전이었다. 과학기술의 발달은 유럽의 문명적 우월성을 입증하는 중요한 기제로 작동하였고, 비서구를 문명적으로 열등하고 야만인 상태로 규정하는 것을 정당화하였다.

서구 근대문명이 과학기술의 발달에 기대어 있다는 것은 매우 중요한 함의를 가진다. 과학기술의 발달을 통해 인간은 자연의 지배자요 소유주가 될 수 있었기 때문이다. 과학과 기술을 소유한 인간은 지구의 주인이라는 의미에서 신적인 존재가 되었고, 삶을 이해하는 데 더 이상 신의 권위를 빌리거나 신화적 이해에 기댈 필요가 없게 되었다. 그런 측면에서 서양 근대인에게 과학과 기술은 신적인 것이었다. 인간에게 자연이란 실험 관찰로 수학적으로 명료하게 파악되고 더 나아가 기술에 의하여 조작되어 삶을 편리하게 하는 자원으로 존재한다. 기술적으로 파악되고 통제받는 자연, 다시 말해서 인간의 기술과 손을 거쳐 강제로 자연적 상태에서 벗어났을 때, 비로소 근대적 자연이 되는 것이다. 이러한 자연에 대한 과학적 탐구는 인간의 삶을 편리하게 하고 또 진보하게 하는 추동력을 갖는다. 따라서 역사적 진보 또한 자연에 대한 기술적 개입을 통해 이룩해야 할 과제가 되었다. 이것이 곧 우월하다고 간주되었던 유럽 근대문명의 핵심이었다.

데카르트 철학은 이분법적 사유의 전형으로서, 근대문명의 사상적 토대가 되었다. 즉 서구 근대적 사유 방식은 자연에 대한 객관적 과학적 인식과 밀접한 관련하에서 발생하였으며, 인식 대상으로서의 자연과 인식 주체로서의 인간으로 구성되었다. 인간은 연장하는 물질로서의 육체와 사유하는 정신으로 이분화된 존재였다. 자원화된 자연을 인식 대상으로 하는 인간 역시, 연장하는 물질로서의 육체를 가진 존재였고, 이 또한 과학적 탐구의 대상이었다. 인간과 자연뿐만 아니라, 존재하는 모든 것은 이분화되었다. 세계적 차원에서는 이성과 비이성, 주체와 타자, 문명과 야만 그리고 제국과 식민이라는 근대적 위계질서가 갖추어졌다.

성리학적 사유는 이분법적 사유체계와는 전혀 다르다. 모든 존재자에게 천리가 내재하여 있으며, 특히 사람은 존천리存天理 알인욕閼人欲을 통해 사람다운 사람 되기〔仁〕를 마땅히 지향해야 한다고 여겼다. 이질적이고 낯선, 그리고 강력하기까지 한 타자와 마주쳤을 때, 척사론처럼 자기 방어적 기제를 구축하는 것은 자연스러운 현상이라고 하겠다. 그런데 이질적인 문명 간 충돌은 기존의 문명을 퇴색시키기도 하지만, 새로운 문명을 창조하기도 한다. 기존의 문화적 전통 안에서 이질적인 문화를 이해할 수 있는 요소를 찾기도 하고, 또 이질적인 부분을 확인함으로써 서로 다름을 발견하기도 한다. 낯선 요소는 기존 문화 안에서 낯선 요소를 이해할 수 있는 용어와 내용을 찾아낼 것을 요구한다. 격물치지학이 그 대표적 경우에 해당하였다. 그러나 이것은 단순히 낯선 요소를 격의格義하는 단계에 그치지 않고, 사회체계를 변화시키고 나아가 성리학적 문화 체계 전반에 대한 반성적 물음을 요구하기에 이르렀다. 이러한 성리학과 서구 근대문명의 충돌적 만남은 일방적인 수용이 아니라 유학적 세계관을 토대로 거부되기도 했지만, 현실적인 필요에 따라 선택적 수용을 용인하기도 하였다. 유학의 도덕적 사유는 해체와 계승의 과정을 거쳤으며, 서구 근대문명은 문명성의 수용과 제국주의 침략에 대한 저항이라는 양가적인 면모를 갖게 되었다.

유학과 서구 근대문명과의 충돌적 만남은 그 이질성 자체도 문제였지만, 일차적으로는 그 낯섦을 적극 수용하여 근대적 사회로 전환할 수 있는 동력을 만들어야 한다는 과제가 급선무였다. 국권 상실과 망국으로 치닫는 전대미문의 역사적 위기를 극복하기 위해서는 그들의 선진성이 필요하다고 여겼기 때문에 낯섦은 새롭고 좋은 것으로, 그래서 우리가 기꺼이 수용해야 할 것으로 받아들여졌다. 그러므로 낯선 것을 견고한 성리학의 세계관 속에서 어떻게 수용할 것인가는 매우 중대한 문제로 다가올 수밖에 없었다. 서구 근대문명 수용을 둘러싼 다양한 논의들은 자연과학 및 기술을 어떻게 이해하고 그와 어떤 관계맺음을 할 것인가를 묻는 철학적 작업이었다. 이는 자연에 대한 인식의 문제였을 뿐만 아니라 서구 근대문명에 관한 관점의 차이와도 긴밀히 연계되어 있었으며, 자연을 문제 삼고 있는 인간 자체에 대한 물음과도 직결되었다.

하지만 척사파는 과학기술은 물론 서구 근대문명 전반에 대해 비판적 입장을 견지하였다. 격물치지를 둘러싼 인식론적 논의는 단순히 서양에 대응하는 방법론에 그치는 것이 아니라 우주와 문명에 관한 세계관적 논의와 밀접한 관련이 있다. 화서학파를 비롯한 척사론자들은 격물치지설을 통해 강상윤리의 정당성을 강조하였는데, 그러한 도덕적 문명론이 야만적 침략 행위에 대한 저항 담론으로서는 의미가 있었다. 그들은 격물치지설을 바탕으로 도덕적 문명론을 정당화하고 동시에 과학적 문명론의 부당성을 드러내고자 하였다. 하지만 서구문명을 이념적으로 방어할 수는 있었을지라도 물리칠 수 있는 실제적 위력을 갖지는 못했다. 서구 근대문명이 또 다른 하나의 전범으로 받아들여지면서 도덕적 문명론은 회의의 대상이 되었다. 성리학은 더 이상 자족적 보편 이념이 아니었다. 과학기술 수용을 강조할수록 성리학의 해체는 가속화되었다. 그렇다면 근대적 맥락에서 유학은 해체와 계승이 어떻게 진행되었으며 그 과정에서 어떤 근대적 사유가 정립되었는가, 특히 자연과 인간에 대한 이해는 어떻게 달라졌는가?

3) 격물치지학 수용의 파장

'서세동점' 은 사상적으로 유학적 도덕문명이 해체되고, 서구문명이 새로운 전범으로 등장했음을 함축적으로 보여주는 용어이다. '격물치지' 를 둘러싼 다양한 논의를 통해 우리는 서구문명과 유학적 사유가 충돌하고 만나는 지점을 확인할 수 있다. 척사론자들은 성리학적 사유를 공고히 하여 유학적 보편주의를 견지하고자 하였으니, 서양의 과학기술은 '양화洋

禍' 에 지나지 않았다. 군함과 철도는 빠른 속도로 조선을 덮쳤다. 그것은 단순한 양물洋物이 아니라 제국주의 침략의 첨병이었기 때문에 성리학자들 견해처럼 재앙이기도 하였다. 하지만 그들을 양화로 치부하여 사용을 금지하는 것으로 해결될 수 없는 현실이 도래하였다. 특히 관료들은 그들의 발전된 기술을 직접 목도하고 서양과 일본의 힘을 체험하면서, 그들을 수용하지 않으면 안 된다는 현실 인식을 갖게 되었으니, 과학기술은 재앙이 아니라 '서기西器' 로 다시 명명되었다. 후술하겠지만 개화파였던 신기선은 정덕에 해당하는 효제충신의 강상윤리는 지키되 이용후생에 도움이 되는 서기는 수용해야 한다는 논리를 전개하였다.

그러나 서양 과학기술의 발달은 단지 기술적 차원에 국한된 것이 아니었다. 이것이 근대 시민사회와 자본주의 발달이 정치 · 경제 · 과학 등 문화양식 전반에 걸친 변화 속에서 가능했던 점을 고려한다면, 서기에 국한하여 근대문명을 수용하려는 시도는 매우 표피적인 이해였다고 평가할 수 있다. 따라서 사회제도 전반에 걸친 근대적 변화가 필요하였다. 갑오개혁(1894~1896)과 광무개혁(1896~1904) 등을 거치면서 대한제국이 선포되었을 뿐만 아니라, 서구문명의 적극적 수용을 통한 부국강병과 국권회복이 시무時務로 제기되었다. 이런 근대적 변화를 거치면서 성리학적 보편성은 약화된 반면, 서구적 근대 학문을 수용해야 한다는 주장은 강화되었다. 따라서 신학新學과 구학舊學을 구별하고 취사선택하는 문제가 활발히 논의되었고, 보다 적극적인 신학 수용이 강하게 표출되었다. 신학을 비롯한 격물치지학을 근대적 효용성을 실현하는 중요한 토대로 인식하면서 자연과 인간에 관한 과학적 탐구는 심화하였고, 성리학은 더 이상 정학正學이 될 수 없었다. 개항기에는 양화론과 서기 수용론이 대척점을 이루었다. 위정척사파의 대표적인 사상가인 화서 이항로 등은 성리학을 근저로 서학 수용 불가론을 체계화하였지만, 개화파의 기관지 역할을 담당했던 《한성순보》와 《한성주보》 등에서는 서기 수용이 시대적 급무라고 강조하였다.

자강기에는 신학 수용을 전제로 논의가 전개되었다. 근대적 사회 변화에 큰 영향을 미친 것이 갑오개혁이었다. 갑오개혁을 통해 왕조 체제를 비롯한 신분제와 과거제가 폐지되면서 전근대적 삶과 결별하였다. 그리고 근대적 삶의 양식을 사회제도 차원에서 적극 도입하고자 하였다. 특히 독립협회의 기관지였던 『대조선독립협회회보』[1]와 《독립신문》은 이러한 격변과 함께 이질적이고 낯선 타자에 대한 이해와 대응을 잘 보여주었다. 그러나 서구 근대문명이 르네상스에서 산업혁명에 이르기까지 몇백 년에 걸쳐 이루어져 왔던 것에서 알 수 있듯이, 사회체제 전반에 걸친 변화 없이 근대 학문과 기술만을 급속도로 수용하는 것은 불가능하였다. 더 심각한 문제는 서구 열강과 일본의 제국주의 침략 야욕이 서구 근대문명 수용과 불가분의 관계에 있었다는 것이다. 문명화는 곧 식민지화와 다른 길이 아니었다. 실제로 갑오개혁은 일본의 영향을 강하게 받은 탓에 주체적으로 근대화를 추진하는 데 일정한 한계가 있었다. 당시 개혁을 주도한 인물이었던 박영효의 경우, 1907년 이후 일본의 침략과 식민 통치에 적극적으로 협조하여 친일반민족 행위자로 평가받는다.

러일전쟁(1904)을 기점으로 일제의 침략이 본격화되면서 국권회복을 위한 자강론이 급부상하였다. 신학 특히 격물치지학 수용은 당면 과제로 여긴 반면, 유학은 낡고 쓸모없으며 병든 '구학'으로 치부하였다. 당시 일본 유학생들이 발간한 『태극학보』는 가까이에서 '문명'을 경험하고 배운 것을 담고 있었고, 『대한자강회월보』와 그 후신인 『대한협회보』는 '자

1) 『대조선독립협회회보』는 1896년 11월 30일에 창간한 독립협회의 회보로서 한국에서 발행한 최초의 잡지로 알려져 있다. 이 회보에는 근대문명과 과학 지식이 폭넓게 소개되었고, 1897년 8월 15일 폐간할 때까지 통권 18호를 발행했다.

강만이 살길이다.' 는 위기의식이 어떻게 표출되었는지를 잘 보여준다. 성리학의 천리체인이 삶의 목표였던 시대는 지나갔고, 과학기술로 자강을 도모해야 한다는 인식이 팽배해갔다. 양화洋禍에서 서기西器로, 그리고 격물치지학으로 불린 과학기술은 근대적 삶과 담론이 어떻게 자리잡아 갔는지를 파악할 수 있는 매우 중요한 단초이다.

4) 과학적 사유의 한계

근대는 자연과학적 진리와 효용이라는 합리성을 기반으로 한 새로운 시대였다. 서양 과학은 물질과 그것의 운동으로 파악하는 기계론적 세계관에 따라, 실험과 관찰이란 방법론을 통해 진리를 찾아내고 그것을 현실세계에 적용하여 이로운 효용을 창출하였다. 이는 성리학적 세계관과는 질적으로 달라, 근대와 전근대를 가르는 일차적인 기준이기도 하였다. 성리학에서 격물치지는 천리를 체인하는 데 매우 중요한 관건이다. 사물에 내재한 분수적分殊的 차원의 천리를 알아가는 과정〔格物〕을 통해 활연관통한 경지에 도달할 수 있기 때문이다. 그런데 만물에 내재하여 있는 리를 객관 사물의 법칙성으로 이해하고 과학을 격물치지학으로 번역한다고 해서, 수양론에 해당하는 성리학의 격물치지를 서구적 과학 법칙으로 환치시켜서는 안 된다. 왜냐하면 성리학에서는 리의 존재 원리적 차원은 당위법칙인 윤리의 영역을 해명하기 위한 형이상학적 기제이기 때문이다. 성리학에서 격물치지는 만물에 대한 인식과 윤리적 가치판단이 유기적 연관성을 갖지만, 서구 자연과학의 한 분야로서의 격물치지학(내지는 격치학)은 사실판단의 영역에 한정된 것이다. 그럼에도 불구하고 서구 자연과학을 수용하는 데 기존의 용어 가운데 가장 근접한 개념을 사용하는 것 또한 자연스러운 현상이라고 하겠다.

서구 자연과학은 조선 후기에 처음으로 소개되었다. 홍대용의 경우는 서양 과학을 비롯하여 그들의 자연에 대한 합리적 이해 방식에 영향을 받아 음양오행陰陽五行論에서 가치론적 차원을 탈각하고 자연에 대한 인식을 재검토했다. 18세기 조선은 서구문화를 나름대로 소화할 기회가 있었지만, 서학 내에 천주교가 포함되어 있었고 종교적 행위와 관련하여 사회적 마찰이 있었기 때문에 그 기회를 충분히 활용하지는 못했다. 그런데 근대 격물치지학의 수용은 조선 후기 서학에 대한 대응과는 질적인 차이가 있었다. 격물치지학은 군함을 앞세운 위협적 타자로서 마주한 상태에서 자연과학을 어떻게 할 것인가에 관한 선택적 질문이 아니라 절박한 생존 문제로 다가왔기 때문이다.

자연에 관한 과학적 탐구는 곧 자연법칙을 아는 것이며, 탐구 대상으로서의 자연은 인간 삶을 이롭게 하는 자원이다. 인식 주체로부터 분리된 인식 대상에 대한 탐구는 가치중립적이며, 이러한 객관적 탐구만이 참된 진리에 도달할 수 있는 길이라 생각했다. 따라서 객관 사물뿐만 아니라 인식 주체 역시 과학적 탐구의 대상이 되었으니, 모든 학문은 과학화의 길을 걷게 되었다. 인간은 과학화를 통해 신화적 세계와 자연으로부터 해방되었고, 실험과 관찰을 통한 탐구만이 참된 지식체계로 자리잡았다. 객관적이고 가치중립적인 과학적 탐구는 인류의 삶을 발전시키는 효율적인 수단으로서, 과학기술의 발전을 통해 인류 역사가 진보 발전할 것이라는 믿음을 주었다. 따라서 근대 이후 과학적 탐구는 인류 역사의 중심에 서게 되었다.

그런데 인류 역사는 참으로 진보 발전하였는가? 20세기 역사는 야만적 폭력을 여과 없이 드러내어, 제국주의 침략을 비롯하여 세계대전과 핵전쟁의 위협, 그리고 생태계의 파괴와 기후 위기에 그치지 않고 인류세에 이르렀다. 이제 인류는 생존 자체를 위협받는 사태에 직면하였다. 철학적으로는 계몽이성에 기대기만 하면 문명다움의 실현과 인간다운 삶이 가능할 것으로 생각했지만, 20세기는 제국주의 침략과 전체주의가 횡행한 야만의 역사이기도 하였다. 우리는 다시, '서구화만이 문명에 이르는 길인가?' 라는 질문 앞에 서 있다. 근대화 지상주의적 관점에서 벗어나 전근대와 근대 역사와 문화를 재성찰할 필요가 있다. 이는 이분법적 사유를 넘어서 인간과 자연의 관계맺음을 새롭게 인식할 때라야 비로소 생명력을 유지할 수 있다는 것을 함의한다. 이를 위해서는 이분화된 세계에 갇힌 자연 인식을 비판적으로 성찰하지 않을 수 없다.

20세기 과학기술은 대량 살상무기를 개발함으로써 전쟁에 복무하였고, 군국주의의 수단으로 전락하였다. 특히 맨해튼계획은 과학자의 연구가 사회에 미치는 영향과 과학자의 윤리적 책임을 묻는 결정적인 계기가 되었다. 과학자의 연구가 국가정책을 수행한 것일 뿐이며, 그 결과가 수많은 사람을 살상하는 핵무기가 된다는 것을 충분히 인지하지 못했다고 해서, 맨해튼계획에 참여한 과학자들의 윤리적 책임이 없다 할 수 있는가? 20세기 과학기술과 전쟁이 완벽한 짝을 이루었고, 이것은 오랜 믿음, 즉 과학 지식은 법률 관습 권위 충성 등과 무관한 엄격하게 객관적인 실체이며, 국가의 절박한 사정이 어떠하든 전혀 개의치 않는 학문이라는 주장에 종지부를 찍었다. 대체로 야심적인 민족국가들의 성립에서 기인한 20세기의 엄청난 권력투쟁은 과학이 객관적 사유의 보루이자 객관적인 실체라는 믿음을 의심하게 만들었다. 국가정책과 불가분의 관계를 유지하면서 과학은 더 이상 독립성을 유지할 수 없게 되었다.[2)]

과학적 연구는 실험실에서 객관적으로 이루어지기 때문에 가치중립적이라거나, 과학자의 연구 결과를 사회현실에 적용하는 것은 과학자의 연

---

2) 어니스트 볼크먼 지음 석기용 옮김 『전쟁과 과학, 그 야합의 역사』 이마고 2003 435-6쪽.

구 활동과 직접적인 관련이 없기 때문에 과학자에게 윤리적 책임을 물을 수 없다고 주장하는 것은 타당한가? 과학기술의 발전이 자본과 국가정책으로부터 자유롭지 않다는 것은 주지의 사실이다. 과학자의 연구는 그가 가진 세계관이나 사회적 배경에 영향을 받는다.[3] 과학 지식의 가치중립성 문제나 과학 연구가 자본 및 국가권력에서 자유롭지 않은 문제에 대해서는 다시 상론하겠지만, 질문의 핵심은 '과학자와 과학 지식의 윤리적 책임을 묻는 것이 부당한가' 이다. 과학이 국가에게 천하무적으로 만들어 줄 가능성, 경이로운 무기, 지배권 획득의 수단 등을 약속하는 한, 과학자들은 국가권력으로부터 훨씬 강력한 무기를 고안해달라는 뿌리치기 어려운 유혹을 받거나 그게 아니면 강제적인 명령을 받게 될 가능성이 높다. 그것은 단순히 핵물리학자들에게만 국한된 문제가 아니다.[4] 특히 오늘날은 인간이 능동적으로 기술을 통제하기보다는 기술이 인간의 삶의 양식과 가치에 도전하는 새로운 국면에 이르렀다. 기술의 발달은 지난 수 세기 동안 인간이 삶의 기준으로 삼아왔던 신념 체계를 변화시켰을 뿐만 아니라 기술의 발전 그 자체가 사회적 제도를 결정하는 '기술 우위' 의 시대를 열었다. 따라서 과학기술에 대한 적절한 통제와 윤리적 책임 문제는 인류 생존과 직결될 만큼 중요한 관건이 되었다.

그렇다면 과학기술과 인간은 어떤 관계맺음을 하는 것이 옳은가? 적어도 기존의 이분법적 세계관과 자연을 단순히 자원으로 환원해 버리는 계몽주의에 근간을 둔 인간 중심적 사유로는 해결책을 찾기 어려워진 것은 분명해 보인다. 즉 지금의 결과가 서구 근대 자연관에서 비롯된 것이기 때문에, 인간과 자연, 그리고 기술 사이의 관계를 새롭게 이해할 수 있는

---

3) 닐 포스트먼 지음 김균 옮김 『테크노폴리』 궁리 2005 참조.

4) 어니스트 볼크먼 지음 석기용 옮김 『전쟁과 과학, 그 야합의 역사』 이마고 2003 464-5쪽.

관점과 견해가 필요해진 것이다. 유학의 만물일체지인萬物一體之仁은 모든 존재자들을 인의 관계망에서 이해한다. 인간과 자연에 관한 새로운 관계맺음을 통해 핵전쟁의 위험과 기후 위기의 가속화 등 생존을 위협하는 심각한 문제에 지혜롭게 응대할 수 있는 길을 모색할 수 있을 것이다. 그래서 다시, 왔던 길을 되짚어 볼 필요가 있다. 역사적 경험에 대한 비판적 재성찰을 통해 우리가 가야 할 길을 통찰해 볼 수 있는 것은 인간이 가진 탁월한 능력이기도 하다. 인간이 우주의 중심이라고 단언하기는 어렵지만, 인류가 직면한 문제에 대한 혜안을 찾는 것 역시 인간이 어떻게 할 것인가에 중점을 둘 수밖에 없으니, 관계맺음하고 있는 대상에게 무엇을 어떻게 요구할 수 있겠는가? 기후 위기와 인류세시대 등 인류가 직면한 문제는 결국 인간의 문제로서 인간이 물어야 할 논제이며, 인간이 무언가를 하지 않으면 안 될 임무임이 분명하다. 그런 측면에서 격물치지에 대한 성찰은 계몽이성과 서구 근대과학에 대한 번역과 모방을 반추하는 데 그치는 것이 아니라 그들과 다른 길을 탐색하는 것이며, 인간과 관계맺음하는 모든 존재자들의 관계에 대한 새로운 물음이기도 하다.

2. 성리학의 격물치지와 존천리

1) 주자의 『대학』 보망장과 천리체인

성즉리性卽理는 천리가 모든 존재자에게 본성으로 내재하여 있다는 뜻으로, 성리학의 가장 기본이 되는 명제이다. 천리는 존재 원리이면서 당위법칙이며 기질은 만물을 구성하는 재료라는 차원에서 리와 기는 서로 다르지만〔理氣不相離〕 리는 기질에 내재하므로〔理氣不相雜〕, 천리를 체인하기 위해서는 기에 나아가 리를 탐구할 필요가 있다〔卽物窮理〕. 모든 존재자에게 리일지리理一之理 차원의 초월적 보편성이 편재해 있지만, 또한 분수의 차원에서 존재마다 다른 각각의 이치가 있어 서로 다른 본성을 본유한다. 사물에 내재해 있는 리는 기의 국한성 때문에 사물마다 다르지만〔分殊之理〕, 본래 그 이치는 하나인 것이다〔理一之理〕.

리일지리 차원에서 천리는 사물은 물론 나 자신에게도 동일하게 있다.[5] 하지만 기의 국한성 때문에 분수지리分殊之理 차원에서 사물과 인간의 리는 구별되기도 한다. 존재 원리이면서 당위법칙인 천리는 초월적이면서 내재적으로 모든 존재자에게 언제나 있다. 그러므로 성리학은 그 천리를 보존하고 천리를 엄폐하는 인욕을 제거하는 '존천리 알인욕'을 학문의 목표로 삼는다. 그리고 격물치지는 존천리의 방법으로서 중요하게 인식되었다. 인사와 만물이 모두 천리를 품부받아 그 본성을 본유하고 있기 때문에 즉물궁리를 통해 각각의 이치를 탐구하는 것이 가능하다. 분수 차원의 리에 대한 탐구가 깊어지고 또 이를 확충할 수 있게 되면, 모든 존재자의 리일지리를 활연관통豁然貫通할 수 있게 된다. 각 사물에 내재한 분수적分殊的 차원의 천리를 알아가는 과정〔격물〕은 모든 존재자의 본유한 소당연과 그 당위법칙이 그러한 까닭〔소이연〕을 아는 것에 중점이 있지만, 대상에 관한 실제적인 경험과 인식을 포함한다.

주자는 『예기』의 한 편이던 『대학』과 『중용』을 독립된 책으로 만들었다. 더 나아가 정이천의 견해를 계승하여 『대학』의 격물치지에 관한 내용이 망실된 것으로 판단하고 보망장을 썼는데, 보망장의 핵심은 격물과 활연관통이다. 이것은 주자학을 이해하는 데 『대학』과 『중용』, 특히 보망장이 매우 중요하다는 것을 뜻한다. 주자학에서 격물치지와 거경함양居敬涵

---

5) 『朱子語類』 권18: 理在物與在吾身 只一般.

養은 수양론의 두 축이라고 할 수 있다. 격물치지가 천리를 인식하고 체인하는 입두처入頭處라면 이것은 주자학의 공부론 혹은 수양론으로 보는 것이 타당하다.

> 무릇 천하의 일에는 모두 리가 있으니, 군신 사이에는 군신의 리가 있고 부자 사이에는 부자의 리가 있으며, 부부 형제 붕우로부터 출입기거와 응사접물에 이르기까지 또한 각각의 리가 있다. 이것을 궁구하면 크게는 군신으로부터 작게는 사물에 이르기까지 그 소이연과 소당연을 알게 되어 티끌만한 의심도 없게 되니, 선이면 따르고 악이면 제거하여 조그만 누도 없게 되는 것이다. 이것이 학문은 궁리보다 우선하는 것이 없는 까닭이다.[6]

주자는 학문의 목표인 선을 따르고 악을 제거하기 위해서 궁리보다 우선하는 것이 없다고 하였으며, 궁리를 통해 주체와 관계맺음을 하는 대상의 소이연과 소당연을 알아야 선악을 판별할 수 있고, 선악을 판별해야 비로소 선을 실천할 수 있다는 견해를 피력하였다. 만약 물이 단순히 객관적 만물을 가리키고 만물에 내재한 물리적 법칙성을 궁구하는 것이라면 그것이 선악 문제로 직결될 이유가 없다. 주자는 물과 사가 어떻게 분별되는지에 대해 "상대적으로 말할 때는 사이고 물이지만, '물' 만 말할 때는 사를 겸한다."[7]고 하였고, 격치 조條에서는 '물은 사와 같다〔物猶事也〕.' 고 하였다. 성리학에서 물은 단순히 객관 사물을 가리키는 것이 아니라 인사와 만물을 포괄하는 개념이며, 따라서 격물 역시 사물에 대한 과

---

6) 『朱子大全』 권14: 夫天下之事 莫不有理 爲君臣者 有君臣之理 爲父子者 有父子之理. 爲夫婦 爲兄弟 爲朋友 以至於出入起居 應萬事接物之際 亦莫不各有理焉. 有以窮之 則自君臣之大 以至事物之微 莫不知其所以然與其所當然 而亡纖芥之疑. 善則從之 惡則去之, 而無毫髮之累. 此爲學所以莫先於窮理也.

7) 『大學』 經 1장 細註: 問事物何分別, 朱子曰 對言則事是事物是物, 獨言物則兼事.

학적 탐구나 인식을 의미하지 않는다. 그러므로 사사물물에 대한 격은 곧 궁리窮理, 사사물물에 내재한 천리의 체인이라는 수양론적 성격을 강하게 갖는다.

주자는 『대학』 보망장에서 궁리의 방법으로 즉물궁리를 들고 있다. 그는 『대학』의 격물을 사물에 나아가 그 이치를 탐구하는 것으로, 치지를 활연관통으로 해석하였다. 또 '격'을 이르름의 의미로 받아들였다.

> 격물의 '격'은 이르름과 같다. '순이 문조에 이르렀다'는 '격'과 같으니, 이는 문조가 있는 곳에 다다른 것이다.[8)]

주자가 격물格物의 격格을 '지至'라고 한 것은 지금 여기란 실제적 맥락에서 주체가 응접하고 있는 사사물물에 이르름을 뜻하므로, 주체가 관계 맺음하는 모든 사태〔事事〕와 대상〔物物〕이 곧 물이다. 또 주자는 만년에 국왕에게 올린 「행궁편전주차 이 行宮便殿奏箚 二」에서, '학문을 하는 방법은 궁리보다 우선하는 것이 없는데, 궁리의 요령은 반드시 독서에 있고 독서의 방법은 차례에 따라 정밀하게 이해하는 것이 가장 중요하다. 차례에 따라 정밀하게 이해하는 것은 반드시 거경을 통해 의지를 간직함에 근본한다.'고 하였다.[9)] 천리를 체인한 성현의 글을 읽는 것과 실제적인 즉물궁리를 통해 천리를 체인할 수 있다고 한 것이다.

성리학에서 천리는 소이연이면서 소당연이라는 두 차원을 동시에 내포하고 있으며, 소이연에 대한 앎은 소당연의 실천과 불가분의 관계에 있다. 예를 들면 조수초목鳥獸草木이 나와 관계가 없이 '지금 여기'라는 실제적인 삶의 맥락과 무관할 경우에는 실질적인 공부를 할 수 없다. 그러

---

8) 『朱子語類』 권15: 格物格猶至也. 如舜格文祖之格 是至于文祖之處.

9) 이상익 『주자학의 길』 심산 2007 115-9쪽 참조.

나 만약 조류독감이 창궐할 때 조류 및 조류독감과 관련된 여러 관계망에 대해 알고자 하는 것은 당연하고도 현명한 일일 수 있다. 개에 물렸다면 광견병에 대해 찾아보는 것은 중요하고 실질적인 일이다. 이런 긴급한 일들은 나의 행동과 선택에 영향을 미치기 때문에, 그 대상을 대하는 나의 태도와 몸가짐은 당연히 진지〔敬〕해지지 않을 수 없다.[10] 조수초목도 나의 실제적인 삶의 맥락에서 관계맺음하는 대상이 될 때 소이연과 함께 소당연의 문제가 발생한다. 사사물물은 나와 관계망 속에서 관계맺음할 때 인륜人倫이란 규범적인 그물망과 직결되며, 그 중심에는 주체가 있다. 즉 어떤 관계맺음을 할 것인가에 대한 앎과 판단, 그리고 실천은 궁극적으로 주체의 몫이다. 이것은 천리가 모든 존재자에게 보편적으로 내재되어 있기 때문에 가능하다.

> 사람이 태어남에 본디 사람과 관계맺음하는 물이 없을 수 없다. 그 물의 이치를 밝히지 못한다면 성명의 바름을 따를 수 없으며, 사물의 마땅함에 처할 수도 없다. 그러므로 반드시 이 물에 나아가 그 물의 이치에 대해 앎을 구해야 한다.[11]

주자는 사물의 이치를 파악하기 위해서 구체적으로 사물을 응접해야 한다고 생각했으니, 그것이 바로 즉물궁리卽物窮理이다. 즉물궁리의 내용은 만물에 편재遍在해있는 소이연所以然과 소당연所當然을 탐구하는 것이다. 당위법칙〔所當然〕과 당위법칙의 까닭 및 존재 원리〔所以然〕에 대한

---

10) 주광호 「朱子의 격물공부 - 대상에 대한 해석학적 관심」 『東洋哲學』 제51집 2019 112쪽.

11) 『朱熹集』 권44 「答江德功 二」: 人之生也, 固不能無是物也. 而不明其物之理, 則無以順性命之正, 而處事物之當. 故必卽是物以求之知求其理矣.

탐구는 지식의 축적이나 확장만을 의미하지 않는다. '물에 이른다거나 혹은 나아간다' 는 것은 격물치지의 공부가 인사와 만물이란 대상이 있는 공부이고, 덕성을 함양하는 주체가 사사물물이 관계맺음을 통해 선을 실천한다는 것을 뜻한다.

> 일신 중의 인의예지와 측은 수오 사손 시비, 그리고 이목수족과 시청언동은 모두 이해해야 할 것들이다. 만물이 왕성해지거나 시들해지는 것과 동식물의 크고 작은 것, 이것은 어떻게 부릴 수 있으며 저것은 어떻게 사용하는 것인지, 수레는 뭍에서 갈 수 있고 배는 물에서 다닐 수 있는 것에 이르기까지 모두 이해해야 할 것들이다.[12)]

사람과 사람 사이, 그리고 사람과 다른 존재자들 사이에서 이루어지는 모든 언행과 판단과 행동이 격물의 대상이어서, 사덕을 실행하는 것, 해야 할 것과 하지 말아야 할 것 등을 판별해야 한다. 또 만물이 각자의 존재원리와 본연한 생명성을 보지保持할 수 있도록 하는 것, 예를 들면 초목은 봄에 생겨나 가을에 죽으며, 생을 좋아하고 죽음을 싫어하는 것을 아는 것도 격물이며, 한여름에는 양의 나무를 베고 한겨울에는 음의 나무를 베어 음양의 도리를 따르는 것도 격물이다.[13)] 무엇을 어떻게 부리고 사용할지를 알려면 그것에 내재하는 천리와 기의 속성에 대해서도 알아야 할 것이다. 수레가 뭍에서 갈 수 있고 배가 물에서 다닐 수 있는 존재 원리를 파악하는 것 역시 격물에 해당한다. 모든 관계맺음에서 그 사이의 소이연과

12) 『朱子語類』 권18: 一身之中是仁義禮智, 惻隱羞惡辭遜是非, 與夫耳目手足視聽言動, 皆所當理會. 至若萬物之榮悴與夫動植大小, 這底是可以如何使　那底是可以如何用, 車之可以行陸 舟之可以行水 皆所當理會.

13) 『朱子語類』 권15: 如一草一木 一禽一獸皆有理, 草木春生秋殺格, 好生惡死. 仲夏斬陽木, 仲冬斬陰木, 皆是順陰陽道理.

소당연을 알아차리는 것이 격물치지이다. 즉 격물치지는 사사물물과의 관계맺음 속에서 천리를 지각하고 앎을 실천하는 것이다. 이것은 외부에 존재하는 객관 사물에 대하여 수학적으로 표현하는 과학적 인식과는 질적으로 다르다.

격물과 즉물의 물은 주체가 나아가 이르러 관계맺음하는 대상이다. 인식 주체와 인식 대상이 이분되어 있다고 전제한다면, 주자학적 격물치지는 완성될 수 없다. 물은 천리를 내재하고 있다는 차원에서 나와 동질적이다. 격물을 통해서 궁구하려는 사물의 리는 리일지리의 차원에서 내 마음에 본유한 리와 같이 보편적인 것이므로, 격물은 객관 사물의 물리적 법칙을 궁구하는 것이 아니라 천리를 체인하는 공부이다. 천리는 모든 존재와 사태에 편재遍在해 있을 뿐만 아니라, 품부받은 이치〔所賦之理〕에 따라 각각의 존재법칙에 의거하여 그가 마땅히 있어야 할 곳에서 실행해야 할 마땅함이다. 예를 들어 '인간이란 무엇인가?' 란 질문은 인간의 존재원리나 본질에 관한 것이기도 하지만, '인간은 리와 기로 이루어져 있다' 는 소이연적인 규정은 곧 '인간이란 어떠해야 하는가?' 란 당위적 물음을 내포하고 있다. 성즉리이기 때문이다. 마찬가지로 주체가 어떤 대상과 응접할 경우, '이 물은 무엇인가?' 라고 묻는 것은 곧 '내가 이 대상과 어떻게 관계맺음하는 것이 마땅한가?' 란 질문이 없을 수 없으므로, 마땅한 관계맺음을 위해서는 대상의 소이연에 대한 탐구가 필요할 것이다. 이와 같은 격물치지의 과정을 통해 모든 존재자가 그가 있어야 할 곳에서 자기다움을 구현할 때〔各得其所〕, 즉 선을 실천할 때 인은 실현된다. 이것이 유학에서 지향하는 만물일체지인이다.

자연과학에서는 객관 대상을 분절하여 실험 관찰한다. 예를 들면 해부학은 생물을 이해하는 기초가 된다. 그런데 즉물궁리는 모든 사물을 낱낱이 세분하거나 개별화하여 궁구하지는 않는다. 만약 그렇다면 천리체인은 요원한 일이 된다. 세상의 사사물물은 끝이 없으니 궁구해야 할 대상은 무한하여, 사사물물에 내재한 천리를 체인한다는 것이 불가능하기 때문이다. 그래서 근원에 대한 탐구와 유추가 중요하다.

> 정자가 또 말씀하시길, "격물이란 천하의 사물을 모두 탐구하는 것이 아니다. 다만 하나의 일에 나아가 완전히 탐구하면 그 밖의 것들을 유추할 수 있다. 효에 대해 말하자면 마땅히 효란 무엇인가를 탐구해야 할 것이다. 만약 어떤 하나의 일에서 탐구할 수 없다면 별도로 또 하나의 일에서 탐구할 것이니 혹은 쉬운 것을 먼저 하고 혹은 어려운 것을 먼저 한다. (중략) 대개 만물은 각각 하나의 리를 지니고 있고, 만리는 모두 하나의 근원에서 나오니, 이것이 유추하여 통달할 수 있는 까닭이다."[14)]

정자와 주자는 천리체인을 위해 만물의 이치를 모두 각각 탐구해야 한다거나, 한 사물의 이치만 탐구해도 충분하다고 보지 않았다. 즉물궁리를 통하여 분수지리를 탐구하다 보면 유추할 수 있고 따라서 그것이 모두 하나의 근원에서 나온 것이라는 리일지리의 차원을 활연관통豁然貫通하게 된다는 것이다. 천리를 리일지리의 차원과 분수지리의 차원으로 구분하여 이해할 수 있지만, 그것은 이질적으로 다른 층차가 있는 것이 아니기 때문이다. 분수적 차원에서 즉물궁리해 나가면 유추할 수 있게 되고, 궁극에는 리일지리의 차원까지 막힘없이 알게 되는 것이다. 즉 사물에 나아가 궁구하면 소이연과 소당연을 알게 되고, 그러한 경험과 인식이 쌓여 분수지리적 차원을 뛰어넘어 리일지리를 인식할 수 있게 된다. 이것을

---

14) 『大學或問』 傳五章: 又曰格物非欲窮盡天下之物, 但於一事上窮盡 其他可以類推. 至於言孝 則當求其所以爲孝者如何. 若一事窮不得 且別窮一事, 或先其易者 或先其難者 … 蓋萬物各具一理而萬理出一原 此所以可推而無不通也.

'활연관통' 이라고 한다. 즉물궁리가 분수적 차원에서 착수하지만, 활연관통할 수 있기 때문에 모든 이치의 근원인 리일지리를 체인할 수 있다는 것이다. 모든 존재자는 리일의 차원에서 동질적이며 통한다. 활연관통하게 되면 두 가지 차원에서 변화가 일어난다. 첫째, 주체와 관계맺음하는 모든 존재자의 표리表裏와 정조精粗에 대해 모르는 것이 없게 된다. 둘째, 내 마음의 전체 대용이 밝지 않음이 없게 된다. 주자는 이러한 지경을 '물이 격해지고〔物格〕, 앎이 지극해진 것〔知之至〕' 이라고 하였다.

리일분수설과 활연관통은 근대 자연과학의 탐구 방법과 질적으로 큰 차이가 있다. 리일분수설은 경험 세계 전체를 이해하고 통찰하는 원리로서 모든 존재자와 사태가 천리의 본유라는 차원에서 유기적으로 관계맺고 있다고 전제한다. 그러기 때문에 활연관통이 가능하다. 더 나아가 활연관통은 천리에 대한 직접적인 탐구와 유추가 집약을 넘어서 수양론적인 비약이 있을 수 있다고 본다. 리일지리는 모든 존재자의 초월적 보편성이 내재함을 전제한 존재 원리이면서 또한 소이연지고와 소당연지칙이란 두 측면이 있기 때문에, 각각 있어야 할 바가 있으며 마땅히 행해야 할 바도 있다. 이는 곧 분수지리 차원에서 드러나는데, 모든 존재자가 각각 자신의 자리를 얻는 것, 즉 모든 이치가 밝게 드러난 경지를 '연비어약鳶飛魚躍' 으로 표현하였다. 격물치지는 사사물물에만 국한되지 않는다. 즉물궁리와 활연관통은 천리를 체인하는 것이므로, 격물치지는 성의誠意 정심正心과 같은 마음의 문제와 직결된다. 그래서 주자학의 공부는 '거경궁리' 로 요약할 수 있는데 격물치지는 궁리에 해당하며, 성의정심은 거경의 과정이라고 볼 수 있다. 성의는 자신을 속이지 않는 참됨〔無自欺〕이며, 정심은 물욕에 엄폐당하지 않는 것이다. 그러므로 성의와 정심은 곧 인욕을 제거하는 것이다. 즉 격물치지와 성의정심은 모두 천리와 인욕을 판별하여 천리를 보존하고 인욕을 제거하는 공부〔存天理 閼人欲〕이다.

성리학에서는 인을 천리라고 이해하였기 때문에, 인한지 불인한지를 판단한다는 것은 곧 그것이 천리를 구현하는 것인지 아니면 인욕을 충족시키는 것인지를 판별하는 것이기도 하다. 격물치지는 과학 법칙을 수학적 언어를 통해 지식화하거나, 만물을 지배의 대상으로 보고 자원화하는 것이 아니라, 궁극적으로 내 마음 작용이 천리대로 마땅히 해야 할 당위법칙을 제대로 구현하는 것인지를 확인하는 하나의 과정이다. 격물치지가 사물의 이치를 궁구하는 것, 즉 사물에 내재한 소이연과 소당연이란 이치를 궁구하는 것이라면, 만물에 내재한 소이연적 존재 원리와 그 존재법칙을 탐구하는 것을 포함하고 있다고 이해할 수 있다. 그러나 이것이 객관 사물에 대한 인식론적 차원에서 이해되는 것은 아니다. 서양 근대철학에서 인식론이란 정신 및 물질, 그것이 데카르트가 말하는 실체이든 칸트가 말하는 현상이든지 간에 그것을 인식하는 과정을 추적하여 고찰하는 것이다.[15] 그러나 격물치지는 자연에 관한 인식론적 차원의 지식을 다룬 것이 아니라, 모든 존재자의 당위법칙의 소이연적인 까닭을 앎으로써 그 리를 실천하는 도덕 주체가 되는 것을 목표로 한다.

주자는 정자상鄭子上에게 답하는 글에서 격물치지가 단순히 지식적인 앎이 아니라는 것과 함께 격물치지가 성의정심 공부와 긴밀히 연관되어 있음을 밝혔다.

> 격물치지는 실질적인 공부에서 궁구하는 것이지, 지금 여기서 해야 할 직분의 당위를 버려두고서 범연히 사물의 이치를 궁구하여, 그 이치가 모두 궁구해지기를 기다렸다가 저절로 의념이 참되게 되고 마음이 바르게 되고 몸이 닦아지기를 기다리는 것을 말하는 것이 아니다.[16]

15) 최인숙 「칸트와 데카르트에서 정신과 물질의 관계」 『칸트연구』 제16집 2005 74쪽.

16) 『朱熹集』 권56 : 格物致知 乃是就此實事功夫上窮究, 非謂舍置卽今職分之所當爲, 而泛然

즉물궁리가 활연관통하게 되어 인사와 만물의 소이연과 소당연을 아는 데 장애가 없게 되면 격물치지가 실현될 것이고, 격물치지는 곧 성의 정심과 직결되어 『대학』의 8조목이 모두 천리를 체인하고 인욕을 제거하는 공부가 될 것이다.

> 물의 이치를 다 궁구하면 나의 지식이 확연하게 두루 관통하여 엄폐되거나 막히는 것이 있지 않게 된다. 그래서 나의 의념은 참되지 않음이 없고 나의 마음은 바르지 않음이 없게 된다.[17]

즉물궁리가 소이연과 소당연을 궁구하는 것이기 때문에 격물을 통하여 마음의 준칙을 세우는 일이 가능하다. 사사물물의 소이연을 올바르게 알아야 그 소당연을 잘 파악할 수 있으며, 내 마음이 사사물물에 대해 어떻게 작용해야 하는지를 파악할 수 있기 때문이다. 예를 들어 효도를 제대로 한다는 것은 효의 원리와 당위법칙을 올바르게 알고 실제 상황에 따라 적절한 행위를 실천하는 것을 뜻한다. 그러므로 천리체인이란 각득기소를 통해 구현된다고 할 수 있다. 그래서 주자는 지각을 단순히 인사와 만물에 대한 인식과 감응에 국한하여 이해하지 않았고, 소이연과 소당연의 리를 인식하고 깨닫는 것이라고 하였다.

황종희는 주자와 육구연의 학문적 특징을 논하면서, 육구연이 존덕성을 강조한 반면 주자는 도문학을 주로 하여 격물궁리를 통해 성인의 경지로 들어가고자 했다고 평가하였다.[18] 주륙을 상대하여 비교할 경우 이와

以窮事物之理, 待其窮盡而後意自誠心自正身自修也.

17) 『朱熹集』 권44 「答江德功 二」: 物理皆盡, 則吾之知識廓然貫通, 無有蔽礙正, 而意無不誠, 心無不正.

18) 『宋元學案』 권58 「象山學案」 참조.

같이 이해할 수는 있지만, 주자가 존덕성을 소홀히 여기거나 존덕성과 도문학을 별도의 영역으로 이해한 것은 아니다. 여기서 주목하고자 하는 것은 첫째 주자의 격물치지를 도문학과 관련된 것으로 보았다는 점이니, 도문학의 일은 격물치지로서 소이연과 소당연의 이치를 아는 것이다. 리의 본체는 일정한 형체를 가지고 있지 않아 물리적인 운동성이 없지만〔無形無爲〕, 반드시 그 작용함이 있기 때문에 즉물궁리를 통하여 인식할 수 있다. 둘째 도문학과 즉물궁리가 어떻게 천리체인의 길이 되는가이다.

> 지는 일의 마땅히 그래야 함을 인식하는 것을 말하고, 각은 리의 본래 그러한 바를 깨닫는 것을 말한다.[19]

주자의 '지'는 단순히 지식적 차원의 앎을 의미하는 것이 아니라, 소당연을 인식한다는 도덕적 차원을 포함하고 있다. 지각의 대상인 사물은 단순히 객관 세계만을 의미하지는 않으며 인간 내적인 이치와도 긴밀히 연관되어 있다. 주자에게 천리天理는 당연지칙當然之則이지만, 도덕 행위가 자각적이고 실천적이어야 하며 그러한 자각성은 격물치지를 통해 가능하다. 치지 또한 외부 세계에 대한 객관적 지식을 축적하는 것이 아니라 궁리를 통해 사사물물의 소당연과 그 소당연의 근원 및 원리인 소이연에 대한 앎을 확충해 나가 모든 존재자와 사태가 천리를 벗어나지 않음을 활연관통하는 것을 의미한다. 그러므로 천리에 대한 앎인 격물치지가 되어야 의념의 차원에서 참되게 하는 성의로 나아갈 수 있다. 주자가 격물치지를 강화한 것은 천리에 대해 밝게 알아야 제대로 실행할 수 있기 때문이었다.

---

19) 『孟子集註』「萬章」 상 7장 주: 知謂識其事之所當然, 覺謂悟其理之所以然.

> 비록 행하고자 하여도 천리에 밝지 않으면 실천하는 것이 그 결과가 어떠할지 알 수 없다. 그러므로 대학의 도가 비록 성의정심으로 근본으로 삼으나 반드시 격물치지를 우선으로 해야 한다.[20]

주자가 격물치지를 성의정심보다 우선시한 것은 천리의 소당연과 소이연을 밝게 알아야만 무엇을 해야 하는지와 어디에 주목해야 하는지가 분명해져 힘써 행할 수 있기 때문이다. 이것이 선지후행先知後行의 방법이다. 율곡도 주자의 격물치지설을 계승하여 격치와 성의를 이해하였다.

> 격물치지를 하지 않고 성인의 도를 알려고 하는 것은 끊어진 항구에 배를 띄워 대양으로 나아가려고 하는 것과 같고, 성의정심을 하지 않고 성인의 도를 하려고 하는 것은 한 걸음도 옮기지 않고 태산이나 화산에 올라가려고 하는 것과 같다.[21]

율곡은 격물치지가 성인의 도를 아는 것이라면 성인의 도를 행하는 것이 성의정심이라고 하였다. 그리고 격물치지가 성의로 이어져야 한다는 일시병진론一時竝進論을 강조하였으니, 이는 선지후행이 앎을 지나치게 강조하거나 지행의 분리로 오인되어서는 안 된다고 점을 지적한 것이다.

> 궁격과 실천이 비록 두 가지 공부이나 반드시 동시에 나아가야 한다. 그러므로 위에서 궁격을 주로 논했으나 실천의 뜻을 겸하고 있다.[22]

---

20) 『朱子文集』 권59: 欲行而未明于理, 則所踐履者又未知其果何事也. 故大學之道以誠意正心爲本, 而必以格物致知爲先.

21) 『栗谷全書』 권14 「易數策」: 不格致 而欲見聖人之道, 則譬如航于斷港, 而求泛大洋也, 不誠正 而欲之聖人之道則譬如不以寸步, 而求陟太華也.

22) 『栗谷全書』 권20 「聖學輯要」2 修己 上: 窮格踐履雖是兩項工夫 要須一時竝進. 故已上主

성리학에서 격물치지를 강조한 것은 천리를 명확하게 인식해야 철두철미하게 실행할 수 있다는 측면에 중점을 둔 것이다. 즉 그것은 천리를 명확히 알아야 선악을 판별하여 선을 실천할 수 있다는 뜻이지 지식의 축적을 말하는 것은 아니다.

격물치지는 천리가 모든 존재자에게 내재해 있다는 보편성과 본유함을 전제하고 있다. 궁극적으로는 존천리를 실천하는 것을 목표로 한다. 인간의 도덕적 자각과 실천을 학문의 목표로 삼는다면 굳이 외재하는 만물의 소이연과 소당연을 자각하는 과정보다는 존덕성에 집중하는 것이 효과적일 수 있는데 주자는 굳이 도문학과 격물치지를 강조하였던 것일까? 더 나아가 격물치지를 성의정심보다 우선하는 공부로 삼는 것은 왜일까? 주자는 존덕성이 중요하지만, 도문학 또한 소홀히 할 수 없다고 하였다.

> 배우는 자는 덕성을 높이고 문학을 말미암는 공부에 있어서 마땅히 존덕성 공부를 위주로 해야 하지만 도문학 공부에 대해서도 그 힘을 다해야 한다. 마땅히 두 공부가 서로 도움을 주고 서로 발명하게 된다면, 자연히 두루 관통하고 통달하게 되어 도체의 온전함에 흠결이 없게 될 것이다.[23)]

그렇다면 주자는 왜 격물치지와 도문학의 중요성을 강조하였는가? 격물을 해야 내외가 합일할 수 있느냐는 질문에 대해 주자는 내외의 리가 합일하지 않은 적이 없었다고 답하였다. 이것은 모든 존재자에게 리일지리가 내재해 있기 때문이니, 성즉리로서 인간과 만물에 내재한 리가 기의 국한성에도 불구하고 초월적이고 보편적인 천리가 내재해 있다는 차원에

論窮格, 而亦兼踐履之意.

23) 『朱文公文集』 권74: 學者於此當以尊德性爲主, 然於道問學亦不可不盡其力, 要當使之有以交相滋益, 互相發明, 則自然該貫通通達而於道體之全, 無欠缺處矣.

서는 동일하며, 천리체인이란 궁극적으로 이러한 경지를 알고 실행하는 것을 의미한다.

> 내외의 이치가 합일되지 않은 적이 없었다. 물의 이치가 본래 이와 같음을 안다면, 그 리의 자연스러움에 응하게 되어 내외의 이치가 합일하는 것을 알게 될 것이다. 지금 여기 내 눈앞에 나와 관계맺음하는 사사물물은 모두 지극한 이치를 가지고 있다. 예를 들면 풀 한 포기 나무 한 그루 새 한 마리 짐승 한 마리에도 모두 이치가 있는데, 초목은 봄에 피어나고 가을에 시드는 데 살기를 원하고 죽기를 싫어한다. (중략) 제때가 아니면 한 그루 나무도 베지 않고 한 마리 짐승도 죽이지 않으며, 새끼 밴 것은 죽이지 않고 어린 것을 죽이지 않으며 둥지를 뒤엎어버리지 않는다. 이것이 내외가 합일하는 이치이다.[24]

내외가 합일되지 않은 적이 없기 때문에, 사사만물에 내재한 소당연의 당위법칙과 당위법칙의 원리와 까닭인 소이연을 아는 격물치지가 가능하고 중요하다. 그러므로 격물치지가 하나의 공부가 되고, 그것이 성의정심의 거경과 분리되어 있지 않다. 궁리와 거경을 통해 천인합일의 경지인 지선至善에 그칠 수 있다. 이것이 곧 평천하이다. 이러한 세계관에서 인사와 만물은 결코 이분화될 수 없다.

주자는 독서를 통해 이치를 궁구하는 것이 도문학의 핵심적인 일이라고 하였다.[25] 천리를 체인한 성인이 남긴 글은 천리를 탐구하는 중요한 길잡이가 된다.

---

24) 『朱子語類』 권15: 他內外未嘗不合. 自家知得物之理如此, 則因其理之自然而應之, 便見合內外之理. 目前事事物物 皆有至理. 如一草一木 一禽一獸皆有理, 草木春生秋殺格, 好生惡死. (중략) 非其時不伐一木, 不殺一獸, 不殺胎 不殀夭, 不覆巢, 此更是合內外之理.

25) 『朱子語類』 권10: 大抵學者讀書務要窮究, 道問學是大事.

성인이 경을 지어 후세를 가르친 것은 장차 독자로 하여금 그 글을 암송하고 그 뜻을 생각하게 함으로써 사리의 당연함을 알게 하고 도의의 전체를 깨닫게 하려는 것이었다. 그리고 그것을 힘써 실천하여 성현의 영역에 들어가게 하려는 것이었다.[26)]

격물치지의 한 방법으로 경전을 이해하는 것이지만 독서가 단순한 지식 내용을 축적하거나 암기하는 것을 뜻하지 않는다. 왜냐하면 주자는 독서란 지식적 앎을 목적으로 하는 것이 아니라 치지로 나아가야 하며, 격물치지가 성의정심과 긴밀하게 연관되기 때문이다. 즉 주자학의 독서는 사사물물에 나아가 그 소이연과 소당연의 이치를 체득하여 주체가 무엇을 어떻게 해야 할 것인지를 판단하고 실천하는 것을 목표로 한다. 천리를 체인하는 방법인 즉물궁리卽物窮理가 비록 만물에 내재한 자연법칙을 포함한다고 하더라도 성리학에서 리는 결코 복잡한 사물이나 현상을 간단하게 설명하거나 분석하는 데 사용할 수 있는 법칙이나 원칙과 동일한 것은 아니다. 성리학적 사유체계는 천리天理〔太極〕와 도리道理・사리事理〔人極〕 및 물리物理가 불가분의 유기적 관계에 있다고 파악하기 때문이다.[27)] 따라서 즉물궁리 또한 단순히 객관 사물의 자연법칙에 대한 탐구라기보다는 인간 사회의 당위적 규범을 파악하는 길이었다. 자연을 당위적 규범과 무관한 것으로 여기고 과학적으로 탐구하는 일은 무의미할 뿐만 아니라 오히려 성리학적 사유체계를 와해시킬 수 있는 삿된 사유가 된다.

26) 『朱子語類』 권9: 聖人作經 以詔後世 將使讀者誦其文思其義, 有以知事理之當然 見道義之全體 而身力行之 以入聖賢之域也.

27) 『大學或問』: 萬物各具一理 而萬理同出一理.

2) 퇴계의 격물치지와 리도설

사화士禍의 시대를 살았던 퇴계(1501~1570)는 조선시대 정치 이념인 성리학을 깊이 이해하고 그것을 현실에서 구현하고자 노력하였다. 그는 자신의 학문 목표가 이론적인 정밀함을 추구하기보다는 성리학의 본지인 '성즉리'를 실제로 실천하는 데 있다고 하였다. 따라서 기에 대한 리의 주재성과 명령성 등 리의 존귀함을 분명히 드러내어 천리가 구현되는 세상을 만들고자 하였다. 사회적 혼란과 부도덕한 삶은 본성대로 살지 못하고 인욕에 엄폐된 탓이며, 불선인 인욕은 순선한 리가 아니라 기의 작용에서 비롯한 것이기 때문이다. 퇴계는 리기론과 심성론에 대한 깊은 이해를 바탕으로 성리학의 목표인 '성즉리'를 존리적 측면에서 체계화하고 그 실천을 구체화하고자 하였다. 퇴계는 존리적 입장에서 리발理發 리동理動 리도설理到說을 일관하게 주창하였다. 이는 천리가 마땅히 구현되어야 함과 함께 천리를 사물死物로 오인하는 것에 대한 염려를 담고 있다. 사단의 순선함을 리기론적 차원에서 해명한 사단리발설에서 리의 체용론을 논거로 한 리동설 및 격물치지와 관련한 리도설을 체계화한 데 이르기까지, 그의 리기론은 성리학의 목표가 어디에 있는지 명확히 제시하려는 데 초점이 있었다. 특히 주자가 말년까지 『대학』의 격물치지와 성의에 심혈을 기울였던 것처럼, 퇴계 또한 말년에 격물치지설에 관한 이해를 피력하면서 리도설을 주장하였다.

퇴계는 맹자가 제시한 '사단'이 인욕으로 흐를 가능성이 있는 칠정과 달리 순선한 도덕 감정이라는 점을 전제로, 사단이 리발理發임을 리기론의 체계 내에서 정립하고자 하였다. 퇴계는 성즉리에 입각한다면 리-본연지성-사단, 기-기질지성-칠정으로 대별할 수 있다고 하였다. 그는 성의 단계에서 본연지성과 기질지성을 리와 기로 분속해 볼 수 있는 것처럼 정의 단계 역시 사단과 칠정을 리발과 기발로 나눠보는 것이 타당하다고 보았다. '존천리 알인욕'이라는 성리학의 목표를 정의 단계에서 논한다면 순선한 사단은 인의예지의 성에 연원〔所從來〕하며 인욕에 엄폐당하지 않은 것이다. 퇴계는 성리학의 기본 전제인 '성즉리'에 근거한다면, 사단은 리인 성에 근원한 것이므로 리발이라고 할 수 있다고 본다. 즉 사단리발설은 인의예지의 성인 리가 사단이라는 감정으로 발현한 것이다. 그는 리-본연지성-사단의 순선함을 성리학적 체계 속에서 명확히 제시함으로써 성리학의 목표인 '존천리 알인욕'을 감정이란 실제적 맥락에서 구현해야, 사람이 제대로 살만한 세상을 만들 수 있다고 판단하였다.

사단리발설은 칠정과 사단의 질적 차이를 강조한다. 그리고 퇴계는 소이연이면서 소당연인 천리는 순선한 반면 현실적인 불선은 기에 기인한 것임을 염두에 둔다면, 성리학의 목표를 명확히 제시하기 위하여 사단과 칠정 및 리기의 질적 차이를 강조할 필요가 있다고 본 것이다. 또한 사단과 칠정을 리발과 기발로 분계 한 것은 리기의 관계 가운데 리기불상리理氣不相離보다는 리기불상잡理氣不相雜한 측면을 강조한 것이다. 물론 퇴계가 무형의 형이상학적 실재인 순선한 리가 기 없이 홀로 존재할 수 있다고 본 것은 결코 아니다. 퇴계도 '기가 없으면 리가 깃들 곳이 없다.'[28]는 것을 부인하지 않았고, 리기불상리의 측면에서 사단도 기가 없지 않고 칠정도 리가 없는 것은 아니라고 하였다. 그러나 퇴계가 주안점을 둔 것은 사단과 칠정이 각각 주리主理와 주기主氣의 차이가 있다는 측면이다. 무형무위하며 정의情意와 계교計較 그리고 조작造作함이 없는 리는 시·공간상에서 활발발한 운동성을 지닌 기가 없다면 현실적으로 그 주재성과 명령성을 실현할 수 없다. 리는 기의 형이하적인 토대와 운동성이 있어야 구

28) 『朱子語類』 권1: 無是氣 則是理亦無掛搭處.

현되지만 유형유위한 기와는 질적으로 다르다. 퇴계가 리기불상리를 부정하는 것은 아니지만 리가 경험적인 현실과 독립하여 논할 수 없는 것은 아니다. 유형한 만물을 구성하는 재료와 그 존재 원리는 불가분의 관계에 있지만 같다고 할 수는 없기 때문이다. 리는 기의 운동을 가능하게 하는 본체이며, 기는 리의 주재성을 싣는 작용이라는 질적 차이가 분명히 있다.

그런데 리발의 '발'은 무위無爲 무정의無情意 무조작無造作이라는 성리학적 전제에 위배되는 것인가? 율곡은 리는 무형무위하므로 퇴계의 리발은 잘못이라고 판단하였다. '발'은 발생 발동 발용 발현 등의 의미로 구체적인 운동성과 관련된 것이기 때문에 '리는 무위하다'고 한다면, 리발은 성립되지 않는다고 판단할 수는 있다. 그러나 퇴계가 주장한 리발과 기발의 '발發'은 그 함의가 동일하지 않다. 사단리발의 '발'은 리의 기에 대한 주재성과 명령성이 기에 엄폐당하지 않고 그대로 직출됨으로써 리의 순선함이 온전히 현현된 것을 뜻하는 반면, 칠정기발의 발은 실제적이고 물리적인 운동을 의미한다. 즉 퇴계의 '리발'의 발은 기의 물리적인 운동성을 의미한 것이 아니라, 사단의 근원이 성즉리와 본연지성에 있고 리의 명령성과 주재성이 탁박한 기질의 구애를 받지 않아 인욕에 엄폐되지 않고 직출直出하면 곧 순선한 사단이 된다는 측면을 강조한 것이다.

> 태극太極의 동정動靜이 있음은 태극이 스스로 동정함이요, 천명天命의 유행流行은 천명이 스스로 유행함이니, 어찌 다시 부리는 자가 있겠습니까? 다만 무극無極과 이오二五가 묘합妙合하여 엉겨서 만물을 화생化生하는 곳에 나아가 본다면, 주재主宰하고 운용運用하여 그로 하여금 이처럼 하게 하는 자가 있는 것 같으니, 곧 『서경書經』에 이른바 "상제上帝께서 하민下民에게 충衷을 내리셨다."는 것과 정자가 이른바 "주재主宰로써 이르면 제帝라 한다."는 것이 이것입니다. 대개 리기가 합하고 물物을 명命하니 그 신묘한 용用이 절로 이와 같을

뿐이며, 천명이 유행하는 곳에 또한 따로 부리는 자가 있다고 이를 수 없습니다. 이 리理는 지극히 존귀尊貴하여 상대가 없으니 물物을 명命하고 물物에게 명命받지는 않는 까닭입니다.[29)]

이는 성리학의 본지가 어디에 있는지를 분명히 제시하고자 함이다. 퇴계는 고봉이 사단 역시 중절하지 않을 수 있다는 비판에 대해 맹자의 성선설에 근거하여 재비판하였다. 즉 퇴계는 주리적 차원에서 천리인 본연지성이 그대로 직출된 것이 곧 사단이라는 자신의 견해가 맹자의 본지에 부합한다고 보았다.

또 사단도 절도에 맞지 않는 것이 있다는 논의는 매우 새롭긴 하지만 맹자의 본뜻은 아닙니다. 맹자의 뜻은 다만 순수한 인의예지로부터 발하여 나오는 것을 가리켜 말하여 성이 본래 선함을 드러냈기 때문에 정도 선하다는 뜻이었습니다.[30)]

퇴계는 맹자가 사단을 말한 본래 뜻이 순선한 도덕 감정의 본유함을 말하고자 한 것이므로 사단을 순선하다고 한 견해에 잘못이 없다고 판단하였다. 설혹 기질에 의해 본연지성이 엄폐당한다고 하더라도 유자입정孺子入井의 예에서 보듯이 우물에 빠지려는 어린아이를 보면 누구나 불인지심

29) 『退溪先生文集』 卷13 書 「答李達李天機」:太極之有動靜 太極自動靜也 天命之流行 天命之自流行也 豈復有使之者歟 但就無極二五妙合而凝 化生萬物處看 若有主宰運用而使其如此者 卽書所謂惟皇上帝 降衷于下民 程子所謂以主宰謂之帝 是也 蓋理氣合而命物 其神用自如此耳 不可謂天命流行處亦別有使之者也 此理極尊無對 命物而不命於物故也.

30) 『退溪集』 권16 「答奇明彥論四端七情第二書」(後論): 且四端亦有不中節之論. 雖甚新. 然亦非孟子本旨也. 孟子之意. 但指其粹然從仁義禮智上發出底說來. 以見性本善. 故情亦善之意而已.

不忍之心이 생겨 측은지심惻隱之心이 발동하여 어린아이를 구하고자 한다는 것이다. 불인지심과 측은지심의 발동은 인간의 마음속에 본유한 본연지성이 그대로 발현된 것이다. 성리학은 맹자학을 근간으로 하므로, 퇴계처럼 순선한 본연지성이 그대로 직출되는 사단에 중점을 두는 것은 타당하다고 하겠다. 퇴계는 사단이 인의예지란 본성의 직출이라고 한다면, 이것은 형이하인 기의 물리적 운동과는 다르지만 형이상인 리의 체용으로 설명할 수 있으며, 리의 기에 대한 주재성과 명령성이 구체적인 현상에서 직출되는 측면은 격물치지와 리도설理到說로도 해명할 수 있다고 보았다. 현실적으로 리가 기에 깃들 수밖에 없지만, 그럼에도 기의 활발발한 운동성에 제한받지 않으면서 탁박한 기질에 엄폐당하지 않는 차원을 해명하고자 한 것이다.

퇴계는 체용론으로써 기의 물리적 운동성과 다른 리동설理動說을 보다 정밀하게 논의하였다.

> 주자가 일찍이 "리에 동정이 있기 때문에 기에 동정이 있는 것이다. 만약 리에 동정이 없다면 기가 어찌 스스로 동정이 있겠는가?" 라고 말하였으니, 이것을 알면 의문이 없을 것입니다. 대개 정의가 없다고 운운한 것은 본연의 체이고 능히 발하고 능히 낳는다는 것은 지극히 묘한 용을 말한 것입니다.[31)]

정의와 계탁과 조작이 없다는 것은 리가 기와 같은 물리적 운동성이 없다는 의미이므로, '리는 무형무위하다' 는 원칙에 부합한다. 리의 본체는 무형무위하지만, '그 능생능발能生能發은 지극한 묘용' 이라고 하여, 리에 동정이 있기 때문에 기에 동정이 있다는 의미로 해석하였다. 리의 능생능

31) 『退溪集』 권39 「答李公治養中」 (庚午): 朱子嘗曰, 理有動靜, 故氣有動靜, 若理無動靜, 氣何自而有動靜乎. 知此則無此疑矣. 蓋無情意云云, 本然之體, 能發能生, 至妙之用也.

발은 기의 동정의 근거로서 이해해야 하고, 기와 같이 독자적인 물리적인 운동성을 갖는다는 것은 아니다. 기의 운동을 통해서야 비로소 리의 신묘한 작용이 드러난다. 퇴계는 리의 독자적인 운동에 대해서는 부정하였는데, 기를 리로 오인하는 것 역시 경계하였다.

> 대개 리는 혼자서 운행할 수 없다. 그러므로 리를 말하려고 하는 경우, 먼저 기를 말한다. 그러나 그 취지는 기를 리로 생각하여 하나로 뭉뚱그려서 말하려고 하는 것이 아니다.[32)]

리의 본체는 무위하여 무정의하지만, 리의 신묘한 작용은 기의 운동성과는 다른 차원에서 말할 수 있으며, 이는 격물치지설에도 그대로 적용할 수 있다고 보았다.

퇴계가 그의 문인인 정유일鄭惟一의 질문에 답한 내용 중에 리와 격물에 관한 논의가 있다.

> 팔조목 가운데 격물을 논하여 "천하의 만물에는 반드시 각각 소이연지고와 소당연지칙이 있으니, 이른바 리이다."고 한 것에 대한 주석에서, 주자는 "소당연지칙이란 임금의 인과 신하의 경 같은 것이고, 소이연지고란 임금이 어떤 까닭으로 인해야 하며 신하가 어떤 까닭으로 경해야 하는 것 등등이니, 모두 천리가 그렇게 하도록 하는 것이다."고 하였으며, 신안 진씨는 "소당연지칙은 리가 실현되는 곳이고 소이연지고는 한층 깊은 리의 근원이다."고 하였다.
>
> 격물전에 "일물一物에 나아가 그 어떤 사물도 당연하여 그만둘 수 없는 것과 소이연하여 바꿀 수 없음을 볼 수 있다."고 하였는데, 서산 진씨는 "임금이 되

32) 『退溪集』 권32 「答禹景善」: 蓋理不能獨行. 故將說理處 先設氣. 其意非以氣爲理 而衮作一片說也.

어서는 어질어야 하고 신하는 공경해야 하는 것과 같은 류는 곧 도리가 응당 이와 같아야 하니, 이와 같지 않으면 불가하기 때문에 '소당연'이라고 하는 것이다. 그러나 인과 경 등이 인력으로 억지로 하는 것이 아니라 태어날 때 곧 이 리를 품부받은 것이니 하늘이 부여한 것이므로 '소이연'이라고 한다. 소당연을 아는 것은 성을 아는 것이고 소이연을 아는 것은 하늘을 아는 것이다."고 말하였으니, 그 리가 어디서 왔는지 안다고 하는 것이다.[33]

퇴계의 리도설은 『대학』의 '물격物格'에 대한 해석을 기반으로 구축된 학설로서, 만년에 그의 학문적 성과가 온축된 것이다. '물격'은 『대학』 경 1장 "사물이 이른 뒤에 앎이 지극해지고 앎이 지극해진 뒤에 뜻이 진실해진다."는 경문 다음에 나오는 구절이다. 당시에 이를 어떻게 해석할 것인지에 대한 여러 견해가 있었는데, 퇴계 또한 주자가 리는 정의나 계탁 조작이 없다고 한 입장을 견지하여 물리의 극처를 궁구하여 이를 수 있는 것이지 리가 스스로 극처에 이를 수 없다고 보았다. 그래서 물격의 격과 무부도의 도는 모두 내가 격하고 내가 도한다고 보았다고 하였다.[34] 그런데 1570년 고봉에게 보낸 편지에서 격물과 물격에 대한 깊은 이해를 제시하고 있다. 퇴계는 리의 본체는 무위하지만, 그 지신至神한 작용을 간과하

33) 『退溪集』 권25 「鄭子中與奇明彥論學」: 八條目. 論格物曰. 天下之物. 必各有所以然之故與其所當然之則. 所謂理也. 注. 朱子曰. 所當然之則. 如君之仁. 臣之敬. 所以然之故. 如君何故用仁. 臣何故用敬云云. 皆天理使之然. 新安陳氏曰. 所當然之則. 理之實處. 所以然之故. 乃其上一層理之源頭也.

格物傳曰. 自其一物之中. 莫不有以見其所當然而不容已. 與其所以然而不可易者. 注. 西山眞氏曰. 如爲君當仁. 臣當敬之類. 乃道理合當如此. 不如此則不可. 故曰所當然. 然仁敬等. 非人力强爲. 有生之初. 卽稟此理. 是乃天之所與也. 故曰所以然. 知所當然. 是知性. 知所以然. 是知天. 謂知其理所從來也.

34) 『退溪集』 권18 「答奇明彦 別紙」: 前此滉所以堅執誤說者. 只知守朱子理無情意. 無計度. 無造作之說. 以爲我可以窮到物理之極處. 理豈能自至於極處. 故硬把物格之格. 無不到之到. 皆作己格己到看.

다면 리를 사물死物로 여기는 오류가 발생한다고 염려하였다.

> 이 정의가 없고 조작이 없다는 것은 리의 본연한 체이고, 그 깃든 경우를 따라 발현하여 이르지 않는 것이 없는 것은 리의 지극히 신묘한 작용이라는 것을 알게 되었습니다. 전에는 다만 본체가 무위한 줄만 알고 묘용의 현행顯行을 알지 못하여 리를 거의 사물死物로 인식하였으니, 도와의 거리가 어찌 심히 멀지 않았겠습니까.[35]

리의 신묘한 작용이란 리가 기에 깃들어 있지만 사사물물에서 순선한 주재성과 명령성을 그대로 발현하는 것을 의미한다. 그렇다면 물격은 어떻게 이해될 수 있는가?

> 리의 작용이 비록 사람의 마음을 벗어나는 것은 아니지만, 그 작용이 신묘한 것이 되는 까닭은 참으로 리의 발현은 사람 마음이 이르는 바에 따라 이르지 않음이 없고 다하지 않은 곳이 없기 때문입니다. 그러므로 다만 나의 격물이 미치지 못함이 있음을 걱정할 뿐, 리가 스스로 이르지 못할까 걱정할 것은 없는 것입니다. 그렇다면 '격물'을 말할 때는 본래 내가 궁구하여 물리의 극처에 이르는 것을 말하는 것이며, '물격'을 말할 때는 물리의 극처가 내가 궁구하는 바에 따라 이르지 않음이 없는 것이라 말할 수 없겠습니까?[36]

---

35) 『退溪集』 권18 「答奇明彥 別紙」: 是無情意無造作者 此本然之體也, 其隨寓發見而無到者 此理至神之用也. 向也但有見於本體之無爲 而無知妙用之能顯行 殆若認理爲死物 其去道不亦遠甚矣乎.

36) 『退溪集』 권18 「答奇明彥 別紙」: 其用雖不外乎人心 而曰其所以爲用之妙 實是理之發見者 隨人心所至而無到者 無所不盡. 但恐吾之格物有未至 不患理不能自到也. 然則方其言格物也 則固是言我窮至物理之極處, 及其言物格也 則其不可謂物理之極處, 隨吾所窮而無不到乎.

퇴계는 격물을 말할 때는 내가 물리의 극처에 궁지窮至함을 말하지만, 물격을 말할 때는 물리의 극처가 나의 궁구함에 따라 이르지 아니함이 없다는 것을 가리켜 말한 것이라는 것이다. 그것은 리가 오심吾心의 작용에 대해서 그와 조응하여 주밀한 자기 전개를 하고 있다고 본 것이다.[37] 퇴계는 체용론을 통해 무위한 리의 본체뿐만 아니라 리의 신묘한 작용성을 깊이 있게 이해하고, 더 나아가 이것이 오심吾心의 차원에서는 격물의 과정으로 말할 수 있고 또 물의 차원에서는 뭇 이치의 극처가 그 어느 하나라도 도달되지 않은 곳이 없다고 말할 수 있다고 이해하였다.[38] 즉 '물격'을 '물에 격하는 것' 으로 해석하는 것도 가능하지만 '물이 격하다' 로 이해하는 것 역시 가능하다는 것이다.[39] 사물의 이치가 내 마음에 갖추어져 있어 인사와 만물, 그리고 오심이 무관하지 않기 때문에 그것을 리의 작용과 심의 작용을 이분화하여 이해할 필요가 없다고 보았다.

> 주자가 말하기를 "리에는 반드시 작용이 있는데, 구태여 심의 작용을 말할 것인가?" 라고 하였다.[40]

사사물물에서 리가 그 작용성을 발현하는 것을 '물리의 극처가 이른다' 고 이해한 것이 바로 퇴계 리도설의 핵심이다. 이것은 리의 묘용妙用이

---

37) 문석윤 「퇴계에서 理發과 理動, 理到의 의미에 대하여」 『퇴계학보』 제110집 2001, 195쪽.

38) 『退溪集』 권26 「格物致知俗說辨疑 答鄭子中」: 何以云 是 辭亦通乎. 曰. 此與今人所謂 是 辭者. 辭同而旨異者也. 夫今所云 是 者. 謂物理之極處 是 自無不到於吾心. 卽牽拽向裏之病. 非也. 吾所云 是 者. 謂衆理之極處 是 無一不到之處也. 則理依然自在事物. 而吾之窮究無一不到處耳. 故曰亦通.

39) 『退溪集』 권26 「格物致知俗說辨疑 答鄭子中」: 格物. 物乙格乎麻是 註. 欲其極處 厓 無不到也. 物格. 物厓格爲隱 註. 物理之極處 厓是 無不到也. 格字有窮而至之義. 格物. 重在窮字. 故云物 乙 格 乎麻是. 物格. 重在至字. 故云物 厓 格 爲隱. 一說. 物理之極處 是 亦通.

40) 『退溪集』 권18 「答奇明彦 別紙」: 朱子曰. 理必有用. 何必又說是心之用乎.

실제적으로 직출되는 것을 의미하는 것이지 기의 물리적인 운동성을 가리키는 것이 아니다. 그렇다면 퇴계학은 인간 심성론적으로는 사단 '리발설' 로, 인간 본성뿐만 아니라 모든 존재자가 각각의 소이연과 소당연의 천리를 그대로 발현하는 차원을 '리도설' 로써 제시한 것이다.

> 기가 리를 따라 발하여 털끝만큼의 막힘이 없다면 이것이 바로 리발입니다. 그런데 만약 이것을 벗어나 다시 리발을 찾는다면 아마 그 헤아리고 모색하는 것이 심하면 심할수록 더욱 찾을 수 없을 것이라 생각합니다.[41]

리발과 리도는 곧 지선의 경지로서 리의 기에 대한 주재성과 명령성이 기에 엄폐당하지 않고 직출된 상태를 이름이다. 이것을 사사물물의 차원에서는 리가 이르렀다〔理到〕고 해도 무리가 없다. 퇴계는 천명으로서의 리[42]가 곧 인간의 본연지성이며 본연지성은 사단으로 발현된다. 그리고 사사물물의 천리가 현실 속에서 실현되는 것은 『중용』의 연비어약으로 표현된다. 모든 존재자가 참되어 거짓이 없어 도가 자연히 발현하여 자기 본성을 그대로 구현하는 것이다.

> '물망물조勿忘勿助' 와 '연비어약鳶飛魚躍' 을 논하여 비유를 취하는 의미로 삼았는데, 자연무위自然無爲의 기상만을 취하는 것이 좋겠다. 옛사람들이 이를 논한 여러 설명을 보면, 이것은 비유를 취해서 그 기상을 말한 것이 아니라, 이로 인하여 저것을 들어서 도체道體가 자연히 발현發見하여 유행하는 실상을 보

---

41) 『退溪集』 권17 「答奇明彥」: 氣之順理而發 無一毫有碍者 更是理之發矣. 若欲外此而更求理之發 吾恐其揣摩摸索 愈甚而不可得矣.

42) 주자가 「중용』 수장 '천명지위성' 의 주석에서 '성즉리' 라고 하였고, 퇴계 또한 「天命圖說後敍」에서 천명을 리로 이해하였다.

> 인 것이다. 잊지 말고 조장하지 않는 '물망물조' 같은 것은 도가 나에게 있어서 자연히 발현하여 유행하는 실상을 볼 수 있는 것이요, '연비어약'은 도가 사물에 있어서 자연히 발현하여 유행하는 실상을 볼 수 있는 것이다.[43]

물망물조는 도가 인간에게서 발현하여 유행하는 것을 보여주는 것으로, 본성이 거짓과 인위가 없이 자연스럽게 발현되고 유행하는 참모습이다. 연비어약은 도가 사물에서 자연스럽게 발현된 것으로 천리가 그대로 유행하여 구현된 것이다. 그렇다면 사물 또한 그에 내재한 천리가 그대로 발현되고 유행하는 참모습이 있는 것이다. 인물人物의 본성이 천리의 차원에서 다르지 않다면 그 천리가 그대로 발현한다는 참모습 역시 다르지 않을 것이다. 이는 리일분수설로도 이해할 수 있으니, 격물치지는 바로 이러한 천리에 대한 궁지窮至이며 수양론의 핵심이다.

주자는 격물과 물격을 대학 공부의 시작으로 보면서도 격물은 내가 사물의 이치를 탐구하는 행위라면, 물격은 공부한 결과 사물의 이치가 나에게 이루어진 것이라고 구분지었다. 퇴계가 말한 "물리의 극처가 내가 궁지하는 바에 따라 이르지 않음이 없다."는 것은 바로 이와 같은 경지를 이름이다. 퇴계는 1569년 문인에게 준 편지에서 중용의 '천명'의 구현이 곧 대학의 '지선至善'이라고 설명하였다.

> 나는 주 선생이 중용의 뜻을 풀이하면서 "중용은 편벽되지 않고 치우치지 않으며 지나침이나 미치지 못함이 없는 평상의 리이니, 바로 천명이 마땅히 그

---

43) 『退溪集』 제25권 「答鄭子中 別紙」:所論勿忘勿助與鳶飛魚躍之義 以爲取譬之意但取其自然無爲之氣象者 善矣 然觀古人論此諸說 蓋非取譬以言其氣象 乃因此而擧彼 以見道體自然發見流行之實 如勿忘勿助 則道之在我 而自然發見流行之實 可見 鳶飛魚躍 則道之在物 而自然發見流行之實 可見.

러한 바로서 정미한 극치이다."라고 한 것을 항상 애모하였습니다. 대저 이 도리는 온전히 일용처에서 널리 저 안에 있으면서 경중 장단 대조의 준칙에 각각 딱 맞는 곳이 있지 않음이 없습니다. 이것이 '정미한 극치'라는 것으로, 『대학』의 지선이 이것입니다.[44)]

성리학의 격물치지는 객관 사물에 대한 가치중립적 이해나 지식적 차원의 인식이 아니다. 오심吾心 즉 인식 주체는 사사물물을 인식하지만, 그것은 인식 내용은 소이연과 소당연이다. 소이연과 소당연을 안다는 것, 즉 즉물궁리는 사사물물의 존재 원리 및 소당연의 근원에 대한 탐구가 곧 윤리적 실천으로 직결되어야 함을 뜻한다. 리일지리 차원에서 모든 존재자에게 보편적인 천리가 존재하고, 분수지리 차원에서도 각각의 천리가 내재해 있다면, 격물치지는 오심의 인식 및 행위와 무관할 수 없다. 퇴계가 말년에 고민했던 격물과 물격에 대한 논의가 리일분수설과 체용론에 근거한다면, 천리는 사사물물에 내재해 있고 인식 주체인 오심은 현실 상황 속에서 응접하는 사사물물에서 천리를 인식하고 구현해야 한다. 지선의 경지, 즉 천명 그대로의 본성을 본유한다면 나와 사사물물은 모두 천리대로의 인仁한 삶을 살 수 있다. 이 지경은 사사물물에 내재된 천리가 곧바로 인식되어 실현된다는 것이므로 리도설이라고 해도 되는 것이다. 인간과 사물이 모두 천리 그대로의 삶을 산다면 실제적으로 기가 활발발하게 유위有爲한다고 할지라도 그것은 리의 신묘한 작용의 드러남이며, 천명의 실현인 것이다.

격물과 물격이 천명과 지선과 밀접한 관련이 있다면, 사물에 대한 성리

44) 『退溪集』 권37 「答李平叔」: 滉常愛朱先生解中庸之義曰. 中庸者. 不偏不倚無過不及. 而平常之理. 乃天命所當然. 精微之極致也. 大抵此道理. 全在日用處. 平鋪地在那裏. 其輕重長短大小之則. 莫不各有恰好處. 此所謂精微之極致. 而大學之至善. 是也.

학적 지식이 인식 주체의 도덕적 판단과 실천을 포함하고 있다는 것을 알 수 있다. 성리학은 존재 원리에 대한 인식과 당위법칙의 실천이 불가분의 관계에 있다고 보았기 때문에, 앎은 인간의 본성이나 사물의 당위법칙과 무관할 수 없다. 분수지리 차원에서 격물치지를 통해 리일지리를 활연관통하게 체인하게 되면 인간은 천명 그대로의 삶을 살 수 있고 만물은 연비어약할 수 있다. 이 지선한 경지는 리의 체용이 그대로 실현된 상태이므로 '리도' 라고 언표하더라도 문제가 될 것이 없다. 퇴계의 리도란 천일합일과 지어지선의 경지에 대한 리기론적 이해이다. 성리학적 세계관을 견지한 경우, 이러한 유기적 관계망을 전제하지 않는다면 그것은 잘못된 인식이거나 인욕을 충족시키는 폐단을 초래할 것이다.

3. 화서의 격물치지와 양화론洋禍論

1) 낯선 타자와 존리적 사유

조선은 성리학의 나라였다. 성리학은 정치 이념이면서 시대정신이었다. 따라서 조선 성리학은 그 이념을 어떻게 실현할 것인가에 주력하였으니, 주요 논쟁들은 모두 그런 사유의 궤적을 보여주고 있다. 개항 이후 조선 왕조를 뒷받침하고 있던 중화주의와 성리학적 사회체제는 낯설고 강력한 타자, 서구 근대문명에 의해 해체되어갔다. 성리학은 위정척사사상으로써 이에 대응하였으니, 위정척사사상은 성리학적 도덕문명의 이념과 가치관을 제대로 정립하고 사학邪學을 물리치는 것을 가장 시급한 과제로 여겼다. 위정척사의 대표적 사상가인 화서 이항로(李恒老, 1792~1868)는 이단을 물리치는 데 정학正學을 밝히는 것보다 급한 것이 없다고 생각하였다. 그는 그릇된 서양 문명을 배척하는 것이 곧 자족한 이념인 성리학을 지키는 길이라고 믿었다. 그런 의미에서 본다면 척사가 곧 위정이요 위정이 곧 척사이다. 이런 판단의 준거는 오륜과 같은 도덕의 존재 여부였다. 조선은 삼강오륜과 같은 도덕을 갖추었지만, 서양인은 이러한 도덕 이념이 없기 때문에 오랑캐만도 못한 금수와 같다고 여겼다. 유교적 가치관에 기초한 도덕의식과 문화로부터 이탈이 곧 이적夷狄을 의미하였다.

서구 근대 사유 방식은 자연에 대한 과학적 인식과 밀접한 관련 속에서 발전하였다. 근대문명이 과학기술의 발달을 기초로 한다는 것은 매우 중요한 함의를 가진다. 과학기술의 발전에 힘입어 놀라운 발전을 이룬 서구 근대문명은 군함과 자본주의를 앞세우고 비서구 지역으로 향했다. 군함과 철도로 표상되는 문명성은 곧 과학기술이었다. 거부할 수 없었던 서양이란 타자와의 만남은 개항 이후 본격화되었다. 낯설고 이질적인 문명을 접하고서 그를 거부하고 나와 얼마나 다른지 구분하는 일은 지극히 자연스러운 반응일 수 있다. 타자의 이질성을 묻는 시선은 곧 타자를 문제 삼고 있는 자신의 정체성을 확인하는 일과 직결된다. 화서는 성리학적 보편 이념을 믿어 의심치 않았을 뿐만 아니라 성리학에 대한 문명적 자긍심을 가지고 있었기 때문에 척사론과 양화론을 구축하여 서양 근대문명을 배척하였다. 그는 위정衛正을 통해 조선 왕조의 체제적 안정을 도모하여 외세에 맞서고 근대적 변화를 저지하고자 하였다.

화서가 '태극이 만물의 근원임을 모른다.'는 이유로 서구 근대문명을 오랑캐라고 판별한 것은 단순한 배척과 저항은 아니었다. 위정척사파가 개항 이후 사회적 변화와 함께 당시 개화파 개혁 정책의 일환이었던 변복령變服令(1886)과 단발령(1895)을 받아들일 수 없었던 까닭은 시대 변화를 인정하고 싶지 않은 것도 있었지만, 자신의 문명적 정체성을 지키려는 자존 의식의 표출이었다. 소매를 좁게 하여 복장을 간편하게 하고 상투를 자르는 것은 단순히 외모만 변하는 것이 아니라 그 속에 담긴 정신과 문화까지 말살하는 것으로 이해했다. 이는 소중화小中華인 조선의 문화를 이적화夷狄化하는 징표였다. 우리가 흔히 근대를 '서세동점'으로 요약하듯이, 그들의 저항이 강력한 격변을 막아내지 못했으며, 성리학은 해체의 길을 걸었다.

화서는 '성리학적 사유체계는 참된 진리인가?'라는 질문을 던지지도 않았지만, 던질 생각도 없었다. 도리어 그는 정학론을 체계화함으로써 성리학적 이념을 공고화하고자 하였다. 근대적 격변과 혼란의 근본적인 원인이 성리학 이념을 제대로 이해하고 실천하지 않는 데 있다고 여긴 탓이다. 당시 유학적 정체성을 어떻게 확보할 것인가를 놓고 치열한 고민을 하지 않을 수 없었던 그는 리의 중요성을 더욱 강조하고 리를 중시하는 성리학을 더 철저하게 실천하여 이 위기를 벗어나려 하였다. 이에 따라 서학은 천리를 모르는 삿된 학문〔邪學〕이며, 그들을 배척하는 '척사斥邪'는 정당하다는 논리를 전개하였다.

현실적 위기감은 세계를 화이적 가치관념에 기초하여 바라보게 하였으며 그것은 리기론에 그대로 투영되었다. 따라서 척사의 성리학은 당위법칙으로서의 리를 강조하는 경향이 강했다. 화서는 리와 기는 한 사물 속에서 서로 떨어져 있을 수 없지만, 그럼에도 불구하고 구별해서 논의하지 않으면 안 된다는 입장에서 존리적 가치 의식을 확고히 하였다. 그는 리의 절대성과 주재성을 강조하여 리기가 리존기비理尊氣卑와 리주기역理主氣役의 관계에 있다는 주리적 입장을 견지하였다. 무엇보다 화서는 리가 강력한 능동성을 가져야만 기의 작용에 대한 명령〔主宰〕을 강화하여 기가 리의 명령을 따르지 않고 제멋대로 하는 것〔自用〕을 막을 수 있기 때문에, 기의 추뉴樞紐와 준칙準則이 되는 리가 기를 통솔해야 한다고 하였다.

> 기의 근본 추뉴와 준칙이 리에 있으며, 리는 자연히 순선무악하고 기는 청탁 수박과 편전 통색의 구별이 없을 수 없다. 만약 섞어 말한다면 리 본체의 탁연함을 볼 수 없으니 또한 어찌 기의 주요한 준칙이 되어 기를 통솔할 수 있겠는가?[45)]

화서는 리의 능동성과 주재성을 분명히 하여야만 악의 근원인 기를 강력히 제어할 수 있다고 하였다.

화서는 이러한 주리론을 심성론에까지 관철시켰다. 성리학에서 리기론은 도덕적 당위와 실천인 존천리 알인욕을 해명하는 형이상학적 기제였으므로, 화서의 리기론도 '심성론 차원에서 도덕 실천을 어떻게 할 것인가' 란 문제와 연계되어 논의되었다. 그가 '리가 주재主宰 운용運用의 주체' 라고 하여 기에 대한 리의 주재성을 강조한 것은 존재해야 할 '당위적 세계' 를 확고히 하려는 것이었다. 이러한 당위적 필요성의 강조는 심성론에서 심을 주리적 측면에서 보려는 의도와 직결된다. 화서는 심이 주리와 주기의 양 측면으로 설명될 수 있다고 인정한다. 다만 그 주재적 기능은 리의 측면으로 봐야 하며, 일심一心에서 일어나는 만사만물의 변화가 리의 주재성에 따라야 한다고 생각했다.[46)] 곧 심의 본령을 리기의 합으로 보면서도 주리적 측면으로 이해함으로써 주재 운용의 주체인 심의 형이상학적 근거를 제공하였다. 성현은 언제나 존천리 알인욕을 실천하는 도덕 주체이므로, 그는 성현이 심을 말한 관점은 대개가 리의 측면에 있음을 들어 주리로 심을 이해할 것을 강조하였다.[47)] 따라서 주재 운용의 주체

---

45) 『華西先生文集』 권19 「明德理氣人物性同異辨」: 氣之根樞準則則在理也, 理自純善無惡而氣不能無淸濁粹駁偏全通塞之別 若雜而言之則無以見理之本體之卓然者 而亦何足以爲氣之主腦準則而統率之乎.

46) 『華西先生文集』 권17 「龍門雜識」: 宋子曰心有以理言 有以氣言 愚謂以理言者 心之本體也 以氣言者 心之形體也

가 되는 심을 리가 아닌 기로 파악하게 된다면 그 주재 운용의 능력 또한 기의 기능이 되어 기가 만사 만물을 주재 운용하게 된다고 파악하였다.

> 리가 주인이 되고 기가 그 부림을 받게 되면 리는 순해지고 기는 바르게 되어 만사가 다스려지고 천하가 태평하게 된다. 기가 주인이 되고 리가 부차적인 것이 되면 기는 강성해지고 리는 숨게 되어 만사가 어지러워지고 천하가 위태롭게 된다.[48)]

명덕주리주기론明德主理主氣論은 조선 말 성리학의 핵심 논제였다. 명덕논쟁은 대학의 명덕 개념을 주리로 볼 것인가 주기로 볼 것인가를 다룬 것이지만, 마음의 주재성을 어떻게 확보할 것인가가 논쟁의 본질이었다. 이들은 모두 불선不善을 초래하는 氣〔심〕의 자용自用〔제멋대로 함〕을 막고자 하였다. 화서학파는 명덕주리론을, 고산학파는 명덕주기론을 주장하였다. 당시 유학계는 영남학파의 전통적인 주리론 이외에도 경기도의 이항로, 호남의 기정진, 영남의 이진상 등이 '기에 대한 리의 절대적 우위'를 관철하고자 철저한 주리론을 표방하였다. 이와 달리 고산학파는 주기론적 입장을 고수하여 기의 능동적인 작용을 인정하였지만, 리가 기의 표준이 된다고 하면서 심의 자용을 막고 있다. 주장하는 바의 차이가 있지만, 당시 유학자들은 대부분 명덕논쟁을 중심으로 하여 여전히 성리학적인 세계관을 고수했다고 하겠다.

성즉리性卽理는 성리학의 기본명제이다. 리는 곧 성이며, 인의예지의

---

47) 『華西先生文集』 권9 「與金穉章」: 心氣也物也 但此物此氣上面 指其德則曰理也 聖賢所謂心 蓋多指此也

48) 『華西先生文集』 권25 「理氣問答」: 曰合理氣則一也 其以理爲主以氣爲主則不同也 理爲主氣爲役則理順氣正 萬事治而天下安矣 氣爲主理爲貳則萬事亂而天下危矣

성이 현실에서는 오륜이란 윤리 질서로 드러난다. 화서학파는 앞에서 살펴본 바와 같이 리의 능동성과 주재성을 강조하였으며, 더 나아가 천리는 반드시 실현되어야 할 절대적 가치를 가진 것으로 보았다. 이와 같이 기에 대한 리의 주재를 강조하다 보니 기에 대해서는 부정적으로 인식하였다. 화서학파가 심통성정의 심은 명덕으로서의 리를 의미한다고 주장한 것은 심시기론心是氣論이 초래하는 '기가 리를 주재함'의 사태를 막고 리가 기를 주재해야 한다는 논리를 관철하려는 것이었다. 악의 원인은 기가 그렇게 시킨 것〔氣使之然〕이기 때문이다. 화서가 명덕을 주리적 측면에서 이해한 것은 리의 주재성을 명확히 하기 위함이었다.[49] 만약 심을 기로 보면 기가 리를 명령한다는 뜻이 되기에 용납할 수 없었다. 주재란 리에 부여된 개념이지 기에 부여될 수 없는 개념이 아니었다.[50]

명덕주리주기논쟁明德主理主氣論爭은 명덕을 리로 봐야 마땅한지 아니면 기로 이해해야 하는지를 논의한 것이지만, 주리론자이든 주기론자이든 그들은 모두 리가 인간의 인식과 실천 속에 그대로 드러날 때 인간의 올바른 삶이 이루어질 수 있다고 확신하였다. 따라서 명덕주리주기론자들이 공통적으로 문제 삼은 것이 바로 기의 자용自用이다. 사회적 혼란은 기가 리의 명령을 따르지 않고 제멋대로 행동함〔自用〕에서 비롯된다고 생각했기 때문이다. 화서는 리의 기에 대한 우위와 주재성을 확립하여 기의 자용을 막는 것이 사회적 혼란을 바로잡는 근본적 해결책이라고 주장하였다. 그는 현실 세계의 치란治亂을 곧 주리主理 주기主氣 문제로 환원하여, 치란이 모두 일심에서 말미암는데 일신一身의 주재인 일심一心이 주리

49) 이상익 「華西 李恒老의 主理論과 退溪學」 『퇴계학보』 제117집 2005 참조.

50) 『華西先生文集』 권12 「答柳穉程」: 凡性情之主宰者 心也 心得主宰 則理明而氣不亂矣 心失主宰 則氣蔽而理不行矣 安有氣主宰之時乎 主宰二字 本不當移用於氣字上矣 主宰者一而已 (중략) 蓋理有能主宰與不能主宰之時矣 氣有拘蔽與不拘蔽之時矣

主理가 되어야만 순선무악한 리의 주재성이 제대로 발현될 수 있다고 보았다.

> 정학과 이단이 상호 성쇠盛衰하는 것은 그 근원이 실로 사람의 일심에서 말미암은 것이다. (중략) 난세를 구제하는 것은 이단을 물리치는 것보다 먼저 할 것이 없으며, 이단을 물리치는 것은 정학을 밝히는 것보다 급한 것이 없다. 정학을 밝힌다는 것은 다만 일심에서 그 천리와 인욕을 변별하는 데 있을 뿐이다.[51)]

즉 난세 구제에 이단을 물리치는 것보다 먼저 할 것이 없고, 이단을 배척하는 것은 정학을 밝히는 것보다 급한 것이 없다고 판단한 것이다. 이적은 수용하고 배워야 할 전범이 아니라 교화의 대상일 뿐이니, 그것은 성리학적 사유에 근거한다면 당연한 귀결이었다.

> 중화가 이적을 교화하고 이적이 중화를 모열하는 것 또한 천리의 본연과 인심의 당연에서 나왔다.[52)]

화서의 화이론과 정학론은 서양 인식에 그대로 투영되었다. 화이의 분별은 곧 천리와 인욕의 차이를 의미하였는데, 서양이 문명적으로 이적인 까닭은 그들이 태극이 만물의 근원임을 알지 못하는 것이다.

---

51)『華西雅言』권12「異端」: 正學異端相互盛衰 其源實由人之一心. (중략) 故救亂世 莫先於闢異端, 闢異端 莫先於明正學 明正學只在一心辨別天理人欲而已.

52)『華西先生文集』권25「用夏變夷說」: 中華之敎化夷狄 夷狄之慕悅中華 亦出於天理之本然人心之當然.

서학의 잘못된 점은 본래 태극이 만물의 근원임을 알지 못하고 오히려 형과 상이 있는 것을 가지고 천지를 조성한 것으로 여기며, 간략한 것을 즐기고 사리私利를 기뻐하는 마음으로 윤리를 끊고 예절을 도폐하는 것이다.[53)]

화서는 서구 근대문명은 성리학적인 전장典章과 문물文物을 모르며 간략한 것을 즐기고 절제의 대상인 사리를 추구하는 부도덕에 지나지 않는다고 판단하였다. 과학기술과 관련해서는 형상形象에 대한 물리적 연구를 곧 천지에 대한 이해로 여긴다고 보았는데, 이것은 과학기술의 발달에 관한 모든 것을 존리적 사유와 위계질서에 근거하여 판별하고 있음을 보여준다. 과학기술의 정교함은 인욕을 충족시키는 것에 가까우므로 추구할 만한 가치가 없으며, 오히려 알인욕의 대상이 된다. 존리적 성리학설이 참으로 진리이고, 이를 일심의 명덕주리적 차원에서 알인욕하는 것이 급선무라면, 과학기술은 아무리 정교하고 편리하더라도 배척하는 것이 옳다는 것이다. 따라서 서양 문명은 사학邪學으로 혹세무민惑世誣民하는 것이니, 그들을 수용하는 것은 재앙에 불과하였다.

2) 알인욕閼人欲과 양화론洋禍論

개항을 계기로 맞닥뜨린 '이양선'은 서양의 물리적 힘과 강권력을 실감하게 하였다. 강력한 타자를 대하는 시선은 다양해질 수밖에 없었다. 당시 지식인들은 서구의 앞선 문물과 과학기술을 '양화洋禍 혹은 서기西器'란 용어로 구체화하였다. 양화란 용어는 서양 근대 문물에 대한 비판적 시선을, 서기란 용어는 긍정적 시선을 담고 있다. 이러한 상반된 시선

53) 『華西雅言』 권12 「洋禍」: 西學誤謬 本不識太極爲萬物根源 却將有形有象認作造成天地而以樂簡喜利之心 割斷倫理 掉廢禮節.

은 서구 자연과학 및 기술을 어떻게 이해하고 그와 어떤 관계맺음을 할 것인가를 묻는 견해와 불가분의 관계에 놓여있었다. 이는 자연에 대한 인식의 문제였을 뿐만 아니라, 서구 근대문명에 관한 철학적 관점의 차이를 보여준다.

화서는 리가 주재성과 능동성을 가져 기의 현상 작용에 대한 강력한 통제력을 행사해야 마땅하지만, 리의 본체는 무형무위하므로 그 작용성에 대해서는 언제나 '형形'에서 말해야 한다고 하였다. 만약 현실적인 차원을 떠나 리기를 말한다면 그것이 공허한 관념이 되어버리기 때문에 경계하였다. 따라서 성인의 가르침이 언제나 리가 '형기形氣'와 불가분의 관계에 있다는 현실적 맥락은 놓치지 않지만, 또한 형기가 도리와 혼동되어서도 안 된다는 점에 중점이 있었음을 지적하였다.

> 성인이 가르침을 베푼 것은 모두 형기와 떨어져 있을 수 없는 측면〔不離上〕에 나아가 그 도리가 섞이지 않는 것을 가리켜 말한 것이다.[54]

화서가 모든 존재는 구체적인 현상세계인 '형形' 상에서 인식된다고 언급한 것은 기의 운동성이나 작용에 초점이 있지 않다. 리기가 불리의 관계에 있다는 언급은 곧 현실적으로 리의 기에 대한 주재성과 도리를 형기와 혼동해서는 안 된다는 가치적 계서階序를 확실히 하려는 의도이다.

> 대개 도와 기의 구별은 다만 한 '형' 자에 나아가 그 상하를 절단할 따름이니, 이른바 상하라는 것은 하나는 위에 있고 다른 하나는 아래에 있어서, 각각 상하라고 하는 자리에 있는 것이다. 다만 이 기를 탄 것을 도라 하고 이 도를

54)『華西先生文集』권19「明德理氣人物性同異辨」: 聖人設敎 皆從形氣不離上 指示其道理之不雜者而言之.

> 실은 것을 기라 한다.[55)]

형에서 리기 관계를 파악한다는 것은 결국 현실 차원에서 도리와 형기의 질적인 차이와 가치적 차등을 확연히 판별하여 존리적 세계를 구현하려는 것이다. 화서는 모든 현상과 작용에서 리의 기에 대한 통솔을 확인하고자 하였다.

> '형' 자에 나아가 말하였기 때문에 그 불리不離를 보고, 반드시 나누어 말하였기 때문에 그 부잡不雜을 보며, 반드시 상하라고 말하였기 때문에 그 군신 사역 존비가 어디에 있는지를 볼 수 있으니, 이 세 가지는 오래도록 리를 이해하는 핵심이다.[56)]

> 리는 이 물이 마땅히 그러해야 하는 준칙으로 형이상의 도道요, 기는 이 물이 능히 그렇게 할 수 있는 구具로 형이하의 기이다. 물의 물됨은 비록 리와 기 어느 하나라도 빠뜨릴 수 없으나, 짐짓 기에 따른다고 하면 순하지 않음이 없고 짐짓 기에 맡긴다고 하면 막히지 않음이 없다.[57)]

형이상의 도인 천리에 따르며 마땅히 기의 자용은 제어되어야 한다는 성리학적 세계관을 견지한다면, 서구 과학기술에 대한 이해 역시 이러한

---

55) 『華西先生文集』 권13 「答堎」: 蓋道器之別 只就一形字 切斷其上下而已. 所謂上下者 亦非一在上一在下 各爲一處也. 但謂乘此氣者道也, 載此道者器也.

56) 『華西先生文集』 권13 「答堎」: 就一形字上言之 故見其不離, 必分而言之 故見其不雜, 必曰上下也 故見其君臣使役尊卑之所在, 此三者古萬見理之祖宗金石也.

57) 『華西先生文集』 권15 「溪上隨錄」 권2: 理者是當然之則也 所謂形而上者之道也, 氣者是能然之具也 所謂形而下者之器也. 物之爲物 雖不可闕一 然纔曰循理 則無往而不順, 纔曰任氣 則無往而不礙.

관점에서 예외일 수 없을 것이다. 그래서 화서는 서구 과학기술에 대한 이해가 빈약했음에도 불구하고 매우 적극적으로 강경하게 비판할 수 있었다. 그가 이미 1830년대 중후반에 과학기술을 포함한 서학 비판의 뜻을 굳힌 이래, 그것을 완성하기까지 30여 년이란 시간이 소요되었다. 화서는 서구 과학기술의 정교함을 우월함으로 이해하지 않고 화이론의 구조 속에서 설명할 수 있는 논리를 개발하였다. 그는 리 중시적 성리설 및 화이론적 문명관文明觀을 확립하였다. 이러한 성리학적 사상 체계의 확립은 정학正學을 바로 세움이 곧 척사斥邪의 지름길이라고 판단했기 때문이었다. 즉 화서는 중화 문명론의 절대적 우위성과 도덕적 보편 이념의 자족성을 증명함으로써 척사의 당위성을 확보하고자 하였다. 화이론적 문명의식에 사로잡혀 있던 화서는 문명의 문명됨은 천리 즉 강상윤리의 존재 여부에 따라 결정되는 것이기 때문에 서양 과학기술의 정교함은 과학기술적 차원이 아니라 문명적 화이론에 의거하여 판별되는 대상이었다.

화서는 서양의 정교한 기술을 도기道器와 화이華夷의 구분으로 분속하여 해명하였다. 중국이 도리와 성명性命의 선함에 상달한 데 비해 서양은 형기의 사사로움에 하달했다는 논리를 제기하였다. 상달과 하달, 즉 성명과 형기의 구분은 성리학의 가치론적 입장에서는 결코 공존할 수 없는 개념이다. 성명의 바름에서 근원한 도심은 마땅히 보존의 대상이지만, 형기의 사사로움에서 생긴 인욕은 제거해야 할 대상이기 때문이다. 중국과 서양을 성명과 형기로 구분한 것은 곧 도덕적 보편 이념과 윤리적 행위 그리고 이목구비의 욕구의 차별이다. 즉 천리를 잘 보존해야 하지만, 리의 주재성과 명령성을 엄폐하는 인욕은 절제의 대상이 되는 것이 마땅하다.

> 리로써 기를 명령하고 의로써 만물에 대처하는 것을 천리라고 부르고, 기로써 리를 가로막고 만물로써 뜻〔志〕을 골몰하게 하는 것을 인욕이라고 부른다.[58]

그러나 현실적으로 성명과 도리는 제대로 실행되지 못한 반면 형기와 신체의 활동은 활발하여, 다스려지는 날이 항상 적고 어지러운 날이 항상 많다. 형이상의 도리를 실현하는 일이란 참으로 지난하니, 신체적 욕구에 이끌려 양물洋物에 현혹되기 쉽기 때문이다. 그 어느 때보다 도덕적 당위성과 실천을 강조해야 할 절박함이 여기에 있었다. 따라서 그는 인욕을 제거하는 일에 힘쓰는 것을 중대한 시무로 인식하였다.

> 서양 학설에 비록 천만 가지의 단서가 있지만, 부모와 군주에 대한 인륜을 모르는 무부와 무군이 주된 근본이요, 재화를 융통하는 통화와 남녀 간의 통색은 그 방법이다.[59]

화서는 서학이 사학인 까닭은 많지만 가장 근본적인 근원은 무부無父와 무군無君 등 오륜을 모르는 것이라고 하였다. 유학은 인륜을 바탕으로 도덕을 정립하는 것을 주된 학문의 목표로 삼는데, 무부와 무군은 곧 윤리적 맥락이 없다는 판단이다. 서양의 과학기술은 이목구비의 욕구를 충족시키는 데 주력하므로, 욕구 충족에 충실한 통화通貨와 통색通色이 그들을 오랑캐나 금수만도 못한 존재가 되게 하는 지름길이다.[60] 특히 통색보다 통화가 더 심각하다고 파악하였다. 그것은 절제하고 막아야 할 대상인 인욕을 도리어 더욱 조장하고 있다고 판단했기 때문이다.

> 통화의 재앙은 통색과 조금의 차이도 없고 오히려 통색보다 더 심각하다. (중략) 의식주에 관한 식화食貨 욕구는 점차 다양해지고 더욱 넘치고 커져 다

---

58) 『華西雅言』 권4 「事父」: 以理命氣 以義處物 喚做天理 以氣掩理 以物役志 喚做人欲.

59) 『華西雅言』 권12 「洋禍」: 西洋之說 雖有千端萬緒 只是無父無君之主本 通貨通色之方法.

60) 『華西雅言』 권12 「洋禍」: 北虜夷狄也 猶可言也, 西洋禽獸也 不可言也.

만 죽음〔氣絶〕에 이르러서야 바야흐로 멈추게 되니, 이래서 통화가 통색보다 더 심각하고 어려운 것이다.[61)]

이와 함께 더욱 심각한 문제는 양물의 유통이었다. 양물은 인욕을 충족시킬 뿐만 아니라 민생에 도움이 되지 않을뿐더러 재앙이 된다고 판단하였다.

저 양물이 들어옴에 그 품목이 매우 많으나, 요컨대 모두 기이하고 음란한〔奇技淫巧〕 물건이어서 민생의 일용에 이로울 것이 없고 재앙만 더욱더 커지게 된다.[62)]

양물을 재앙으로 파악한 것은 그것이 도덕성을 함양하기보다는 형체形體의 욕구를 충족시키는 데 중점이 있기 때문이다. 즉 기술 활동은 개인의 사적인 욕망이나 이익에 관계될 뿐으로, 사물 속에 내재한 천리를 체인하는 차원과는 질적으로 다른, 사물의 형체에 대한 정교한 조작만을 추구한다는 뜻이다. 형이상학적 도리와 강상윤리를 도외시한 채 정교한 재화 생산을 통한 부의 축적이나 군사적 무력을 우선시한다면, 곧 문명의 근본이 위태롭게 된다. 유학적 보편 이념이 위태롭게 되면 야만과 금수의 상태로 전락하니 이것은 사회적 혼란이다.[63)] 그러므로 기술은 도리의 주재와 통제를 받아야 하는 분야이다. 기술 자체를 거부하지는 않았지만, 그는 기

61) 『華西雅言』 권12 「洋禍」: 通貨之禍與通色 少無差等 而又甚焉. (중략) 漸次支蔓推衍張大 直至氣絶 方始休了 此又較重較難於通色者矣.

62) 『華西先生文集』 권3 「辭同義禁疏」: 夫洋物之來 其目甚多 要皆奇技淫巧之物 而於民生之日用惟無益 爲禍滋大者也.

63) 임종태 「도리의 형이상학과 형기의 기술」 『한국과학사회학회지』 제21권 제1호 1999 73-4쪽 참조.

술이 도리에 의해 적절히 통제되어야 하는 데 관심이 있었지 기술의 정교함이나 효용성은 도외시하였다. 천리와 강상을 해치는 문물제도는 제거하고 방어해야 할 대상에 지나지 않는다.

> 여러 장인들의 기예가 뒤에 나온 것이 더욱 정교하지만, 앞사람이 우매하고 뒷사람이 지혜롭다거나 앞사람이 서투르고 뒷사람이 더 재주가 있는 것은 아니다. 이는 시세가 그렇다. 예컨대 음식이란 주림을 채우고 생명을 키우는 것이 근본이고 순오淳熬와 웅번熊蹯은 말단이지만, 오히려 근본을 해치는 것과 같다. 예컨대 집이란 비바람을 피하는 것이 근본이고 누추하거나 웅장한 것은 말단이지만, 오히려 그 근본을 해치는 것과 같다.[64]

만약 기예가 도덕적 보편 이념을 해친다면 그것은 문명적 진보라고 할 수 없을 뿐만 아니라 배척해야 할 대상이 된다. 기술의 사회적 기능을 가치판단의 문제로 환원해버리면 기술은 형이상학적 도리를 실현하는 도구 이상의 의미를 가질 수 없다.

> 국가의 근심을 해결할 방법이 있으니, 반드시 금령을 엄하게 시행하여 무릇 양물을 가정에서 쓰거나 시장에서 파는 자를 중형으로 막아야 합니다. (중략) 그러므로 양물을 금지하여 끊는 것이 내수內修의 핵심 근간〔機要〕이 되는 것입니다.[65]

---

64) 『華西先生文集』 권25 「西洋曆法與堯時曆法不同辯」: 百工技藝 後出愈巧, 非前愚而後智前拙而後巧也. 其勢則然也. 譬如飮食充飢養生本也, 淳熬熊蹯末也, 反害其本. 譬如宮室庇雨避風本也, 瑕宮瑤臺末也, 反害其本.

65) 『華西先生文集』 권3 「辭同義禁疏」: 然救之有道 必須嚴設禁令 凡洋物之用於家 而鬻於市者 幷抵重刑. (중략) 故禁絶洋物爲內修之機要.

화서는 국가 차원에서 양물 유통을 금단해야 하며, 특히 임금이 솔선수범할 것을 요구하였다. 양물 근절은 단순히 서양 물건을 쓰지 않는 차원만이 아니다. 이것이 곧 알인욕의 실천으로, 극기와 정심의 중요한 길임을 강조하였다.[66] 즉 통화와 통색 및 양물은 서양에서 온 재앙〔洋禍〕에 불과한 것이었다. 화서가 서양 천문학에 대해 정교하기는 하지만 대본大本이 서지 않다고 평가한 것은 정교한 서양 역법을 수용해야 한다거나 우월하다는 것이 아니라, 대본이 서 있지 않기 때문에 거부해야 한다는 논리를 전개하기 위한 전제이다.

리기는 불상잡의 관계에 있을 뿐만 아니라 불상리의 관계에 있다. 그런데 화서가 불상리의 측면을 논할 때 성명과 형기의 차별성을 강조한 것은 서양의 통화와 통색 및 양물을 알인욕에 해당시킴으로써 이를 금지하고자 하는 의도를 드러낸 것이다. 그는 존리적 가치체계를 명확히 하고 이에 근거하여 서구 과학기술이 성리학적 윤리강상 및 왕조 유지에 도움이 되지 않는다고 밝힘으로써 양화론이 정당함을 논증하였다.

3) 격물치지와 서기불가론西器不可論

화서는 서양 역법을 비롯한 과학기술은 인욕을 충족시키는 속학俗學인 반면, 성리학은 천리를 구현하는 성학聖學이라는 판단 준거를 가지고 있었다. 과학기술이 정밀하고 뛰어나다고 하더라도 그것은 우리가 추구해야 할 방향이 될 수 없었다. 화서는 서양 학문이 비록 상수에 밝지만, 서양인에게는 태극이 만물의 근원임을 모르고 윤리와 예절을 폐하게 되는 단점이 있다고 지적하였다.[67] 따라서 그가 격물치지설을 통해 지키고자 한

66) 『華西雅言』 권10 「尊中華」: 殿下凡服飾器用 逐日常接之際 一有洋物皆於其間 悉行搜出聚之闕庭而燒之昭示好惡之有在 則是克己正心之符驗 而殿下之身正矣.

것은 천리 인욕의 구분을 통한 성리학적 도덕이었지 서양 과학기술의 우수성과 실용성이 아니었다. 서양 근대 학문이 자연에 대한 과학적 탐구를 통해 자연을 통제하고 지배하는 힘을 얻고자 함에 비해 성리학은 만물에 내재한 천리를 체인함으로써 도덕적 삶을 구현하고자 하였으니, 만물에 대한 관점 자체가 달랐다. 서양 학문이 리를 모르는 것이 가장 근본적인 문제라는 판단은 곧 성리학은 즉물궁리를 통해 참된 앎을 궁지窮知한다는 믿음을 담고 있다. 즉 리에 대한 무지는 곧 물에 대한 무지일 뿐이다. 자연으로부터 태극을 인지하지 못한 것이 예의와 윤리를 모르는 원인이 된다.

화서의 격물치지론은 형상形上에서 태극과 천리를 체인하는 것이므로,[68] 이는 곧 서학을 비판할 수 있는 중요한 논거가 되었다. 서구 과학문명은 유교의 도리를 위협하는 말단적 야만에 불과했다. 서양 과학에 대한 그의 태도는 과학문명의 효용성과 본질을 심층적으로 이해한 것이라기보다는 성리학적 문명론을 강화하여 그것이 얼마나 이질적이며 그래서 제거해야 할 대상인지를 밝히는 데 초점이 있었다. 서양 과학기술 및 문물을 양화로 인식하였다면, 척사론은 곧 존리적 차원에서 그것이 온당하지 않음을 논증할 필요가 있었다. 그는 성리학적 격물치지설을 공고히 하여 도덕적 문명론을 정당화하고 동시에 과학적 문명론의 부당성을 드러내고자 하였다.

화서는 모든 존재자가 리와 기로 되어있다는 것을 대전제로 하였다.[69] 그러므로 기 없는 리나 리 없는 기란 존재할 수 없다고 하였다.

---

67) 『華西雅言』 권12 「洋禍」: 西學謬處 本不識太極爲萬物根源, 却將有形有象認作造成天地, 而以樂簡喜利之心, 割斷倫理 掉廢禮節, 其源不過如斯而已.

68) 『華西先生文集』 권15 「溪上隨錄」 권2: 形者 理氣合一之物也, 觀理者當於此求之 觀氣者當於此求之.

69) 『華西先生文集』 권25 「格致說贈柳穉程」: 天地間只有理與氣而已矣.

대개 천하에 기 없는 리는 없으며 또한 리 없는 기도 없다.[70)]

실재하는 모든 것은 리와 기로 구성되어 있지만, 리는 기의 주가 되고 기는 리의 부림을 받아야만 천하가 태평해진다고 하였다.[71)] 인사와 만물이 모두 순선한 리의 명령을 따라야 한다면, 존귀하고 절대적인 리를 올바로 체득하는 것이야말로 학문의 핵심이 된다. 그래서 화서는 주자 이래 불리 부잡의 리기 관계를 전형으로 받아들이면서도 물과 단절된 리만을 추구하는 선학이나 물만을 추구하는 속학과는 구별되는 성리학의 특징을 즉물궁리로 파악하였다.[72)] 화서는 격물치지가 대학의 팔조목을 닦는 첫 공부에 해당하며, 그 내용은 소이연과 소당연을 궁구하는 것이라고 하였다.

천지 사이에 단지 리와 기만 있을 뿐이다. 일용의 그 자리에서 사와 물에 이르러 이 물의 형체는 어떠한 것이며 이 물의 주재는 무엇인지를, 그리고 소당연과 소이연이 무엇인지를 이해하여 궁구한 것이 마침내 남김이 없어야 한다.[73)]

즉물궁리의 '물'은 소이연의 차원도 있지만, 삶의 맥락에서 소당연의 당위법칙을 알고 실천하는 것을 특히 강조하였다.

---

70) 『華西先生文集』 권15 「溪上隨錄」 권2: 蓋天下無無氣之理 亦無無理之氣.

71) 『華西先生文集』 권25 「理氣問答」: 理爲主氣爲役則理順氣正 萬事治而天下安矣. 氣爲主理爲貳則萬事亂而天下危矣.

72) 『華西雅言』 권12 「異端」: 絶物而觀理者 禪學也 絶理而論物者 俗學也 卽物窮理者 聖學也

73) 『華西先生文集』 권25 「格致說贈柳穉程」: 天地間只有理與氣而已矣. 日用當處 逐事逐物 各理會是物之形體 是如何 是物之主宰 是如何, 所當然者 是如何 所以然者 是如何 窮究到底 不留餘蘊.

사물에는 사물의 마땅함이 있으니 곧 사물에 있는 리이요, 나한테는 사물에 대처하는 마땅함이 있으니 곧 나에게 있는 의이다. 사물에 비록 리가 있을지라도 사물에 대처함에 마땅함을 잃으면 의가 아닌 것이요 나에게 비록 사심이 없을지라도 사물에 대처함이 사물의 리에 맞지 않으면 또한 의가 아니다. 이것이 바로 내외가 합일된 도이다.[74)]

리는 모든 물에 있는 고유한 도이다. (중략) 일리一理는 만물에 이미 갖추어져 있고 일물一物에는 온갖 리가 구비되어 있다.[75)]

인사와 만물의 당위적 준칙인 리의 구현을 강조함으로써, 순선무악한 천리를 보존하고자 하였다. 이는 성리학적 사유체계가 천리와 도리 및 사리, 그리고 물리가 불가분의 유기적 관계에서 해명되고 있기 때문이다. 즉 천리는 만물의 존재 원리이자 도덕적 당위이다. 따라서 천리를 체인하는 즉물궁리 또한 단순히 객관 사물의 자연법칙에 대한 탐구라기보다는 인간 사회의 당위적 규범을 파악하는 길이었다. 그러므로 격물치지는 지선의 경지에 이르는 중요한 관건이라고 하였다. 어느 한 사물事物에 대해 격물치지를 못했다는 것은 과학적으로 탐구되지 않았다는 의미가 아니라, 기품과 인욕에 엄폐된 상태를 말한다.

'격치' 이 두 글자는 참으로 지어지선止於至善의 중요한 관건이다. (중략) 열 가지 물로써 말한다면 아홉 가지 물을 격하고 한 가지 물을 격하지 못한 경우,

---

74) 『華西先生文集』 권25 「在物爲理處物爲義說」: 愚按物有物之宜 卽在物之理也 我有應物之宜 卽在我之宜也 物雖有理 而處之失宜 卽非義也 在我者雖無私心 而處之不合於物理 卽亦非義也 此所謂合內外之道也.

75) 『華西先生文集』 권15 「溪上隨錄」 권3: 理是物物固有之道也. (중략) 一理萬物已具 一物萬理咸備.

이 한 가지 물이 곧 기품과 인욕에 의해 엄폐된 곳이다.[76)]

성이 곧 리이니, 무슨 형상이 있어 잡을 수 있겠는가? 격물치지가 성을 밝히는 공부이다.[77)]

격물치지는 성즉리에 관한 체득이므로 사사물물에서 그 소당연과 소이연을 탐구하는 것이다. 즉 인사와 만물을 궁구한다는 것을 보다 구체적으로 말한다면 도리와 형기, 주객과 경중 등을 분별하여 해야 할 것과 하지 말아야 할 것을 분별하는 것이었다.

대개 사사물물은 저절로 형기가 있고 도리가 있어, 형기를 묻지 않을 수 없고 도리를 살피지 않을 수 없다. 그러나 이 두 가지 사이에는 자연히 주객과 경중의 구분이 있다. 효로 말한다면 구체와 심지는 모두 봉양에 해당하나 그 경중의 구분이 있으니 알지 않아서는 안 된다.[78)]

사사물물에 대한 탐구는 형체의 욕구를 좇는 인욕의 길과 의리를 따르는 천리의 길을 판별하고 선을 실천하는 것을 의미한다.

일사와 일물에 이르러 역시 양 갈래 길이 있으니, 하나는 형체를 좇는 것이고 또 하나는 의리를 좇는 것이다. 형체를 좇는다면 길을 다 가도 통할 수 없고

---

76) 『華西先生文集』 권15 「溪上隨錄」 권1: 格致兩字 實止至善之樞紐關鍵. (중략) 以十物而言 格那九物 未格那一物時, 那一物是氣稟人欲所掩蔽處 .

77) 『華西先生文集』 권15 「溪上隨錄」 권1: 性卽理也 有何刑象摸捉, 格物致知是明性之功.

78) 『華西先生文集』 권25 「格致說贈柳穉程」: 蓋事事物物 自有形氣 自有道理 形氣不可不問 道理不可不審, 然二者之間 自有主客輕重之分焉. 如言孝則 口體心志皆當奉養 而其輕重之分, 又不可不知也.

의리를 좇는다면 길이 통하여 막힘이 없다. 음식을 예로 든다면 그 고량진미膏粱珍味와 거친 음식은 형체이며, 배고픔을 달래 양생하는 것은 주재이다.[79]

화서와 같이 성리학적 세계관을 견지하여 도덕적 법칙성을 인식하는 것을 최우선 과제로 생각한다면, 자연 인식에서 가치판단의 영역을 도외시한 서양의 학설은 인의를 막고 혹세무민하는 사설邪說이라고 판단하고, 삼강오상을 더욱 공고히 하는 것은 당연한 결과이다.

위정척사파는 리를 현실적 제 관계를 포섭하는 궁극적 근원자로서의 절대성을 가지는 것으로 이해하였으며, 그것은 리를 생성론적 관점에서 이해하는 경향까지 낳게 되었다. 이들이 리생기理生氣를 체계적으로 논의한 것은 아니었으나, 리생기는 리기에 대한 가치론적 이해의 심화에 따라 당위적 명제로서 요청되었다고 하겠다. 화서는 "태극을 전언하면 음양천지오행남녀만물은 모두 태극의 안에 포함된다."[80]라고 하여 모든 사물을 포섭하는 궁극적 근원자로서의 태극의 의미를 강조하고, "리가 쌓여 신神을 낳고, 신이 쌓여 기를 낳으며, 기가 쌓여 형形을 낳는다. 리가 다하면 신이 흩어지고, 신이 흩어지면 기가 소멸하고, 기가 소멸하면 형이 무너진다."[81]라고 하여 리를 실체화시켜 리기의 관계를 생성론적 관계로 이해하였다. 그는 양계와 음계는 '대분지계大分之界'이니 양계의 인물이 음계에 가서 살 수 없다고 하면서, 가치론적 개념이 내포된 음양설에 근거하

---

79) 『華西先生文集』 권25 「格致說贈柳穉程」: 至於一事一物上面 亦有兩條路子, 一從形體上去 一從義理上去, 從形體上去 則路窮而不通 從義理上去 則路通窮而不塞. 如飮食膏粱芻豢形體也, 充飢養生主宰也.

80) 李恒老 『華西先生文集』 卷22 「讀語類太極說」: 太極專言 則陰陽天地五行男女萬物 皆包在太極之內

81) 李恒老 『華西先生文集』 『雅言』 卷1 「形而第一」: 理積生神 神積生氣 氣積生形 理盡則神散 神散則氣消 氣消則形毁.

여 서양을 이해하였다.

> 서양은 천지의 대세로써 말하자면 서쪽 끝의 숙살의 치우친 기운이며, 수국의 린갑鱗甲과 동일한 류이다. 그러한 까닭으로 그 성질은 생을 가볍게 여기고 사를 편안하게 여기며, 그 마음은 이해를 밝히고 의리에 어두우며, 그 기술은 속임수를 좋아하고 항상된 것을 싫어하니, 이것이 그 대강이다.[82]

화서는 서양의 성은 경생락사輕生樂死하고 심은 유리매의喩利昧義하며 술術은 희환염상喜幻厭常하다고 하였는데, 이런 판단은 동북의 기는 양陽과 의義를 위주로 하는 반면, 서남의 기는 음陰과 리利를 위주로 하기 때문이라는 자연관에 기초한 것이다.[83] 이런 논리에 의하면 서양의 과학기술 역시 희환염상喜幻厭常의 범주를 벗어나지 않는다. 즉 기존의 성리학설을 강화하고자 하였던 화서의 경우 사물을 탐구한다는 것은 각 사물의 객관적 법칙을 찾아내는 데서 그치는 것이 아니라 그러한 법칙을 가능하게 하는 본원적 실체를 찾아가는 것이 더욱 중요하다. 그가 말한 본원적 실체란 인간 사회의 윤리 도덕적 이치이다. 그는 자연에 대한 객관적 탐구〔物理〕가 아무리 정밀하다고 할지라도 그것이 인간 사회의 윤리·도덕의 본체를 밝히는 데 도움이 되지 않는다면 그것은 중요하지 않다고 보았다.

화서는 진정한 앎은 자연현상에서 도덕의 이치를 알아낼 때 앎이 완성되며, 그것이 앎의 최고 경지란 진리관에 기초하여 서양을 이해하였다. 그래서 1863년 병인양요 당시 상소문에서 서양 과학기술과 그 산물인 양물洋物을 '기이한 재주와 음탕한 교묘함〔奇技淫巧〕'이라고 규정하였다.

---

82) 李恒老『華西先生文集』『雅言』권10「尊中華」: 西洋以天地大勢言之 則西極肅殺之偏氣 水國鱗甲之同流 是以其性輕生而樂死 其心喩利而昧義 其術喜幻而厭常 此其大槩也.

83)『華西先生文集』『雅言』권10「尊中華」: 東北之氣 主陽主義 西南之氣 主陰主利.

화서는 자연과 인간 그리고 사회를 리기론에 기초한 계서적階序的 질서에 의해 구분하고, 존양의 대의와 화이의 구분이 불변의 진리라고 주장하였다.[84] 화서는 여전히 자타自他를 인식하는 준거로서 중화와 이적이란 중화주의적 천하 관념을 유지하였는데,[85] 화이의 판별은 도道의 소재 여부였다. 유학적 도덕관념의 유무에 따르자면 서양은 '인륜을 끊고 예의를 모르는' 금수에 지나지 않기에, 타자로서 인정할 수조차 없었다.

> 중국지도中國之道가 망실되면 이적과 금수가 몰려온다. 북로北虜는 이적인지라 오히려 말할 수는 있지만, 서양은 금수이기 때문에 말을 나눌 수도 없다.[86]

그는 이질적이고 야만인 문명과 충돌적 만남에서 성리학적 세계관과 중화주의를 유지하고 실현하는 것을 가장 중요한 일로 인식하였다. 따라서 망국의 위기에 직면했으면서도 국가의 존망은 도의 실현에 비하면 부차적인 일이라고 판단하였다.

> 서양이 도를 어지럽히는 일이 가장 우려스러운 일이다. (중략) 국의 존망은 오히려 이차적인 일이다.[87]

강력한 타자인 서구와의 만남에서 여전히 성리학의 보편 이념을 지키고자 했던 화서는 비록 그들이 오상을 모르는 금수라고 비난하였지만, 서양 역법을 비롯한 서양 과학기술의 우위를 인정하였다. 다만 그가 격물치

84) 『華西雅言』 권10 「尊中華」: 天有陰陽 地有剛柔 人有男女 統有夷夏 此天地之大分界也.
85) 『華西雅言』 권10 「尊中華」: 尊中華 攘夷狄 窮天地之大經 … 夷夏之分 天下之大勢也.
86) 『華西雅言』 권10 「洋禍」: 中國之道亡 則夷狄禽獸至 北虜夷狄也 猶可言也 西洋禽獸也 不可言也.
87) 『華西先生文集』 「附錄」 권5 「語錄」: 西洋亂道最可憂. (중략) 國之存亡猶是第二事.

지설을 통해 지키고자 한 것은 천리 인욕의 구분을 통한 성리학적 도덕이었기 때문에 과학기술의 정밀함과 실용성을 평가하는 관점이 달라질 수밖에 없었다. 화서와 같이 성리학적 세계관을 견지할 경우, '도덕적 법칙성'을 인식하는 것을 최우선 과제로 생각한다면 자연 인식에 있어 가치판단의 영역을 도외시한 서양의 학설은 인의를 막고 혹세무민하는 사설이라고 판단하고 더욱 공고히 삼강오상을 지키고자 하는 것은 당연한 귀결이다.

형기에만 밝은 서양의 과학기술은 인간의 욕구만 채울 수 있으므로, 천리를 보존하기 위해서는 인간의 심지心志를 기르는 성인의 학문을 강화할 필요가 있다. 그러므로 정학과 서학〔邪學〕을 준별峻別하여 사학을 배척하는 일〔斥邪〕은 유학적 이념을 실현하는 데〔衛正〕 매우 중요한 일이 아닐 수 없었다.[88] 화서뿐만 아니라 그 제자인 김평묵은 중국과 조선은 인도人道〔인의예지와 오륜 및 禮樂刑政之教〕를 가지고 있는 반면, 서양은 금수지도禽獸之道를 가지고 있다고 주장하였다.[89] 유인석도 오상五常과 오륜五倫을 밝히는 것을 '문명文明'이라고 하므로, 하달형기下達形氣에 밝은 서양을 문명이라 부를 수는 없다고 주장하였다.[90] 격물치지론은 서기를 결코 수용해서는 안 된다는 주장을 뒷받침하는 논거였다. 서기 수용은 화서의 격물치지론에 비추어보면 성리설에 대한 반성과 회의의 과정을 거치지 않고서는 불가능하다. 위정척사파는 형기形氣에 내재한 천리의 존귀함을 체인하는 것이야말로 문명한 도덕 세계를 구현하는 길이라고 믿었다. 따

88) 『華西雅言』 권12 「異端」: 正學異端 互相盛衰 其源實由人之一心 天理人欲 互相消長 其源實關天運之陰陽淑慝 世道之昇降治亂 天下之物 只是一理而已 故救亂世 莫先於闢異端 闢異端莫急於明正學 明正學 只在一心辨別天理與人欲而已.

89) 『重菴先生文集』 권38 雜著 「禦洋論」 참조.

90) 『毅庵集』 권51 「宇宙問答」: 中國古聖王聖人, 明是爲上達道理也, 今日西洋, 明是爲下達形氣也. 不是爲下達形氣, 宜或有仁讓, 何以專事競爭. 上達而可曰文明乎, 下達而可曰文明乎.

라서 격물치지를 통해 형기와 도리를 엄준하게 구별하여 지선의 경지에 이르고자 하였다. 화서의 존리적 리기론과 명덕주리론은 이러한 관점을 성리학적 체계 내에서 논증한 것이다.

성리학의 격물치지는 도덕적 원리가 사물의 존재를 인식하는 중요한 근거가 된다. 이는 형이하학적 기器의 영역이 형이상학적 도道의 영역에 의해 규제되는 것을 의미한다. 이러한 사유 구조는 실험과 관찰을 통해 객관 사물을 자원화하여 자본주의 체계를 발전시키는 서구 근대 사유 구조와는 전혀 다른 것이다. 도리와 물리가 분화하지 않은 성리학적 사유체계를 공고히 하고자 했던 위정척사론은 자연에 대한 객관적 과학적 탐구는 무의미할 뿐만 아니라 오히려 성리학적 사유체계를 와해시킬 수도 있었다. 위정척사파가 성리학적 사유를 해체하지 않은 한 서기 수용 불가 주장은 논리적으로 매우 자연스러운 흐름이라고 하겠다. 따라서 화서는 존리적 이기론에 근거하여 서학의 불온함과 서기 수용 불가론을 일관된 체계로 비판할 수 있었다. 이것은 곧 화서가 서학을 비판하겠다는 적극적인 태도에 반해 서학 자체에 대한 정확하고 풍부한 이해를 애초에 불가능하게 한 까닭이기도 하다. 그의 입장에서 성리학은 자족한 이념이었기 때문이다. 서양은 인륜을 모르는 금수에 지나지 않기에 형기形氣의 말단만을 추구하는 서양 문명을 거부하는 것이 곧 기의 자용自用을 막는 일로서, 도덕적 문명사회를 구현하는 길이라고 판단하였다. 이것이야말로 성리학자가 지켜야 할 근대적 소명이었다.[91]

그런데 화서의 도리와 형기에 대한 판단은 근대적 맥락에서 어떤 의미가 있는가? 형이상의 도리가 형이하의 형기를 벗어나 있을 수 없으므로, '형'은 이미 근대적 '지금 여기'에 놓여 있었다. 화서가 마주하고 있었던

91) 『華西雅言』 권12 「異端」: 吾儒千言萬語 以克去氣障爲主.

근대문명의 기물器物은 성리학적 '형'을 실제적으로 강력하게 와해시킴으로써 존리적 가치체계를 무력화시켰다. 존리적 당위법칙을 강조하여 격물치지의 '물'을 알인욕의 차원에서 인식한다고 '형'을 통제하에 둘 수 없었다. 그가 그토록 존리설을 강조했던 것은 근대문명의 위력이 그만큼 강력했다는 것을 역설적으로 보여준 것이기도 하였다. 서기는 형이하임에도 불구하고 현실을 장악해 가고 있었기 때문에 서기에 대한 인식이 성리학의 과제로 부상하였다.

근대 과학기술은 가치중립적인 것으로 인식되어 가치판단과는 무관하다고 여겼다. 그런데 그것이 놓인 사회적 맥락에서는 제국주의 침략의 직접적인 도구였으며, 유럽우월주의를 증명하는 표상으로 작동하였다. 그것이 바로 조선을 침략해 온 그들의 기술 문명의 본질이었다. 서양 물건을 쓰지 말자는 식의 논리로는 경제적인 측면의 제국주의 침탈을 막아내기에는 역부족이었다. 제국주의 침략에 대한 적절한 해결 능력을 담보하지 못하는 상태에서 강상綱常과 효제충신孝悌忠信을 고수하는 일은, 시중지도란 유학의 본지를 상실한 것으로도 볼 수 있다. 실제로 성리학적 명분론으로는 서구 군함을 막아낼 수 없었으며, 국가를 운영하는 정치 이념의 역할 또한 온전히 수행하지 못했다. 도덕적 문명론이 야만적 침략 행위에 대한 저항 담론으로서는 일정한 의미가 있었지만, 그들을 방어할 수 있는 현실적 힘을 갖지는 못했다. 서구 근대문명이 또 다른 하나의 전범으로 받아들여지면서 도덕적 문명론은 회의의 대상이 되었다. 성리학은 더 이상 자족적 보편 이념이 아니었다. 성리학이 본격적으로 해체되어 가는 개항 이후 서구 자연과학은 수용해야 할 새로운 전범으로 다가왔다.

Ⅱ. 서기 수용론의 확산과 균열하는 성리학

1. 신기선申箕善의 오도론吾道論과 서기 수용론

1) 조선 후기 격물궁리지학과 성리학의 간극

서학은 16세기 말 예수회 선교사를 통해 유입되었다. 중국인이 서양 과학과 실질적으로 처음 접한 것은 명 말 중국에 온 예수회 선교사에 의해서였다. 특히 마테오 리치의 영향력은 지대하였다. 리치는 과학 지식을 천주교의 중국 수용을 위한 가교로 삼았는데, '격물궁리'는 그 수단이 되었다. 『서학범西學凡』은 예수회 선교사 알레니가 1599년 공표한 예수회의 교학 규정에 기초하여 당시 교학 체계를 소개한 한역서학서漢譯西學書이다. 당대 예수회 학교의 교학 체계는 아리스토텔레스 철학에 바탕을 둔 스콜라 철학의 정수를 보존하면서도, 시대의 변화에 맞추어 르네상스 교육 이론의 성과를 일정 부분 흡수한 것이었다. 그래서 교육과정은 예수회 교과과정에 포함되지 않았던 의과 법과 같은 학과를 포함하여 총 여섯 개의 과科로 이루어졌는데, 그 가운데 이과〔理科, philosophia〕를 격물궁리학이라고 하였다.[1] 격물궁리학으로 번역된 이과는 사물에 대한 탐구를 통해 만물의 이치를 밝혀내는 공부로, 만물의 영장으로서 완전한 인간이 되고 천주에 보다 가까워지는 것을 목표로 하는 학문 방법론이다. 이과는 예수회의 학문 전통에서 보자면 아리스토텔레스의 학문이 중심이 되는데, 알레니의 설명에 의하면 철학은 신학과 주보적主輔的 관계에 있었다.

예수회 선교사들은 유럽에서 배운 수학과 천문학, 지도 제작 기술 등을 소개하면서 유럽 문화와 학문 수준이 우수함을 보여주었다. 예수회가 전략적으로 선택한 격물궁리학은 성리학의 즉물궁리와는 전혀 다른 의미였지만 유사한 점이 있었다. 즉 격물치지가 천리체인을 목표로 삼는다면 예수회 역시 이들이 지향하는 만물과 세계에 대한 참된 지식 역시 신이라는 절대자 내지 근원자를 찾는 길이었기 때문이다. 이러한 맥락에서 명 말에 등장한 격물궁리학은 송명리학의 격물치지와는 유사하면서도 다른 지점들이 있었다. 리치는 '안다는 것'은 오류가 없는 지식을 얻는 것을 의미하는데, 수數에 의거하여 기지旣知에서 미지未知를 연역적으로 추론해서 얻어진 지식만이 보편적 진리임을 보장해 주는 길이라고 주장하였다. 리치가 말하는 격물궁리는 객관 사물에 대한 이치를 추구하는 것이고, 그것이 수에 의거한 지식일 때만 무오류성이 보장된다. 그렇다면 성리학적 격물치지는 천리체인을 위한 공부론이기 때문에 리치가 주장한 '실리實理'가 될 수 없었다. 특히 서학은 천주가 만물을 창조한 궁극적 근원이었기

---

1) 알레니는 『西學凡』에서 예수회 수사들의 교육과정을 文科〔수사학〕 理科〔철학〕 醫科〔의학〕 法科〔법학〕 敎科〔교회법학〕 道科〔신학〕로 구분하였다. 문과 및 이과를 먼저 순서대로 배운 후, 의과, 법과, 교과, 도과 가운데 선택하는 순서로 학습한다고 하였다. 이 과정에서 이과는 문과와 네 분과 학문 사이에 위치하여 교학 체계의 중추를 이루는 것으로 '격물궁리의 학문'이라고 정의하였다. 이는 비단 알레니의 개인적 번역은 아니었다. 서학이란 용어를 최초로 사용하고 알레니에 앞서 『童幼敎育』을 통해 서양 분과학문적 지식을 소개한 알폰소 바뇨니 또한 philosophia를 格物窮理學으로 번역하였고, 『靈言蠡勺』의 저자 프란체스코 삼비아시 역시 philosophia를 格物窮理之學이라고 하였다. 이원준 「서세동점과 주자학적 格物窮理」 『율곡학 연구』 제47집 2022 286-300쪽.

때문에 성리학의 천리와 확연한 차이가 있었다. 격물궁리학은 전혀 다른 세계관이 접목되는 과정에서 일치한 지점을 발견할 수 없었지만, 유사한 측면을 발견하고 그 부분을 매개로 새로운 사유를 이식하는 과정을 보여주었다. 즉 당대 지식인에게 익숙한 개념과 사유체계를 원용하여 기독교를 전파하고자 하였다. 이런 과정에서 명 말의 격물궁리학은 성리학의 격물치지와는 달리 허리虛理를 배제하고 실리實理를 추구하는 실학實學으로 이해되었다. 한편으로 참된 지식은 수에 의거해야 얻을 수 있다는 사유〔由數達理〕가 확산하면서, 도덕 체계로부터 독립된 지식, 즉 연역적인 보편적 진리를 추구하여 자연스럽게 역산학曆算學과 술수학術數學의 분리가 예고되었다. 명청 교체와 더불어 1645년 서법에 의한 시헌력이 반포됨으로써 역산학 분야를 중심으로 한 서학은 실질적으로 청의 공식 학문의 한 부분이 되었다. 이에 따라 상수학자들은 서학의 역산학을 유학의 학문 체계와 공존시킬 것인가를 문제삼았다.[2)]

조선도 1653년에 시헌력을 채택하였지만, 이를 사용하기 위해서는 서양 천문 체계를 이해해야만 했다. 이미 시헌력을 시행하고 있는 중국을 통해 이에 관한 지식과 정보를 얻으려는 노력이 계속되었다. 시헌력 채택에 따른 서양 천문학 수용은 곧 유럽의 학문과 기술의 우수성을 인정한 것이었다. 특히 성호는 서양의 과학기술을 실용의 차원에서 인정하였는데, 자연과 기술에 대한 서양의 지적 정보들은 학문 체계를 보강하는 수준이었다.[3)] 성호학파는 당대 지식인들 가운데 한역서학서를 매우 활발하게 탐독하고 자신들이 학문 체계에 반영한 지식군知識群이었다. 성호좌파로 분류된 이들이 대학 고본 및 격물치지설에서 성리학적 이해에 대해 비

2) 안대옥 「格物窮理에서 '科學'으로: 晩明 西學受容 이후 科學 槪念의 變遷」『儒教文化研究』 19집 2011 7-11쪽.

3) 김선희 「격물궁리학, 격치지학, 격치학 그리고 과학」『개념과 소통』 17호 2016 127-8쪽.

판적이었다고 할지라도 그것이 중국 양명학처럼 성리학적 사유체계와 다른 학적 체계를 갖추었다고 평가하기는 어렵다. 대표적으로 거론되는 신후담의 경우 주자의 격물치지설에 대해 비판적이었지만, 그것이 주자학에 대한 전면적인 부정은 아니었다.

또한 신후담은 『서학변西學辨』에서 『서학범』에 소개된 서양 교학 체계를 비판하였다. 그는 소학 단계에서 쇄소응대灑掃應對와 애친경형愛親敬兄 등 덕성함양 공부를 한 후에 여력이 있거든 시서詩書를 학습하며, 대학 단계에서 『소학』에서 배운 것에 근거하여 궁리하고 수신함으로써 인륜을 다하는 것이, 유학 교육의 대중지정大中至正한 체계라고 하였다.[4] 그는 예수회 선교사들이 전한 서양 교육체계는 소학 단계에서 가르치는 학문의 덕성함양을 우선하지 않는 문제점이 있다고 파악하였다. 이처럼 서학의 격물궁리학은 덕성함양에 대한 기초가 없어서 끝내 성리性理에 어두운 학문이 된다고 하였다.[5] 이러한 서학의 교학 체계는 천명과 인륜의 실제적 맥락에 근원하여 궁행심득躬行心得에 힘쓰는 유학의 교학 체계와는 완전히 다른 것으로 파악하였다.[6] 신후담은 번역된 격물궁리학이 비록 유학

4) 愼後聃 『西學辨』 「職方外紀」 이원준 「한국 유학자들의 격물궁리 전통과 한역서학서의 격물궁리지학」 2022 한국철학사연구회 하계학술대회 “18세기 서학의 유입과 유학의 대응 발표문” 47쪽.

5) 주자는 『대학장구』의 「讀大學法」에서 삼대의 학교체제를 본받아 8세부터 『소학』의 공부하여 쇄소응대 등 도덕실천의 기본과 육예를 익히고 15세에 『대학』 단계에 들어가 격물치지를 기점으로 3강령 8조목을 익힌 후, 이를 바탕으로 『논어』와 『맹자』 『중용』을 순차적으로 공부해 나가는 교학 체계를 제시하였다. 또 주자는 『논어』와 『맹자』가 일을 중심으로 그 도리를 말하는 문답식 서술인 것에 비해 『대학』은 유학을 공부하는 綱目을 일목요연하게 제시함으로써 학문의 지향점을 분명히 제시하였다고 보았다.

6) 愼後聃 『西學辨』 「職方外紀」: 若然者其與吾儒之原於天命人倫之際, 而務乎躬行心得之實者, 奚啻氷炭之相反哉. 이원준 「한국유학자들의 격물궁리 전통과 한역서학서의 격물궁리지학」 2022 한국철학사연구회 하계학술대회 “18세기 서학의 유입과 유학의 대응 발표문 48쪽 재인용.

과 유사한 것처럼 보이지만, 도덕 실천의 토대가 되는 소학 단계를 소홀히 함으로써 혹세무민의 해악을 끼칠 수 있다고 본 것이다.[7)]

즉물궁리학은 기존의 성리학 체계와 전혀 달랐지만, 격물치지를 격의하여 서학 수용의 가교역할이 가능했던 것은, 격물치지 개념을 확충하면 객관 사물에 천리가 내재한다는 점에서 공유할 수 있는 지점이 있었기 때문이다. 그러나 서학의 전교 전략으로 선택된 격물궁리학은 궁극적으로 창조주인 '신'에 대한 신앙을 지향한 반면, 조선시대의 격물치지는 내성외왕 혹은 수기치인이란 정치철학적 지향을 추구하는 성인되기를 목표로 삼았다는 점에서 그 간극이 결코 작지는 않았다. 서학은 그 궁극적 지경이 '신'이었다면, 성리학은 '천리'였다. 또한 조선시대 격물치지는 주자학적 견해를 견지하든 이에 대해 비판적이었든 평천하의 경지에 이르러 머무르는 '지어지선止於至善'을 구현하려는 목표는 동일하였다.

예수회 선교사들과의 만남은 매우 제한적인 것이었으며, 이들을 통해 접한 서학의 사회적 영향 또한 성리학적 세계관 전반에 파급된 것은 아니었다. 그러나 시헌력의 채택과 지구설의 수용 등은 천문학 발달을 비롯하여 천원지방적 지리 인식에 변화를 주었다. 성호학파가 접한 한역서학서의 격물궁리는 성리학적 격물치지와 그 체계와 학문적 본원이 달랐지만, 한역서학서의 독서가 성리학에 대한 근본적인 회의에 이르지는 않았다. 성호학파 계열의 학자들은 주자학적 경전 해석에 비판적이거나 회의적이기도 하였지만, 그 범위는 제한적이었다. 즉 천주교의 전교 전략으로 채택된 격물궁리학은 중국에서 보유론적補儒論的 차원에 머물렀듯이, 조선

7) 愼後聃『西學辨』「職方外紀」: 若然者其與吾儒之原於天命人倫之際, 而務乎躬行心得之實者, 奚啻氷炭之相反哉. 이원준「한국유학자들의 격물궁리 전통과 한역서학서의 격물궁리지학」2022 한국철학사연구회 하계학술대회 "18세기 서학의 유입과 유학의 대응 발표문 51쪽 재인용.

에서도 성리학의 정치적 위상을 직접적으로 위협하지는 않았다. 그러나 조선 말 서양과의 충돌은 이와는 다른 위상을 지녔다. 강압적 개항과 서구 열강의 이권 침탈 등은 서양이 지닌 물리적 힘의 위력을 직접적으로 체험하는 과정이기도 하였다. 국권 상실의 위기는 그들이 지닌 힘을 가능하게 한 원천을 탐색하게 하였다. 과학기술 및 과학적 탐구 방법 등의 의미로 번역된 격물치지학은 하나의 지식체계에 머무르지 않고 선진문명의 원천으로 받아들여졌다. 그것을 번역하고 수용하여 그들과 같은 힘을 가짐으로써 독립국가를 건설하고자 하였다. 이러한 근대적 열망은 성리학적 세계관을 해체하는 근본적 동력으로 작동하였다.

2) 존리설尊理說의 사상捨象과 오도론吾道論

조선 후기 서학이란 외부적 충격이 있었음에도 성리학은 도덕적道德的 문명성文明性을 가진 자족한 보편 이념이었기 때문에 이외의 다른 준거가 필요하지 않았다. 성리학은 리기심성론이란 정밀한 이론적 체계를 통해 천인합일적 세계관을 견지해 왔고, 이러한 사유체계 내에서는 서기 수용 불가론을 전개하는 것이 논리정합적이다. 중화주의적 도덕문명론에 입각하여 성리학이 유일한 보편 문명이라고 믿었던 척사파는 인간의 도리道理〔五常 · 五倫〕를 중화와 이적을 가르는 준거로 삼았지만, 물리적物理的 기술문명技術文明〔civilization〕은 과학기술의 발달 여부로 문명과 야만을 판가름하였다. 타자에 대한 강한 거부감을 드러낸 성리학적 도덕문명론은 서구 열강이 앞세운 문명화(civilization)가 지닌 야만적 침략성을 비판하는 데 일정 부분 효과적이었다. 존리설과 격물치지설을 토대로 한 서기 수용 불가론은 성리학이 보편 이념임을 드러내는 기제였으나 타자에 대한 배타적 저항 의식, 그 이상의 의미를 가질 수 없었다. 존리론의 공고화가 성리학적 당위성을 분명히 하여 타자의 침략적 이질성을 잘 드러낼 수 있지만, 이러한 이념의 과잉은 형이하인 기器의 변화를 직시할 수 없게 만들었다. 형이하에 대한 실제적 판단이 적확하지 않다면 형이상의 도道 역시 제대로 구현할 수 없다. 성리학 이념의 묵수가 서구 열강의 제국주의 침략에 대해 실질적인 영향력을 발휘하지 못한 채, 식민지로 전락한 것이 역사적 현실이었다.

낯선 타자를 마주했을 때 주체에 대한 반성적 물음은 타자를 수용할 수 있는 새로운 시선을 가능하게 한다. 개화론자들은 과학기술이 서구 근대문명 발달의 원동력이라고 판단했기 때문에 그들처럼 부강한 문명국이 되기 위해서는 이를 수용하지 않을 수 없으며, 물리에 대한 과학적 탐구〔格物致知學, science〕에 중점을 두어야만 근대적 삶을 영위할 수 있다고 판단하였다. 《한성순보》·《한성주보》에서는 서구의 신학문을 수용하여 문명을 실현할 새로운 인간상을 격물군자格物君子라고 불렀다. 격물군자는 천리를 체인한 유학적 성인을 일컫는 것이 아니라, 만물의 이치를 과학적으로 탐구하여 실용적인 편리함을 도모할 수 있는 근대적 전범을 의미하였다. 도리와 물리, 성현과 격물군자의 현격한 차이가 곧 이질적인 보편 문명 간의 충돌이 빚어낸 간극을 여실히 드러냈다.

이념이 현실을 추동하기도 하지만, 때로는 현실적 변화가 새로운 생각과 삶을 견인하기도 한다. 서구 근대문명은 야만적 침략성과 동시에 기술적 문명성을 담지하고 있었고, 그 막강한 힘은 실질적 변화를 가져왔다. 서구 열강과 일본의 군함은 단순히 모양만 다른 이양선異樣船이 아니었다.[8] 서기를 수용하지 않을 수 없다는 생각은, 서양의 물리적 힘과 문명적

8) 造船은 15세기 무렵 유럽인들에게 경쟁 상대가 거의 없는 대표적인 기술 분야였으며, 이 분야에서 유럽인들은 17세기까지 독보적인 지위를 구가했다. 탁월한 조종성과 무기를 갖춘 범선으로 항해하게 되면서 유럽인들은 전 세계를 탐험하고 무역하고 정복

우수성을 직접 경험한 관료를 중심으로 싹텄다. 그들은 군함과 철도를 비롯하여 서양의 우수한 문물과 기계의 위력을 목도하였고, 또 근대적 조약을 통해 열강의 이익을 대변하는 만국공법의 질서에 편입되지 않을 수 없는 위기를 체험하였다. 관료들은 개항을 계기로 지구적 세계에 편입된 현실이 존리론으로 온전히 해명되지 않는다는 것을 보았다. 과거제를 통해 선발된 그들 역시 성리학을 충분히 인지하고 있었지만, 성리학적 세계관을 고수하는 것이 현실적 대안이 될 수 없다는 생각에 이르렀다. 그런데 시대적 급무인 서기 수용은 정학론에 대한 회의와 비판을 거치지 않고는 불가능하였다. 존천리를 위한 당위적 가치를 강조하는 것이 위정척사론의 핵심이라면, 존리론적 체계를 해체하지 않고 이질적 문명 수용의 논리를 제언提言하기 어렵기 때문에, 일차적으로 리기론 자체에 대한 재검토가 요청되었다.

유럽으로부터 온 것은 군함만이 아니었다. 물 건너온 것은 모두 새롭고 그래서 우리가 따라야 할 좋은 전범이었다. 척사파는 자기방어적 자세를 취했다. 그러나 군함을 따라온 자본주의 체제는 성리학의 정치적 경제적 기반을 앗아갔다. 양물에 대한 극도의 거부와 그들이 금수와 다를 바 없다는 척사론은 곧 정학의 다른 이름이었다. 정학에 대한 절대적 신념은 문화적 자긍심을 충족시켰지만, 물리적 침략에 대한 절대적 방어책은 될 수 없었다. 서구와의 충돌적 만남은 거부할 수 없는 현실이 되었다. 야만적 침략의 극복이 성리학적 사유를 심화하는 배타적 방식으로는 불가능한 시대가 도래한 것이다.

이것은 곧 서기 수용이 선택의 여지가 없는 현실임을 의미하였다. 신기선의 오도론吾道論은 유학적 보편 이념을 상실하지 않을 새로운 대안으로

할 수 있었다. 마이클 에이더스 지음 김동광 옮김 『기계, 인간의 척도가 되다』 산처럼 2002 15쪽.

서 서기 수용론을 제기한 것이다. 신기선의 논리는 척사론처럼 존리적 학설을 공고화하는 방식은 아니었다. 그러나 유학적 신념〔正德〕에 대한 근본적인 회의를 제기한 것도 아니었다. 다만 서기를 이용후생의 차원으로 환치함으로써 이질적인 문명을 수용하려는 시도였다. 이는 낯선 것을 이해하고자 하는 기제이기도 하였지만, 서양의 과학기술을 가능하게 했던 철학적 기반에 대한 성찰 기회를 스스로 봉쇄한 것이기도 하였다.

율곡 학통을 이은 임헌회의 문하였던 신기선(申箕善,1851~1909)은 척사론의 존리설에 대한 의문을 제기한 유학자이다. 그는 성리학의 핵심 개념인 리에 대하여, "리자理字는 경전에 많이 보이지 않는다."[9]고 단언하고, 리가 유학의 중요 개념으로 인식된 것은 송대 이후의 일이라고 하여 그 개념적 중요성을 약화시켰다. 더 나아가 리기 개념을 중심으로 한 형이상학적 담론 체계를 강화해서는 유학의 본지를 구현할 수 없다고 비판하였다.

> 성인은 성과 명을 드물게 말하였는데 오늘날 유학자는 입만 열면 리기를 논한다. 하지만 그들이 말하는 리의 견득은 모방하거나 흉내를 낸 것에 불과하여 공허한 담론일 뿐 실견이 아니다. 고대한 담언談言이 여러 차례 편지로 이뤄지지만, 같은 것을 분별하고 다른 것은 힐난하면서 단서를 잡아 이기려고 다투는 것을 학문의 요체로 삼고 유학의 능사로 여기니, 설사 추측한 것이 맞다고 할지라도 오히려 실학에는 무익하여 도리어 무외자승의 폐단을 기른다.[10]

신기선은 리기론을 중심으로 본성과 천명을 논쟁하는 것은 실견이 아

9) 申箕善『儒學經緯』「理氣」: 理字在經傳不多見.

10) 申箕善『儒學經緯』「理氣」: 是故聖人罕言性命而今之儒者開口更說理氣 其所謂見理者 不過模倣彷佛 懸空說夢而已非實見也. 高談大言連紙累牘 辨同詰異 執端角勝 以爲問學之要諦 斯文之能事 縱使億中猶無益於實學 而徒長騖外自勝之弊.

니라며 척사론의 존리설을 강력하게 비판하였다. 또 그는 성리학적 심성론을 용인하지만, 당시 유림의 주요 논쟁이었던 명덕주리주기논쟁은 물론 호락논쟁에 대해서도 체계적인 언급을 하지 않는 등 사상捨象 전략을 사용하였다. 존리설이 공허한 담론으로서 근대적 실견實見이 될 수 없다는 신기선의 단언은, 당시 형이상학적 리기론이 근대적 격변에 실제로 대처하지 못하고 있다는 비판과 함께 서기의 강력한 영향력을 간과할 수 없는 현실 직시를 요구한 것이다. 그는 서양 세력의 침략에 대해 보다 구체적이고 현실적인 대처 방안을 제시하는 '실견'이 필요하다고 보았다.

> 혹은 성명性命을 공허하게 담론하고 세법에 어두우면서 실효성 없는 이론적 탐구〔口耳〕만 일삼아 실제적인 이해〔實解〕가 적다. 그래서 구습을 고수하여 변통성이 없고 시무의 변화를 알지 못하며, 세상을 버리고 실제적 사물事物을 끊음으로써〔遺世絶物〕 폐문閉門의 자취를 달게 여긴다.[11)]

신기선은 척사론이 시무의 변화를 알지 못하고 이론적인 천착에 치중한 나머지 유학의 본지를 구현하기보다는 그 진면목을 상실했다고 판단하였다. 따라서 그는 형이상학적 담론이나 기에 대한 리의 절대적 우위와 주재성을 강조하는 것이 '유세절물遺世絶物'에 지나지 않아, 구이지학이 될 뿐이라고 비판한 것이다. 따라서 기국氣局의 측면에서 시무의 변화를 파악하고 현실 문제에 보다 적극적으로 대처해야 한다고 보았다.

신기선도 만물과 인간 존재를 해명하는 데 리기 개념을 사용하였다. 그러나 그는 '리가 무형무위하다'는 성리학의 기본 전제에 근거하여 척사파에 비해 리의 주재성을 상대적으로 약화시키고, 유형유위한 기의 측면

---

11) 申箕善『大東學會月報』제1호「趣旨書」9쪽: 或空談性命而昧世法專事口耳而少實解 膠瑟守株不知時務之變 遺世絶物甘作閉門之踪.

에 초점을 맞추어 리기론을 전개하였다. 그는 리가 존재 원리이면서 당위 법칙이며, 리기가 불상리 불상잡의 관계에 있다는 것을 전제하였다. 그래서 리가 만물의 존재 원리로서 만물에 섞여 있지 않으나, 현실적 차원에서는 기에 실려 있으면서 섞여 있지는 않다고 보았다.

> 리는 만물의 소이연지고이면서 소당연지칙이다. 또한 충막무짐하여 만상萬象을 갖추고 있으니, 물에 갖추어져 있으나 물에 섞여 있지 않고 기에 실려 있으나 기에 섞여 있지 않다. 혼연한 전체와 은미한 묘용은 이름을 붙이거나 형상할 수 없기 때문에 만물에 내재해 있으면서 정미한 것을 리라고 한다.[12]

그런데 신기선은 화서가 존리적 입장에서 '리선기악'을 주장했던 것에 대해서는 부정적이었다. 그는 기는 본래 선하지만 그 말류는 선하지 않을 수도 있으며, 기의 작용에 따라 리도 기를 따라서 변한다고 보았다.[13] 현실적으로 리기 관계와 작용이 다단하므로 리선기악이라고 단선적으로 말하기 어렵다는 것이다. 따라서 선악의 문제를 리통기국의 관점에서 파악하는 것이 타당하다고 주장함으로써 기국의 다단한 측면을 보다 구체적으로 파악하고자 하였다.

> 기의 차원에서 논하면 선은 선이 되고 악은 악이 되니 국한되어 통하지 않는다. 리의 차원에서 말한다면 모든 존재자가 본선한 본체를 가지고 있으니, 악은 변화시켜 선이 될 수 있으며 국한된 것은 통하게 하여 하나가 되게 할 수 있다.[14]

---

12) 申箕善『儒學經緯』「理氣」: 理者凡物所以然之故與其所當然之則也. 冲漠無眹萬象備具 具於物而不雜於物 載於氣而不雜於氣 渾全微妙 不可名狀 以其在裏而精者故謂之理.

13) 申箕善『申箕善全集』권15「問目」: 理純乎善者也 氣本善而其流也有不善, 氣之所流 理亦隨而變焉.

리통의 관점에서 보면 순선의 본체가 본유함과 불선이 선으로 교화될 가능성이 있으며, 기국의 차원에서 보면 기의 국한성 때문에 선과 불선의 분계가 있다는 것이다. 그렇다고 곧 '리는 선한 반면 기는 악하다' 고 단정 지어서는 안 된다는 것이다. 현실적으로는 기의 차이에 의해 리도 변한다는 점을 강조하였다.

> 천하의 리는 불선이 있지 않고 기는 원래 리에 근원한다. 그러므로 그 근본은 불선이 있지 않지만 기는 운동성이 있어서, 왕래 유행 착종 만변함에 따라 과불급의 차이가 있어 불선이 생겨난다. 따라서 기는 청탁이 있고 만물은 연추가 있고 사람은 선악이 있고 천시는 어그러짐과 조화〔乖和〕가 있고 인사에는 길흉이 있고 세상에는 치란의 다름이 있고 도에는 사정邪正의 구분이 있다. 그것은 기의 차이에서 연유하는데 이미 기에 차이가 있으면 리 또한 따라서 변한다. (중략) 그렇다면 선악의 구분은 음양으로부터 비로소 판별되어 비롯한 것이다. (중략) 악이 생겨나는 근원은 선의 과불급일 뿐이니 선악이 본래 따로 생겨난 것이 아니다.[15]

신기선이 악을 선의 과불급일 뿐이라고 한 것은, 화서가 리선기악이라고 하여 리의 순선함을 강조하고 리기 선악 문제를 '리존기비理尊氣卑와 리귀기천理貴氣賤' 이라는 위계적 도덕 체계 및 리주기객理主氣客의 구조로

---

14) 申箕善『儒學經緯』「理氣」: 以氣而論則善者爲善 而惡者爲惡 局而不通矣. 以理而論則物物皆有本善之體 惡者可變而爲善 局者可通而爲一.

15) 申箕善『儒學經緯』「理氣」: 天下之理無有不善 氣原於理 故其本也亦無有不善. 然氣者動物也. 往來流行錯綜萬變於是乎 有過不及之差而不善者生焉. 是故氣有淸濁 物有姸醜 人有善惡 天時有乖和 人事有吉凶 世有治亂之異 道有邪正之分, 其初也由於氣之差而及其旣差也 理亦隨而變焉 (중략) 然則善惡之分 自陰陽肇判而是矣. (중략) 夫惡之所由生則不過曰善之過不及而已 非善惡何從生.

파악한 것과 대비된다. 화서가 리기 불상잡의 관계에 주목했다면 신기선은 오히려 리기 불상리의 측면에서 리통기국을 강조하였다. 리통은 모든 존재자가 본선의 체를 품부받았다는 측면에서 보편성을 확보하는 것이며, 동시에 오도론吾道論의 실질적 내용인 정덕의 가치는 방해받지 않는다는 것을 강조하기 위한 논리적 기초라 할 수 있다. 반면 기국은 현실적인 불선不善을 해명하는 성리학의 기제이다. 그가 악은 선의 과불급이라고 한 것은 기국의 측면에 초점을 맞춰 불선이 존재하는 다양한 현실 양태에 대해 보다 구체적으로 파악하고 유연하게 대처하고자 한 것이다. 즉 척사론이 존리적尊理的 당위법칙을 강조함으로써 성리학적 강상윤리는 지킬 수 있으나, 형이하의 기에 해당하는 격변하는 현실 상황에서 선을 실천하기 어려워진 점을 부각하려는 의도이다.

신기선은 리의 순선함을 부정하지 않지만 기국氣局의 측면에서 '기에 차이가 있으면 리 또한 따라서 변한다.' 고 하여, 리선기악의 이분적 절대화에 얽매이지 않고 현실적인 상황 변화에 따른 선악 판단의 시의성時宜性을 상당히 확보하고 있다. 척사파처럼 '기악氣惡' 적 요소를 강조하면 다양한 현실적 변화를 당위적 리선理善의 관점에서 판단하기 때문에 이념은 분명해지나 현실 변화에 유연하게 대응하기 어렵다. 하지만 선악 시비를 판단할 때 기국적 측면을 강조한다면, 다양한 현실적 변화를 직시하고 대처하기가 용이할 수 있다. 이는 성리학에서 중요시하는 당위적 영역을 해체하지 않으면서 동시에 기국적 차원에서 해명될 수 있는 현실 문제에 대해 적극적으로 대응하려는 의도라고 하겠다.

척사론처럼 순선한 리를 현실에서 어떻게 실현할 것인가에 초점을 둔다면 기의 측면은 상대적으로 소홀히 다루어질 수 있으며, 더 나아가 서기의 위력에 저항하는 논리도 당연히 리의 당위성에 근거할 수밖에 없다.[16] 신기선은 리의 소이연지고와 소당연지칙의 두 영역에서 소당연지칙으로서의 정덕 즉 오상과 오륜은 변화할 수 없는 것으로 인정하였다. 하지만 기국의 차원에 중점을 두면 도덕적 당위가 구체적인 기국의 차원 즉 형이하의 기器의 맥락에서 구현되어야 한다는 측면에 집중하게 된다. 이는 당시 척사파의 형이상학적 논의에 대한 비판적 입장을 견지하는 것이며 동시에 근대 공간에서 유학의 논의가 형이상학적 논변에서 벗어나 보다 실용적인 이용후생에 천착해야 한다는 견해를 담고 있다고 하겠다.

신기선이 리와 성명이 유학의 핵심 개념이 아니라 하여 존리적인 측면을 사상한 것은, 척사론이 현실적 방안이 될 수 없다는 판단과 함께, 근대적 격변 속에서 '오도'의 이념과 도덕을 구현할 방안을 모색하려는 시도이기도 하였다. 배외적 척사론을 고집하는 것은 유학의 진면목을 상실한 것이며, 구체적이고 현실적 사태를 제대로 살피지 못하는 잘못이라고 평가하였다.

> 오주의 역사와 만국신문에 주목하는 것은 달갑게 여기지 않고 배외사상만 품으니, 마침내 오도吾道의 중용中庸의 진면목을 잃어버렸다. 이것은 학문의 본체에 편중하여 그 작용이 이지러진 것이다.[17)]

그렇다면 신기선이 주창한 '오도'는 리기론의 형이상학적 담론을 강조했던 척사파와 달리 본체와 작용이 조화를 이루는 중용을 중시하는 것이 유학의 진면목이라는 것이다. 즉 척사론의 정학은 존리적 사유의 공고화

---

16) 화서의 제자였던 유인석도 절대선인 리의 우위와 주재성을 강조하였기 때문에, 리의 뜻대로 즉 리가 주재하는 대로 기가 따를 경우에는 기를 굳이 언급할 필요조차 없다고 보았다. 柳麟錫 『毅菴集』 上 권28 「散言」: 理氣元不相離 而理却統氣 大凡言語只當說理 不須言氣.

17) 申箕善 『大東學會月報』 제1호 「趣旨書」 9쪽: 幷與五洲歷史萬國新聞而亦不屑우目 徒懷排外之想 遂失吾道中庸之眞面目 此學之體偏而用缺者也.

였다면 신기선의 오도론은 존리적 사유를 사상함으로써 유학의 도덕을 구현할 수 있는 현실적 방안을 모색하려는 이론적 토대였다.

도기상분론道器相分論은 서기를 수용하더라도 유학의 정덕은 서도西道로 대체되지는 않는다는 것이다. 한편으로 이용후생의 실질적 토대 없이 정덕을 수호하는 일은 불가능하다는 도기상수론道器相須論은 정덕을 지킬 방편으로 서기를 수용하자는 논리이다. 이러한 주장은 기독교를 비롯한 서인지법西人之法 전체가 아니니, 서교인 예수교를 삿된 것으로 배척함으로써 서학을 둘러싼 논란을 잠재우고 서기를 수용하려는 것이다. 물론 그는 정덕은 '독존獨尊' 하므로 서교西敎에 의해 침해당하지 않는다고 강조하였다. 이는 존리설처럼 성리학적 세계관을 옹호하려는 것이라기보다는 서기 수용이 결코 정덕에 대한 부정이나 서인지법 전체를 수용하자는 것이 아니라는 점을 적극 해명함으로써, 척사론이 제기한 서기불가론에 대한 비판과 함께 서기 수용에 대한 당대의 저항을 해소하고자 함이다. 정덕과 서기는 서로 분별되지만 동시에 도기道器는 결코 분리될 수 없다는 도기체용론道器體用論은 용의 변화가 결코 체를 본질적으로 변화시키지 않는다는 사유를 제시함으로써, 오도는 지키되 서기 수용 또한 가능함을 보여주었다. 이러한 논리에 근거하여 기독교를 비롯한 서법의 배척에는 동의하지만, 서기 수용까지 불가하다는 척사론은 도기가 서로 분별되는 것임을 모르는 소치라고 비판할 수 있었다.

> (서양의 법인 야소교를 본받는 것은 그들의 교도 본받는 것이라는 척사파의 반론에 대해) 이것은 도와 기가 분별됨〔道器之分〕을 모르는 것이다.[18]

---

18) 申箕善 『農政新編』 序文: 噫是不知道與器之分也.

오도론은 존리설의 리 중시적 사유에서 벗어나 기국의 차원에서 변화를 모색하여, 이용후생의 차원에서 서기를 수용하는 것이 정덕을 수호하는 길임을 주장한 것이다. 이는 근대적 격변기에 성리학이 어떤 의미가 있는지에 관한 질문이기도 하였다. 이러한 물음은 곧 서구문명을 어떻게 이해할 것이며 그와 어떻게 관계를 맺을 것인가를 모색하는 것과 동일선상에 있다. 이질적이지만 우리에게 필요한 것이므로 수용하지 않을 수 없다고 판단된 서기를 새로운 관점에서 이해하기 위해서는 성리학 체계를 해체하지 않으면서도 서기를 수용할 수 있는 논리를 정립하는 것이 요구되었다. 낯선 서기를 오도의 맥락에서 어떻게 이해할 것인가를 묻기 위해서는 서기를 수용하고자 하는 오도가 척사론의 이론적 배경이 되는 정학과 동일한 체계를 가질 수는 없었다. 오도론은 성리학 체계를 재배치함으로써 서기 수용이 유학적 본체를 해체하지 않음을 입증하고자 한 것이다.

3) 유학경위설과 근대적 이용후생

신기선이 제기한 오도론은 존리적 세계관에 치중한 척사론과 달리 이용후생의 차원에서 서기를 수용하는 것이 타당함을 제시한 것이다. 개화정책에 대한 유림과 민중들의 거센 반발을 완화하면서도 서기 수용이 불가피함을 제언할 필요가 있었기 때문이다. 신기선은 유학을 변화할 수 없는〔不可易〕 보편적 가치인 경經의 영역과 시대에 따라 변화하지 않을 수 없는〔不可常〕 가변적인 위緯의 영역으로 구분한 유학경위론儒學經緯論 및 도기가 상수상분의 관계에 있다는 도기상수상분론道器相須相分論을 제기함으로써, 존리적 체계를 사상捨象한 반면 서기 수용이 유학적 도덕문명을 실현하는 데 유용하다는 주장을 제기하였다. 즉 경위론과 도기론은 유학적 맥락에서 서기 수용의 가능성을 탐색한 것으로, 유학이 근대적 격변기에 어떻게 변화해야 할 것인지를 논리적으로 보여준 것이다.

그는 대표적인 저서인 『유학경위儒學經緯』에서 유학을 경經과 위緯로 구분하였다.[19] 경에 해당하는 「리기理氣」「인도人道」「학술學術」은 보편적 진리로서 유학의 핵심을 정리하면서도 조선 후기 이래 유학의 사회적 역할에 대한 반성을 제기하였다. 또 위에 해당하는 「천지형체天地形體」와 「우주술찬宇宙述贊」은 당시 세계에 대한 인식과 지구 구형설에 대한 이해 및 서기 수용의 근간이 되는 근대과학에 대한 견해를 담고 있다. 신기선은 유학을 경위經緯와 도기상수상분론道器相須相分論으로 재이해함으로써 서기 수용이 유학적 도덕을 해체하지 않을 뿐 아니라 오히려 유학적 도덕 문명을 실현하는 데 유용함을 논증하고자 하였다. 여기에는 서양의 과학기술이 우수하다는 평가도 담겨 있었다.

경에 해당하는 3편에서는 성리학적 세계관을 일정 부분 인정하면서도 척사론의 핵심을 사상捨象하는 방식을 취하였다. 신기선은 우주 만물을 음양오행설에 입각하여 이해하지만 음양을 존귀나 상하와 같은 질적인 차이에 집중하여 해명하지는 않았고, 성리학의 주요 논거인 '역유태극易有太極' 이란 명제를 논의하면서 태극이 지나치게 형이상학적 명제로 이해된 것에 대해서도 비판하였다.

> 역대전에 '역에는 태극이 있다' 고 하였고, 주렴계가 도설을 펼침에 드디어 리학가理學家의 일대 화두가 되었다. 그것은 실로 리자理字가 존귀하다고 이름한 것에 불과하고 다른 신기하고 괴이한 뜻은 없었는데, 학자가 더러 고원한 것을 지나치게 구하였다.[20]

19) 『儒學經緯』는 그가 갑신정변에 연루되어 전라도 呂島에 귀양 가 있을 때인 1890년에 지은 것으로 1896년 학부편집국에서 간포하였다. 『儒學經緯』가 간행된 즈음인 1895부터 1896년까지는 의병활동이 격렬하게 일어났던 시기이다.

신기선은 또 "무극이란 말은 단지 태극이 형상이 없다는 것을 지칭할 뿐이다."[21]고 하여, 무극이태극에 대한 형이상학적 논의를 배제하였다. 주렴계의 『태극도설太極圖說』과 소강절의 상수학의 논리를 인용하여 우주론을 전개하였다. 이것은 매우 중요한 변화인데 주렴계의 『태극도설』과 소강절의 상수학은 조선 후기 이래 서법 수용 문제와 깊은 연관이 있었기 때문이다. 조선 후기 유학자들은 서법에 대한 유학적 대응 논리를 체계화하면서 주자학적 우주론에서 부족한 부분을 보완하는 논거로서 태극도설과 상수학을 제시하였다. 18세기 유학자들은 선교사들의 학설을 성리학적 자연철학과 종합하려 하였다. 지구설의 여러 쟁점을 기氣의 운행이라는 기존 우주론의 기제를 통해 해결하였다.[22] 신기선은 「리기」편에서 서명응처럼 우주론에 대한 체계적인 언급은 없지만, 하도와 낙서 그리고 양의사상팔괘도를 가지고 우주 만물을 설명하였다. 그는 하도낙서를 체용으로 파악하고 하도는 선천의 수로 낙서는 후천의 수로 보았다.[23]

---

20) 申箕善『儒學經緯』「理氣」: 易大傳曰易有太極 周濂溪衍爲圖說遂爲理學家一大話頭 其實不過理字之尊號耳 無他新奇怪僻之義而學者或過求於高遠.

21) 申箕善『儒學經緯』「理氣」: 濂溪所謂無極云者卽以太極本無形狀故更名之曰無極爾.

22) 서양 천문학의 중국 기원설을 가장 체계적으로 개진한 인물로는 徐命膺이 대표적이다. 그는 천문역법, 지리를 비롯하여 세계 만물의 변화하는 법칙은 복희가 만든 〈선천 64괘 방원도〉에 담겨있으며 송대의 소강절에 의해 복희의 학문이 부흥하였다고 보고, 소강절의 선천방원도를 근간으로 상수학 체계를 구성하였다. 그는 복희가 일 년 중 반 년은 낮이고 반 년은 밤인 북극 남극권을 본떠 음양의 양의를 만들었으며 일 년이 사계절로 나뉘어지는 중위도 지방을 보고 사상〔태양 소음 소양 태음〕을 고안하였고, 일 년이 8개 계절로 나뉘어지는 적도지방을 토대로 8괘를 그렸다고 보았다. 이와 같이 남북반구가 대칭적 양상을 띠며 각각 3개의 기후대로 구분되는 현상을 양의로부터 사상을 거쳐 8괘로 이어지는 역의 생성 과정으로 이해하였다. 이러한 과정을 통하여 서명응은 예수회 선교사들의 지리서에 담긴 지리학적 정보를 상수학적 구도에 편입시키려고 하였다.(임종태 『17 · 18세기 서양 지리학에 대한 조선 · 중국 學人들의 해석』 서울대 박사학위 논문 2003년 204-6쪽 참조)

23) 申箕善『儒學經緯』「理氣」: 河圖洛書者天地自然之數也. 昔在人文肇開之時 天示其象以

그런데 신기선은 유학과 다르지만 서양의 수화토기지론水火土氣之論이 있다고 인정하고 그 장점을 적극적으로 수용해야 한다는 인식은 이미 음양오행에 대한 가치론적 이해를 고집하는 것과는 차이가 있었다.[24)]

신기선은 경위설을 '도道와 기器는 상분 상수의 관계에 있다.'는 도기론으로도 설명하였다. 도란 모든 존재자의 당위법칙〔凡物所當然之則〕으로서 삼강오상과 효제충신을 의미한다. '경經'에 해당하는 도와 정덕은 근대적 변화에도 불구하고 지켜야 할 도덕성이다. 이는 동서고금을 막론하고 바뀔 수 없을 뿐만 아니라, 우리가 서양에 결코 뒤지지 않는다. 그러므로 서법과 기독교까지 수용할 필요는 없다.

> 동서고금을 막론하고 바뀔 수 없는 것은 도이고, 수시로 변화하므로 고정할 수 없는 것은 기이다. 무엇을 도라 하는가? 삼강오상과 효제충신이 이것이다. 요·순·주공의 도는 해와 별처럼 빛나서 비록 오랑캐 지방에 가더라도 버릴 수 없다.[25)]

그런데 시대에 따라 변화하지 않을 수 없는〔不可常〕의 위緯는 기器에 해당하며, 기란 예악禮樂과 형정刑政 등 실생활에 직접적 연관을 가진 것으로, 이용후생의 차원에서 늘 변화해 왔다. 만약 시대적 변화와 시무를 도외시한다면 유학의 본지를 실현할 수 없게 된다. '위緯'에 해당하는 「천지형체天地形體」와 「우주찬술宇宙述贊」은 당시 세계에 대한 인식과 지

授聖人圖之數終於十書之數終於九. 圖之理圖書之理方圖爲體而書爲用 圖爲經而書爲變圖者先天之數天之道也 書者後天之數人之事也.

24) 申箕善『儒學經緯』「理氣」: 泰西人有火水土氣之論 雖與吾儒說不同 亦各有見智者旁通而取捨焉可也.

25) 申箕善『農政新編』序文: 夫古窮宙而不可易者道也 隨時變易而不可常者器也. 何謂道 三綱五常孝悌忠信是已 堯舜周孔之道炳如日星雖之蠻貊之邦不可棄也.

구 구형설에 대한 이해 및 서기 수용의 근간이 되는 서양 과학기술에 대한 견해를 정리하였다. 그는 위에 해당하는 기는 요순시대조차도 변화할 수밖에 없는 영역이라고 단언하였다. 시대적인 변화에 대응하므로 고정될 수 없다는 점을 강조함으로써 서기가 곧 근대적 기에 해당한다고 확대하여 해석할 수 있게 되었다.

> 무엇을 기라 하는가? 예악 형정 복식 기용器用이 이것이다. 당우삼대 때조차도 덜하고 더함이 있는 것이거늘 하물며 그 수천 년 뒤에 있어서랴![26]

경위설은 서기를 수용하는 것이 정덕을 해체하지 않는다는 것과 동시에 서양의 과학기술이 우수하다는 것을 제시한 것이다.

신기선이 불가상不可常과 불가역不可易의 영역을 구분한 것은 두 가지 방향에서 일정한 설득력을 가질 수 있었다. 즉 서법은 불가상의 기에 해당한다. 그러므로 서법이라도 수용해야 한다는 것은, 달리 말하면 불가역의 도는 동서고금을 막론하고 지킬만한 가치가 있다는 주장으로, 유학적 보편 윤리에 대한 우월의식을 견지한 것이니, '위정' 의 핵심 내용인 성선 및 오상과 질적인 차이는 없다. 이것은 현실적으로 '척사' 를 주장하는 기존의 성리학자들이 유학적 보편 윤리의 와해에 대한 우려를 불식시키는 것이기도 하다. 신기선은 도기상분의 논리를 통하여 정덕인 도[27]는 보지保持해야 한다고 전제하되, 정덕 실현은 이용후생이라는 현실적 기반 위에서 가능하다는 것을 도기상수의 논리를 통하여 전개하였다. 신기선은

---

26) 申箕善『農政新編』序文: 何謂器 禮樂刑政服飾器用是已. 唐虞三代尙有損益於數千載之後乎.

27) 申箕善『初學指掌』「性理原委」쪽: 道者凡物所當然之則也 卽理下一半也 以其爲人生日用當行之路 故謂之道也.

유학의 도덕에 대해 회의하지 않았지만, 기의 외연을 확대함으로써 도를 수호하려는 방향성을 가지고 있었다. 그렇지만 정덕 실현의 현실적 토대에 집중함으로써 척사론의 가치론적 위계질서에 균열을 가하는 방식을 채택하였다. 성리학적 사유체계 내에서는 서기 수용 논거를 제시하기 어려운 상황에서, 척사론이 현실을 도외시하고 있다는 점을 강조함으로써 서기가 근대적 차원의 이용후생이라는 새로운 논리를 제기할 수 있었다.

> 진실로 때에 맞고 백성에 이로운 것이라면, 비록 오랑캐의 법일지라도 행할 수 있다.[28)]

더 나아가 그는 기는 때에 맞고 백성에게 이로운 것이라면 언제든지 변화할 수 있으며 그것이 비록 오랑캐의 것이라도 필요하다면 받아들여야 한다고 주장한다. 이는 성리설에 대한 천착에서 벗어나 성리학이 정덕을 수호하기 위한 현실적 방안을 모색해야 한다는 절박한 현실인식에서 비롯한 것이다.

신기선은 유학적 관점을 견지하지만, 존리적 관점에서 벗어나 근대적 격변을 수용하고자 하였다. 그는 공맹 유학의 종지는 사물의 시의時宜를 밝히는 것으로, 정덕과 이용후생을 병행하여 어느 것 하나라도 폐하지 않게 하는 것이라고 보았다.[29)] 그는 유학의 도인 정덕은 실질적인 이용후생과 결코 분리될 수 없다는 점을 분명히 하고 정덕을 강조하였지만, 위정척사파처럼 인욕의 제거에 중점을 두지는 않았다. 그는 인륜지도뿐만 아니라 이용후생 및 제세응물지도濟世應物之道 또한 모두 하늘에 근본하고

---

28) 申箕善 『農政新編』 序文: 苟合於時苟利於國 雖夷狄之法可行也.

29) 申箕善 『大東學會月報』 제1호 「취지서」 10쪽: 孔孟之宗眞明事物之時宜 使正德利用厚生三者竝行不廢.

마음에 갖춘 것으로 사람이 힘써야 할 부분이라고 하였다.[30] 이용후생과 제세응물에 관한 현실적 문제 또한 힘써야 마땅하다면 척사론의 폐단은 이용후생의 측면을 소홀히 한 점이다.[31] 물론 신기선도 사욕은 경계할 대상으로 보았지만,[32] 이용후생에 힘쓰는 것이 마땅하다고 강조하였다. 즉 배고프면 먹어야 하고 목마르면 마셔야 하고 추우면 입어야 하고 피곤하면 쉬어야 하고 병이 들면 치료받아야 하며, 농사를 지어 물자를 풍성하게 하고 공업을 발달시켜 이기利器 생산을 진작시키고 병력을 길러 적을 방어하는 것과 같은 이용후생의 방도가 중요하다는 것이다.[33] 부국강병을 위해 이용후생에 적극 힘써야 한다는 주장은 이용후생을 단순히 인욕의 차원에서 이해하고 경계해야 할 대상으로 보아서는 안 된다는 것이다. 정덕이 이용후생이라는 현실적 토대를 상실하면 존립할 수 없는데, 이는 도기가 서로 자뢰資賴하여야만 사물의 본질과 운용이 가능하기 때문이다.

신기선은 현실적으로 정덕과 이용후생이 완전히 분리되지 않지만, 질적 차원에서 말하자면 정덕과 이용후생은 결코 같은 것도 아니기 때문에 서기를 수용하더라도 유학의 정덕이 서도西道로 대체되지는 않는다고 보았다. 즉 정덕을 유지하면서 정덕을 지킬 수 있는 방편으로써 서기를 수용하자는 논리이다. 그는 정덕과 서기는 서로 분별되지만 동시에 도기道器는 결코 분리될 수 없다는 것을 체용 논리로 해명하였다. 도기道器를 체용으로 이해한 것은 용의 변화가 결코 체를 본질적으로 변화시키지는 않는다는 주장을 담고 있다.

신기선은 세계의 역동적인 변화를 유학적 사유 구조 속에 담아내고자

30) 申箕善『大東學會月報』제1호「道學源流」40쪽 참조.

31) 申箕善『大東學會月報』제2호「道學源流 續」93-4쪽 참조.

32) 申箕善『儒學經緯』「學術」463-4쪽 참조.

33) 申箕善『大東學會月報』제2호「道學源流 續」94쪽: 飢而必食 渴而必飮 寒而必衣 倦而必息 病而必醫 農而資食 工以利器 商以通功 兵以禦寇 此利用厚生濟世應物之道也.

하였으니, 정덕을 수호하되 그것의 존립 자체가 물질적 세계의 근본적인 변화에 위협받는 상황이므로 서양의 앞선 기술문명을 도입하여 이용후생적 토대를 강화하자고 주장하였다. 즉 서기 수용이 곧 이용후생의 근대적 방안이라는 것이다. 그의 유학경위론은 당시 강력한 타자인 서양을 현실적으로 인식하고 그에 대한 대응책을 모색하는 하나의 과정으로, '자기 변화의 과정' 이라고 평가할 수 있겠다. 기器는 유학의 위緯에 해당하므로 때에 맞고 백성에게 이로운 것이라면 언제든지 변화할 수 있다는 논리도 가능하다. 심지어 오랑캐의 것일지라도 필요하다면 받아들여야 한다는 주장이 타당성을 가진다. 신기선의 논리대로 서기西器가 근대적 이용후생에 해당하는 것이라고 한다면, 기가 리의 리됨을 저해하지 않는 것처럼 그것이 정덕 자체를 변화시키지는 않으므로, 척사론의 논거는 약화된다.

성리학이 여전히 정치 이념으로 작동하고 있고 유림의 반발이 심했던 당시 상황을 고려하면, 성리학에 대한 전면적인 회의와 반성은 물론 서구문명 수용도 어려웠다.[34] 오도론은 성리학에 대한 전면적 반성 없이 서기 수용이 가능함으로 보여준 것이다. 이는 맹자가 정전제를 왕도정치의 출발점으로 삼았던 것과 같이, 삶의 실제적인 맥락을 벗어나서 도덕을 실현한다는 것은 불가능하기 때문이다. 신기선은 정덕을 준수해야 한다는 당

34) 당시 개화론의 주장에 대하여 화서학파를 비롯한 위정척사파는 당시 개화론을 주장하는 견해를 편파적이고 교활한 '詖辭' 이며 부국강병책이 아닌 '淫辭' 에 불과하다고 보았기 때문에 판별하여 사리를 밝혀야 했다. 화서 제자인 유중교는 1882년 9월 상소문에서 "의논하는 자들은 "안으로는 반드시 西師를 맞이하여 기술을 배운 연후에 부국강병을 할 수 있으며, 밖으로는 西國과 연합하여 黨與를 맺은 연후에 俄夷를 막을 수 있다. 이와 같이 하면 宗國을 보전할 수 있고 하루라도 이와 같이 하지 않으면 큰 화가 조석으로 일어나서 전날의 關防은 시사가 多變함에 고수하기에도 부족할 것이다."고 말한다. 아 그 또한 생각하지 못함이 심하다! 선왕의 정치는 부국에 방법이 있으니 務本抑末 量入爲出뿐이며, 강병에 방법이 있으니 충효를 배양하고 절의를 장려하는 것이다. 기계의 不利함과 기예의 不精은 근심할 것이 아니다."고 하였다.(『省齋集』 권58 부록 연보 참조)

위를 인정함으로써 위정척사파의 정학론을 해체하지는 않는다. 다만 이용후생하는 방법은 시대에 따라 변화하는 것이므로 서기 수용이 근대적 이용후생이라고 이해한다면 유학을 해체하지 않고도 서기 수용이 가능해진다. 위정척사파는 세사世事를 천리와 인욕이란 가치관념을 기준으로 파악하고 인욕은 반드시 제거해야 할 대상으로 보았으며, 서기 또한 인욕의 차원으로 이해하였다. 반면 신기선은 서기를 인욕으로 치부하지 않고 근대적 이용후생으로 인식하여, 서기 수용은 시무이며 부국강병의 지름길이라고 파악하였다. 이것은 당시 척사론에 대한 비판이기도 하였으며, 동시에 타자를 다른 관점에서 인지하고 수용하는 과정이었다.

> 오도吾道는 정덕正德에 근원한 것이요, 서기西器를 배우는 것은 이용후생利用厚生에 근원한 것이다. 이것은 병행하여도 도리에 어긋나지 않는다.[35)]

오도론의 핵심 논지는 도기상분적 차원에서 정덕을 실현해야 한다는 당위는 유지하는 한편, 도기상수적 차원에서 정덕은 이용후생이란 현실적 토대가 뒷받침되어야 하므로 서기 수용은 유학을 해체하는 것이 아니라 유학의 본지를 근대적 맥락에서 구현하는 길이 된다는 것이다.

> 대개 중토지인은 형이상에 밝기 때문에 그 도道가 천하에 홀로 우뚝하며, 서양 사람들은 형이하에 밝기 때문에 그 기器는 천하에 대적할 자가 없다. 중토지도를 가지고 서양의 기를 행한다면 지구의 오대주는 평정할 것도 못 된다.[36)]

---

35) 申箕善 『農政新編』 序文: 吾道所以正德也 效彼之器所以利用厚生也. 此所謂竝行而不悖者此也.

36) 申箕善 『農政新編』 序文: 盖中土之人明於形而上者 故其道獨尊於天下 西國之人明於形而下者 故其器無敵於天下 以中土之道行西國之器 則環球五洲不足定也.

신기선은 형이상의 도와 형이하의 기는 질적으로 구분된다는 도기상분론과 중토지도인 유학의 도덕을 견지하기 위해서라도 서기 수용이 필요하다는 도기상수론을 적극적으로 해명함으로써, 유학적 사유 내에서 서기 수용이 모순되지 않음을 논증하고자 하였다. 정덕과 서기는 서로 분별되지만 동시에 도기道器는 결코 분리될 수 없다는 도기체용론道器體用論은 용의 변화가 결코 체를 본질적으로 변화시키지 않는다는 사유를 보여주었다. 서기 수용은 정덕을 지킬 수 있는 방편이다.

> 진실로 우리의 도〔吾道〕를 잘 시행한다면 서양의 기를 행하는 것은 매우 쉬울 것이니 이처럼 도와 기는 서로 기다리며, 떨어지지 않는다.37)

따라서 신기선은 각각의 장점인 오도의 정덕과 서양의 이용후생을 병행하는 것이 결코 모순되지 않기 때문에, 중토지도로써 서양의 기를 행한다면 온 세계를 평정하는 일도 대단한 것이 아니라고 확신했다. 이것은 윤선학이 개화론이 변화시키고자 한 것은 기이지 도가 아니라고 주장한 것에서도 잘 드러난다.38)

---

37) 申箕善『農政新編』序文: 苟能擧吾之道則行彼之器 亦猶反掌爾若是乎 道與器之相須而不離也.

38) 이런 인식은 윤선학이 주장한 개화론에도 잘 드러난다. 윤선학은 1882년 12월 상소(承政院日記 고종 19년 12월 22일 條)에서 "아! 西法이 나오게 되자 그 기계의 정밀함과 부국의 방법에 있어서는 비록 周을 일으킨 呂尙이나 촉을 다스린 제갈량이라 할지라도 그 사이에 간여하여 논의할 수 없게 되었습니다. 군신 부자 부부 장유 붕우의 윤리는 하늘로부터 얻어서 본성에 부여된 것인데, 천지에 통하고 만고에 뻗치도록 변하지 않는 이치로 위에서 道가 된 것입니다. 수레 배 군사 농업 기계는 백성에게 편하고 나라에 이로운 것으로 밖에 드러나 器가 되는 것이니, 제가 변화시키고자 한 것은 器이지 道가 아닙니다."고 하였다.

중토지인은 서양의 기를 잘 행하지 못할 뿐만 아니라 중토지도도 한갓 이름만 있고 실제가 없으니 쇠퇴했다. 이것이 날로 서양으로부터 모욕을 당하면서도 방어하지 못하는 까닭이다.[39)]

중토지인 즉 중국인을 반면교사로 삼아 서기 수용의 정당성을 제기하였다. 중국은 서기 수용을 제대로 하지 못했기 때문에 도리어 중토지도를 실제로 구현할 수 없게 되었을 뿐 아니라 아편전쟁을 기점으로 서구 열강의 침략을 방어하지 못하는 위기에 직면했다고 평가하였다. 신기선은 정덕과 이용후생의 상분 상수적 관계를 깊이 이해한다면, 서기 수용이 정덕을 수호하는 길이면서 현실적 문제를 해결하는 방책임을 알 수 있다고 강조하였다.

4) 서기의 우수성과 태서 인식

서기 수용의 필요성을 주장한 것은 서기의 우수성에 대한 인정에서 비롯한 것이다. 신기선은 서양의 만물에 대한 과학적 탐구가 유학과 다르지만, 나름의 견지가 있다고 높이 평가하였다.

태서인泰西人은 수화토기지론水火土氣之論이 있어 유학의 설과 다르지만 각각 견지見智가 있는 것이, 같은 계통은 아니지만 통하니 취사선택하는 것이 옳다.[40)]

---

39) 申箕善『農政新編』序文: 乃中土之人不惟不能行西國之器 並與中土之道而德徒名無實 委靡將墜 此所以日被西人之侮而莫之禦也.

40) 申箕善『儒學經緯』「理氣」: 泰西人有火水土氣之論 雖與吾儒說不同 亦各有見智者旁通而取捨焉可也.

그는 서양 과학〔水火土氣之論〕이 성리학의 음양오행론과 다르지만 우수하다고 인정함으로써 새로운 갈림길을 제공했다. 척사론은 리존기천理尊氣賤이라는 당위성에 근거하여 현실을 가치론적 차원에서 해명함으로써 결과적으로 근대적 현실과 괴리되었다. 서양의 수학과 천문학을 적극 수용해야 한다고 판단한 신기선의 오도론은 근대적 삶과 조응할 수 있는 단서를 제공했다.

> 서양인들의 추측推測의 정밀함은 오랜 세월 동안 지교智巧를 써서 오늘날에 이르렀다. 정론이라 이름 붙인 것이 근거가 없다고 하여 대응하지 않는 것은 잘못된 일이다. 우리나라는 서적이 널리 보급되지 못하여 그 학설이 얼마나 상세한지 제대로 알지 못하고 상위象緯의 전문가들 중에서도 이것을 진심으로 연구하는 자가 없다.[41)]

신기선은 서양인들이 보여주는 추측의 정밀함이 오랫동안 지혜를 축적하여 오늘날에 이르렀으며 그것을 함부로 근거 없다고 폄하할 것이 아니라 제대로 이해해야 한다고 보았다.

> 팔성八星이 해를 도는 전도躔度를 측량하고 사시四時와 한서寒暑의 원인을 밝히며 공기가 만물을 자육慈育하는 것을 알고 각 원소의 분합分合 천변千變을 분별하는 것을 산술로 추구한다. 은미한 것을 분석하고 먼 데 있는 것을 밝혀 천지의 오묘함과 사물의 변화를 궁구하며 극진히 하는 것은 천문天文 지리地理 산수학算數學이다.[42)]

---

41) 申箕善 『儒學經緯』 「天地形體」: 西人推測之學 屢千百年 積費智巧 至於今日 號稱定論者 不應無據而醜差也. (중략) 東方書籍未廣 不得其說之詳 象緯之家 亦未有專心究此者.

42) 申箕善 『畿湖興學會月報』 제9호 「興學研究」: 測八星環日之躔度 瞭四時寒暑之原因 認空

신기선은 천문 지리 등에 국한되지 않고 화학과 의학 등 다양한 분야가 이용후생에 도움이 됨을 역설하였다. 서기는 경제와 의료 분야 등 다양한 생활에서 백성들의 삶을 날로 풍요롭고 윤택하게 하는 효과가 있다고 하였다.

> 화리化理의 심오함을 연구하고 기기機器의 정묘함을 창제하여 농사를 지으면 해마다 창상倉箱이 배나 되고 공업을 하면 조화를 빼는 것 같고 상업을 하면 구름과 귀신이 운수運輸하는 것 같아 산해山海가 교환하여 구라파와 아시아가 방달房闥이 되어 경제는 날로 풍요로워지고 백성은 날로 부유해지는 것은 농공상학農工商學이다. 근골筋骨 혈기氣血의 원류源流를 살피고 수토음식水土飮食의 리병利病을 분별하여, 병은 그 원인을 알고 약은 그 마땅한 바를 투입하며, 또 평소에 보양을 하고 아직 발생하기 전에 막아 사람이 요절할 걱정이 없고 장수의 즐거움을 누리게 하는 것은 의학과 위생학이다.[43]

척사론자들은 서기를 오랑캐의 것이라고 배척하였지만, 천문·지질地質·측산測算 등의 서양 학문을 비롯하여 화륜 기기와 같은 정교한 제품은 이미 우리가 미칠 수 없음은 재론의 여지가 없었다. 신기선은 과학기술을 적극적으로 수용해야 한다고 주장하였으나 유학의 보편성에 대한 근본적 회의에 이르지는 않았다. 이는 정학을 지키고자 했던 위정척사파와 같으면서 다른 지점이다. 신기선이 '경'으로 파악했던 유학의 보편 이념에 대한 신념은 같지만, 척사파는 그것을 척사로써 지키고자 한 반면 신기선은 서기 수용을 통해 지키고자 했다. 신기선이 이미 인정했듯 서학

氣之滋育萬物 辨各素之分合千變 推之以算術 無微不析 無遠不燭 窮天地之妙 盡事物之變者 天文地理算數之學也.

43) 申箕善 『畿湖興學會月報』 제9호 「紫西問答」 162쪽.

은 유학과는 그 학문 체계가 다르기 때문에, 도기상분상수론을 통하여 유학의 범주 안에서 서기 수용 논리를 체계화했다. 서기 수용은 곧 이용후생으로써 부국강병을 달성할 수 있는 길이었으니, 이것이 곧 신기선이 이해한 개화였다.[44] 이것은 기본적으로 유학을 '경위經緯' 라는 개념으로 구조화함으로써 가능했다. 즉 정덕을 유학의 경에 해당하도록 하여 보편성과 불변성을 담보한 반면, 서기는 유학의 위에 해당하므로 시대에 따라 변화할 수밖에 없지만 그것이 경과 불가분의 관계에 있다는 점을 논리적으로 보여주었다.

오도론은 만국공법 세계에 편입된 현실 문제를 타개하려는 방책이기도 하였다. 공법적 국제질서는 도덕적 원리에 의해 형성된 것이 아니라 각국의 물리적 힘의 강약에 의해 좌우되었기 때문에, 유학 이념을 구현하기 위해서라도 적절한 대응책이 필요하였다.

> 국가 성립의 근원을 궁구하고 인민 보활의 방법을 연구해서 압제의 누습陋習을 제거하고 공동公同의 중의衆議를 채택한다. 혹은 공화를 실시해서 천하 사람들을 관으로 삼고 혹은 입헌정치를 하여 정부를 문책한다. (중략) 백성에는 민법이 있고 상업商業에는 상법商法이 있다. 폭란暴亂을 금지시키는 형법이 있으며 교빙 왕래에는 국제법이 있다.[45]

신기선은 세계의 모든 국가가 법치적 질서 속에 있으며, 이를 벗어나기 어렵다는 것을 인지하고 있었다. 만국공법의 질서 속에서 국가적 생존을

44) 申箕善『辭議員召命疏』: 夫所謂開化者 (중략) 開利用厚生之源 盡富國强兵之術而已 安有毁冠冕 從夷狄之俗然後 爲開化也哉. 주진오, 「19세기 후반 문명개화론의 형성과 전개」, 『서구문화의 수용과 근대 개혁』, 태학사, 2004, 29쪽 재인용.

45) 申箕善『畿湖興學會月報』 제9호 「紫西問答」 162쪽.

도모하기 위해서는 서양 학문을 배워야 한다고 판단했다.

> (화학 의학 천문 지리 산수학) 이외의 허다한 과목과 조목〔科條〕은 모두 진술하기 어려우니 지금 사람들이 배우지 않으면 안 될 것이다.[46]

서학에 대한 관점 차이는 중국과 서양에 대한 인식에도 그대로 반영되었다. 화서는 존리적 차원에서 명덕주리론을 주장하였으며, 세계 인식에서도 화이론적 중화주의를 고수하였다. 화이의 분별은 곧 천리와 인욕의 차이를 의미하였는데, 서양이 문명적으로 이적인 까닭은 그들이 태극이 만물의 근원임을 알지 못하는 데 있었다.

> 서학의 잘못된 점은 본래 태극이 만물의 근원임을 알지 못하고 오히려 형과 상이 있는 것을 가지고 천지를 조성한 것으로 여기며, 간략한 것을 즐기고 사리私利를 기뻐하는 마음으로 윤리를 끊고 예절을 폐하는 것이다.[47]

성리학의 즉물궁리卽物窮理의 리를 존재자의 객관적인 존재 원리로 볼 수 있다고 확대해석할지라도 궁극적으로는 가치론적 천리와 무관할 수는 없다. 그러나 서양 천문학은 성리학적 세계관과는 다른 학문 체계이기 때문에 서양 천문학을 수용하는 것 자체가 성리학과 다른 사유를 할 수 있는 계기를 제공하였다. 지구적 세계란 지리적 인식은 비로소 '중화'의 가치론적 지리 인식에서 벗어나 '세계' 속에 위치한 중국과 서양을 재인식할 수 있는 계기가 되었다. 이것은 천원지방설 및 중화론에서 벗어나는

46) 申箕善『畿湖興學會月報』제9호「紫西問答」162쪽.

47)『華西雅言』권12「洋禍」: 西學誤謬 本不識太極爲萬物根源 却將有形有象認作造成天地而以樂簡喜利之心 割斷倫理 掉廢禮節.

것을 의미한다. 화서는 중국 중심적 화이론을 고수하였으니, 중화를 높이고 이적을 물리치는 것은 천지가 다할 때까지 변치 않을 큰 원칙일 뿐 아니라, 이적夷狄과 화하華夏의 분별은 천하의 대세라고 단언하였다.[48] 물론 그가 한족漢族이란 종족적 요소와 중원中原 지역이란 지리적 요인을 중화 문명의 불변적 요소로 고집하지는 않았으며, 중화 문명을 향유한다면 누구나 중화가 될 수 있다고 하였다.

> 만약 이주의 자손이라도 오랑캐의 허물을 씻어내고 중화의 전장과 문물을 따를 수 있다면 이 역시 중화일 뿐이다.[49]

조선이 비록 중원 지역의 한족은 아니지만 유학의 도덕문명을 존숭하므로 소중화라고 한 것은 문명적 자긍심의 발로였다. 그러나 중화주의가 근본적으로 중국 중심주의를 전제한 것이므로, 비록 종족적 지역적 색채를 거둬냈다고 할지라도 조선 중화주의가 문명적 중심국으로서의 중국과 무관할 수는 없다.[50]

중국을 문명적 중심으로 삼든 조선을 소중화라고 자칭하든, 중화주의는 중국 문명에 근원을 두고 있다. 중화주의가 종족적 지리적 요소도 있지만, 예치주의禮治主義를 통해 도덕적 보편성을 지향한다는 점에서는 동질적이다. 유학의 도덕이념이 지역적 경계를 넘어 보편 이념으로 작동하

---

48) 『華西雅言』 권10 「尊中華」 참조.

49) 『宋元華東史合編綱目』 附錄 4 「正統論」: 若爲夷主之子孫者 能一洗夷陋 而從中華之典章文物 則是亦華而已矣.

50) 화서는 청의 연호를 쓰지 않고 明末의 崇禎 연호를 고집할 만큼 배청 의식을 가지고 있었다. 하지만 현실적으로 청은 중국에 건재하는 왕조였기 때문에 청을 야만국으로 보거나 적으로 보지는 않았다. 중국에 대한 인식은 실재하는 지역적 중화주의와 종족적 · 지역적 차원보다는 중화 문명의 이념을 실현하는 문명적 보편성을 강조하는 자존 의식이 공존하고 있었다.

였기 때문에, 성리학의 이념을 고수固守하는 것이 곧 중화 문명이라고 받아들인 것이다. 화서의 제자였던 유인석 역시 조선을 소중화로 인식하였는데, 그는 '중화'가 종족이나 지역에 고정된 것이 아니라 도를 실행한다면 누구나 중화가 될 수 있다고 하였다.

> 중화中華란 그 지역을 가지고 말하는 것이 아니고 사람을 가지고 말할 따름이다. 그 도道로써 말하는 것이니 중국이라 하더라도 오랑캐의 도가 있다면 오랑캐로 여기는 것이다. 오랑캐라 하더라도 문명〔中國〕으로 진입하면 문명의 법인 것이다. 청나라가 화華로써 이夷를 변화시키면 이 또한 중화中華가 되니 구별할 것이 없다.[51)]

유인석은 지리적·종족적 특수성보다는 유학 이념을 구현하는 것이 중화를 판별하는 중요한 기준이므로, 청이든 조선이든 누구나 중화가 될 수 있다고 본다. 그러나 그가 중국이 중화 문명의 중심국이라는 인식에서 벗어났던 것은 아니다. 또 오대양 육대주라는 지구적 세계가 더 이상 부인할 수 없는 과학적 사실임을 인정하면서도 여전히 천원지방적인 의식이 잔존하여, 중국은 대지의 한가운데 위치한 중심국이며 상달도리上達道理에 밝다고 평하였다. 유인석은 『우주문답宇宙問答』에서 중국이 문명의 중심 국가가 되는 지표로서 제왕대통帝王大統, 성현종교聖賢宗敎, 윤상정도倫常正道, 의발중제衣髮重制를 제시하였다. 그는 분명하게 중국 고대 성왕聖王을 표본으로 하는 중화적 세계질서를 옹호한다.[52)] 따라서 중국지도中國之道가 망실되면 이적과 금수가 몰려올 것인데, 서양은 오랑캐만도 못

51) 『毅庵集』 권33 「雜著」: 但中華云者, 非以其地, 以其族而已. 以其道也, 故中國有夷道則夷之. 夷進於中國則中國之法也, 使淸能用華變夷, 是亦中華而無可別也.

52) 『毅庵集』 권51 「宇宙問答」 〈중국이 되는 네 가지 이유〉 참조.

한 금수이기 때문에 말을 나눌 수조차 없다고 단언하였다.[53] 이러한 중화주의적 사유 방식을 고수한다면 비록 유학적 도덕문명과 다르지만 서양 역시 나름의 가치 있는 문명을 향유하고 있다는 사유를 받아들이기 어렵다. 서구 근대문명이 상달도리와는 무관하기 때문이다.

> 사람들이 다 서양을 문명이라 하며, 오늘날은 모두 경쟁을 칭송한다. 문명이란 무엇을 말하는 것인가? (중략) 중국의 옛 성왕 성인은 상달도리上達道理에 밝았으며 오늘날 서양은 하달형기下達形氣에 밝다. (서양의 문명이란 것이) '하달형기' 를 위한 것이 아니요 혹 어질고 사양하는 인양仁讓이 있다고 한다면 무엇 때문에 오직 경쟁하는 데만 종사하겠는가? '상달' 이 문명이겠는가, '하달' 이 문명이겠는가?"[54]

유인석이 서양 문명은 하달에 치중한다고 한 것은 화서의 견해를 그대로 계승한 것이다. 화서는 유학의 본지를 한마디로 한다면 기의 장애를 제거하는 것일 뿐이라고 하였으니,[55] 이는 곧 존천리 알인욕이 학문적 목표라는 의미이다. 따라서 정학과 이단을 분별하는 것 역시 존천리와 알인욕의 중요한 갈림길이라고 파악하였다.

> 중화가 이적을 교화하고 이적이 중화를 존숭하는 것 또한 천리의 본연에서 나온 것으로, 인심의 당연이다.[56]

---

53) 『華西雅言』 권10 「洋禍」: 中國之道亡 則夷狄禽獸至, 北虜夷狄也 猶可言也, 西洋禽獸也 不可言也.

54) 『毅庵集』 권51 「宇宙問答」: 人皆以西洋爲文明, 以今時代, 幷稱競爭, 文明其言何如 (중략) 中國古聖王聖人, 明是爲上達道理也, 今日西洋, 明是爲下達形氣也. 不是爲下達形氣, 宜或有仁讓, 何以專事競爭. 上達而可曰文明乎, 下達而可曰文明乎.

55) 『華西雅言』 권12 「異端」: 吾儒千言萬語 以克去氣障爲主.

유인석은 중화주의적 관점을 견지하여 중국은 천하의 도덕국이며 조선은 그다음이라고 하였으며, 중국과 조선은 도리에 통달한 반면 서양은 형기에 통달했다고 비교하였다.[57] 그리고 외국은 형기의 사욕을 추구하는 데만 힘쓰기 때문에 그들을 무조건 본받는 것은 도리를 어지럽히고 윤상예제倫常禮制에 어긋난 일이라고 보았다. 이러한 판단은 유인석의 중국 이해와 맥을 같이한다. 그는 '중국은 세계의 대종이며 천지의 중심'으로,[58] 중국이 도리에 통달한 것도 나라가 대지의 한가운데 있기 때문이라고 하였다. 반면 형기에 능한 외국은 지리적으로 치우쳐 변두리에 있기 때문에 풍기風氣가 늦게 열렸다고 평가하였다. 중국은 천지가 열릴 때부터 문명을 이룬 나라로서 상달의 극치이다. 따라서 그는 중국이 튼실하면 외국이 복종하고 중국이 허약하면 외국이 침범하므로, 당시 중국이 해야 할 일은 대종이 되는 근원과 마음을 잃지 않는 것이라고 판단하였다.

서기 수용 문제는 중화 문명에 대한 인식과 밀접한 관련이 있었다. 신기선은 초기에 존명배청 의식을 가지고 있었다.

> 삼백 년 군신의 의리에 존화양이의 의리를 더한다면 병자호란과 정묘호란 이후의 아픔을 참은 것은 부득이한 것이지만, 저들〔청〕에 무릎을 꿇은 것이 의라고 하여 배반하지 않을 것인가?[59]

56) 『華西先生文集』 권25 「用夏變夷說」: 中華之敎化夷狄 夷狄之慕悅中華 亦出於天理之本然人心之當然.

57) 柳麟錫 『毅菴集』 권51 「宇宙問答」: 中國天下道德國而朝鮮次之也. (중략) 中國朝鮮爲達道理 西人爲達形氣 出於稟格也.

58) 柳麟錫 『毅菴集』 권51 「宇宙問答」: 蓋中國世界之一大宗也 天地之一中心也.

59) 申箕善 『申箕善全集』 下 권17 「彙言」: 三百年君臣之義 加之以尊華攘夷之義 則丙丁以後之含면 忍痛迫不得已 而屈膝於彼者 亦可以謂義而不背乎.

그런데 신기선은 이적도 인성이 있다는 견해를 제시하면서 임헌회와 전우의 배청 의식을 비판하고 있다. 그는 『명강문답明剛問答』(1867)에서 스승인 고산 임헌회가 청은 비록 얼굴을 바꾼다 하더라도 끝내 이적夷狄이라고 한 것에 대해, "이적도 또한 인성이 있을 뿐입니다. 진실로 일조一朝에 개도改圖의 뜻을 세우고 예악 형정은 모두 선왕을 법 받고 의관 문물은 한결같이 중화의 제도를 따른다면 이것이 중화가 아니겠습니까?"[60]라고 하면서, 청도 인성을 가지고 있으며 그들이 이적이더라도 중화의 문화를 따른다면 중화로 인정해야 한다고 보았다. 이것은 북벌론을 주창主唱하던 노론 계열의 존명배청 의식과는 확연히 다른 것이다. 조선시대의 중화주의에 대한 균열은 오대양 육대주라는 새로운 지리 인식과 밀접한 관련이 있었다. 천원지방이란 중국 중심의 지리 인식에서 벗어나 지구적 세계란 근대적 지리 인식을 갖게 되면, 중국은 더 이상 지리적 중심이 될 수 없었다.

신기선은 '환구오주環球五洲'란 용어를 사용하여 지구 구형설을 인정하였으며, 그에 기초하여 세계 각국의 역사와 인문지리에 대한 견해를 피력하였다. 지구설을 인정한다는 것 자체가 이미 중국이 중심〔地中〕이라는 의식과 양립할 수 없었던 점을 감안하면,[61] 이것은 위정척사파가 중화주의를 신봉하였던 것과는 세계 인식에 있어서 달라질 수밖에 없는 지점이라고 하겠다. 이러한 인식 변화는 곧 서기 수용을 근대적 이용후생이라고 본 것과도 밀접한 관련이 있다. 서기 수용 자체는 화서의 격물치지론에서 유추해 본다면 '위정'의 유학에 대한 반성과 회의의 과정을 거치지

60) 申箕善『申箕善全集』下 권15「明剛問答」: 彼夷狄亦有人性耳 誠能一朝立志改圖禮樂刑政悉法先王 衣冠文物一遵華制 則只此便是華夏.

61) 애초에 선교사들이 지구설과 오대주설을 전한 동기가 중화주의를 비판하고 서양 기독교 문명이 고상함을 부각하려는 것이었고, 서양 지리학에 대한 이해가 곧 중화주의 문제와 직결되었다.

않고는 불가능할 것이다. 화서는 화이의 구분이 리와 기, 천리와 인욕의 유무에 의해 나누어진다고 준별하였다. 따라서 서양은 이적만도 못한 금수에 불과하고, 중국은 여전히 중화적 문명국이었다. 하지만 서기를 근대적 이용후생으로 받아들이고 서양을 오랑캐라고 평가하지 않는 것은 서양은 물론 중국에 대한 인식 변화와도 직결되었다. 서양 제국을 보다 객관적으로 바라보게 되었다.

> 북아메리카는 구주의 서남쪽에 있는데 적도의 북쪽이다. 아시아와는 전후前後로 상대相對해 있다. 지방이 아프리카와 비슷하지만 아시아는 미치지 못한다. 그 북쪽 황한荒寒의 땅은 모두 영국에 속한다. 그 동남쪽은 미국인데 폭원幅圓의 크기와 기후의 화평함이 모두 청국과 비슷하다. 옛날에는 야만인이 살았지만, 그 후에 영국인이 개척하여 별부別部를 두었다. 백 년 전에 워싱턴이 영국을 배반하고 자립하여 30여 국을 통합하여 하나의 나라를 만들었기 때문에 합중국이라고 한다. 그 대통령은 백성들의 선출로 뽑는데 임기는 4년이다. 그 기계와 정교 및 만국과 교통하는 것은 구주와 같은데 경제는 월등하다.[62]

서기 수용론은 중화주의에서 벗어나는 한편 근대적 현실을 직시하는 과정에서, '오도吾道'와 '서국지기西國之器'가 그 이질성에도 불구하고 유학적 사유 구조 내에서 이해될 수 있다는 논리를 새롭게 제기한 것이다. 신기선은 '중토지도中土之道'도 실질이 없으면 한낱 이름에 불과하여 보존할 수 없다고 하여 중화주의의 허상을 지적했다. 이것은 중국인과 유학의 보편성을 구별하여 인식하고 있는 지점도 보여준다는 점에서 의미가 있다. 척사론의 유학 인식이 화이론적 중화주의와 불가분의 관계에 있었

---

62) 申箕善『儒學經緯』「宇宙撰述」53-4쪽.

다면, 신기선은 중토지인 · 중토지도와 오도를 구별함으로써 서양에 대한 새로운 인식이 비로소 가능했던 지점이기 때문이다. 또한 서기의 우수성을 인정하고 서양을 서국西國이나 태서泰西라고 칭한 것은 적어도 그들을 금수나 오랑캐로 여기지 않는다는 의미이다.

2. '문명(Civilization)'과 격물치지학의 수용

1) 번역된 '문명(Civilization)'과 과학기술의 파급력

서구 근대문명 및 과학의 수용에 따른 격변은 삶의 양식과 제도 변화에 국한되지 않았다. 근대는 유학적 도덕문명에서 서구적 근대문명으로 문명사적 전환이 일어났다. 이질적인 사유체계의 충돌은 새로운 시대를 여는 전조이기도 했는데, 낯선 것을 이해하기 위해서는 변화된 삶의 양식과 사상을 담아낼 새로운 개념이 요구되었다. 개념은 그 개념을 통해 사유하려는 문제와 그 개념에 담을 새로운 삶을 통찰해 가는 과정을 통해 생성된다. 따라서 개념어는 시대의 사유를 반영하여 변화하고, 나름의 역사를 갖는다.

근대 공간에서 '격물치지'를 둘러싼 다양한 논의를 통해 우리는 서구문명과 유학적 사유가 충돌하고 만나는 지점을 확인할 수 있다. 성리학의 격물치지와 서양철학의 인식론이나 과학적 사유는 매우 이질적이었다. 사유의 토대와 체계가 전혀 달랐지만 '근대'라는 시공간에서 충돌적으로 만났으니, 그 낯섦을 번역하고 이해해야 했다. 사상적 공통분모는 없지만, 가장 유사하거나 가교역할이 가능한 것을 찾아야만 했고, 그것이 바로 격물치지였다. 또한 격의할 수 있는 공통분모가 없을지라도 새로운 삶을 사유하고 해명할 수 있는 근대적 개념어도 필요했다. 그러나 서구적 '근대'와 '문명'은 유학적 맥락과 전혀 달랐기 때문에 이질적인 것 그대로 수용되어 번역되면서, 근대적 삶을 담아내었다.

Modern의 번역어인 '근대'란 개념이 유럽적 배경을 강하게 갖고 있듯이, '문명'이란 용어도 유럽 근대사의 산물이다. '문명'으로 번역된 civilization은 18세기 초 프랑스에서 만들어진 신조어였고, 영국에서는 프랑스보다 약간 늦은 1770년대에 들어서 사용되었다. 유럽 근대 질서의 중심세력이었던 프랑스와 영국은 18세기 중엽 이래 그들 삶의 중심성과 보편성을 드러내는 표현으로 civilization이란 용어를 사용하였다. 이 용어는 어원적으로 라틴어의 civic〔시민〕 civilis〔시민의〕 civitas〔도시〕에서 유래하였다. Civic은 도시공동체의 구성원이면서도 특히 경제적인 노동으로부터 자유롭고 정치적인 일에 참여할 수 있는 자유인을 의미하였다.[63] 문명이란 자신들의 삶의 양식을 도시화라고 규정함으로써 도시 밖의 야만과 대비되는 도시 안의 문명에 대한 자기 우월감을 표현하는 용어였다. 18세기 후반 문명 개념의 전개 과정에서 빼놓을 수 없는 것이 계몽사상이다. 계몽사상가들은 인류의 역사는 무제한적으로 진보하며 civilization이 그러한 진보의 원동력이라고 보았다. 진보는 자연과 사회를 비롯한 전 분야를 아우르는 것이었는데, 특히 사회제도나 정치 개혁을 중요한 요소로 포함하였다. 계몽사상가들은 16~18세기 상업의 확대와 식민의 전개로 인한 사회 변화를 통해 자기 문명에 대한 자긍심을 갖게 되었다.

근대 유럽 문명에 대한 자부심은 19세기를 지나면서 더욱 심화되었다. 문명 개념은 생활의 모든 영역 즉 국가와 사회, 경제와 기술 법률 그리고 종교와 도덕 등을 포괄하였을 뿐 아니라 개인과 공동체 모두와 관련을 맺

---

63) 노대환 『문명』 소화 2010 23쪽.

는 총체적 개념으로 사용되었다. 무엇보다 산업자본주의와 의회민주주의 그리고 제국주의의 발전, 기술 발달 및 과학·학문·교육의 발전은 유럽인들 특히 부르주아의 실제적 경험을 드러낸 것이었다.[64] 영국을 비롯한 유럽 여러 나라는 국가 간 차이가 있음에도 불구하고, 유럽 각국의 문명 속에는 본질적으로 명백한 동일성이 있다고 믿었으며, 이것을 자명한 것으로 받아들였다. 그것은 국가를 기본단위로 하지만 동시에 일정한 지역 즉 유럽의 특성을 한정 짓는 개념이기도 하였다.[65]

'문명'은 유럽이 역사적 진보의 최선두에 있다는 자의식의 근간이 되었으며, 유럽적 보편성은 유럽 중심적 세계상을 낳았다. 유럽적 보편주의는 만국공법 체제와 자본주의적 세계체제, 그리고 과학적 탐구를 가능하게 했던 이성적 계몽주의로 구성되어 있었다. 역사적으로는 르네상스부터 산업혁명, 그리고 제국주의 침략과 세계대전에 이르기까지 스펙트럼은 매우 다양하게 나타났다. 월러스틴의 지적처럼 유럽중심주의의 핵심은 과학과 자본이었다.[66] 산업화 이전의 유럽인들이 비서양 문화를 판단하고 비교하는 기준 중에서 과학과 기술의 성취는 부차적인 요소였다. 그러나 산업화 시대에 유럽인들이 자신들 문명의 물질적 우월성, 특히 과학적 사고와 기술 혁신에서 나타난 우월성을 인식하면서 그것을 척도로 삼

64) 나인호「'문명'과 '문화' 개념으로 본 유럽인의 자기 인식」『역사문제연구』10집 2003 24쪽.

65) 외르크 피쉬『코젤렉의 개념사사전 1 - 문명과 문화』푸른역사 2010 186-196쪽. 문명이 과학과 기술, 그리고 기계적이며 물질적인 특성이 강한 반면, 문화는 정신적 내적 유기적인 국가적 특성과 영혼이 담긴 정신적인 것이라는 어의를 내포하고 있었다. 1927년 사민주의자인 라드브루흐가 "기술과 문명이라는 넓은 기저면 위에서 문화라는 거대한 피라미드 건축이 한 계단 한 계단 올라간다."고 함으로써 대립적 이해는 일반적인 의식 속에 확고하게 뿌리내렸다. 정치적 영역에 속하게 된 문화는 '국가 - 문화 - 경제'를 연결하는 정치적 고리가 되었다.

66) 이매뉴얼 월러스틴『유럽적 보편주의』창비 2008 참조.

아 세계를 인식하게 되었다. 이러한 사고는 산업화 시대에 유럽인들이 지배한 아프리카와 아시아 사회에 대한 정책에까지 영향을 끼쳤다. 교역, 개종, 식민지 정복 등 다양한 형태의 상호작용이 종종 유럽의 도구와 과학 학문을 환산시키는 결과를 낳았다.[67]

과학은 자연환경에 대한 지식 획득을 목표로 삼는 것으로 이론적일 수도 있고 응용적일 수도 있지만, 기본적으로 체계적인 실험과 근본원리의 발견을 지향한다.[68] 과학 연구는 객관적 지식을 얻기 위해 철저한 경험적 방법론을 적용하는 합리적 과정으로 간주되어왔다.[69] 전통적으로 과학적 탐구는 귀납적이라는 생각이 지배적이었다. 베이컨으로부터 시작된 경험주의적 전통에서는 과학적 탐구를 자연에 대한 관찰과 실험으로부터 시작하여, 자료를 수집하는 데서 법칙과 이론을 이끌어내는 과정으로 간주했다. 이러한 관점에 따르면 과학적 지식은 '사실에서 도출된 지식의 체계' 이며, 과학적 지식이 객관적인 이유는 사실이라는 확고한 기반을 지니기 때문이다. 자연에 대한 관찰로부터 법칙과 이론을 유도하고 그것을 다시 자연현상을 설명하기 위해 적용하는 전체 과정은 다음과 같이 정리할 수 있다. 1단계는 관련된 모든 사실들에 대한 '선입견이 개입되지 않은' 관찰과 기록을 하는 것이다. 2단계는 기록된 사실에 대한 '논리적 가설 이외에 다른 가설이 개입되지 않은' 분석과 분류를 하는 것이다. 3단계는 분석과 분류로부터 사실 간의 관계에 대한 일반적인 원리 유도하는 것이다. 4단계는 설명과 예측을 통한 일반적 원리에 대한 시험을 실시한다. 1, 2단계에서 과학의 객관성이 확보된다. 이러한 객관성 확보를 위한 초기 단계를 거친 후 3단계에서 관찰과 실험 결과에 대한 기록으로부터

67) 마이클 에이더스 지음 김동광 옮김 『기계, 인간의 척도가 되다』 산처럼 2002 18쪽.
68) 마이클 에이더스 지음 김동광 옮김 『기계, 인간의 척도가 되다』 산처럼 2002 19쪽.
69) 박영태 외 『과학철학』 창비 2011 342쪽.

일반화가 이루어져 비로소 과학적 법칙이 형성된다. 3단계가 귀납적 과정인 데 비해 4단계는 경우에 따라 연역적일 수도 있고 귀납적일 수도 있다. 4단계의 핵심은 경험적 일반화를 통해 규칙성을 표현하는 법칙 가설 이론을 이용하여 자연현상을 설명하고 예측하는 데 있다. 어떤 현상을 설명하는 일반적인 방식은 해당 법칙이나 이론으로부터 그것을 연역하는 것이다.[70]

데카르트로부터 이어져 온 기계론적 사유 방식은 환원주의 물리과학에 힘입어 더욱더 세련된 거대이론으로 발전해 갔다. 데카르트는 합리적이고 명징한 개념들로 지식의 체계를 쌓아갈 수 있을 것인가를 고민하였고, '나는 생각한다, 고로 존재한다.' 는 명제로 논리의 우주를 건축하고자 했다. 갈릴레이는 데카르트와 달리 추상적 사색보다는 '사실의 관찰'을 중요시했다. 우주의 질서가 하나의 '사실' 로 인식되기 시작했고, 관찰과 실험에 의한 개념 정립이 보편적인 것으로 이해되었다. 베이컨의 관심은 정당한 과학적 행동들로 인간을 인도하는 일에 있었다. 베이컨은 인간이 새로운 지식을 사용하여 자연 위에 군림할 '힘' 을 획득하고 그럼으로써 행복해지는 것이었다.[71] 베이컨은 과학을 성적 · 계급적 · 국가적 권력의 관점에서 파악하였으며, 진보 개념을 주조했다. 그의 진보 개념은 '아는 것이 힘' 이라는 지식-권력의 핵심 명제에 기댄 것이었다.[72] 베이컨은 자연을 인간이 지배할 수 있는 것으로 새롭게 구성하는 데 가장 큰 영향을 미친 인물로 평가받는다.

17세기 초 서양인에게 기술은 천사였고, 신적인 것이었다. 근대 서양인

---

70) 박영태 외 『과학철학』 창비 2011 196-8쪽 참조.

71) 권용선 『이성은 신화다, 계몽의 변증법』 그린비 2003 61쪽.

72) 이종흡 「근대과학의 성차별성, 계급차별성, 국가중심성에 대한 비판의 초점으로서의 프랜시스 베이컨」 『대구사학』 86집 2007 263쪽.

은 인간과 세계를 기술의 신적 위대성 안에서 해석하였다. 베이컨은 "어떤 사람에게 가장 문명화된 유럽 지역의 인간 생활과 아메리카의 가장 야만적인 지역의 인간 생활을 서로 비교해 보라고 하자. 그는 어떤 주저함도 없이 '인간이 인간에 대하여 신神이다.' 고 말할 것이다. 이러한 차이는 토양이나 기후 혹은 인종의 차이에서 오는 것이 아니다. 그것은 단지 기술의 차이에서 온다." 고 하였다. 기술을 소유한 인간은 지구의 주인이라는 의미에서 신적이었으니, 인간은 기술을 앞세워 자연을 정복하고 통치할 수 있다고 믿었다. 이러한 베이컨의 관점에 따른다면 그대로의 자연은 무용할 뿐만 아니라 무의미하다. 자연은 기술에 의하여 조작될 때만 자연으로서 현상한다. 기술적으로 강요받고 간섭받는 자연, 다시 말해서 인간의 기술과 손을 거쳐 강제로 자연적 상태에서 벗어났을 때의 자연, 즉 압착되고 특징지어진 자연이 진정한 자연이다. 왜냐하면 사물의 본성은 자연적이고 자유로운 상태보다는 기술의 닦달과 요구에 놓일 때 훨씬 쉽사리 그 정체를 드러내기 때문이다.[73]

근대 서양인이 생각했던 역사적 진보는 자연에 대한 기술적 개입을 통해 이룩해야 할 과제였다. 과학과 기술을 통해 인간이 자연의 지배자요 소유주가 될 수 있다고 생각한 데카르트한테도 그런 의도를 읽을 수 있다. 베이컨과 데카르트는 근대인의 정복자적 자연관을 잘 보여준다. 근대 서양인은 신이 인간에게 부여했던 지구상의 생명체에 대한 지배권과 소유권을 신의 힘을 빌리지 않고 과학과 기술에 의존하여 이룰 수 있다고 여겼다. 과학기술의 발전을 통해 건설된 근대는 인간 이성에 신적 권위를 부여하였다.

기술과 기계가 문명의 핵심으로 자리잡는 데 산업혁명은 그 중심에 있

73) 김성환 「테크놀로지 시대의 동도서기론」 『창작과 비평』 2001 봄호 111집 68-9쪽.

었다. 산업혁명은 세계를 바꿔놓았다. 모든 기술혁신처럼 산업혁명의 기술혁신 역시 인간이 자연을 더 잘 지배할 수 있게 만들었다. 그러나 산업화가 가져온 변화는 이전의 기술변화에 비해 훨씬 빠르고 파괴적이었다. 한 세기가 지나지 않아 산업화한 국가의 국민들은 상품을 싸고 빠르게 생산하는 능력을 갖추게 되었다.[74) 19세기 후반에 들어와 가장 눈에 띄는 변화는 이전 100년 동안 이룩한 기술의 승리였다. 1869년에 일어난 두 가지 사건이 이런 승리를 잘 보여주었다. 첫 번째 사건은 지중해와 홍해를 연결하는 수에즈 운하의 개통이었다. 이로써 유럽과 동남아시아가 연결되었다. 두 번째 사건은 미국의 동해안과 서해안을 연결하는 최초의 철도가 개통된 것이다. 철도와 증기기관선은 19세기 말 세계를 바꾼 가장 눈에 띄는 기술이었다. 증기선으로 인해 유럽인들은 아프리카와 아시아 깊숙이 들어갈 수 있게 되었다. 1869년이 되자, 전 세계의 철도경기가 최고조에 이르러 유럽과 북미는 물론, 아시아 라틴아메리카 아프리카에 걸쳐 철로가 깔렸다. 20세기 초 산업화한 국가들은 밀집된 철도망이 있어 승객과 화물을 거의 모든 마을에 실어 나를 수 있었다.[75)] 영국 산업혁명의 두 기둥이었던 증기와 철은 오대양 육대주를 연결하는 증기선과 철도로써 제국주의를 가능하게 하는 기술로 작동하였다. 기술의 변화가 유럽인들의 비서구 지역에 대한 정복 시기와 장소에 영향을 미쳤고, 제국주의의 경제적 관계를 결정지었다. 기술혁신이 제국주의의 원인이 되었다고도 제국주의적 동기가 기술혁신으로 이어졌다고도 말할 수 없는데, 그보다는 수단과 동기가 호의적인 상호 피드백 관계를 유지하면서 서로를 자극했다.

19세기에 중요한 사건들이 많이 있었지만, 그중에 전 세계에 중대한 영

74) 다니엘 R. 헤드릭 지음 김영태 옮김 『테크놀로지』 다른세상 2016 185쪽.
75) 다니엘 R. 헤드릭 지음 김영태 옮김 『테크놀로지』 다른세상 2016 188쪽.

향을 미친 두 사건이 있었다. 하나는 산업기술이 발전하여 영향력을 가지게 된 것이고, 다른 하나는 유럽인들이 아시아의 대부분과 아프리카를 지배하고 착취한 것이다.[76] 그래서 19세기를 제국주의 시대라고도 한다. 이 두 사건은 별개의 일이 아니라 서로 밀접히 연관되어 있었다. 산업화 시대에 인간 능력에 대한 과학적 기술적 척도가 우위에 서게 된 것은 그것이 경험적으로 입증될 수 있다는 사실에 크게 기인했다. 18세기 후반부터 19세기에 대다수의 유럽 사상가들은 서양의 과학과 기술로 가능해진 유례없는 자연 지배로 인해 유럽의 사고방식과 사회조직이 과거와 현재의 다른 지역 사람들이나 사회보다 근본적인 실재에 훨씬 더 부합한다는 것이 입증되었다고 결론지었다.[77] 19세기에 시작된 유럽 제국들의 팽창 과정에서 서양의 산업기술에 의해 비서구 세계가 정복되기 시작했다. 기술은 제국주의 세력 확산에 중요한 역할을 담당했다. 첫 단계에서는 증기선과 퀴닌(quinine) 예방법이 핵심 기술이었다. 두 번째 단계에서 유럽인들은 주로 속사 소총과 기관총에 의존했다. 세 번째 단계에서는 식민지와 유럽을 연결하고 식민지의 경제적 착취를 강화한 것으로 증기선, 수에즈 운하, 해저 전신 케이블, 식민지의 철도가 포함된다. 기술의 변화가 몰고 온 결과는 19세기에 세계 전역에서 경험되었다.[78] 특히 증기선과 철도는

---

76) 다니엘 R. 헤드릭 지음 김우민 옮김 『과학기술과 제국주의』 모티브북 2013 9쪽. 19세기 유럽 제국주의는 그 이전의 제국주의와는 규모 자체가 달랐다. 1800년에 유럽인들은 전 세계 땅의 35%를 점령하거나 지배했는데, 1878년에는 67%가 되고 1914년에는 84% 이상이 유럽인들에 의해 지배되었다. 해외 팽창에 관여한 유럽 국가들 가운데 영국과 프랑스가 단연 두드러졌고, 이 국가들은 19세기 최고의 제국주의 열강이었다. 또한 이 두 나라는 해당 시기에 과학 연구 및 기술 혁신을 선도한 중심지이기도 했다. 영국보다 산업화가 늦었지만, 프랑스인들은 과학혁명과 산업혁명으로 인해 벌어진 서유럽과 나머지 세계 사이의 심대한 차이에 영국인들만큼 민감했다. (마이클 에이더스 지음 김동광 옮김 『기계, 인간의 척도가 되다』 산처럼 2002 25쪽)

77) 마이클 에이더스 지음 김동광 옮김 『기계, 인간의 척도가 되다』 산처럼 2002 20-1쪽.

제국주의 역사에서 중요한 발명품이었다.

산업화는 면직물, 철, 도자기와 같은 제품의 대량생산과 전기나 비행과 같은 놀랍고 새로운 기술을 소개하는 것 이상을 의미한다. 산업화는 일반인들이 살아가고 먹고 입고 즐기는 방식을 변화시켰다. 북미와 서유럽에서 대량생산은 대량소비가 필요하였다.[79] 그런데 평화 시에는 대량생산이 인간에게 유익을 주었지만, 전쟁 시에는 대량 파괴를 가져와 수백만 명의 목숨을 빼앗아 갔다. 19세기 말과 20세기 초에 나타난 새로운 기술은 다른 사람을 지배하는 권력으로부터 나온다는 것을 여실히 보여주었는데,[80] 세계대전이 그 실례이다. 특히 1945년 원자폭탄 투하는 여러 면에서 충격적인 사건이었다. 세계대전은 기술의 발전을 촉진했다. 2차 대전 이후 과학 연구에 기반을 둔 많은 혁신이 10년 또는 20년 간격으로 나타났다. 그 가운데 두드러진 것으로 원자력 발전과 원자폭탄, 제트비행기, 컴퓨터와 인터넷, 미사일과 인공위성, 항생제 등의 발명이었다. 그런데 기술은 더 이상 인간에게 호의적이지 않은 자연에서 인간이 생존하기 위한 수단이 아니다. 그보다는 자연을 희생하며 즐기는 무모한 행위이다.[81]

서구 근대문명은 곧 역사적 진보와 발전을 의미하였다. 서구문명을 번역하는 일은 백성들의 지혜를 날로 발전시켜 세계와 개통開通할 수 있게 하는 중요한 작업으로 받아들여졌다.[82] '문명' 이란 개념은 일본에서

78) 다니엘 R. 헤드릭 지음 김우민 옮김 『과학기술과 제국주의』 모티브북 2013 21-29쪽.

79) 다니엘 R. 헤드릭 지음 김영태 옮김 『테크놀로지』 다른세상 2016 203쪽.

80) 다니엘 R. 헤드릭 지음 김영태 옮김 『테크놀로지』 다른세상 2016 205쪽.

81) 다니엘 R. 헤드릭 지음 김영태 옮김 『테크놀로지』 다른세상 2016 215-246쪽 참조.

82) 《漢城旬報》 1884년 7월 3일 「治道略論」 501쪽. 九山眞男은 번역이 일본의 근대를 가능하게 했다고 진단했듯이, '번역' 은 근대문명을 형성하는 데 지대한 영향을 미쳤다. 대개 한국 근대지식인은 일본이 한자어로 번역한 개념을 그대로 사용하는 경우가 많았는데, 문명이란 개념도 역시 그렇다. 마루야마 마사오 · 가코슈이치 著 임성모 옮김 『번역과 일본의 근대』 이산 2003 참조.

civilization의 번역어로 사용되기 시작하였다.[83] Civilization은 막부 말부터 명치 초기에는 예의와 교제로 이해되다가, 점차 문명이나 문화로 번역되던 시기를 거쳐 문명개화 혹은 문명으로 자리잡았다. 1922년 단행본으로 출간된 한국 최초의 신조어 사전에는, '문화'는 "원래 문화의 의의는 매우 막연한 것이나 일반적으로는 예술, 과학, 도덕, 종교 등 총체의 정신적 산물로서 개개에 인격을 조장 완성하여 사회의 진정한 발전을 기하는 것을 의미한다."고 하고, '문명'은 "문화의 뜻과 대략 비슷한 의미로 사용한다."고 서술하였다. 문명 혹은 문화가 영국과 프랑스 및 독일의 국가적 자긍심을 담고 있었던 개념어였지만 동시에 유럽적 우월성이란 가치를 표상하는 차원에서는 동질적이었던 측면을 엿볼 수 있다. 그런데 1930년대에 이르러서는 약간의 세분된 개념 인식의 차이가 발생하였다. 문화 항목에서 문명을 비교하여 진술하고 있다.

> 자연 및 인간관계를 재료로 인류에 이상을 건설하기 위한 모든 노력의 결과로 생겨난 것이 문화이다. 그러나 문명이란 말과는 다소 달라서, 문화는 사회의 상층구조(물질적이지 않은 것)를 의미하니 법률 · 도덕 · 국가 · 과학 · 예술 · 종교 등의 총칭이다.[84]

---

83) 1875년 니시무라 시게키(西村茂樹)가 당시 일본의 대표적 문명개화론자들의 모임인 明六社에서 발행했던 『明六雜誌』 36호(1875.5) 「文明開化의 풀이」에서 '문명개화란 영어로서 시빌리제이션의 번역이다.'고 하였다. (니시카와 나가오 『국민이라는 괴물』 소명출판 2002 109-110쪽 재인용.) 중국에서는 양계초가 처음으로 civilization의 번역어로서 문명을 사용한 것으로 알려져 있다. 하영선 「文明의 國際 政治學: 近代 韓國의 文明槪念 導入史」 『세계정치』 24권 1호 서울대 국제문제연구소 2002, 339쪽.

84) 한림과학원 편 『한국근대 신어사전』 「新語事典」 선인 2010 112-3쪽. 1934년 청년조선사에서 발행된 「新語事典」은 『靑年朝鮮』이란 잡지의 별책부록으로 한국인의 식민지 근대 경험을 표현했던 어휘들이 수록되어 있다.

물질문명 항목에서는 "철학 · 도덕 · 종교 등의 정신문명과 대척하여, 물질문명은 기계산업의 발명과 발견, 자연과학 등의 성과의 총칭이거나, 또 이런 물질문명을 기초로 하는 모든 사상까지도 포함한다." 고 구분하였다.[85] 근대에 도입된 과학적 사고방식은 자연과학의 영역을 넘어 인문 · 사회과학을 비롯한 모든 학문과 삶의 영역에 영향을 미쳤으며, 합리적 사고의 전형으로 받아들여졌다.

문명은 유럽의 보편주의를 입증하는 주요 개념이었지만, 실제적으로는 일국적 차원을 넘어섰던 것은 아니었다. 근대적 삶은 국경을 단위로 하였다. 근대문명이 과학기술의 발전과 자본주의를 물적 토대로 하였던 점을 상기한다면 그 삶의 경계가 분명해진다. 그리고 문명화의 사명이란 미명하에 자행된 유럽의 비서구 지역에 대한 제국주의 침략 또한 국가를 단위로 했던 것만 보아도 근대문명은 근본적으로 일국적 차원임을 알 수 있다. 유럽적 보편성 또한 유럽 개별국가의 특수성을 보편화한 하나의 이데올로기에 불과했지만, 그것이 동아시아의 근대적 삶을 구획 짓는 중요한 잣대가 되었다는 점에서 실제로 존재하였다.[86] 과학적 지식과 기술은 자연과 인간을 이해하는 중요한 준거로 작동하였다. 문명은 인간의 자연 정복과 결부되었고, 기계는 단순히 기능적 대상이 아니라 문명의 표상이자 상징으로 찬미되었다. 기술 발전은 야만에서 문명으로의 상승과 동일시되었고, 기계는 이 문명을 확산시키는 핵심적인 동인으로 간주되었다.[87] 유럽의 과학적 기술적 우월성이 백인의 인종적 패권주의에 큰 영향을 끼쳤고, 더 나아가 자연적 야만상태에 놓인 비서구를 문명화하는 것이

85) 한림과학원 편 『한국근대 신어사전』「新語事典」 선인 2010 113쪽.

86) 박정심 「근대문명과 세계 인식의 전환에 관한 연구」 『한국철학논집』 제34집 2012 77쪽.

87) 마이클 에이더스 지음 김동광 옮김 『기계, 인간의 척도가 되다』 산처럼 2002 512-3쪽.

곧 '백인의 의무' 혹은 '문명화 사명'이라고 생각하기에 이르렀다. 유럽의 과학과 기술은 근대적 삶의 척도로써 전방위적인 파급력을 갖게 된 것이다. 근대 유럽의 학문 · 기술 · 제도가 곧바로 '선진' 문명으로 환치되면서, 그들처럼 되고자 하는 열망은 고조되었다.

2) 격물치지학의 '발견'

격물치지학과 물리학이란 용어는 성리학의 격물치지에서 비롯하였지만, 그 함의는 전혀 다르다. 성리학의 격물치지 및 물리는 천리를 체인하는 것을 궁극적인 목표로 삼았기 때문에 인사와 만물의 당연한 도덕법칙과 그 연원을 파악하는 데 중점이 있었다. 반면 물리학을 포함하여 서구 근대 자연과학은 인간의 이성과 합리성에 기반하고 실험 관찰 등을 통해 객관 사물에 대한 법칙성을 탐구하기 때문에 가치중립적이며, 인간 사회의 도덕성과는 직접적인 관련이 없다고 믿었다. 그렇다면 성리학의 격물치지 및 물리와 근대 과학적 물리는 매우 이질적인 개념들이다. 주자의 격물치지나 즉물궁리의 '지至'나 '즉卽'은 어떤 사태나 사물에 나아가 사물의 이치를 탐구하는 것인데, 격물의 방법은 다양하다. 예를 들면 독서에 의한 지적 탐구나 인물에 대한 비판적 평가, 혹은 구체 사물에 대한 실천적 탐구 등이 모두 격물의 방법들이다. 물론 주자가 강조한 독서란 경훈經訓과 사책史冊에 기록된 옛 성인의 언행을 탐구하는 것이다. 성현은 천리를 체인한 자이므로 그들이 남긴 지식은 궁리하는 데 전적으로 신뢰할 수 있는 대법大法이기 때문이다. 그러므로 성리학적 지식 내용은 이성적 사유에 기반을 둔 탈마법화와 세속화된 근대적 지식이나 과학적 탐구의 결과와는 공통분모가 없다.

한편 육상산과 왕양명처럼 도문학보다는 존덕성을 강조한 유학자와 비견한다면 주자는 천리를 체인할 수 있는 방법으로서 경전과 성현의 말씀에 대한 탐구〔道問學〕에 더 치중했다고 볼 수 있다. 양명은 주자의 격물치지를 평가하면서 주자의 격물치지가 객관정리客觀定理에 치중했다고 비판했다. 이것이 주자의 격물치지의 본의를 제대로 이해한 것이라고 할 수는 없지만, 양명과 비교한다면 주자는 외재적이고 객관적인 지식체계를 상대적으로 강조했다고 평가할 수는 있다. 따라서 주자가 객관 사물에 내재한 이치를 탐구하는 것〔格物〕을 보다 중시했다고 보고, 즉물궁리를 객관 사물에 내재하는 법칙성이 나름의 독자적인 탐구 영역이라고 확대 해석할 수 있다. 이러한 사상적 특징이 이질적인 사유체계를 격의格義하는 토대가 되었다.

물론 성리학에서는 객관 사물의 법칙성을 인정했다고 해서 그것이 곧 자연과학의 법칙을 의미하지는 않는다. 왜냐하면 주자학에서는 리의 존재 원리적 차원은 당위법칙인 윤리적 차원을 해명하기 위한 기제이며 별개가 아니기 때문이다. 성리학에서 전제하는 '성즉리'는 곧 모든 사물에 천리가 내재해 있다고 전제하기 때문에, 사물의 천리는 나의 마음 밖에 '지식의 대상'으로서 존재한다고 해석할 여지가 있다. 즉 성리학의 물리적物理的 측면에서 보면, 외재 사물은 그 자체로 탐구의 대상이 될 수 있다. 즉물궁리卽物窮理는 천리를 체인하기 위한 것이었지 객관 사물에 대한 과학적 인식 방법론은 아니지만, 사물에 나아가 그 이치를 탐구하고 비교 추론을 통해 정밀히 분석하는 것이 곧 형이상자形而上者인 본체로서의 리理를 파악하는 하나의 방법으로 간주될 수는 있다. 대상을 정밀하게 관찰하고 비교 연구 분석하는 것은 일차적으로 지식의 영역이다. 성리학에서 리는 사물이나 현상을 해명하거나 분석하는 데 사용할 수 있는 과학적 법칙이 아닐뿐더러, 천인합일의 경지를 추구하기 때문에 자연과 인간은 객체와 주체라는 이분법적 사유 구조로 인식하지 않으며 자연적인 것과 그렇지 않은 것을 분리해 주는 경계가 없다. 그럼에도 불구하고 서구 자연과학을 수용하는 데 기존의 용어 가운데 가장 근접한 개념을 사용하는 것이다.

격물치지학 혹은 격치학이란 용어는 정관응鄭觀應의 저서인 『이언易言』(1880)의 번역서와 《한성순보》와 《한성주보》에 등장한다.[88] 『이언』의 언해본에 격치지학이란 용어가 여러 번 보이지만, 그에 대한 상세하고 구체적인 정의定義는 없다. 서양에서 인재를 등용할 때 '천문지리와 격치지학, 측량하는 모든 학을 겸하여 익히지 않음이 없다' 거나, 서양 학교에서 '격치와 중학重學' 등을 가르친다는 내용이 있을 뿐이다.[89] 이 책이 번역이라는 점을 감안한다면 저자인 정관응이 당시 중국에서 사용된 서양 학문의 번역 한자어를 한글로 옮긴 것으로 보인다. '격치지학' 혹은 '격물치지학' 이란 science의 초기 번역어 중 하나였다. 1840년대 청 말, 서양의 과학기술이 수입되기 시작되었을 때 영국 런던회 선교의사 홉슨이 쓴 『박물신편博物新編』은 중국 학술계에 큰 영향을 미쳤다.[90] 왕도는 "격치를 중시하는 학자라면 반드시 이 책을 모범으로 삼아야 한다."고 하였을 정도였

88) 『易言』은 1880년 수신사로 일본에 갔던 김홍집이 청나라 외교관 黃遵憲으로부터 구해온 것으로 알려져 있다. 1883년에 번역서가 나온 것에서도 알 수 있듯이, 당시 조선에서 鄭觀應의 『易言』에 대한 관심은 『朝鮮策略』과 더불어 지대하였다. 『易言』은 서양 제국주의 침략에 대처하기 위해서는 서양의 만국공법 체제를 수용하고, 郵便 開鑛 등 서양 근대문명을 도입해야 한다고 주장하였다.

89) 『易言』 권2 「론고시」 및 「부론양학」 253-261쪽 참조. (역자 미상 1883 홍문각 영인본)

90) 벤저민 홉슨(1816~1873)은 중국의 런던회 소속 선교사로서 서양 의학과 의약 서적을 중국어로 번역한 최초의 인물이다. 『博物新編』은 19세기 초 서양 화학의 성과를 반영하여, 세상의 물질은 56개의 화학원소로 이루어져 있으며 만사와 만물은 모두 이것으로 만들어져 있다고 하는 등, 당시 서양 화학과 물리학을 비롯하여 생물의 분류법 등을 소개한 책이다. 이로써 중국은 마테오 리치 등이 쓴 格致書 이후 서양 과학의 성과를 알게 되었다. 쩌우전환鄒振環 지음 한성구 옮김 『번역과 중국의 근대』 궁리 2021 119-127쪽 참조.

다.[91] 그 후 1862년 중국 총리아문에 동문관을 설립한 선교사 윌리엄 마틴(W. A. P. Martin)은 자연과학 입문서를 『격치입문格致入門』이라고 번역하였다. 1860년대 중국에서는 번역에 종사한 선교사나 그들과 밀접한 관계를 가진 양무운동가들은 격치를 좁은 의미로는 물리학, 넓은 의미로는 자연과학과 과학기술을 포괄하는 용어로 사용하였다. 또한 선교를 위해 1863년 중국에 왔던 영국인 선교사 부란아(傅蘭雅: John Fryer)는 1896년까지 서구 근대과학을 중국에 소개하는 데 중심적인 역할을 담당하였다. 그는 강남제조국 번역관의 번역 사업을 주도했으며, 이후 서구 근대과학을 소개하는 잡지를 창간하고 교육기관과 서점을 설립했다. 그는 1876년 2월 중국 최초의 과학 잡지인 『격치휘편格致彙編』을 창간하였다.[92] 『격치휘편』의 서문을 쓴 서수徐壽에 따르면 존 프라이어가 서양 서적과 최근의 신문에서 격치학과 관련된 것을 조사하여 발췌 번역하고, '휘편' 이라고 이름하여 사람들의 견문을 넓히고 지혜를 밝게 하고자 월간 신문을 편집하였다고 하였다. 서양 격치학을 중국에 보급함으로써 중국 사람들에게 이익이 되게 하려는 목적으로 창간된 이 신문은 영국에서 어린이를 상대로 가르치는 격치학 관련 내용을 역출譯出하여 연재하였는데, 그 내용은 자연과학의 초급 지식에 해당한 것들이 다수였다.[93] 그는 서양 언어와 과학 지식을 가르쳤을 뿐 아니라 번역 사업을 주도하여 77종의 과학 서적을 번역함으로써 중국 근대과학 발전에 지대한 공헌을 하였다.[94]

양무운동가였던 풍계분馮桂芬이 서양학을 흡수할 필요가 있다고 주장

---

91) 쩌우전환鄒振環 지음 한성구 옮김 『번역과 중국의 근대』 궁리 2021 123쪽 재인용.

92) 구희진 「한말 근대개혁의 추진과 '格物致知' 인식의 변화」 『歷史教育』 제114집 400쪽.

93) 허재영 「근대 중국과 한국에서의 '格致' 개념 형성과 변화과정」 『한중인문학연구』 제71집 2021 280쪽.

94) 한성구 「중국 근대 "格致學"의 變遷과 中西 格致學 비교」 『한국철학논집』 제18집 2006 442쪽.

하면서[95] 자연과학을 '격물지리格物至理를 얻는 것' 이라고 형용하였고, 정관응鄭觀應은 『이언易言』에서 '서구에서 제조하는 군함 무기 기계류는 모두 격물치지이다.' 고 하였으며, 이규李圭는 옥스퍼드대학의 학과를 소개할 때 격치를 물리학의 의미로 사용하였다.[96] 즉 격물치지학은 좁게는 객관 사물에 대한 법칙〔物理〕을 연구하는 서구 근대 물리학을, 넓게는 자연과학 일반 및 과학기술을 아우르는 개념이었다. 서양의 근대 자연과학은 기존의 학문 방법과 내용과는 매우 이질적인 차이가 있었지만, 기존의 용어를 토대로 번역할 수밖에 없었다. 1860년대 중국에서 '격치' 는 학문 방법의 의미로 사용되었다. 서수徐壽가 쓴 『격치휘편格致彙編』 서문에서 격치는 사람에게 유익하고 실용을 실생활에 베풀 수 있는 것으로, 천문・지리・산수・기하・역예力藝・제기制器・화학・지학地學・금광・무비武備 등이 격치의 대종大宗이라고 예시하였다.[97] 즉 격치는 과학의 기초가 되는 수학을 비롯하여 자연과학 및 기술을 포괄한 것으로 그것이 무비를 강화하는 등 실생활에 유익한 것으로 이해되었다.[98] 격치란 자연 만물에 관한 과학적 탐구를 통해 얻은 지식을 의미하므로, 이는 만물에 대한 경험적이고 실제적인 탐구 방법까지 아우른다고 하겠다. 또 이 서문에 따르면 격치의 대상은 공부하는 사람이 익혀야 하는 제반 학문 분야의 초급

95) 동아시아에서 서양 인식과 그에 대한 번역은 '부국강병' 과 밀접한 관련이 있었다. 예를 들어 이홍장의 막료였던 馮桂芬은 서양 학문 번역의 중요성을 주장하였다. 그는 서양 학문이 國計民生에 도움이 될 것이며, 중국의 도덕명교를 근본으로 삼고 여러 외국의 부강의 방법을 보강한다면 이야말로 최선의 방법이라고 하였다. 양일모 「번역과 개념으로 본 중국의 근대성」 『동양철학』 제33집 2010 178쪽 참조.

96) 溝口雄三 외 편저, 김석근 외 옮김 『중국사상문화사전』 민족문화문고 2003 625-6쪽.

97) 傅蘭雅 編輯 『格致彙編』 권1 序: 所謂格致之有益於人而可施諸實用者, 如天文 地理 算數 幾何 力藝 制器 化學 地學 金鑛 武備 等此大宗也.

98) 1868년 상해 제조총국 번역관에서 출간된 책 가운데 『격치계몽화학格致啓蒙化學』 『격치계몽격물格致啓蒙格物』 등이 있었는데, 격치의 의미는 대동소이하였다.

지식에 해당하기도 하였다.[99] 격치가 사물을 탐구하는 방법을 의미하는 개념이었다면, 이와 유사한 격물은 탐구 대상을 중시한 개념으로 쓰일 경우가 많았던 것으로 보인다. 격물의 '물' 은 물질을 대상으로 한 탐구를 의미하는 개념이라는 점은 알렉산더 윌리엄슨(중국명 韋廉臣)의 『격물탐원格物探原』에서도 찾아볼 수 있다. 이 책은 천지자연물과 인체 생리 등을 상제와의 관계에서 논하고자 한 목적의 책으로, 가장 먼저 논한 것이 천지와 물질이다. 격치의 대상으로서 천지, 물질, 지구 형세와 자연물, 신체를 논하였다. 즉 격물은 천문, 지리, 물질, 사물, 생리 등 존재하는 대상의 이치를 탐구하는 것을 지칭하는 개념으로 사용되었다.[100] 이러한 격의格義 과정을 거치면서 '격치' '격물치지' '격물치지학' 등은 주자학의 토대이면서 핵심인 격물치지의 내용을 탈각하고 서양 근대과학기술을 번역하는 맥락에 놓이게 되었으니, 왕도는 베이컨의 『신기관』을 『격물궁리신법格物理新法』으로 번역하였으며, 심수강沈壽康은 『격치신리格致新理』로 엄복嚴復은 『격치신기致知新器』로 번역하였다.[101]

근대문명과 지식은 수신사 영선사 등의 외교사절을 통해 유통되기 시작하였고, 문명개화의 필요성이 커질수록 그에 대한 관심도 깊어졌다. 1880년대 조선은 중국의 서양 과학 관련 번역을 통해 서양 학문 및 과학기술 관련 내용을 본격적으로 섭렵하였고, '격물치지학' 은 그 중심에 있었다.[102] 조사시찰단의 일원으로 일본에 파견되었던 조준영이 제출한

99) 허재영 「근대 중국과 한국에서의 '格致' 개념 형성과 변화 과정」 『한중인문학연구』 제71집 2021 282-3쪽.

100) 허재영 「근대 중국과 한국에서의 '格致' 개념 형성과 변화 과정」 『한중인문학연구』 제71집 2021 286-7쪽.

101) 쩌우전환鄒振環 지음 한성구 옮김 『번역과 중국의 근대』 궁리 2021 203쪽.

102) 1882년에 池錫永은 『이언』을 비롯하여 『萬國公法』 『조선책략』 『格物入門』 『格致彙編』 등의 저서가 국력을 강화하고 외적을 방어하는 대책을 강구하는 시무에 긴요하

『문부성소학목록』(1881)에는 일본 대학의 교과에 관한 내용이 있는데, 동경대학의 이학부理學部에 화학과化學科, 수학數學, 물리학物理學, 성학과星學科, 생물학과生物學科, 공학과工學科, 지질학과地質學科, 채광야금학과採鑛冶金學科가 있다고 소개하였다. 일본에서는 이미 1880년대 화학 물리학 등이 '리학理學'의 범주에 속하는 분과 학문으로 교육되고 있었음을 알 수 있다. 또『이언』언해본의 '양학洋學'에서도 격물치지학을 언급하고 있다.[103] 초창기에는 오랜 외교적 관계에 따라 중국에서 서양 지식을 습득하였지만, 일본의 위력과 영향이 심대해지고 일본 유학생이 증가하면서 일본은 근대 지식 유통의 중요한 원천이 되었다.

이질적이고 낯선 문명과 학문을 번역하는 일은 쉽지 않았지만, 다양한 용어로 번역되면서 정착되어 갔다. Science도 여러 번역어가 혼용되었는데, 이를 과학이라고 번역한 것은 서북학회월보에 보인다.

> 과학(영어 사이엔쓰): 과학이란 것은, 계통적 학리學理를 가지고 있는 학문을 말함이라. 인지人智가 발달하는 대로 사물을 연구하는 법이 점차로 진보하여, 무릇 다양한 지식이 더욱 정확하게 터득되어 가는데, 이 가장 앞선 연구법을 응용하여 얻은 조리 있는 지식을 과학이라고 한다.[104]

또 대한학회에서는 철학이 형이상 즉 무형한 사상과 심리학 등을 내용

다고 주장하였다.(『고종실록』19년 8월 23일: 第伏念各國人士所著《萬國公法》《朝鮮策略》《普法戰紀》《博物新編》《格物入門》《格致彙編》等書及我國校理臣金玉均所輯《箕和近事》前承旨臣朴泳教所撰《地球圖經》進士臣安宗洙所譯《農政新編》前縣令臣金景遂所錄《公報抄略》等書, 皆足以開發拘曲, 瞭解時務者也.)

103) 황종원 외『한국에 영향을 미친 중국 근대지식과 사상』도서출판 경진 2019 88-90쪽.

104)『西北學會月報』「諸學釋名」제11호 232쪽.

으로 한다면 과학은 형이하 즉 유형한 물리학과 이화학理化學같은 것이라고 구분하기도 하였다.[105] Science가 분과 학문이란 뜻의 '과학' 으로 번역되어 확정된 것은 1930년대로 보인다.

> 질서가 정연한 논리적으로 조직된 확실한 총체의 학문이니, 그 연구 사항에 따라 천문학 · 이화학 · 동물학 · 식물학 등을 자연과학이라고 하며, 논리학 · 심리학 · 법률학 등을 정신과학이라고 한다. 또 연구 방법에 따라 이화학 심리학과 같이 단순히 설명하는 것을 설명과학이라고 하고, 윤리학 · 논리학 · 법률과학과 같이 설명 이외에 규범을 세우는 것을 규범과학이라고 한다.[106]

그리고 '과학적' 이란 의미는 철학에 대해 과학적이라고 할 때는 주로 자연현상의 일을 연구한다는 뜻이라고 하였다.[107] 초기에 science를 격물치지학으로 번역한 것은 객관 사물〔萬物〕에 내재한 보편적 천리〔理一〕를 과학적 자연법칙으로 차용할 수 있었기 때문이다. 격물치지는 성즉리란 성리학의 기본 전제를 체인하는 핵심적인 방법이었지만, 격물지치학은 성리학의 천인합일적 세계관을 해체시킬 강력한 힘을 가진 사유체계를 번역하는 핵심 개념어였다.

성리학적 자연 인식과는 전혀 다른 사유체계를 수용하기 위해서는 그것과 유사한 점이 있는 것을 격의하는 과정이 필요했고, 그것이 바로 '격물치지' 였다. 격물치지학은 넓게는 근대 자연과학 및 기술을 총칭하는 것이기도 하였고, 좁게는 물리학을 뜻하기도 하였다. 《한성순보》는 사물에 대한 궁리란 성리학의 즉물궁리를 의미하지 않고 자연의 물질에 대한 탐

105) 李昌煥『大韓學會月報』「哲學과 科學의 範圍」제5호 302-4쪽.

106) 한림과학원 편『한국근대 신어사전』「新語事典」선인 2010 15-6쪽.

107) 한림과학원 편『한국근대 신어사전』「新語事典」선인 2010 16쪽.

구를 통해 기술을 발전시키는 것이라고 정의하였다. 이러한 궁리는 사람의 재력을 여유롭게 하고 국가 부강의 바탕이 된다고 보았다.

> 이른바 있는 재력財力을 다해서 천지자연의 리利를 도모한다는 말은 무슨 말인가. 광산을 개발하여 재용財用에 충당하고, 물력物力을 빌어 경영을 편리하게 하며, 창제創製를 정밀하게 하여 규모를 넓히고. 무역을 널리 해서 재산을 여유있게 하는 것이다. 이 모든 것은 천지자연의 리利를 도모하여 사람의 재력을 늘리는 것이다. 어떻게 하면 되는가? 사물에 대해 궁리를 하여 이치가 모아지면 생각이 넓어지고, 생각이 많아지면 기술이 생기며, 기술이 생기면 법이 나타나게 된다. 법이란 광산을 개발하는 데서 기인하고, 물력은 빈 데서 기인하고, 창제는 정밀한 데서 기인하고, 무역은 넓히는 데서 기인하며, 나라의 바탕은 이와 같은 부강이다.[108)]

성리학의 격물치지설과는 그 함의가 다름에도 불구하고 격물치지학은 만물에 내재한 법칙성〔物理〕에 관한 과학적 탐구〔格〕를 통하여 자연과학적 지식〔知〕을 확장하고 종국에는 과학기술로 발전시킬 수 있다〔致〕는 근대 과학기술적 사유를 담아낼 수 있는 적절한 용어이기도 하였다. 격물치지는 만물 자체의 자연법칙을 탐구하는 것으로 그 근원은 수학이라고 한 것에서도 그 격변을 읽을 수 있다.

> 격물은 곧 물리의 근본적인 사실을 상고하는 것이어서 그중에는 근원이 수학에서 발단된 것이 많다.[109)]

---

108) 《漢城旬報》 1884.6.4. 「富國說」 下.

109) 《漢城旬報》 1884.4.16. 「格物院」.

서학이란 요컨대 모두 천산天算 격화格化 등의 학문이다. 그 본원은 동방에서 나왔는데, 서양인들은 이것을 잘 추광推廣하여 발전시키고〔流傳〕 있다. 화학은 본래 중국의 방사方士들이 화로를 가설하고 단련煅煉하면서 각종 기술을 점출點出한 데서 비롯하였다. 산학算學은 본래 이집트〔埃及〕에서 왔고 천문天文은 본래 바빌론〔巴庇倫〕에서 나왔다. 피타고라스 이후 2천여 년 후에 코페르니쿠스가 다시 피타고라스의 설을 논하자 드디어 그 이론이 세상에 행해지게〔行世〕 되었다.[110)]

격물치지학의 연원은 『대학』이란 유학 경전이 아니라 이집트와 희랍이며, 격물치지학이 비록 중국에서 기원하였다고 주장하더라도 우리가 수용해야 할 대상은 서양에서 '물 건너온' 것임을 분명하게 인정한 셈이다.

격치의 학문은 그 취지가 사물의 이치와 까닭을 연구하는 학문이다. 그래서 인류가 생존한 이래 이 격치의 학문이 없던 적이 없다. (격치학은) 형체를 가진 여러 가지 물物을 두 종류로 나눈다. 형체가 크고 힘이 커 미질微質 미력微力보다 큰 것을 격물학格物學이라고 하고, 미묘하게 응감應感하는 학문을 화학化學이라고 한다. 격물학은 역시 이집트에서 시작되었다.[111)]

격물치지학이 사물의 이치와 까닭을 연구한다는 측면에서는 성리학의 격물치지와 유사한 분모가 있을지라도, 격물치지학 즉 서구 근대과학인 물리학과 화학 등은 실용적 차원에 국한된 개념이지 천리체인이란 도덕적 함양과는 무관한 것이 되었다. 성리학의 이치理致는 결코 근대과학의 자연법칙은 아니라는 점에서 그 사상적 간극은 현격했다.

---

110)《漢城周報》1887.2.6「西學源流」.

111)《漢城周報》1887.3.7.「續錄西學源流」.

성리학에서 격물치지의 '물'은 천리를 내재하고 있기 때문에 궁리窮理의 대상이었다. 그러나 격물치지학의 '만물萬物'은 실용적 가치를 지닌 자원화된 자연으로 실험 관찰의 대상일 뿐이다. 만물은 경제적 이익을 생산하는 도구일 때라야 이로운 것이므로, 유익하게 쓸 수 있도록 적극 이용해야 한다고 주장하였다.

> 천지에 꽉 찬 것은 모두가 재화財貨이고 생산되는 만물은 모두가 이로운 것이다. (중략) 재물과 리에 대해서는 성인도 드물게 말했다. 그러나 반드시 남이 버린 것을 가져다가 내가 유익하게 쓸 수 있는 것을 만들고 예전에 없던 것을 창안해 내어 오늘날 새로 유익하게 쓸 수 있게 하기 위하여, 깊이 연구하고 널리 살펴 그 기교奇巧를 끝까지 다한 뒤에야 바야흐로 생재生財와 이용利用의 도道에 통달했다고 할 수 있겠다.[112)]

인간은 자원인 만물에 재력才力과 기교技巧를 가함으로써 이용의 효율성을 높일 수 있다고 보았다. 자원화된 만물은 과학적 사실판단의 영역〔物理〕에 해당하는 객관적인 것으로, 가치판단의 영역〔道理와 事理〕과는 무관하게 되었다.[113)]

> 격물치지는 반드시 자물資物이 있은 뒤에야 실시할 수 있는 것이므로 자물

---

112) 《漢城周報》 1886.9.13. 「論開礦」.

113) 베이컨으로 대표되는 서양 근대 자연에 관한 과학적 탐구는 귀납적 관찰 방법을 통해 자연에 대한 인간의 지식을 확장하고 더 나아가 자연을 기술적으로 이용할 수 있는 길을 열었다. 베이컨은 자연에서 진리를 얻는 방법으로서 '실험'을 강조했다. 그는 자연의 비밀은 제 스스로 진행되도록 방임했을 때보다는 인간이 '기술로 조작을 가했을 때' 그 정체가 훨씬 잘 드러난다고 생각했다. 만물에 대한 가치중립적 사유가 서구 근대 과학주의의 핵심이다.

을 구하려고 한다면 무엇보다 먼저 광물을 개발하여 금은동철석金銀銅鐵錫을 많이 취해다가 자물로 사용하는 것이 제일이다. (중략) 토지에서 생산되는 물자는 그 근원이 장구하고, 공간에서 취하는 것은 그 이익이 매우 많다.[114)]

'격물格物'은 천리체인이란 맥락을 벗어나 근대적 맥락에 정착하였다. 격물의 물은 천리가 내재한 사사물물로서 즉물궁리의 대상이 아니라, 국가적 문명과 부강을 실현하는 이용후생의 물질적 토대였다. 그러므로 격물은 반드시 자물資物이 있은 뒤에야 실시할 수 있으며, 자물이란 바로 인공적 기술의 대상을 의미하였다. 자물에 기술을 가함〔才力〕으로서 재화를 생산하고 그것이 곧 문명한 삶을 가능하게 하는 중요한 조건이 된다고 생각했다. 자연은 자원으로 존재할 때 비로소 그 존재가치가 있다고 본 것이다.

만물을 내는 것은 천지이지만, 그 만물을 취하여 만물의 자연을 이루고 유통하는 것은 사람의 재력才力으로 되는 것이다. 재력이란 진실로 하늘이 사람에게 주어 세상에 쓰임이 있도록 하려는 것이다.[115)]

특히 자연물 가운데 지하자원의 개발을 통해 부국강병을 이룩하고자 하였다. 지하자원을 땅속에 버려두어 유한한 보배를 쓸모없게 만든다면, 이는 돈꿰미가 썩는 데도 유통하지 않고 곡식을 쌓아두고 굶어 죽는 것과 다를 것이 없다고 하였다. 즉 만물은 자원으로서 존재하고 자원은 과학기술〔技巧 내지 奇巧〕을 이용하여 생재生財의 수단으로 삼아야 한다고 주장

114) 《漢城周報》 1886.9.13. 「論開礦礦」.

115) 《漢城旬報》 1884.5.25. 「富國說」上. 이글은 중국의 만국공보를 인용한 글이지만, 동일한 시선을 가진 편집자의 의도가 담긴 글이기도 하다.

하였다. 지하자원 개발에 주목한 것은 국가적 재용財用을 풍부하게 하려는 의도를 담고 있었다.

만물은 천리를 내재한 것이 아니라 인공에 의해 가공되기를 기다리는 '빈 것' 이다. 과학기술은 무엇보다 중요한 문명적 기제로서 기술을 통해 새로운 삶의 법이 출현하며, 만물을 재화화財貨化하여 무역함으로써 부국강병한 문명국이 될 수 있다고 보았다. 유럽인들이 우리와 달리 앞선 문명을 향유하는 것은 오직 인공 여하에 달렸기 때문에 우리 또한 자물資物에 대한 인공人工을 높이기만 하면 그들과 같은 문명국이 될 수 있다고 예측하였다.

> 유럽 사람들이 재화를 증식시킨 것은 하늘에서 떨어진 것도 아니고 땅에서 솟아난 것도 아니며 귀신이 가져다준 것도 아니다. 오직 인공人工의 노력 여하에서 생긴 것이다.[116]

만물을 내는 것은 천지이지만, 만물을 재화화할 수 있는 인공과 재력才力도 자원개발 못지않게 중요하다고 주장하였다. 만약 재력을 갖고 사용하지 않는다면 비록 이목수족을 갖추었다 할지라도 세상에 도움이 되지 않은 폐인과 다를 것이 없는데, 서양인과 중국인은 재력을 사용하는 정도에 현격한 차이가 있다고 평가하였다.[117] 재력을 사용한다는 것은 곧 전신 전기 등 근대적 기술을 습득하고 이용하는 것을 의미하였다. 《한성순보》는 서양의 기술교육기관인 기예원技藝院과 역학과 화학 등을 가르치는 격물원格物院 등을 소개하거나, 일본이 외국의 교사를 초빙하여 도서 · 수학 · 화학 · 이학理學 · 지질 · 공업경영 등을 가르침으로써 국가의 근간이

116)《漢城周報》1886.2.1.「論學政」第二.

117)《漢城旬報》1884.5.25.「富國說」上.

되는 인재를 양성하고 있다는 것을 기사화하였다.[118)]

격물치지학과 함께 '물리' 란 용어 역시 성리학적 개념의 근대적 변용이었다. '물리' 는 성리학의 격물과는 완전히 다른 개념으로 사용되었다. 메이지유신(1868) 이후 서양 과학 수용에 매진했던 일본은 메이지 10년대를 넘어서며 각 전문 과학 분야의 수용으로 전환하기 시작했다. 그런데 과학 즉 분과학으로서의 학문 각 분야의 수용하기 위해서는 전문적인 학술어를 대량으로 번역할 필요가 있었다. 특히 번역을 담당했던 사람들이 과학을 전문적으로 배운 적이 없었던 탓에 과학기술 어휘를 포함한 학술적 어휘들을 번역하는 일에 어려움을 겪었다. 특히 메이지 초기까지도 physics는 궁리窮理 혹은 궁리학窮理學, 리학理學, 물리학物理學 등 다양한 역어로 번역되다가, 1883년 물리학역어회가 공표한 번역어 중에 physics를 물리학으로 표현하였다. 물리 혹은 물리학은 근대 자연과학의 중요한 방법론 혹은 과학의 중요한 한 분과를 뜻하는 명칭으로 뿌리내렸다. 물리학역어회가 번역한 과학기술 관련 어휘들이 조선에도 수입되어 사용되었다. 특히 청일전쟁 이후 일본의 영향력이 증가하다가 1905년 이후에는 학부에 일본인들이 고용되면서 일본의 영향력이 압도적으로 증가하였다.[119)]

조선의 경우, 물리학을 서양 학문의 한 분야로 받아들이기 시작한 것은 19세기 말이었다. 유길준은 신사유람단(1881)으로 일본을 방문했을 뿐 아니라, 보빙사(1883)의 수행원으로서 선발되어 미국에 체류하면서 얻은 견문과 귀국길에 유럽을 경유한 경험을 바탕으로 『서유견문』(1895)을 발간하였다. 여기에서 유길준은 육대주에 대한 지리적 특성과 인종 및 정부와

118) 《漢城旬報》 1884.4.16.「技藝院」,「格物院」.

119) 김성근 「동아시아 근현대 물리학 용어의 성립」『동서철학연구』 제85호 2017 302-8쪽.

국민의 권리와 의무 등을 소개하였다. 특히 주목할 것은 서양 학문에 대해 비교적 구체적인 언급을 하고 있는 점이다.

> 태서학설의 핵심은 만물의 원리를 연구하고 그 효용을 발명하여, 인생의 편리한 도리를 돕는 데 있다. 모든 학자가 밤낮 고심하는 경륜經綸이 실상은 천하 사람들을 위해 그 학문의 결과를 이롭게 사용하여 그 삶을 두텁게 하여, 덕을 올바르게 하기 위해서이다. 학술의 공효와 교화가 어찌 크지 않은가![120]

유길준은 서양의 학설이 모두 이용후생과 정덕에 관한 것으로, 그 공효가 삶을 편리하게 할 뿐 아니라 정덕 차원에서도 교화의 효과가 있다고 하였다. 특히 과학기술의 다양한 분야를 소개하였다.

> 증기 · 기계 · 기차 · 화륜선火輪船 · 전기 · 전등 · 가스등 · 방직기계 · 염색법 · 우두법 · 의료 기계 · 피뢰침 · 도금 · 모본법摸本法 · 재봉 기계 · 농작 기계 · 화학기계 물리학 기계 · 천문학 기계 · 제독법除毒法 이상은 그 일부를 가리킨 것이다.[121]

그가 서양 학문을 상세히 소개한 것은 우리도 실제적인 학업을 종사하지 않으면 안 된다는 것을 강조하기 위함이었다. 문장만 독송하는 허명에 매몰되지 말고 상용화할 수 있는 실상 학업에 종사해야 한다고 본 것이다.

> 학업은 허명과 실상으로 구별된다. 그렇다면 어떠한 학업을 허명이라고 하는가? 이치를 캐지 않고 문자만 숭상하여 청춘부터 백발이 되도록 시와 문장

120) 유길준 『兪吉濬全書』 I 「西遊見聞」 〈泰西學術의 來歷〉 일조각 1971 352쪽.
121) 유길준 『兪吉濬全書』 I 「西遊見聞」 〈泰西學術의 來歷〉 일조각 1971 353쪽.

공부만 혼자 즐기되, 그 학업을 이용후생 하는 방법을 강구하지 못하는 경우이다. 그렇다면 실제적인 학업이란 어떤 것인가? 사물의 이치를 깊이 따져서 자기 본성을 다하고 밤낮으로 부지런히 하여, 오로지 백천만 가지를 상용화하도록 뜻하는 것이다. 그러므로 학업이란 명칭은 이 두 가지가 마찬가지지만 그 허실의 차이는 현격하다.[122)]

특히 격물학과 화학을 비롯하여 기계학 등을 상세히 설명을 하였다. 이는 일본 유학생이 일본에서 배운 근대 학문체계가 수용되기 이전에 비교적 상세하게 근대학문을 분류하고 이해했다는 점에 의의가 있다.

격물학: 이 학문은 만물의 본체를 연구하여 그 효용을 밝히는 것이다. 그 갈래가 매우 많으니, 몇 가지만 간단히 들어보자. 광물이 단단하거나 조밀하거나 부드럽거나 무른 성격에 따라 그 이유를 밝혀내고, 사람의 발음 천지만물의 인력, 소리나 빛의 속도 바람 비 천둥 및 서리 이슬의 깊고도 묘한 이치를 탐색한다. 물체가 모나고 둥글고 길고 짧음에 따라 발생하거나 작용하는 힘을 따지고 흩어지거나 합쳐지는 기틀을 논하는 데 조금도 어긋남이 없다. 이밖에 어떤 물건을 대상으로 하든지 그 근본을 밝혀내는 것이 이 학문의 목적인데, 서양 열강이 부강해진 근본이 바로 이 학문에서 이뤄진 열매이다.[123)]

화학: 만물의 근본이 되는 바탕을 추구함으로써 흩어지거나 변화하는 오묘한 이치를 연구하는 학문으로 규정하고, 원소의 화합과 분해 등을 통해 물질이 변환하는 원리를 파악한다는 점에서 그것은 격물학과 밀접한 표리관계가 있다고 하였다.[124)]

---

122) 유길준 『兪吉濬全書』 I 「西遊見聞」 〈學業하는 條目〉 일조각 1971 367쪽.

123) 유길준 『兪吉濬全書』 I 「西遊見聞」 〈學業하는 條目〉 일조각 1971 370쪽.

기계학: 이 학문은 각종 기계의 제도와 사용하는 방법을 배운다. 오늘날의 세계는 기계가 성행하는 시대이다. 기계가 천만 가지라도 그것을 움직이기 위해서는 증기나 전기의 힘을 빌리지 않으면 안 되며, 또 증기나 전기의 힘이 기계를 움직일 수 있더라도 석탄이나 물의 도움이 없으면 그 효용을 이룰 수가 없다. 기계를 만들려면 철을 사용해야 하므로, 상고의 석기시대가 변하여 중고의 청동기시대가 되었다가, 또 한 번 변하여 우리가 살고 있는 철기시대에 이르렀다. 이 학문의 여러 조목들은 일상생활과 관계가 적지 않다. 집을 짓고 배나 다리를 만들며, 철로와 광산을 공사하고 성채와 포대를 건설한다. 그 밖의 천만 가지 사물 가운데 기계와 관계된 것은 이 학문을 배운 자가 아니면 그 공을 이룰 수가 없다. 그러므로 이 학문에 숙달된 사람을 반드시 필요로 하게 된다. 나라가 강하고 약하며 가난하고 부유한 것은 모두 이 학문이 성행하는지 쇠퇴하는지에 따라 등급이 결정된다.[125]

유길준은 격물학을 철 금속류의 특성에서부터 인력 · 빛 · 자연현상 등 만물의 본체를 연구하고, 그 이치와 공용을 밝히는 학문이라고 하였다. 한편 화학은 만물의 근본이 되는 바탕을 추구함으로써 흩어지거나 변화하는 오묘한 이치를 연구하는 학문으로, 원소의 화합과 분해 등을 통해 물질이 변환하는 원리를 파악한다는 점에서 그것은 격물학과 밀접한 표리관계에 있다고 하였다. 또 뉴턴〔柳頓〕을 소개하면서 태공太空과 대지의 인력을 궁구하며 광선光線의 공용과 물색物色의 근원根元을 논구하고 만물의 이치를 격格하여 조화의 심묘한 문호를 열게 하니, 그 저술한 서책이 궁리학窮理學의 대본이라고 하였다.[126] 후쿠자와 유키치(福澤諭吉)는 『서

124) 유길준 『兪吉濬全書』 I 「西遊見聞」 〈學業하는 條目〉 일조각 1971 370-1쪽.
125) 유길준 『兪吉濬全書』 I 「西遊見聞」 〈學業하는 條目〉 일조각 1971 376쪽.
126) 유길준 『兪吉濬全書』 I 「西遊見聞」 〈泰西學術의 來歷〉 일조각 1971 351쪽.

양사정』 초편(1866)에서 서양 물리학을 궁리학이라고 표현하다가, 1880년대 들어서는 물리학이란 용어로 바꾸어 사용했다. 그것은 1870년대 이후 일본 교육계가 물리학을 physics의 공식적인 번역어로 사용하면서 일반화되었기 때문이었다. 그런데 유길준은 격물학이란 용어를 사용하였고, 또 격물학 혹은 격물치지학은 자연과학의 의미로 오랫동안 사용되었다.[127] 격물궁리는 리델의 『한불자전韓佛字典』(1880)에서 자연과학의 역어로 사용되었고 제임스 게일의 『한영자전韓英字典』(1911)에서도 격물학은 철학 혹은 자연과학의 역어로 사용되었다.[128] 유길준은 물리학에 해당하는 내용을 격물학으로 지칭하였으며, 궁리학은 철학과 거의 같은 의미로 사용하기도 하였다.

근대식 학제가 갖춰지면서 물리학은 자연과학의 한 분과인 physics로 자리잡았다. 1895년 한성사범학교 관제에는 물리 · 화학 · 박물이 과학 교과로 분류되었는데, 물리란 '물리상 긴요한 현상과 정률定律' 이라고 정의하였다. 1900년대 들어 '물리학' 이란 용어는 교과서에 본격적으로 등장하기 시작했다. 주로 일본 물리학 교과서를 번역한 『신찬물리학新撰物理學』(1906), 『소물리학小物理學』(1908 추정), 『초등물리교과서初等物理教科書』(1908) 등을 통해서 '물리학' 이란 용어가 정착되었다.[129] 1920년 조선총독부에서 간행한 『조선어사전朝鮮語辭典』에서는 물리를 '만물의 도리' 라고 하였다. 즉 물리 혹은 물리학이 1910년대 physics의 번역어로서 등장하여 1920년대 대표적인 번역어로 정착된 것으로 보인다.[130]

---

127) 김성근 「동아시아에서 '물리(physics)' 라는 근대 어휘의 번역과 정착」 『동서철학연구』 제89호 2018 380-1쪽.

128) 황오덕 이상현 편 『한국어의 근대와 이중어사전』 제1권 박문사 2012 180쪽, 제6권 79쪽, 제10권 112쪽.

129) 김성근 「동아시아에서 '물리(physics)' 라는 근대 어휘의 번역과 정착」 『동서철학연구』 제89호 2018 381-2쪽.

3) 이용후생利用厚生과 실학實學, 그리고 서기西器의 재배치

격물치지란 용어와 밀접한 관련이 있었던 실사구시와 이용후생 또한 기존의 유학적 사유를 함의하지 않았다. 조선 후기 실학자 가운데 김정희는 고증학을 바탕으로 '무득사실務得事實, 진구진시每求眞是' 라는 실학의 기치 아래, 사실과 의리를 중시하는 이념을 '실사구시' 란 개념에 담았다. 그가 말하는 실사구시란 사실에 의거하지 않고 다만 허술한 방도를 편리하게 여기거나, 진리를 찾지 않고 다만 선입견을 위주로 하면 성현의 도에 배치된다는 의미였다. 즉 김정희의 실사구시는 경사經史 및 금석문에 대한 실증적인 연구를 통해 성현의 도〔性道仁義〕를 실현하는 것을 목표로 하였다. 북학파의 이용후생론 또한 이용후생에 힘쓰지 않으면 정덕正德을 실현할 수 없다는 것으로 정덕과 불가분의 관계에 있었다. 그러나 《한성순보》와 《한성주보》[131]의 실사구시와 이용후생은 성현의 도와 정덕과 직접적으로 관련짓지 않고 '실제 생활에 도움을 주는 것' 이란 의미로 사용하였다.

---

130) 김성근 「동아시아에서 '물리(physics)' 라는 근대 어휘의 번역과 정착」 『동서철학연구』 제89호 2018 384-5쪽.

131) 《漢城旬報》(1883~1884)와 《漢城周報》(1886~1888)는 우리나라에서 최초로 발행된 근대식 신문이다. 1882년 수신사로 일본에 다녀온 박영효가 福澤諭吉의 추천으로 신문 제작을 도울 사람을 데려와 추진하였고, 유길준도 신문 발간에 열정을 쏟았다. 갑신정변 이후 발행이 중지되었다가 김윤식이 주도하여 다시 《한성순보》를 발간하였다. 《한성주보》에는 서양의 근대과학과 제도를 소개하고 세계의 역사와 지리를 설명한 글들이 많다. 이런 글들은 대체로 중국이나 일본에 파견된 사절들이 가지고 온 책들을 참고하였다. 특히 1882년 영선사 김윤식이 가져온 책들이 많았으며 신문 제작에 필요한 책들은 때때로 주문하기도 하였다. 이광린 「《한성순보》와 《한성주보》에 대한 일고찰」 『역사학보』 제38집 1968년 참조.

> 중국 상해에서 신역新譯된 천문 · 지리 · 의약 · 산수와 같은 다양한 서양 서적은 지금의 이용후생 방책이다. 이 서적을 열람한다면 실용에 도움이 없지 않을 것이다.[132)]

실사구시란 구체적으로 서구 과학기술을 수용하여 저들과 같이 문명국이 되는 것을 뜻하며, 이용후생이란 서양 학문을 수용하여 실용에 힘쓰는 것이었다.

실사구시와 이용후생을 위한 방책은 외국인을 초빙하여 격물치지학을 닦는 것이며, 우리도 그들처럼 근대적 격물치지에 뛰어난 격물군자格物君子를 길러내는 것이었다.[133)] 유럽의 부강은 백성의 산업을 제정하여 재화를 증식시켰기 때문이므로, 우리도 그들처럼 백성들이 농업 잠업 공업 상업 등 각각 자신의 업을 가지고 재화를 증식시킴으로써 이용후생을 누리게 해야 한다고 주장하였다. 서양 근대과학은 더 이상 서양인들만의 전유물이 아니라 우리도 힘써 닦아야 하는 실학이 되었다.

> 저 천문과 산학, 과학 등의 여러 학문은 천하의 공학公學이며 서인西人들만이 홀로 하는 사학私學이 아니다. 그리고 천문학이나 역산법曆算法은 소급하면 희화씨羲和氏로부터 창시되었으며 치지학도 『대학』에 있는데도 특히 후세들이 등한히 여겨 강구하지 않았으니 저 서인은 이쪽의 자료에서 단서를 얻어서 마음을 가다듬어 실리實理를 구해서 기술의 정교함을 완성하고 부강富强의 실효實效를 거두게 되었다.[134)]

---

132) 《漢城周報》 1886.2.15. 「新來書籍」.

133) 《독립신문》 1899.3.10. 논설: 만유인력을 발견한 뉴턴을 '영국의 격물학사'로 지칭한 것 역시 같은 맥락이라고 하겠다.

134) 《漢城旬報》 1884.3.27. 「이태리가 날로 성해지다」.

서학은 서양인에 국한된 학문이 아니라 공학의 지위를 획득하였다. 그리고 서구 근대과학을 '실리實理를 구해서 기술의 정교함을 완성하고 부강의 실효實效를 거뒀다' 고 평가한 것은 객관 사물에 대한 법칙〔物理〕을 연구와 기술의 정교함이 문명국이 되는 지름길이라는 시대 인식을 반영한 것이다. 그러한 유럽 부강에 견주면 우리나라는 옛 법만 고수하고 있을 뿐 부강의 실효를 거두지 못하고 있다고 평가하였다.

> 우리나라는 안타깝게 구규舊規만을 지키고 있지만, 저들은 새로운 방법을 창안해 주밀하지 않은 것이 없다. (중략) 모두 저들은 공교한데 우리는 졸렬하며, 저들은 빠른데 우리는 느리며, 저들은 예리한데 우리는 무디다.[135]

그들은 앞선 반면 우리는 모두 뒤처진 상태로 대비되었다. 따라서 우리나라가 시급히 해야 할 일은 저들의 장점을 취하여 우리 단점을 보완하고 우리의 단점을 버리고 저들의 장점으로 나아가, 그것으로 산업을 제정하고 재화를 증식시켜 날로 부강해지도록 노력하는 것이라고 판단하였다. 우리나라 사민士民이 유럽인과 비교해서 신체적 강건과 지식의 발달이 뒤지지 않기 때문에 교육을 통해 재화를 증식시키는 기술을 익히게 하면 유럽 사람들처럼 화륜火輪이나 주차舟車 같은 기기機器를 창조할 수 있다고 주장하였다.

근대 영국을 비롯한 서구 여러 나라가 부강한 나라를 이룩할 수 있었던 것은 바로 격치학에 치중하여 신묘한 발명과 기술이 발달했기 때문이라고 보았다. 그들의 격치학은 천지의 조화를 빼앗을 수 있을 만큼 놀라운 것이었다.[136] 우선 우리는 격물치지학의 내용을 습득할 필요가 있었다.

---

135) 《漢城周報》 1886.2.1. 「論學政」 第二.

136) 《漢城周報》 1886.2.1. 「論學政」 第二 참조.

《한성주보》는 서학의 기원과 발달 과정을 설명하는 논설에서 격치학을 사물의 이치와 까닭을 연구하는 학문으로 정의하고, 그 가운데 격물학格物學과 화학이 있다고 하였다. 즉 격치학은 서구 자연과학 및 기술까지 포함하기도 한 한편, 격물학은 물리학을 의미로 사용한 것이다. 뉴턴의 만유인력법칙에 대해서는 매우 높이 평가하면서 상세하게 다루기도 하고,[137] 갈릴레이 · 데카르트 · 베이컨 등이 격치학을 부흥시킴으로써 학문이 크게 발전했을 뿐만 아니라 기술이 발전했다고 평가하였다.[138] 격치학의 발달은 군함으로 표상된 열강의 문명함을 가능하게 한 원동력이므로, 조선 또한 국권회복과 부국강병을 위해서는 마땅히 그들의 격치학을 수용해야 할 것이라고 하였다.

> 실학實學이라고 하는 것은 바로 과학 한 가지 그것이다. 만약 동양 모든 국가의 재주 있는 학자들에게 여기에 종사할 조건을 제공해주고 연구하게 한다면, 이것은 동양제국이 약함에서 벗어나 강함으로 옮아가는 일대 기회가 될 것이다. (중략) 천문天文 역산曆算 격치학格致學은 천하의 공학公學이지 서학西學이 아니며, 또한 오늘날 절실히 쓰이는 학문이며 도道를 해롭게 하는 이단異端에 비할 것이 아니라고 말하고 싶다.[139]

---

137) 《漢城周報》 1887.2.28. 「西學源流」: 청 초에 영국인 奈端이란 사람이 있었는데, 牛董이라고도 한다. 뉴턴은 천문 격치 등 학문에 있어서 옛것을 바로잡고 새로운 것을 추진시킨 바가 많으며, 吸力을 발명한 데서 그 공이 매우 크다. 때문에 吸力은 重學의 근본이 되었는데, 이것이 없었다면 천문 격치 등 학문은 모두 虛薄하고 믿을 수 없을 것이다. 〈중략〉 뉴턴은 흡력의 이치를 밝혀서 항성과 행성이 대소 원근에 따라 그 운행이 새끼줄처럼 묶여 있다는 것을 알았다. 또 그는 처음으로 별이 아무리 멀리 떨어져 있어도 重學의 원리를 벗어나지 않는다고 말했는데, 대새 행성의 운동은 모두 흡력에 의해 생기기 때문이다. 뉴턴 이후로 중학으로 천문학을 밝히지 않은 것이 없었다. 지금은 광학과 화학을 이용하여 이를 더욱 확장하고 있다.

138) 《漢城周報》 1887.3.7. 「集錄: 續錄西學源流」.

이 내용은 중국인의 글을 재인용한 것이지만, 우리도 역시 당대에 실제로 필요한 학문〔實學〕은 곧 과학이라고 인정한 것이다. 수학을 비롯한 격치학 등은 배척해야 할 사학邪學이 아니라, 우리가 시급히 수용해야 할 시무적 공학公學이었다. 서학은 근대 공간에서는 지리적으로 서양에 국한된 것이 아니라 보편적인 학문으로 자리매김할 수밖에 없다고 보아, 그들 문명을 단순히 '서학' 이란 이유로 배척하는 것을 옳지 않다고 판단하였다.

> 만약 이 학문이 한번 번창하여 국가가 부강해지고 인륜에도 손상됨이 없고 또한 기강紀綱이 펴질 수 있다면 허벅지를 찌르고 얼굴에 물을 뿌려가면서라도 오히려 날짜가 부족하여 늙음이 닥쳐오는 것도 알지 못할 것이다. 이렇게 되면 서학西學을 한다는 지탄은 옳지 않으며, 오히려 천하의 뜻있는 학자라고 할 것이며 충군애국하는 무리라고 말할 수 있다. 때문에 나로서는 천문 산학 격치학은 곧 천하의 공학公學이며 서학西學이 아니며 또한 오늘날 절실히 쓰이는 학문으로 도를 해롭게 하는 이단에 비할 것이 아니라고 말하고 싶지만, 동인東人들은 도리어 서학西學이라고 지목하고 있으니 얼마나 잘못된 것인가![140)]

이 논설을 쓴 중국인은 이태리의 융성이 실학 즉 과학을 궁구해서 이루어진 것으로 판단하고 서구 과학은 단순히 서학이 아니라고 단언하였다. 격치학의 문명적 효용성은 그것을 공학公學의 반열에 올려놓았을 뿐만 아니라, 서양 근대문명 전반에 대한 적극적인 긍정과 수용이란 파장을 일으켰다.

'격물치지학' 은 만국공법 체제에 대응하는 현실적 방책이기도 하였다. 만국공법 체제를 경험한 관료 계층은 기존의 유학적 이념만으로는 서구

139) 《漢城旬報》 1884.3.27. 「各國近事: 이태리가 날로 성해지다」.

140) 《漢城旬報》 1884.3.27. 「各國近事: 이태리가 날로 성해지다」.

열강의 강압에 적절히 대응할 수 없다고 판단하였다. 문명개화론자들은 문명화의 기저인 격물치지학의 효용성을 발견하고, 서구 근대과학이야말로 그들과 같은 힘을 가질 수 있는 실학이라도 단언하였으니, 이것이야말로 부강의 지름길이었다. 그러나 개화론을 주장했던 이들 또한 성리학을 충분히 습득했을 뿐만 아니라 조선이 성리학을 정치 이념으로 한 사회였다는 점을 감안하면, 성리학 해체 자체가 커다란 사상적 혼란일 수밖에 없었다.

갑신정변의 주역이었던 박영효의 「개화소開化疏(1888)」는 뿌리 깊은 성리학적 사유를 전면적으로 거부할 수는 없지만 한편으로는 서양 열강의 강력한 힘의 원천을 수용하지 않을 수도 없는 절박한 현실에 대한 인식, 그리고 근대적 국가를 건설하고자 하는 열망을 잘 보여준다고 하겠다. 그의 저작이 많이 남아있지 않은데다가 「개화소」가 상소문이기 때문에 그의 사상을 온전히 드러낸 것이라고 보기는 어렵다. 그럼에도 불구하고 박영효의 「개화소」는 성리학적 사유가 해체되면서 동시에 근대적 사유를 수용하는 과정을 여실히 보여주는 글임에는 틀림없다. 박영효가 사용했던 야만의 자유〔natural liberty의 번역어〕 문명의 자유〔civil liberty의 번역어〕나 通義〔right의 번역어, 권리〕와 같은 용어는 유학적 이념이 탈각하면서 동시에 근대적 사유를 담아내야 했던 과정에서 개념적 엄밀성을 담보하고 있지 못한 한계를 보여줬다고 평가할 수도 있지만,[141] 기존의 용어를 격의格義함으로써 새로운 사유를 이해하는 과정으로 볼 수 있다. 그가 「개화소」에서 사용한 격물치지 내지 궁리窮理란 개념 또한 그 해체와 정립의 과정을 보여주는 사례라고 하겠다.

박영효는 『대학』에 대한 주자학적 견해를 그대로 인용하면서 격물치지

141) 김주성 「김옥균 · 박영효의 자유주의 정신」 『정치사상연구』 제2집 2000 봄 한국정치사상학회 참조.

가 수신에 필요한 덕목이라고 하여, 일차적으로 격물치지가 수신의 근본이라는 성리학적 격물치지설을 부정하지는 않았다.[142] 그런데 그는 격물치지의 두 영역인 인사人事와 만물萬物을 중물衆物의 표리와 조리를 이해하는 것과 마음의 전체 대용을 밝히는 것이라고 풀이한 후, 인사를 무형 산물로 만물을 유형 산물이라고 전의轉意하였다. 더욱 중요한 것은 이러한 분계分界를 기점으로 다시 격물치지의 본의를 물음으로써 성리학적 격물치지를 전화轉化할 수 있는 계기를 마련한 점이다. 그는 격물치지의 본의가 단순히 독서를 일삼는 것만은 아니라고 단언하였다. 오히려 현실과 격리된 채 사서삼경을 독송한다면 부유腐儒가 됨을 면치 못할 것이라고 경고하였다. 더 나아가 그는 격물치지의 근본을 취한다면 오늘날 서구의 융성한 학문과 같다고 단언함으로써 격물궁리지학을 서구 학문의 실용성과 연결하여 격물치지의 의미를 확장하였다.

> 치지가 격물에 있다는 것은 앎을 극진하게 갖추는 것이 만물에 나아가 그 이치를 궁구하는 것을 말한다. 대개 인심은 영명하여 앎이 있지 않음이 없고 천하의 물은 이치를 갖추지 않음이 없으니, 오직 리理를 궁구하지 않음이 있기 때문에 앎에 미진한 것이 있다. 따라서 학자는 천하의 물에 나아가 이미 알고 있는 이치로 인하여 더욱 그것을 궁구하여 용력의 오래됨의 극지極至에 도달하여, 하루아침에 활연관통하여 중물衆物의 표리와 조리가 이르지 않음이 없

142) 박영효 「開化疏」 일본 外務省藏版 『日本外交書』 제21권: 대학에 "대학지도는 재명명덕재신민 재지어지선"이라고 했고, 또 "옛날 명덕을 천하에 밝히고자 한 사람은 먼저 그 나라를 잘 다스리고 나라를 잘 다스리고자 한 사람은 먼저 그 가정 질서를 바로잡고 가정을 질서 있게 하고자 하는 사람은 먼저 수신을 하며 수신하고자 하는 사람은 먼저 자기 마음을 바르게 한다고 했고, 자기 마음을 바르게 하고자 하는 사람은 먼저 그 의념을 참되게 하며, 의념을 참되게 하고자 하는 사람은 먼저 그 앎을 이루고자 한다. 치지는 격물에 있기 때문에 천자로부터 서인에 이르기까지 수신을 근본으로 삼는다. 근본이 어지러운데 말이 다스려지는 것이 아니다."고 했다.

도록 하여 마음의 전체 대용이 밝지 않음이 없도록 해야 한다. 이것이 물을 격하여 앎이 지극해진 것이다. 그러므로 무형 산물은 지식이 사유한 바로 인하여 발현하고, 유형의 상물은 농공農公이 노동한 것으로 인하여 생겨난다. 무릇 옛 성현이 학교를 설립하여 사람마다 가르친 깊은 뜻이 이와 같았으나, 근세에 이르러 교화가 점점 쇠퇴하고 풍수風修가 쇠퇴하여 격물치지의 본의를 알지 못한다. 그래서 화문華文만 완롱玩弄하여 문장에 심취하고 구절을 적재摘載하는 것을 중요하게 여긴다. 만약 사서삼경과 제가백가서를 독송하여 문장을 지을 수 있으면 비록 어리석은 부유腐儒라도 대학사라고 하여 상대부의 반열에 올라 민국을 잘못 인도하니 이것이 곧 동아 여러 나라가 쇠락한 근원이다. 만약 말단을 버리고 근본을 취하여 격물궁리지학으로부터 평천하의 지술至術에 이른다면 오늘날 구미의 융성한 학문과 같다. 그러나 수수授受한 도道가 그 전승傳承을 이미 잃어버려 궁리격물을 어떻게 해야 하는지 알지 못하니, 어찌 가르칠 수 있으며 어찌 배울 수 있으리오. 그러므로 학자는 동양 서양을 막론하고 그 실용을 우선으로 하고 문화文華를 뒤로 해야 한다. 실용이 귤이라면 문화는 향기이다. 향기는 귤 때문에 생기는 것이니 어찌 귤이 향기 때문에 생기는 것이겠는가? 그러므로 그 실實을 버리고 화華를 취한다면 격물궁리 수신치국의 학은 한꺼번에 모두 폐하여 부화浮華의 풍속에 이를 것이다.[143)]

박영효는 치지가 격물에 있다는 것이 곧 '만물에 나아가 이치를 궁구한다'는 의미라고 하지만, 실용적 궁리야말로 격물치지의 본의라고 규정하였다. 기존의 격물치지가 무형의 지식적 사유에 해당한다면 노동에 의해 생성된 유형의 산물 또한 중요한 격물의 대상이라고 격의함으로써, 실용의 격물궁리학을 버리고 단순히 경사자집의 자구 해석만을 고집한다면

143) 박영효 「開化疏」 일본 外務省藏版 『日本外交書』 제21권.

오히려 교화敎化가 쇠퇴하고 나라 또한 쇠락할 것이라고 진단할 수 있었다. 그는 동아시아 여러 나라가 격물치지의 본의를 제대로 실현하지 못했기 때문에 쇠퇴한 반면, 서양은 격물궁리지학의 본의를 잘 실현함으로써 융성한 국가가 되었다고 대비하였다. 즉 '실용적' 격물궁리지학格物窮理之學이야말로 학문의 근본으로서 우리가 취해야 할 것임을 천명한 것이다. 서학은 더 이상 사학邪學이 아니라 근대적 실학이자 보편적 '공학公學'으로 자리매김하였다.

4) 격물군자와 자원화된 만물

성리학의 격물치지 곧 즉물궁리는 인사와 만물의 소당연과 그 당연한 바의 소이연을 궁지窮至하는 것이었다. 그러므로 궁구한 바의 내용은 객관적인 사물에 대한 지식과는 달리 삶을 살아가는 당연한 이치를 깨닫고 실천하며, 더 나아가 도덕법칙에 관한 형이상학적 통찰을 통해 활연관통의 경지에 이르는 것이었다. 물리에 대한 지식은 당연한 것을 실행하는데, 단순한 행위에 그치는 것이 아니라 왜 그러해야 하는지를 아는 것이므로, 앎과 행이 분리될 수 없다. 물리는 소당연과 소이연의 원리이며, 그것은 곧 존천리 알인욕을 체인하는 것과 같다. 격물치지의 결과는 천지화육과 연비어약이 구현되는 지선의 경지이고, 이러한 경지를 실현할 수 있는 주체를 성인군자라고 한다.

하지만 격물치지학의 '물'은 과학적 인식 대상인 자연물로서, 자원화할 수 있는 자물資物을 의미하였다. 만물은 알인욕의 대상이 아니라 지배와 통제 그리고 효용성의 대상이 되었다. 물의 의미가 달라졌다는 것은 곧 대상을 인식하는 주체 또한 변화한 것을 의미하며, 인간이 살아가야 할 세상 또한 변화한 것을 의미한다. 근대적 문명과 과학기술의 발달을 위해서 인간은 그에 걸맞게 변화해야만 했다. 성리학에서 인간은 순선한 본연지성을 실현하는 성인되기를 목표로 하였다. 그러나 자물資物을 인식 대상으로 삼는 근대적 인간은 자원화된 자연에 재력才力과 인공人工을 가하여 필요한 재화를 생산하는 효용성을 달성하고자 한다. 이러한 사유는 17세기 서양 과학주의 시대를 선도한 대표적인 사상가인 프랜시스 베이컨과 이성의 권위를 정초함으로써 근대정신을 표출한 데카르트의 근대적 인간관과 궤를 같이한다.[144] 베이컨은 인간은 자연을 지배하는 존재로 인식하였다. 그는 인간은 자연의 이용자 및 자연의 해석자로서 자연의 질서에 대해 실제로 관찰하고 고찰한 것만큼 무엇인가를 할 수 있으며 이해할 수 있다고 하였다. 자연에 대한 지식을 넓힘으로써 자연에 대한 이용을 증대할 수 있다는 측면에서 보면 '인간의 지식이 곧 인간의 힘' 이며, 자연에 대한 실험을 통해 그를 복종시킴으로써 학문이 발전한다고 보았다. 그리고 베이컨은 학문이란 여러 발견과 발명을 통해 인간 생활을 풍부하고 윤택하게 하는 것이며, 인간은 문명 생활의 이기利器 즉 기계적 기술이 낳은 도구와 장치들을 보고 있으면 누구나 그 풍요로움에 감탄하기 쉽다고 하였다. 따라서 이 문명한 이기利器들에 들어있는 자연의 작용은 더욱 깊이 탐구할 필요가 있다고 주장하였다.[145]

자연과 인간 사이의 모든 관계의 원리는 힘 곧 지배력이며, 지배와 통제를 가능하게 하는 것은 지식 즉 과학과 기술이다. 이성의 힘으로 자연을 지배하려고 하는 계몽의 의도는 모든 지배의 논리 속에서 동일하게 작동된다. 관계의 원리인 '힘' 을 인정하는 순간, 세계는 지배하느냐 지배를 받느냐를 가르는 처절한 싸움터로 돌변하고 어디에도 평화와 위안은 없

144) 白昇鉉 「17세기 지식혁명과 근대정치학의 인식론적 변환의 토대」 『시민정치학회보』 6권 2003 시민정치학회 참조.

145) 프랜시스 베이컨 『신기관』 한길사 2007 제1권 39-139쪽 참조.

다. 싸움에 이기더라도 기다리고 있는 것은 그 '힘' 이 행사되는 대상으로부터 '소외' 뿐이다.[146] 문제는 인간이 자연을 지배하면서부터 자연으로부터 분리되는 '소외' 를 경험했던 것처럼, 모든 지배하는 힘을 행사하는 주체는 그 힘이 행사되는 대상으로부터 반드시 소외된다는 점이다. 인간에 의한 자연의 지배에 국한되지 않고 인간에 의한 인간의 지배 역시 동일한 문제가 발생한다. 인간은 자신의 존재를 화폐로 교환할 수 있는 노동능력에 준해서만 증명할 수 있게 되고, 이 과정에서 주체는 물화物化된다.[147]

자연과 타자에 대한 지배와 통제는 한 개인이나 사회에 국한되지 않았다. 베이컨의 귀납법은 신・구세계의 식민지로부터 이윤을 거두기 시작했던 당시 '국가의 강대함' 을 최대의 관심사로 삼았던 젠틀맨 층의 여론을 대변한 것이었으며, 사회에 대해서는 시민의 지적 육체적 노동을 결집하고 자연에 대해서는 자원의 이용을 극대화하는, 그리하여 종국적으로는 국가의 강대함과 제국주의적 팽창을 제고하기 위한 방법이었다.[148] 노동력을 최대한 결집하고 자연 착취를 극대화하는 것이 국가의 강대함을 위해서라면, 사회와 자연에 대한 모든 지식은 당연히 국가의 통제에 귀속되어야 할 것이었다. 이런 의미에서 줄리안 마틴은 '지식이 권력' 이라는 베이컨 주장의 의미는 국가권력을 증진할 수 있도록 지식에 족쇄를 채워야 한다는 것이라고 단언했다. 더 나아가 지식이 국가의 통제를 받는다는 것은 지식이 이윤 창출이나 제국주의적 팽창 같은 국가적 효용을 추구해야 한다는 뜻으로 해석되었다. 베이컨은 법적 정치적 요소들을 자연 영역

146) 권용선 『이성은 신화다, 계몽의 변증법』 그린비 2003 58쪽.

147) 권용선 『이성은 신화다, 계몽의 변증법』 그린비 2003 59쪽.

148) 이종흡 「근대 과학의 성 차별성, 계급 차별성, 국가 중심성에 대한 비판의 초점으로서의 프랜시스 베이컨」 『대구사학』 86집 2007 270쪽.

으로 옮긴 최초의 고리로 이목을 끌었다.[149)]

베이컨의 사상을 심도 있게 이해했다고 보기는 어렵지만, 《한성순보》는 베이컨의 『격치실의格致實義』를 소개하였다. 그리고 이것을 『대학』의 격물치지와 같은 의미라고 해석하였다.

> 베이컨이란 사람이 『격치실의格致實義』(『학문의 진보』의 번역) 1권을 저술하였다. 이 책은 산학算學에 대해서만 쓴 것은 아니다. 동식물의 실험이나 오행에 대한 연구서는 아니지만, 예로부터 지금까지 각국의 과학에 공을 끼친 책으로 이보다 나은 책이 없다. 대저 학문을 연구하는 방법은 물리의 근본을 따지지 않고 겨우 책에서 얻으려 하면 학문이 허무하여 증명할 수 없으며, 지식을 넓히려면 물리를 탐색하지 않고 어떻게 증거하겠는가? 그래서 그는 한 권의 책을 만들어서 학자들에게 덕을 미쳤다. (중략) 『대학』의 '치지는 격물에 있다' 는 뜻이 바로 이런 뜻이다. 옛날 성인의 격치하는 이치는 실전失傳되었는데, 베이컨의 논리 아주 마땅하고 자세하다.[150)]

《한성순보》는 베이컨의 『학문의 진보』를 매우 긍정적으로 평가하면서, 천문 · 수학 · 과학과 같은 학문이 서양을 부강하게 만든 원천이라고 파악하였다. 이것은 곧 과학기술의 발전이 서양의 부강을 가져왔다고는 하지만 이를 부국강병의 차원에서 중요시했다는 것은 베이컨의 기본 관점과 다르지 않다. 《한성순보》에서는 지구의 공전과 자전의 원리 및 계절의 변화 이유에 대한 설명, 그리고 천체의 행성에 대한 설명 등 근대 과학적 지식에 대한 내용을 실었다. 더 나아가 전기의 성질과 학문적 연구의 시초

149) 이종흡 「근대 과학의 성 차별성, 계급 차별성, 국가 중심성에 대한 비판의 초점으로서의 프랜시스 베이컨」 『대구사학』 86집 2007 270-1쪽.

150) 《漢城旬報》 1984.3.18. 「各國近事: 各國學業所同」.

와 동기, 축전蓄電하는 방법과 용도 등 각국에서 활용하는 방면을 소개하였다. 부강의 이용이라는 전보에 관하여 그 기계적인 방식을 열거하고 전선電線의 중요성을 강조하여, 모든 방면에 이용되는 정보의 소통을 원활히 해주어 국제적 간격을 좁혀주고 만국이 혼동되는 것과 같이 통신량通信量이 늘어나고 있다고 소개하였다. 화학에 관한 내용으로는 서양에서는 화학에 융성하여 사물의 이치를 터득하여 그 근원을 밝혀내니 경이롭다고 하고, 또 양기養氣〔산소〕, 경기輕氣〔수소〕, 담기淡氣〔질소〕, 록기綠氣〔염소〕 등의 원소에 관한 것을 구성 분자와 성질, 그리고 그 이용도利用度에 관하여 영국에서 출판된 『화학감원化學鑑原』을 인용하여 설명하였다.[151)]

격물치지학이 자연과학을 통칭하는 용어로 사용되면서 격치가 또는 격치군자는 과학자를 의미하였다. 군자는 유학에서 도덕적 본성을 실현하는 인격적 완성자를 의미하였지만, '격물군자' 란 서구 근대 자연과학에 능통한 자였다. 격물군자는 만물의 과학적 법칙성을 연구하고 거기에 재력을 가함으로써 세상에 쓰임이 있는 것을 생산할 수 있는 인간이다. 서구 근대과학을 수용해야 한다는 절박한 시선은 "오직 총명한 지혜를 가진 자만이 만물을 주재한다."[152)]고 단언하기에 이르렀다. '만물을 주재함' 은 보편적인 천리가 모든 존재자에게 동일하게 내재되어 있기 때문에 격물치지를 통해 천인합일의 경지에 도달할 수 있다는 성리학적 의미를 표현한 것이 아니다. 여기서 주재란 바로 '인공人工과 재력才力을 사용하는 것' 을 의미한다. 격물가格物家는 격물치지학과 과학기술을 습득하여 서구 열강과 같이 근대적 문명을 실현할 수 있는 있다는 점에서 시무가時務家라고 하기도 했다. 즉 서구 열강의 앞선 문명과 제도를 습득하여 상용

---

151) 鄭大澈 「漢城旬報 · 週報의 開化方向에 관한 考察」『韓國學論集』 제5집 1894 한양대 한국학연구소 112-3쪽.

152) 《漢城周報》 1887.3.7. 「集錄: 續錄西學源流」.

할 수 있도록 노력하는 것 또한 시무가의 중요한 임무였다.[153)]

> 영국 격물박사格物博士 루사례루씨〔婁士例婁氏 Lowiserou〕는 다음과 같이 말하였다. "크도다, 운수술運輸術의 사회 공헌함이여! 국내외 물산이 이것으로 인하여 성행하며 피차간 인간 친목이 이것을 연유하여 더욱 독실하며, 부국강병책이 이것으로 인하여 점점 성취되므로 문명개화의 근원이 이것으로 인하여 점점 발전된다."[154)]

모름지기 지각 있는 지혜로운 사람은 무엇보다 격물치지학을 연구하여 그것을 현실에 적용할 수 있어야 한다고 했다.[155)] 즉 부국을 위한 재화의 생산과 과학기술 습득이 곧 시무時務이며, 이러한 근대적 시무를 실천하는 격물군자야말로 새로운 근대적 전범이 되었다.

격물군자는 성리학적 이념을 구현할 것이 아니라 서양의 장점을 취해야 국가적 이익을 도모해야 할 국면에 처했다. 서양의 전신·전기 기술의 편리함을 논의한 후, "격물군자들이 남의 장점을 취하여 우리의 장점을 만든다면 공사公私의 이용利用에 크게 이롭지 않겠는가!"[156)]라고 강조하였다. 생물학적 차원이나 도덕적 차원에서 인간의 인간다움을 찾는 것이 아니라, 인공과 재력을 잘 쓰는 사람을 새로운 전범이라고 판단하였다. 격물치지학적 시선에 의거하면, 여전히 성리학적 의식에 사로잡혀 있는

---

153) 《漢城旬報》 1884년 1월 8일 「國內私報: 各國度量衡表」 120쪽에 '격물가'·'시무가'란 표현이 나온다. 博文局에서 각국의 도량형제도를 조사하여 時務家가 참고할 수 있도록 기록하였는데 일본 영국 프랑스 러시아 미국 등 외국은 도량형법이 잘 지켜지고 있다고 강조하였다.

154) 《漢城旬報》 1984.2.17. 「各國近事: 泰西의 運輸論」.

155) 《漢城周報》 1886.5.24. 「勸農規則照登」: 富春의 鄭明府는 생각이 있는 사람이다. 일찍이 海外를 유람하여 格物致知 製造의 學問을 배우고 그 사용법을 연구하였다.

156) 《漢城旬報》 1883.12.20. 「國內官報: 東萊府使狀啓」.

선비들은 격물군자로 거듭나야 할 대상이 되었다. 신문은 선비들이 격물치지에 어둡고 상공 농업 의학 등의 학문을 외면하고 신분적 우월감에 젖어 있어서는 안 되며, 사대부 가문은 격치학을 비롯한 신학문에 입학하는 것을 수치스럽게 여길 것이 아니라 적극적으로 배워야 할 것이라고 권면하였다.[157] 외국에 나가 서양 각국의 장점을 배워 인재가 많아지면 풍기風氣가 개화되어 국가의 부강을 꾀할 수 있기 때문이다.[158]

성리학적 격물치지와 군자의 개념이 해체되고 근대과학과 과학자의 개념이 성립하는 과정은 근대적 삶이 형성되어 가는 변화를 반영한 것이다. 격물치지를 비롯한 개념의 언어적 함의 변화는 곧 성리학을 정치 이념을 삼았던 조선 사회가 무너지고 근대사회가 도래하는 역사적 변화를 해명하는 주요한 기제였다.

157) 《漢城周報》 1886.1.25. 「論學政」第二, 1886.2.15. 「論學政」第三 참조.
158) 《漢城周報》 1886.10.11. 「廣學校」.

Ⅲ. 격물치지학의 효용성과 문명한 세계

1. 독립협회의 서구 과학기술 인식

1) 격물치지학: 자주독립국의 토대

갑신정변 이후 문명개화론은 침체기를 겪을 수밖에 없었으나 서구 근대문명을 수용할 현실적인 필요성까지 사라진 것은 아니었다. 근대적 격변을 좇아가려는 노력은 갑오개혁과 독립협회 활동 등으로 이어졌다. 독립협회는 1896년 독립문과 독립공원 창설 사업을 추진하기 위한 관료 모임으로 출발하였다. 갑신정변과 갑오개혁이 고위 관료를 중심으로 진행되었다면, 독립협회 및 만민공동회는 주도 세력이 양적으로 확대되어 여러 품계의 관료를 비롯하여 상인과 농민 등 다양한 계층이 참여하였다.[1] 특히 미국 유학을 한 서재필[2]이 조직 구성과 활동에 큰 역할을 담당하였다. 독립협회의 회원 명부나 회칙 등이 전해지지 않아 참여한 이들의 전

1) 주진오 「1898년 독립협회 운동의 주도세력과 지지기반」 『역사와 현실』 제15집 1995 한국역사연구회 208쪽.

2) 서재필(1864~1951)은 1895년 12월 말 오랜 망명에서 귀국하여 이듬해 4월 7일 《독립신문》을 창간하였다가 1898년 5월 미국으로 돌아갔다. 그러므로 그가 《독립신문》을 직접 발행한 것은 약 2년 정도였다.

모를 정확하게 파악할 수는 없지만, 이들은 대체로 근대적 개혁의 필요성에 공감하고 지지했던 세력이었다.

독립협회는 《독립신문》을 창간하는 한편 『대조선독립협회회보大朝鮮獨立協會會報』를 발간하였는데, 이 신문과 잡지는 독립협회의 시대 인식을 잘 보여준다. 서재필은 그의 자서전에서 "나는 우리나라의 독립이 오직 교육, 특히 민중을 계발함에 달렸다는 것을 확신했기 때문에 우선 신문 발간을 계획하였다."고 밝혀, 국민교육을 위해 신문이 가장 효과적이라고 보았다.[3] 그는 《독립신문》의 창간사에서 모든 조선 사람이 신문을 읽어 세상이 옳게 되고 나라에 좋은 신민이 되게 하려는 취지에서 신문을 창간한다고 하면서, 그 방편으로 상하 귀천, 서울과 지방의 차이를 막론하고 전국 인민을 위하여 모든 조선 사람과 조선만을 위하여 국내외 정세를 바로 알릴 것이라고 천명하였다.[4] 즉 《독립신문》은 조선 사람이 '나라에 좋은 신민'이 되도록 국내외 정세를 파악할 수 있도록 하는 것을 목표로 하였다. 한편 독립협회 기관지였던 『대조선독립협회회보』[5]는 《독립신문》과 달리 독립협회가 곧 발간의 주체였기 때문에 독립협회의 관점과 견해를 더 집약적으로 담고 있다. 비록 짧은 기간 발간되었지만, 이 회보는 서양 각국의 사정과 발전상 및 국제 정세의 변화를 비롯하여, 자연과학을 비롯한 과학기술과 산업기술의 중요성을 알리는 데 주력하였다.

중국에 대한 사대의 상징물이었던 영은문을 없애고 독립문을 건설한 사례에서 파악할 수 있듯이, 독립협회는 열강의 이권 침탈과 침략 야욕에

---

3) 김도태 『서재필 박사 자서전』 을유문고 99 241쪽. 정진석 「서재필의 글에 나타난 실용적 사상」 『현상과 인식』 제20집 1996 70쪽 재인용.

4) 《독립신문》 1896.10.27. 논설. 정진석 「서재필의 글에 나타난 실용적 사상」 『현상과 인식』 제20집 1996 76쪽 재인용.

5) 『대조선독립협회회보』는 1896년 11월 30일에 창간된 독립협회의 회보로서, 1897년 8월 15일 폐간될 때까지 통권 18호가 발행되었다.

대항하여 어느 나라에도 의존하지 않는 자주독립의 기초를 확립하여 자주 국권을 굳게 지키는 것을 목표로 삼았다. 자주독립과 자주 국권의 중요성을 알지 못하면 러시아와 중국 및 일본의 틈에서 언제 자주독립을 잃을지 모른다고 경계하였다.[6] 예를 들면 독립협회는 러시아의 침탈을 염두에 두고 상소를 올렸는데, 상소문의 핵심은 자립自立과 자수自修였다. 여기서 자립 자수란 러시아의 압력을 막는 한편 그들의 힘을 등에 업고 사리사욕私利私慾을 채우려는 세력을 물리친다는 의미였다.[7] 그들은 자주독립을 말로만 주창해서는 안 되고 실질적인 방책을 모색할 필요가 있다는 것을 잘 알고 있었다.

> '자주독립' 이란 이름이 이미 있고 또한 '자주독립' 의 실질이 있은 연후에, 완전한 독립국이라고 할 수 있다.[8]

독립협회는 자주독립은 자주 경제가 뒷받침되어야 하는데, 자국의 자원과 산업은 스스로 개발해야 지킬 수 있다고 주장하였다. 따라서 독립국가가 되기 위해서는 서구 근대문명을 수용하는 것이 절대적으로 필요하고, 특히 과학기술의 수용은 부국강병과 자주독립을 실현할 토대라고 파악하였다. 독립협회 회장이었던 안경수(1853~1900)는 외세의 침략에 직면하여 독립의 세를 확립하지 못하고 적극적으로 대처하지도 않는 상황을 개탄하고, 이는 성리학적 담론에 매몰되거나 신분제적 사회계층에 안주해 있기 때문이라고 분석하였다.

---

6) 《독립신문》 1896.8.22. 논설.

7) 주진오 「1898년 독립협회 운동의 주도세력과 지지기반」 『역사와현실』 제15집 1995 한국역사연구회 179쪽.

8) 『大朝鮮獨立協會會報』 제4호 「北米合衆國의 獨立史를 閱하다가 我大朝鮮國 獨立을 論함이라」 84쪽.

그 기막힌 부끄러움을 슬퍼하고 그 지극한 모욕에 분개하여 부녀나 어린이라도 칼을 뽑아 땅이라도 가르고 싶을 텐데, 어찌하여 벼슬아치들은 오직 노소老小 남북南北의 당론이나 일삼고, 선비들은 오직 심성 리기에 관한 언쟁〔言戰〕이나 하며, 과거를 업으로 삼은 사람들은 오직 시부표책詩賦表策의 상투적인 기예技藝나 하고, 인재를 전형하는 사람은 오직 문벌의 고하高下나 저울질한다.[9)]

성리학적 세계관과 제도에 안주해 있기 때문에 국권 상실의 위기에 직면했다면, 이러한 전근대적 허상은 모두 적폐로서 해체의 대상이었다. 따라서 근대적 차원의 이용후생과 부국강병의 실사구시를 시행하는 것이 마땅하다고 판단하였다.

허식이 너무 많고 적폐積弊가 더욱 심해 예의를 빙자하여 태평하고 하찮은 것을 달게 여겨 뽐내면서, 이용후생과 부국강병의 실사구시에 이르러서는 왼손 휘두르고 밖으로 내쳐, 마침내 오늘의 큰 어려운 길에 넘어지고 말았으니, 혈기 있는 우리 동포가 어찌 이를 한심하게 여기고 통곡하지 않겠는가?[10)]

국가 위기의 원인이 성리학적 적폐에 기인한다면, 이러한 사고방식을 고쳐 실상實相대로 만사를 행하고 미래를 전망하는 것[11)]이야말로 자수 자립의 독립을 성취하는 중요한 관건이 된다. 즉 독립국가를 건설하는 길은 근대 과학기술이지 존천리를 통한 성인되기가 아니다. 이는 곧 성리학적 격물치지 또한 학문의 핵심이 아님을 의미한다. 『대조선독립협회회보』는

9) 安駉壽 『大朝鮮獨立協會會報』 1호 「獨立協會序」 3쪽.
10) 安駉壽 『大朝鮮獨立協會會報』 1호 「獨立協會序」 3쪽.
11) 《독립신문》 1896.6.30. 논설, 1896.9.24. 논설.

급변하는 국제 정세를 소개하기도 했지만, 무엇보다 산업 발달의 토대인 과학기술에 관한 내용을 집약적으로 게재하였다. 특히 영국인 부란아(傅蘭雅: John Fryer)[12]가 청에서 발간한 『격치휘편格致彙編』의 내용을 지속적으로 소개하였다.

> 이 책은 사물을 격치하여 이용후생이 찬연히 광대하지 않음이 없고, 실로 군자들이 추구할 만한 것을 다 갖추었다. (중략) 한번 두루 보면 반드시 일용 사물을 밝히는 데 보탬이 될 것이다.[13]

사물에 관한 격치를 주 내용으로 하는 『격치휘편』을 잘 이해하면 이용후생 관련 실익이 지대할 것이라고 예견하였는데, 실제적 공효를 가능하게 하는 '격치'는 성리학적 수양을 의미하지 않거니와, '일용사물을 밝히는 데 도움이 된다'는 표현 역시 즉물궁리와는 관계가 없다. 개항기(1876~1894)에는 성리학적 세계관이 사회적으로 견지되고 있었지만, 갑오개혁을 통해 신분제와 과거제가 폐지됨으로써 성리학 이념을 실현할 정치적 장은 사라졌다. 자강기(1894~1910)에 이르러 성리학의 해체는 실제로 이루어졌다.[14] 과거제의 폐지는 국가적 인재를 선발하는 방식과 내용의 변

---

12) 부란아는 1874년 상해에 격치서원을 창설하고 『격치휘편』을 발행하였다. 당시 프라이어가 감독을 담당하고 徐壽가 主管을 맡았다.

13) 『大朝鮮獨立協會會報』 3호 「讀格致彙編」 53쪽.

14) 갑오개혁 이후 서구 근대지식 수용과 보급 차원에서 漢譯書의 유입과 유통이 활발해진 것으로 보인다. 참고로 고종의 서재였던 集玉齋에 소장되어 있던 書目을 살펴보는 것도 유용하다. 집옥재의 서적 목록을 보면 2400여 종의 서목 중에 번역 서학서로 추정되는 도서는 300여 종이다. 한역서 가운데 서양 근대과학 및 의학을 비롯하여 세계 정세를 파악할 수 있는 책들이 다수 있다. 강미정 김경남 「근대 계몽기 한국에서의 중국 번역 서학서 수용 양상과 의의」 『동악어문학』 제71집 2017 동악어문학회 281쪽 참조.

화를 의미하였고, 근대식 교육제도와 교과서가 적극적으로 확산하면서 경사자집 중심의 교육 내용도 변할 수밖에 없었다. 성인되기를 더 이상 강조하지 않고, 성리학의 핵심인 격물치지 또한 근대적 과학 지식을 담아내는 새로운 맥락에 놓여 있었으며, 격치가는 자연현상을 과학적으로 이해하는 연구자를 가리켰다.[15] 격치란 존천리의 차원이 아니라 경제적 실용성과 효율성 측면에서 사용하는 근대적 개념어였으며, 격치학 역시 자연과학 전반 혹은 물리학의 의미로 사용하면서 성리학적 맥락에서 탈각되었다.

이른바 격치가 사람에게 유익함이 있어 여러 측면에서 실용을 실시할 수 있다. 격치는 천문 · 지리 · 산수 · 기하 · 역예力藝 · 제기制器 · 지학地學 · 무비武備 등이 대종大宗이다. 그 나머지 예술은 오히려 다양한 종류가 있다. (중략) 만약 정오精奧한 것을 구하고자 한다면 각 분야별로 전문서적이 있으니 상고詳考할 수 있다. 최근 몇 년간 상해 제조국에서 격치와 관련된 여러 종류의 서서西書를 새롭게 번역하여 내용이 잘 갖추어졌다고 하겠다. 오직 태서 격치학인 천문 지리 산수를 살펴보면 제기製器를 강령으로 하고 제기 가운데 윤선輪船을 가장 급선무로 여긴다.[16]

격치 개념의 변화와 함께, '리'란 개념 역시 인이나 천리, 그리고 리일분수의 의미보다는 자연현상과 객관 사물에 관한 자연법칙에 가까운 이치의 뜻으로 사용하였다.

---

15) 『大朝鮮獨立協會會報』 4호 「格致略論」 79쪽: 成雲하는 이치를 밝히기가 어렵지 아니하나, 오직 한가지 일이 오히려 格致家가 능히 詳言하지 못한 바라.

16) 『大朝鮮獨立協會會報』 3호 「讀格致彙編」 53-4쪽.

앞서 살핀 공기의 순환 이치〔理〕에 따르면 공중에 구름이 생성되는 이치를 밝게 알지라. (중략) 구름이 생성되는 이치〔理〕를 밝히기가 어렵지 않다. (중략) 혹 병 속에 꽉 찬 상태에서 열을 가하면 물이 또 기〔김〕로 변하여 흩어지니 이는 인설人設의 법이라. 이 김이 수면을 따라 흩어지면 힘이 더욱 세진다. 사람이 이 커진 힘에 자뢰하여 기기화륜汽機火輪을 조작하여 운동하며, 사람의 작동을 대신하도록 한 설비가 교묘巧妙하니, (증기를 이용한 화륜기기는) 가장 으뜸가는 유익한 기계이다.[17]

격치에 관한 의미 변화는 서양 및 근대문명을 비롯한 서양인에 대한 인식 변화와도 연관되었다. 서양인인 부란아는 천리를 모르는 금수만도 못한 오랑캐가 아니라, 근대적 세계를 열어갈 '통유通儒'로 평가받았다. 그가 유학 경전을 읽고 성리학을 익힌 사람이 아닌데도 조선 사회에서 통상 지식인 혹은 사회 지도층으로 추앙받던 '유자儒者'의 명칭을 얻은 것은 상징적인 의미가 있다. 당시 독립협회는 과학기술문명과 성리학적 세계관이 갈마드는 격변을 당대의 언어로 읽어내고 있는 것이다.

치지격물의 학은 곧 수신제가 치국평천하의 초급 공부이다. 주자가 자신의 지식을 추극하는 것은 앎이 다하지 않음이 없고자 하는 것이요, 사물의 이치〔事物之理〕를 궁지하는 것은 그 극처에 이르지 않음이 없고자 하는 것이라고 하였다. (중략) 부란아 선생은 영국의 통유通儒이다. (중략) 특히 그는 서양어로 된 격치학 서적 중에 사람들에게 유익한 것을 가려 중국어로 번역하여 월 1권씩을 내었다.[18]

---

17) 『大朝鮮獨立協會會報』 4호 「格致略論」 78-80쪽.

18) 『大朝鮮獨立協會會報』 3호 「讀格致彙編」 53쪽.

부란아가 통유로 평가받은 것은 우리에게 절실한 '태서의 격치학'을 소개하여 근대적 견문을 넓히고 민생과 일용에 필요한 지혜를 얻게 하기 때문이다. 『대조선독립협회회보』는 서구 근대 자연과학 및 과학기술에 대한 『격치휘편』의 글을 집중적으로 소개하였다. 이는 독립협회의 서구 근대문명에 대한 견해를 여실히 보여주고 있다고 평가할 수 있다.

> 『격치휘편』은 서양 서적과 아울러 최근의 신문에서 격치학과 관계된 것을 조사하여 주야로 노고를 아끼지 않고 발췌 번역하여 집성했으니, 사람들에게 전하여 견문을 넓히고 지혜를 밝게 하고자 함이다. (중략) 이로써 그 끝을 이루어 활연히 민생과 일용의 일에 유익함을 얻고, 도를 조치하여 방책을 설시設施하기 바라니, 이것이 곧 이른바 '실용을 보익하는 효험'이다.[19)]

실용을 보익하는 효험보다 시급한 것이 없는 상황이라면, 서양과 서양 학술은 더 이상 배척해야 할 대상이 아니었다. 서양 학술이 곧 근대적 실학임은 의심할 여지가 없는 당연한 것으로 여겼고, 이는 허학과 극명히 대비되었다.

> 예컨대 서양 각국은 실학을 숭상하여 문명한 기계를 새롭게 발명한 뒤로 나라 형세들이 크게 떨쳐 세계상에 먼저 진보한 나라가 되었다. 그러나 대한국은 다만 허학만 숭상하니 이는 서양 각국과 비교하면 그만 못한다고 할만하다. 하지만 대한국도 머지않아 나라가 부유하고 군사가 강성하여 세계 만국에 독보할 방책이 있다. (중략) 나라가 부강에 나아가고자 하면 정부가 허학을 없애고 실학을 숭상하여 인민의 공업을 흥왕하게 가르치는 것이 제일의 방책이라고

19) 『大朝鮮獨立協會會報』 3호 「讀格致彙編」 55-6쪽.

우리는 믿는다.[20]

서양 각국은 실학을 숭상하여 문명적으로 진보한 국가가 된 반면 대한제국은 허학만 숭상한 탓에 자주독립을 굳건하게 하지 못한 위기에 직면하였다. 그렇다면 당대의 급무는 성리학을 고집할 것이 아니라 근대적 실학을 숭상하여 문명 진보한 자주독립국을 건설하는 것이다.

> 개명하여 공평 정직한 실학문을 나라 가운데 퍼트려 많은 사람들〔衆人〕이 다 각기 직업을 갖고 나라가 부강하여 세계에 투철한 문명 진보한 자주독립국을 만들자는 것은 정도正道이다.[21]

서재필이 말하는 '학문'은 유학 경전이나 성리학이 아니라 문명 진보를 이룰 수 있는 서구 근대 학문을 뜻하였다. 미개화한 인민은 '천연한 이치와 세계 물정을 모르는 상태'이기 때문에 할 수 있는 것이 없어 나라 역시 약한 상태이므로, 근대 학문을 익혀 개명한 사회를 만들어야 한다고 하였다.

> 학문이라 하는 것은 별것이 아니라 세계에 있는 물건과 각양각색의 천연한 이치를 자세히 공부하여, 그 물건이 어떤 것인지 무엇에 쓰는 것인지 사람에게 관계가 어찌 있는지, 그런 것을 궁구하여 쓸 것은 쓰고 못 쓸 것은 내어버리고 하는 까닭에, 문명 진보하는 나라들은 인민 교육을 제일의 사무로 아는지라.[22]

---

20) 《독립신문》 1898.6.18. 논설.
21) 《독립신문》 1898.5.10. 논설.
22) 『大朝鮮獨立協會會報』 제1호 「공기」 16쪽.

문명적 시각에 따르면 유럽 중에서도 일등 국가인 영국은 문명 진보한 국가의 전범이다.[23] 영국과 같이 문명화하여 자주독립국이 되기 위해서는 자연과학을 비롯하여 서구 근대 학문을 수용하는 것이 최선이다.

> 조선에서 지금 영국 모양으로 제조도 힘쓰지 못한 것은 첫째 제조하는 학문이 없고 둘째는 자본이 없고 셋째는 물건을 제조하여 외국과 겨뤄보기가 어려운 탓이다. 그러므로 조선에서 제일 큰돈 만들 길은 농업에 힘쓰는 것이 마땅하다.[24]

조선은 영국과 같은 철도와 기선은 물론 공장도 없기 때문에 농업에 힘쓰는 것이 현실적인 선택이라고 판단하였다. 이는 우리에게 서구 근대적 문명이 부재하다는 것과 더불어 신학문을 배워 개화해야만 자주독립국이 될 수 있는 인식을 보여준다.

> 새 학문을 배워 구습을 버리고 개화하되, 자주독립국 백성과 같이 되어야 한다. 그 사람들이 자라 정부에서 정치도 마땅히 의논하고 제조장을 세워 각색 물화를 제조하며 장사하는 집이 많아져 외국 물건을 수입하며 내국 물건을 수출할 줄 알고 화륜선을 지어 세계 각국에 조선 국기를 단 상선과 군함이 바다마다 누비게 된다. 또 전국에 철도를 거미줄처럼 깔아 인민과 물화를 운반하기가 편리하게 되며, 도로와 집들이 변하여 넓고 정한 길에 공원지가 골목마다 있고, 마거馬車와 전기 철도들이 개미같이 왕래하게 된다. 그리고 백성이 무명옷을 아니 입고 모직과 비단을 입게 되며, 김치와 밥을 버리고 우육牛肉과 브레드를 먹게 되는 것이다.[25]

---

23) 『大朝鮮獨立協會會報』 제3호 「구라파론이라」 60-3쪽.

24) 《독립신문》 1897.6.1. 논설.

자주독립국의 실상은 과학기술 및 자본주의 경제 발달과 근대적 삶의 양식을 향유하는 것이었으니, 김치와 밥을 버리고 소고기와 빵을 먹는 것까지 문명으로 환치되었다. 근대적 삶을 가능하게 하는 핵심 토대가 곧 격치학, 즉 자연과학 및 그에 따른 기술 발달이었다. 미개화한 백성이 개화하여 자주독립국 국민과 같아지는 길은 서구 근대 학문을 수용하여 교육하는 것이다.

> 미개화한 인민은 천연한 이치와 세계 물정을 공부하는 일이 없기 때문에 소견이 어둡고, 소견이 어둡기 때문에 의심이 생기고, 의심이 생기기 때문에 할 만한 일도 못 하고 안 할 일도 하게 된다. 그러므로 그 백성이 어리석고 나라가 약하고 가난하여 외국에 대접을 못 받고 국내에 불편한 일이 많게 된다.[26]

'천연한 이치와 세계 물정을 아는 것' 이 교육의 내용이라고 파악했기 때문에, 독립협회 기관지 역할을 했던 《독립신문》과 『대조선독립협회회보』 역시 이에 관한 내용을 다뤘던 것이다. 독립협회는 근대적 개혁을 통해 자주독립을 이루고자 하였고, 가장 긴급한 것으로 교육을 중시하였다. 독립협회는 자강自强을 위한 기초 작업으로 교육의 중요성을 역설하였다.[27]

독립협회는 사회 발전을 가져오는 동력은 도덕적 교화가 아니라 과학기술의 발전이라고 보았다. 그래서 생물 · 화학 · 물리 등 자연과학에 대한 지식을 소개하는 데 주력하였다. 그리고 일상생활과 관련된 생활과학

---

25) 《독립신문》 1894.10.10. 논설.

26) 『大朝鮮獨立協會會報』 제1호 「공기」 16쪽.

27) 《독립신문》 1897.7.27. 논설: 독립협회 제1회 토론회 제목 〈조선에 급선무는 인민의 교육〉

을 논하거나,[28] 태서 격치학의 연구 성과가 기계 제작과 직결되는 사례를 강조하는 등,[29] 기술의 효용성을 강조하였다. 예를 들면 기차는 단순히 새로운 교통수단이 아니라 근대적 시공간을 생산하는 기제이면서 동시에 야만을 극복하는 문명의 표상이었다. 《독립신문》은 철도가 보급되면 그것이 큰 학교가 되어 개화를 모르는 인민들이 개화의 실상을 알게 될 것이므로 한국도 문명부강한 나라가 될 수 있다고 기대하였다.[30] 《독립신문》이 "자연적 조건〔자연력〕을 극복하고 사회의 진보를 달성하면 상위의 인종〔문명 인종〕이 될 수 있다."[31]고 한 것은 자원화한 자연〔萬物〕에 대한 과학기술적 개발이 인간 사회의 진보를 가져오며, 그러한 과학기술적 진보를 가능하게 하는 인종이야말로 우등한 문명 인종임을 인정하는 언표였다.

2) 실상 학문과 과학기술 교육

독립협회는 신사상을 흡수할 것을 촉구하는 한편,[32] 국문과 국사의 중요성도 강조하여 국가적 정체성을 강조하였다.[33] 그러나 그 중점은 부국강병을 가져오는 산업기술 및 과학기술 교육에 있었다. 비실용적인 구학에서 벗어나 이용후생 부국강병 실사구시를 실현할 실상 학문과 실학을 교육하기 위해서는[34] 먼저 기존의 교과목을 개편하는 것이 요구되었

28) 『大朝鮮獨立協會會報』 제4호 「格致略論」 78-81쪽, 「水論」8 1-2쪽.

29) 『大朝鮮獨立協會會報』 제3호 「讀格致彙編」 53-6쪽.

30) 《독립신문》 1896.7.2. 논설.

31) 《독립신문》 1899.9.5. 논설.

32) 『大朝鮮獨立協會會報』 제4호 「北米合衆國의 獨立史를 閱하다가 我大朝鮮獨立을 論함이라」 83쪽.

33) 《독립신문》 1896.2.22. 논설.

다.[35] 독립협회는 유학 중심의 교육을 한다는 것은 곧 부강한 문명국이 되기를 포기하는 것이라고 단언하고,[36] 기존의 유학 경서를 중심으로 교육해서는 안 되는 까닭을 청나라의 사례를 들어 논증하였다. 청이 유럽보다 못한 근본적인 까닭이 바로 교육 내용의 차이에 있다고 본 것이다.

> 청국에 사서삼경을 잘 아는 사람이 조선보다 많이 있고 토지와 인민이 조선보다 더 크되, 구라파 속의 나라는 청국 땅의 1/10밖에 못 되는 나라일지라도 세계에서 대접받기를 청국보다 10배나 더 받고 정부와 백성이 100배나 강하고 부유한 것은, 구라파 각국은 적든지 크든지 인민들이 남녀 없이 적어도 10여 년을 학교에서 다양한 새 학문을 배운 반면, 청국은 그저 오래된 사서삼경을 공부한 까닭이다.[37]

독립협회가 제시한 실상 학문 혹은 실학은 정치 · 경제 · 법률 등의 사회과학, 화학 · 물리 등의 자연과학, 기계학 · 공학과 같이 산업 발전을 도모할 수 있는 실용적 학문, 근대적 국민이 되기 위한 기초로서 중요한 국어학과 역사 등의 인문과학을 망라하고 있다. 《독립신문》은 근대 실학의 교과로 치학 · 법률학 · 경제학 · 생물학 · 공학工學 · 병학兵學 · 화학化學 · 의학醫學 · 농학農學 · 지리학地理學 · 천문학天文學 · 산림학山林學 · 역사학 · 기계학機械學 · 국어학 · 상무학商務學 · 외국어학 · 체육을, 『대조

34) 《독립신문》 1897.10.5. 논설.

35) 《독립신문》 1897.10.5. 논설.

36) 《독립신문》 1899.4.15. 논설: 지금 형편이 예전과 달라 이전에 못 듣던 나라와 못 보던 사람들이 세계에 널려 있는데, 그런 나라는 사서삼경과 詩賦表策은 전혀 모르지만 정치 법률의 간절함과 기계 공장의 편리함은 우리나라가 전혀 따라갈 수 없다. 그 까닭은 다만 구습에 젖은 학문으로 時俗을 비방하고 자포자기함에 있으니, 어찌 개탄치 않으리오.

37) 《독립신문》 1896.4.30. 논설, 1898.2.5. 잡보.

선독립협회회보』는 의학 · 병학 · 농학 · 數學 · 화학 · 천문학 · 지리학 · 어학 · 법률학 · 정치학 · 경제학 · 격치학格致學 · 기계학器械學을 제시하였다.[38] 교과 구분에는 약간의 차이가 있지만, 독립협회는 학교의 교과 내용이 모두 자주독립의 토대가 되는 실상 학문 또는 실학을 가르쳐야 한다는 입장이었다.

대체로 독립협회는 실상 학문의 내용으로 유학 경전이 아니라 서양 근대 학문 전체를 상정하였고, 그 중심에는 과학이 있었다. 특히 격치학은 좁은 의미의 물리학으로 사용된 것을 알 수 있다.

> 지금 시급히 각국 각방에 학교를 설치할 것은 우리나라가 전 학문과 외국에 각색 간절한 여러 가지 학문을 등급을 나누고〔分等〕 참작하여, 전국 총 남녀는 물론이고 칠팔 세 이상으로는 모두 학교에 보내어 각종 학문을 정밀히 가르쳐, 수십 년 후에 각기 배운 학문대로 외국 제도를 본받아 농사지을 사람은 농사하고 장사할 사람은 장사하고 공장할 사람은 공장하고 벼슬할 사람은 벼슬하여 각기 직분에 힘쓰게 해야한다. 그런 연후에야 국부 민강하여 독립의 기초와 자주의 권리를 사람마다 견실히 보전하여 천하 강국과 동등하게 된다. 기왕 가르치던 사서삼경과 시부표책詩賦表策만 가지고는 합당한 학문이라고 할 수 없다.[39]

독립협회는 서양 각국의 형편과 자연과학을 교과 내용으로 다뤄야 한다고 하였다. 《독립신문》은 종래 동양의 학문은 암기를 위주로 전수되어

38) 『大朝鮮獨立協會會報』 제1호 「獨立協會 序」 5-6쪽. 《독립신문》에는 정치학 경제학 법률학 工學 생물학 병학 확학 의학 천문학 농학 지리학 산림학 기계학 역사학(국사와 세계사) 理財學 商務學 국어학 외국 어학 체육 등을 소개하였다. 《독립신문》 1897.6.17. 논설, 1898.9.19. 〈유지각한 친구의 글〉, 1896.12.3. 논설 참조.

39) 《독립신문》 1899.4.15. 논설.

온 것이기 때문에 발전이 없으나, 서양 자연과학을 배우면 지식이 생기고 치밀해지고 비판하는 정신이 생겨서 모든 일에 대하여 이해와 선악 등을 알 수 있기 때문에 선진 과학이라고 하였다.[40] 유학은 개혁의 대상인 반면 서구 근대 학문은 적극적으로 수용하고 배워야 할 전범이었다. 즉 리일분수적 천리 개념이 해체된 이상, 음양오행론으로 만물의 현상을 설명할 까닭이 없다. 리기와 음양오행으로 존재 현상을 해명하지 않는다는 것은 성리학적 사유체계의 해체를 여실히 드러낸 것이다. 성리학의 해체는 곧 서구적 근대문명의 수용을 의미하였다. 정치 · 사회적 분야뿐만 아니라, 사회 · 문화적으로도 새로운 삶의 양식은 이해할 수 있는 사유체계를 요구하였고, 즉물궁리는 과학적 탐구 방법으로 대체되었다. 독립협회는 자연현상이나 동식물에 대한 과학적 설명을 소개하였는데, 예를 들면 서재필은 공기의 중요성을 생명과 연관하여 설명하기도 하였고, 공기의 존재를 실험적 방법으로 설명하기도 하였다.[41] 공기뿐만 아니라 물에 대한 이해 역시 화학적 관점에서 소개하고, 물의 낙하하는 힘을 이용한 수륜水輪을 사용하면 효용성이 뛰어나 유익하다고 설명하였다.[42]

> 비는 물의 큰 근본이다. 모든 강물이 바다로 흘러 들어가되 바다가 넘지 않으니, 어찌하여 이런가? (중략) 더운 해가 물을 식혀 안개가 올라 이것이 비나 눈이 되게 하여 비가 올 때 빗물이 땅바닥으로 흘러 강과 웅덩이로 들어간다. 이러한 법法대로 본디 바다에서 습기가 올라 이슬이 되어 이슬에서 비가 온 후에 도로 바다로 흘러 들어간다.[43]

---

40) 《독립신문》 1897.7.24. 논설.
41) 『大朝鮮獨立協會會報』 제1호 「공기」 15-21쪽.
42) 『大朝鮮獨立協會會報』 제4호 「水論」 81-2쪽.
43) 『大朝鮮獨立協會會報』 제4호 「사람마다 알면 좋은 일 - 비」 86쪽.

독립협회 교육 개혁의 핵심은 과학적 사유와 인식의 수용에 있었는데, 이것이 상공업 발달의 기초라고 생각했기 때문이다. 교육개혁의 내용 중에는 1인 1기술 교육도 있다.[44] 나라를 부강하게 하려면 모든 사람이 직업이 있어야 하는데, 그렇게 하려면 학교를 세워 공업을 가르치는 것이 급선무라고 보았다.[45] 경사자집經史子集을 중심으로 유학 지식을 습득했던 교육 내용에서 벗어났지만, 신학제에 적합한 교과서와 교사가 갖추어진 것은 아니었다. 그래서 1895년 영국 선교사인 이제마태(李提摩太 Timothy Richard)가 영국인 Robet Mackenzied의 *The 19TH CENTURY - A History*를 번역한 『태서신사촬요泰西新史撮要』를, 1897년 한문본과 한글본으로 편찬하여 교과서로 사용하도록 하였다. 아울러 고종은 1898년 실업교육을 통해 민업을 장려하고 정부의 식산흥업 정책을 추진할 인재를 양성하고자 하였다. 윤치호는 "선생을 미워하면 배울 수가 없으니 괜히 외국 사람을 미워하고 격노케 하지 말았으면 좋겠다."[46]고 하여, 선진국으로부터 보다 적극적으로 배울 것을 권장하였다. 독립협회는 소학교 확장에 중점을 두면서도 해외 유학을 통해 인재를 양성할 것을 제안하고,[47] 과학기술과 신지식 도입의 방안으로 외국 서적 번역과 유학생 파견을 적극 권장하였다.[48]

독립협회는 국권 상실의 위기가 심화되는데 열강의 이권 침탈 문제보다는 내정 개혁과 문명화를 더 시급한 문제로 인식하였다. 이것은 서구

---

44) 《독립신문》 1896.4.30. 논설.

45) 《독립신문》 1897.10.9. 논설.

46) 《독립신문》 1898.9.15. 논설 〈몰나요 씨의 편지〉의 몰나요는 윤치호의 필명이다.

47) 구희진 「대한제국 전반기 '국민의기'의 고취와 국민교육」 『韓國史硏究』 제134집 한국사연구회 2006 162-4쪽.

48) 《독립신문》 1897.9.20. 〈유지각한 친구의 글〉, 1898.7.8. 〈각국 어학교〉, 1898.4.16. 〈잡보〉, 1898.4.28. 〈잡보〉, 1898.7.27. 〈하의원은 급치 안타〉.

근대문명의 물리적 위력에 압도되었기 때문으로, 독립협회는 한국도 기술교육을 장려하여 공업을 발전시켜야만 자주 경제를 달성할 수 있다고 하였다.[49] 그래서 산업기술의 혁신,[50] 상공업을 중심으로 한 산업 개발,[51] 농업기술의 혁신에 의한 상업적 농작물 개발,[52] 광업 개발[53] 등을 구체적으로 촉구하였다.

> 부국의 도는 자연자원〔物産〕의 풍부함에 있는 것이 아니라 공업〔가공제조〕을 일으키는 데 있다. 서국은 이 방법으로 부국강병을 이루고 있으므로 동방 각국도 이를 모방하여 실행해야 부강을 기약할 수 있다.[54]

'공업工業' 은 증기기관과 기계를 사용하는 공장의 설립을 의미한다. 그들은 증기기관과 기계를 사용하여 생산하면, 노동력과 기간을 절약하고 공작工作이 준평準平할 뿐 아니라 생산이 증가하여 가격이 저렴해지고 제품의 품질이 향상되는 이익이 있다고 제시하면서, 동양에서 생산되는 원료가 서양에 수입되어 가공된 이후 다시 동양으로 판매됨으로써, 서양은 이익을 획득하여 부강해지는 데 반해 동양은 이익을 상실하여 빈약해진다고 평하였다.[55] 따라서 우리나라를 비롯하여 동양 각국이 지하자원이 많고 생산된 면화 재료가 많다고 할지라도 결핍된 기계 등 공예工藝의 요법이 필요하니, 이 법을 실행하고자 한다면 자본을 모으고 공장〔廠局〕을

49)《독립신문》1896.4.25. 논설,『大朝鮮獨立協會會報』제15호「西法有益於民論」357-8쪽.
50)《독립신문》1898.2.5. 잡보.
51)《독립신문》1897.9.6. 잡보.
52)《독립신문》1897.12.18. 잡보.
53)《독립신문》1898.1.29. 잡보.
54)『大朝鮮獨立協會會報』제10호「紡織機器說」231쪽.
55)『大朝鮮獨立協會會報』제10호「紡織機器說」229-232쪽.

건설해야 한다고 하였다.[56] 공장 건설은 무위도식하는 양반 문제를 해결할 수 있으며 기술을 배우면 자본 유출도 막을 수 있기 때문에, 이것만이 우리의 살길이라고 강조하였다.[57] 우선 학교에 공장을 설치하여 철공·제지·유리 제조 등의 과학기술을 시험하고 훈련하도록 했다.

> 정부가 가장 급하게 할 일은 공장이 가능하도록 권장하는 것이다. '권공장勸工場' 이란 정부에서 크게 학교를 세우고 인민을 모집하여 각종 공업을 가르치는 것이다. (중략) 공장을 권해 하나를 세우고 외국인 중에 교사들을 불러 우선 목수일과 책상을 만드는 법과 대장장이 일과 유리 만드는 법 (중략) 등을 가르치게 하면 삼 년 안에 나라 안에 제일가는 기술자가 몇백 명이 생길 터이요, 이 사람들이 나아가 다른 사람을 또 배양하면 몇 해 되지 않아 조선 백성들이 어떻게 해야 벌어 먹고살 줄을 알게 될 터이니, 조선 관인이 되어 이만큼 큰 사업을 할 일이 다시 없고 부국강병을 하는 방책 중에 이보다 더 큰 사업이 없다.[58]

독립협회는 근대식 기술과 공장이 국가 부강의 지름길이라 판단했기 때문에 정부 자금으로 공업학교와 농업학교를 설립하고, 공작工作·철공鐵工·제지製紙·유리 제조·직조織造·피혁 제조·제복製服·과수果樹·농경·축산 등의 기술교육을 시행할 것을 주장하였다.[59] 또 독립협회는 증기기관을 동력 기관으로 사용하여 새로운 산업을 일으켜야 하며,[60] 증기기관을 동력으로 하는 기계를 사용하여 생산할 때의 이익은 노

---

56) 『大朝鮮獨立協會會報』 제7호 「東方各國이 西國工藝를 倣效하는 總說이라」(前號格致論續이라) 153-8쪽.

57) 《독립신문》 1896.4.30. 논설, 1896.12.22. 논설

58) 《독립신문》 1896.9.15. 논설.

59) 《독립신문》 1896.9.15. 논설.

동력과 시간의 절약 및 제품 가격의 저렴, 제품 품질의 향상 등이라고 지적하였다. 대규모 방직공장을 세워 기계제 면직물을 생산할 것도 역설하였다. 방직공업 다음으로 독립협회가 유용성을 강조한 것을 과학기술을 응용한 광업과 농업 개발이었다. 새로운 기술과 기계를 투입한 근대적 개발을 역설하였다. 기계를 사용하여 지하자원을 개발해서 생산비를 줄이고, 그것을 공업 원료로 하는 것이 부국강병의 원천이라고 하였다. 그들은 농업에 관해 품질 개량 농기계와 농기구 개량, 농업기술 개선 등도 권고하였다. 과학기술을 상업에 응용하기 위해서는 종래의 전통적 기술을 극복하고, 서양의 선진 과학기술을 적극적으로 도입하여 배우고 발전시켜야 한다고 주장하였다.[61] 과학기술을 응용한 공업 발달을 중시하였는데, 특히 방직공업을 개발하는 것이 어느 분야보다 유망하다고 판단하였다.[62] 유학 경전은 학교의 주요 교과목이 될 수 없었다. 독립협회는 과학기술이 발전된 서양은 모든 산업 분야에서 생산 체제가 변혁되어 있다고 하면서, 우리도 국가 부강의 원천인 과학기술을 비롯한 실용 학문 및 그를 가능하게 한 과학을 가르쳐야 한다고 보았다.

2. 분과학문적 지식의 확산

1) 생존경쟁 시대의 도래

1906년은 러일전쟁(1904~1905) 이후 일제 침략이 본격화되면서 국권 상

60) 『大朝鮮獨立協會會報』 제15호 「西法有益於民論」 357-8쪽.
61) 『大朝鮮獨立協會會報』 제7호「東方各國이 西國工藝를 倣效하는 總說이라」 153-8쪽.
62) 《독립신문》 1897.6.12. 논설.

실의 위기감이 고조된 해였다. 국권회복 방책을 모색하는 학술 잡지들이 다수 발간되었으니, 대한자강회월보 · 조양보 · 소년한반도 · 서우학회월보 등이다. 특히 태극학보는 평안도와 황해도 출신의 도쿄 유학생들이 결성한 태극학회 학술지로, 1906년부터 1908년까지 총 26호를 발간하였다. 태극학보는 비교적 장기간 발간하였을 뿐만 아니라 국내에도 지회를 두었으며, 미국 중국 러시아 등지에 있는 동포들에게도 보급하였다.[63] 태극학회는 1909년 대한흥학회大韓興學會가 설립되기 이전의 일본 유학생 단체 가운데 영향력이 가장 컸다.

태극학보는 서양 및 일본과 구별되는 '대한' 이란 국가에 대한 인식은 분명했기 때문에, '태극' 을 대한의 권위를 대표하는 기호로 사용하였다.[64] 태극학보 참여자들은 태극학보 창간이 자신들의 학술을 성장시켜 본국 동포와 함께 문명에 나아갈 의무를 부담하는 것이라고 자평하였다.[65] 이들은 연설, 강연, 토론 등을 통해 학문을 연마하고, 저술과 번역을 통해 조선의 문명화에 일조하고자 하였다. 김보현은 태극학회의 창립 취지가 장대하다고 극찬하면서, 태극학보가 동포들에게 새로운 지식을 보급할 뿐 아니라 충심을 다해 국가의 미래를 염려하고 있다고 하였다. 그래서 그는 태극학보에 참여하는 것을 '광채를 발하고 종소리를 울려 새벽을 알리는 행위' 라고 평가하고, 교육 장려를 통해 문명을 진보시키고 애국심을 격발시켜 국가의 기초를 공고히 해야 한다고 하였다.[66] 중수中叟

63) 『太極學報』 제22호 「本報의 過去及未來」 83-4쪽.

64) 工學士 尙灝 『太極學報』 제1호 「賀太極學報創始」 10쪽: 태극이란 말은 4천여 년 역사와 2천만 국민을 보유한 우리 대한 국가의 권위를 대표하는 기호이니, 우리 국민의 정신이다.

吳錫裕 『太極學報』 제6호 「新年祝辭」 390쪽: 태극 처음 나뉜 뒤에 / 대한제국이 생겼어라. / 대한제국 교육부에 / 태극학회 엄연하다. / 남훈풍 설설 불어 / 태극기 펄펄 난다.

65) 記者 『太極學報』 제25호 「本會의 第三會 紀念」 310쪽.

는 민족이 크게 분발하여 달성할 사업의 실질적인 내용으로, '자유 독립 부강 문명'을 제시하였다.[67] 문명은 서구 근대 지식 수용을 통해 가능한 것이었으므로, 이를 교육할 수 있는 교과서를 마련하는 것이 문명 진보의 기초라고 파악하였다. 태극학보는 근대적 문명 발달이 곧 자유 독립한 근대국가 건설의 초석이 된다고 믿었다.[68]

태극학보와 소년한반도(1906~1907, 6호 발행)는 자강기 발간된 많은 학술지 가운데 서구 근대 분과학문을 체계적으로 소개한 대표적인 학술지이다. 특히 태극학보는 유학생들이 일본에서 습득한 분과학문적인 내용을 이해하고 소개하는 데 집중하였다. 이 두 학술지는 생존경쟁 시대에 직면하여 서구 열강의 부강 근원인 문명과 분과학문에 대한 이해를 높이고 이를 수용할 교육체제와 교육 주체를 갖추는 것을 급무로 여겼다.

두 학술지는 당대가 국가 시대임을 자각하고 있었다. 상호는 근대가 기본적으로 국가체제임을 분명히 하고, 국가의 독립과 유지가 가장 급선무라고 하였다.

> 현재 세계는 각국이 서로 통하고 진화하는 힘이 점점 극도에 달하는데, 사람은 많고 땅은 좁아서 우승열패의 생존경쟁이 날로 격렬하다. 국가라 명명하지 않으면 세계에 설 수가 없다. 그러므로 전 국민이 단체를 결성하여 마음과 힘을 하나로 모아 국가를 보전하는 것은 일의 형세가 임박해서 부득이한 것이다.[69]

---

66) 金普鉉『太極學報』제5호「恭賀太極學報創立(寄書)」286쪽.

67) 中叟『太極學報』제22호「有大奮發民族然後 有大事業英雄」91쪽.

68)『太極學報』제18호「愛國歌」: 우리나라 문명 발달되고 우리나라 독립 공고하면 빛난 영화로다. 항상 즐겁겠네. 나라 영광일세 나라 영광.

69) 尙灝『少年韓半島』제3호「工學 - 思想을 改하라」32쪽.

국가의 독립과 생존이 위기에 처한 까닭은 당대가 우승열패의 생존경쟁 시대이기 때문이었다. 태극학보는 생존경쟁을 당연시하고, 문명의 진보가 생존경쟁의 핵심이라고 파악하였다. 상호尙灝는 문명화된 독립국가라야 생존이 가능하므로 대한제국 독립의 기초는 문명화에 있다고 판단하였고, 오석유도 국가 간 경쟁 시대에 우리도 열강처럼 문명한 독립국이 되기 위해서는 자강自强을 도모하는 것 이외의 다른 길은 없다고 하였다.

> 오늘날의 세태는 지난날과 달라 세계는 문명에 점점 나아가고 열국列國은 강하고 약함을 경쟁하는 시기이다.[70)]

장응진張膺震은 근대가 기본적으로 국가체제이며, 부강의 경쟁 단위가 국가라고 천명하였다.

> 인류 사회의 진화하는 상태도 또한 우승열패의 대 규칙을 벗어나지 못한다. 그러나 진화의 정도가 극에 다다른 오늘날 그 경쟁의 단위는 단체, 즉 국가니 이 단위가 생존에 적합한 성질이 있으면 우승의 지위로 생존자보生存自保할 것이요, 적합한 성질이 없는 단체는 패망 쇠멸함은 고금 역사상에 분명한 사실이다.[71)]

태극학보는 약자의 생존이 허락되지 않은 시대에 국권 상실의 위기에 직면하였으니, 독립을 회복하고 자유를 완전하게 하는 것이 무엇보다 중요하다고 하였다.[72)] 우승열패의 원리에 입각한다면 야만적인 약자의 생

70) 吳錫裕 『太極學報』 제6호 「家庭教育」 368쪽.

71) 編輯人 張膺震 『太極學報』 제4호 「進化學上 生存競爭의 法則」 226쪽.

72) 金志侃 『太極學報』 제22호 「決心의 能力」 85-6쪽.

존이 불가능한 것은 당연하기 때문이었다.

> 대개 생존경쟁이 극렬한 시대에는 약육강식은 형세상 벗어날 수 없다. (중략) 이 경쟁 세계에는 하느님이 강자의 생존을 허락하고 약자의 생존을 허락하지 않는다고 한다.[73]

우승열패의 생존경쟁 시대를 당하여 문명의 진보는 성리학적 도덕 이념으로는 달성할 수 없다고 보았다. 최석하崔錫夏는 네덜란드 헤이그에서 열리는 평화회의가 결코 '평화'를 실현하는 데 목적이 있는 것이 아니라고 간파하면서, 인도人道는 사라지고 약육강식의 생존경쟁만 난무한 시대가 되었다고 하였다.[74] 따라서 세계 각국이 자국의 문명 계발에 힘쓰는 경쟁 시대에 한국도 적자가 되는 길을 모색하지 않을 수 없다고 보았다.[75]

모란산인牡丹山人은 당시 서구문명의 우수성과 특성을 매우 상세하게 소개하면서, 문명을 진보사관과 직결시켜 '사회의 성숙 과정이 곧 문명개화'라고 이해하였다.[76]

> 지금 서양 여러 나라의 부강함이 세계 문명의 으뜸이 된 이유는 오로지 이 네 가지 기관〔정치기관 생산기관 무비武備기관 이상理想기관〕이 고르게 발달한 결과이다. 이는 서양 근대사로 확실히 증험할 수 있다. 서양 여러 나라 가운데 영국이 가장 진보한 나라이다. (중략) 영국은 군주의 폭정에 항거하여 헌법

73) 李珍河 『太極學報』 제5호 「人生의 大罪惡은 自由를 棄함에 在함」 328-9쪽.

74) 友洋生 崔錫夏 『太極學報』 제9호 「平和會義에 對한 余의 感念」 96-7쪽.

75) 會員 崔錫夏 『太極學報』 제2호 「國際交際論」 77쪽.

76) 牡丹山人 『太極學報』 제18호 「最善의 文明開化는 各種產業의 發達에 在함」 236쪽: 사회 발달의 상태를 관찰하건대 사회가 어찌 실로 일대 活體로서 날로 성숙 진보하는 것이 아닌가! 이 사회 성숙의 과정을 '문명개화'라고 말할 수 있을 것이다.

을 제정하고 정치를 개량한 적도 있고, 해외에 진출하여 식민지를 개척한 적도 있으며, 증기기관을 발명하기도 하고 직물기계를 제작하기도 하였으며, 문학을 진작시키기도 하였다.[77]

그는 사회는 농작·공상·정치·학예·종교 등 온갖 산업이 긴밀하게 유착되어 성립한 하나의 활체活體이기 때문에 최선의 문명개화는 온갖 산업이 고르게 진보하는 것에 달려있다고 보고, 영국을 문명국의 전범으로 삼았다. 심지어 영국이 식민지를 개척한 것도 문명적 진보의 한 부분으로 파악하였다. 이진하李珍河도 영국이 인도를 식민 지배한 원인이 인도인이 자신의 자유를 포기하고 영국에 항복했기 때문이라고 평가하였다.[78] 이처럼 단선적 진보사관에 입각하게 되면, 한국은 서구문명을 모방하거나 번역하는 것 이외의 길은 사상捨象된다. 제국주의 침략마저 문명의 한 현상으로 이해한다면, 열강의 침략에 저항하는 것은 역사적 진보에 저항하는 것이 된다. 그런데 이런 문제점에 관한 심도 있는 논의는 보이지 않고, 우리도 영국처럼 문명한 부강국이 되고자 하는 열망을 강하게 드러냈다. 최상의 문명 진보국인 영국은 곧 한국과 대비되었으며 문명적 전범으로 각인되었다.

오늘날 영국의 부강함이 세계열강을 능가하는 이유는 오직 인민들이 자주독행自主獨行의 좋은 기풍을 유지해 국가의 부강과 문명에 보탬이 되기 때문이 아닌가. (중략) 우리 동족이여! 오늘날 우리는 과연 완전한 국가기관이 있는 민족인가. 과연 좋은 기풍이 있는 민족인가. 과연 자주독행이 있는 민족인가. 과연 산업의 자유가 있는 민족인가.[79]

---

77) 牡丹山人『太極學報』제18호「最善의 文明開化는 各種產業의 發達에 在함」237-8쪽.
78) 李珍河『太極學報』제5호「人生의 大罪惡은 自由를 棄함에 在함」328-9쪽.

영국과 같은 문명국에 비하면 문명성이 부재하고 열등한 한국은 서구 문명을 수용하는 일이 급무라고 인식하였다. 태극학보는 산업과 실업 발달을 문명 진보의 중요한 지표로 제시하면서 그 기초로서 새로운 지식 습득을 요구하였고, 개인이든 국가이든 근대적 지식을 닦지 않으면 존립할 수 없다고 단언하였다.[80)]

> 오늘날은 문명 진보의 날이요, 이 시대는 곧 사회 발달의 시대이다. 실업계로써 질서가 완미完美해지고 또 문무대文武臺로써 규율이 정돈될 것이니, 이 시대에 크게 도약하여 영달을 누리는 방법이 어찌 힘써 이루기 어렵겠는가? (중략) 수련에는 방도가 있으니, 먼저 그 지식을 요구한다. 그 지식을 알려고 하건대, 서적을 부지런히 읽으라.[81)]

근대적 학지를 교육하는 일은 매우 중요한 급무가 되었다. 김진초金鎭初는 한국 농업계가 외인의 침략으로 농지를 비롯한 토지가 전반적으로 잠식되는 등 위기에 직면한 원인으로 지식의 몽매를 들었다.[82)] 태극학회의 경우, 유학생으로 국외에 있었기 때문에 한국이 처한 위기, 즉 한국의 약자적 위치와 몽매함, 그리고 문명화의 절실함을 더욱 명확히 인식할 수 있었다. 김보현은 태극학회의 목적이 문명의 학술을 흡수하는 것이라고 하였다. 근대 서구문명 수용에 앞장서는 것이 곧 시대적 선각자로서 태극

---

79) 牡丹山人『太極學報』제18호「最善의 文明開化는 各種產業의 發達에 在함」240쪽.

80)『太極學報』제1호「太極學報 發刊의 序」3쪽: 오늘날 문명시대에 처하여 개인적이든 국민적이든 말할 것 없이 학식을 닦지 않으면 전국시대에 처하여 무예를 익히지 않음과 다를 바 없으니, 어찌 사회에 용납되어 존립할 수 있겠는가.

81) 石蘇 李東初『太極學報』제14호「奮鬪生活之準備」441쪽.

82) 金鎭初『太極學報』제11호「我農界의 前途」249쪽: 위인도 전혀 없고 지식도 몽매하여 종래 우리 농업계가 수동적이고 종속적이다.

학회가 해야 할 책무라고 자임하였다.[83] 태극학회의 활동을 지원하기 위해 의연금을 보낸 이갑李甲은 편지글에서 국내 상황에 비추어 문명화에 대한 염원을 해외 유학생에게 전달하였다. 문명과 독립은 몽매한 국내 상황에서는 기대하기 어렵고, 우리보다 앞선 문명국으로부터 번역 혹은 모방해야 하는 것으로 판단한 것이다.

> 국내에 있는 자들은 대개 시무에 무지몽매한 나머지 잘못된 구습을 고수하면서 일장춘몽의 잠꼬대 같은 소리로 오늘을 가리켜 태평하고 안락한 시대라고 하니, 아무리 흔들어도 움직이지 않고 아무리 불러도 일어나지 않습니다. (중략) 여러분은 멀리 바다를 건너 문명의 공기를 흡수하고 독립의 정신을 떨쳐 일으켰습니다.[84]

이각종李覺鍾은 백성은 왕조 체제적 세계관을 벗어나 민족국가의 독립 자유 평등을 실현할 인민으로 거듭날 것을 요구하였다.

> 우리는 소년한반도 국가의 인민이다. (중략) 한반도 국가는 한반도 인민의 한반도이다. 한반도 국가가 쇠퇴하면 한반도 민족도 함께 멸망하고, 한반도 국가가 홍성하면 한반도 민족도 함께 유복하다. (중략) 해동 봄바람에 독립 자유 평등의 종자 2천만 곡斛을 뿌려라.[85]

---

83) 金普鉉『太極學報』제5호「恭賀太極學報創立(寄書)」286-7쪽: 태극학회는 고국을 떠나 이역만리에서 문명의 학술을 흔쾌히 흡수한 뜻있는 군자들이 굳센 마음으로 결성한 조직체이다. (중략) 태극학회는 오직 우리 2천만 동포 중 여러 선각자들의 고명한 식견이 이룩한 큰 공로이자 업적이다.

84)『太極學報』제2호「李甲氏의 寄函」129쪽.

85) 李覺鍾『少年韓半島』제6호「國家學」6-7쪽.

소년한반도는 독립된 국가체제를 건설할 것을 촉구하였는데, 이는 자본주의 체제로의 편입을 의미하기도 하였다. 문명과 자본주의적 발전을 곧 사회 국가적 진보로 인식하였으니, 이인직은 '경제적 진보는 곧 사회적 진보이다.' 고 단언하였다.[86] 이것이 상공업을 비롯한 자본주의 발달을 늦출 수 없는 이유였다.

> 사회가 점차 진보하고 교환이 더욱 번성함에 따라 물화의 생산자와 소비자 간에 개입하여 그 수요와 공급을 매개하고 주선하는바, 상업이 이것이다. 그런데 최초에는 겨우 작은 구역 내에서 시행되지만, 민지民智가 발달하고 교통이 점차 개발됨에 따라 그 구역이 차례로 확장하여 개인 간의 상업이 지방 간의 상업이 되고, 지방 간의 상업이 일국 간의 상업으로 연장되어 마침내 오늘의 만국 상업에 이른 것이다. 그러니 상업시대란 바로 교역시대를 말한다.[87]

이범익李範益은 전 지구적 차원의 자본주의 체제가 상공업의 발달과 교역을 골자로 하며, 상업의 효과는 많은 사람과 많은 지역의 수요와 공급을 융통시켜 우리 인류의 쾌락을 증가시키고 생활을 증진하기 때문에, 온대지역에 사는 우리가 한열대의 산물을 소비하는 행복을 누리게 된다고 하였다.[88] 자본주의에 대한 긍정적 이해는 다각도로 이루어졌다. 유승겸兪承兼은 인간의 욕망을 충족의 대상으로 전제하고, 인류의 욕망 충족에 필요한 재화의 중요성을 강조하였다.[89] 소년한반도는 재화의 생산을 비롯한 자본주의 발달이 적자생존 시대의 생명 보전의 가장 중요한 토대이

86) 李人稙 『少年韓半島』 제5호 「사회학」 17쪽.
87) 李範益 『少年韓半島』 제4호 「상업학」 34쪽.
88) 李範益 『少年韓半島』 제5호 「상업학」 27쪽.
89) 兪承兼 『少年韓半島』 제4호 「財貨의 定義及種類」 11쪽.

기 때문에, 독립된 문명국을 건설할 소년이나 동포는 상공업의 발달과 경제적 발전을 통해 문명적 진보를 달성해야 한다고 주장하였다. 조중응趙重應은 부강의 도모와 문명의 발달을 위해서는 농업을 발달시키는 것이 필요한데 문명의 새 학술을 참작하면 부강의 대업을 이룰 수 있다고 하였다.

> 대한처럼 기후가 적당하고 토지가 비옥한 나라에서 관습의 오랜 경험과 문명의 새 학술을 서로 참고하여 2천만 대중이 전국의 농업을 흥기시킨다면, 당장의 곤경을 면하는 정도에 그치지 않고 부강의 대업을 이룰 수 있을 것이다.[90]

대한의 소년이 추구해야 할 것은 유학적 성인군자가 되는 것이 아니었다. 소년한반도는 문명과 신학을 수용하여 독립된 문명국을 건설하는 것을 목표로, 소년에게 신학을 흡수하여 상공업을 비롯한 자본주의 경제발전을 도모할 것을 요구하였다.[91] 인간의 도덕성보다는 우승열패의 생존경쟁에서 독립된 국가를 유지하여 생존과 자유를 누리는 것이 당대의 책무라고 파악한 것이다.

2) 과학적 사유와 신학新學 수용

태극학보는 자연 생물계뿐 아니라 만물의 영장인 인간도 치열한 생존경쟁을 피할 수 없다고 단언하였다. 따라서 '강한 힘'이 절실히 필요하다고 하였다.[92] 태극학보는 생존경쟁 시대의 적자적 생존을 위해서는 문명

---

90) 趙重應『少年韓半島』제3호「農業 大旨」17-8쪽.

91) 元泳義『少年韓半島』제2호 元泳義「性質」2쪽: 우리 소년한반도 동포는 눈을 밝게 뜨고 담을 크게 펼쳐서 이 잡지의 성질을 함양하여 문명의 극도에 도달하도록 기약해야 한다.

의 힘을 길러야 하고, 문명이 과학과 기술의 발전에 힘입는 것이라면 한국 또한 독립국의 기초로서 문명화를 추구해야 한다고 보았다. 문명을 흡수하는 일이 오랜 혼몽과 부패를 혁파하고 생존경쟁의 장에서 독립을 쟁취하는 지름길이라고 여겼다. 문명의 정수는 바로 과학과 기술이었다. 고의환은 과학의 발달이 서구 열강의 문명을 가능하게 했다고 파악하고, 우리도 과학기술의 발달을 도모할 것을 촉구하였다.

> 최근 수 세기 이래로 과학이 크게 발달하여 윤선輪船 윤거輪車와 같은 교통기관이 발명된 이후로는, 각국 인민의 머릿속에 제국주의 사상이 더욱 깊게 새겨져 동족을 서로 사랑하는 마음은 더욱 견고하고 타민족을 구별하는 경향이 더욱 심하여, 다른 민족의 희생으로 자기 행복 증진의 재료를 공급하고자 하니 살벌한 쟁탈의 피비린내 바람이 잠시도 멈출 바를 모른다. (중략) 우리 인사들아! 20세기 생존경쟁 풍조의 소리를 불어넣어 오백 년 이후 압제당한 국민의 두뇌를 씻어버리고 새로운 정신을 환기하여 문명의 복리와 활동의 자유를 공유하게 할지어다.[93]

과학과 기술의 발달은 과학적 인식과 탐구를 토대로 하는 것이므로, 성리학의 즉물궁리와 존양성찰의 수양 공부는 학문의 실제적인 내용이 될 수 없었다. 학문을 닦기 위해서 가장 필요한 것은 과학적 사유였다. 과학적 사유는 만유萬有에 대한 분류 및 특징을 체계적으로 이해하는 것을 비롯하여 실험과 관찰 등의 방법으로 그 법칙성을 탐구하는 것을 포괄하였

---

92) 韓相琦 『太極學報』 제5호 「動物社會의 生活」 308쪽: 지구상 자연 생물계의 생존경쟁이 몹시 치열함은 우리가 익히 하는 바이다. (중략) 자못 강한 힘을 준비하는 것이 필요하다. 어떻게 하면 자못 강한 힘을 얻을 수 있는가.

93) 高宜煥 『太極學報』 제12호 「愛國心의 淵源은 愛我心에 在함」 303-4쪽.

다. 박정동朴晶東은 물체에 관한 탐구인 물리학은 물체의 성질과 상태변화의 특징을 연구한다고 정의하고, 물체의 중심이나 반사운동의 규칙 등에 대해서도 설명하였다.

> 우리가 목격한 삼라만상을 '물체'라고 한다. 물체의 동정과 변화를 연구하는 규칙을 학설〔物理學〕이라 한다. 지구상에 존재하는 모든 물체는 그 상태와 성질이 변환함이 무궁하다. 물체를 구분하여 고체란 금·돌·땅·나무 등 일체 견고한 것이고, 액체란 물·술·기름·수은 등 일체 유동한 것이며, 기체란 공기·연기·수증기 등 일체 비산飛散하는 것이다. 이 고체, 액체, 기체는 온도와 관계되어 서로 순환한다.[94]

> 물체의 중심은 물체의 전 중량이 이 한 점에 집중되는 장소로 상상되는 지점이니, 이 지점만 지탱하면 물체의 균형을 확보할 수 있다. (중략) 물체가 운동하여 다른 물체와 충돌할 때 다른 물체도 반동력이 발생하여 와서 접촉하는 물체를 반사운동하게 한다.[95]

최재익崔在翊은 물체의 특징과 상태 분류 등이 일차적인 학문 대상이며, 자연계의 모든 존재물 또한 삼계로 분류할 수 있다고 하였다.

> 자연의 삼계三界란 무엇인가? 동물·식물·광물을 자연의 삼계라 칭한다. 자연물을 몇 종류로 구별하는가? 유생물, 무생물 두 종류로 구별한다. 동·식물처럼 생활하고 사생영고死生榮枯의 변화가 있는 것을 유생물이라 칭한다. 광물처럼 사생소장死生消長의 변화가 없는 것을 무생물이라 칭한다.[96]

94) 朴晶東『少年韓半島』제1호「物理學」26쪽.
95) 朴晶東『少年韓半島』제4호「物理學」22쪽.

소년한반도가 물체 내지 삼계에 대한 분류를 강조한 것은 그것의 상태와 성질에 따라 분류하고 특성을 관찰 이해하는 것이 학문의 중요한 토대라고 보았기 때문이다. 사물에 대한 과학적 탐구는 인사와 만물〔事物〕 전체를 리기와 음양오행의 원리로 해명하지 않게 되었다는 것을 뜻한다.

물리학과 함께 중요한 학문 분야로 떠오른 것이 생리학이었다. 인간과 만물에 대한 도덕적 본성이나 리일분수적 이해는 학문적 관심 대상이 아니었다.

> 생리학이란 자연계의 온갖 세력과 현상과 법칙을 전부 논하는 과학이니, 유기계有機界와 무기계無機界를 막론하고 다 포괄한다. 협의의 개념으로는 유기계, 즉 생물만 관련된 과학이라 동물과 식물의 기관 연구를 포괄한다. 즉 동물과 식물 기관의 조직과 이러한 기관을 활동하도록 자극하는 원인 및 각 기관에 부여된 직분을 공부하는 것이다. 그러므로 여기에는 동물생리학과 식물생리학이 있다. 동물생리학은 호흡기관, 영양기관, 혈액유통기관, 재산기관再產機關 등을 연구하고 식물생리학은 식물의 생장기관, 영양기관, 재산기관 등을 공부하는 과학이다.[97]

생리학은 동·식물에 관한 과학적 탐구로서 동·식물의 생장과 건강한 생활에 관한 법칙을 알려주기 때문에 매우 필요한 학문이며, 생리학은 병리학과도 깊은 연관이 있다고 강조하였다.[98] 리기론으로 존재원리를 해명하지 않는 이러한 사물에 대한 분류는 실험과 관찰 등 과학적 탐구 방법의 중요성을 한층 부각시켰다.

---

96) 崔在翊『少年韓半島』제1호「鑛物學問答」29쪽.
97) 三凡齋 尙灝『少年韓半島』제4호「生理學」29쪽.
98) 三凡齋 尙灝『少年韓半島』제4호「生理學」30쪽.

실험의 홍미란 이화학理化學을 궁구하되 형식의 적견的見이 없는 의문점 상태였다가 기계의 실험을 통해 확연히 자각하게 되는 학문 연구 방법의 한 부류이다. 추리의 홍미란 여러 가지 문제를 계산하여 결과에 부합시키고 이 법칙을 미루어서 다른 수에 적용하되 또한 그렇게 결합됨을 내심 신기하게 여겨서 스스로 기뻐하는 부류이다.[99]

최재익은 현미경을 상세히 소개하였고,[100] 김진초는 현미경을 사용하여 미생물을 관찰하는 방법을 소개하였다.[101] 또 최재익은 화학물질에 관한 연구를 할 때 온도계와 기압계〔晴雨計〕를 사용하는 것을 상론하기도 하였다.[102] 호연자는 관찰과 비교를 통해 분류와 유추가 가능하고, 이러한 작업으로 사물과 현상에 대한 지식의 계통을 부여할 수 있다고 하였다.[103]

학문 연구 방법으로 과학적 사유와 방법을 중요하게 생각한다는 것은 곧 성인군자가 아니라 생존경쟁에서 적자가 되기 위한 문명 진보를 학문 목표로 삼은 것이니, 그 구체적인 내용은 서양 근대 학문이었다. 전영작은 인류의 생존과 진보에는 이성적 사유와 학식이 중요한 관건이 된다고 파악하였다.[104]

---

99) 元泳義『少年韓半島』제3호「敎育新論」6-7쪽.

100) 崔在翊『少年韓半島』제5호「植物問答」22쪽: 현미경이란 무엇인가. 아무리 미세한 물건도 그 형태를 확대하는 기계가 있으니, 이를 현미경이라 한다.

101) 會員 金鎭初『太極學報』제2호「黴菌論」106쪽.

102) 崔在翊『少年韓半島』제6호「鑛物問答」21쪽.

103) 浩然子『太極學報』제15호「理科敎授法問答」50쪽: 앙스트 류-헨(1804~1873)의 설에 의하면 自然科學 즉 理科는 자연의 사물을 관찰하고 비교해서 그 특징에 따라 종류별로 수집하는 작업과 자연현상을 관찰하고 비교하고 유추해서 법칙을 발견하는 작업이니, 요약하면 자연의 사물과 현상 지식에 계통을 부여하는 것이다.

104) 唐岳石菱生『太極學報』제9호「人族의 貴寶는 精神과 志氣라」98쪽: 오늘날 우리가 가장 급선무로 해야 할 것은 바로 동포 전체의 정신과 지기를 고취하고 진작하여 먼저 그 취향의 목적을 확립하는 일이다. 그런 뒤에 각종 학문이 낳은 문명의 利器와 세계

인류는 태어날 때부터 이성을 가지고 있고 사물을 이해하는 능력이 있으나 사람이 살면서 단순한 경험으로 얻은 지식은 지극히 얇아서 참된 지식 즉 '학식' 이라고 말할 수 없다. 예를 들면 나뭇잎이 수면 위에 떠오르고 금석金石이 가라앉음을 아는 것은 단순한 지식이지 학식이 아니다. 나뭇잎과 금석이 비중比重의 법칙으로 인하여 뜨고 가라앉음을 이해하는 것이 참된 학식이다. 이러한 현상의 원인과 결과를 이해하는 것을 학식이라고 하는 것이니, 학식은 우리가 학문에 힘쓰고 열심히 연구한 결과로 얻은 것이다.[105]

이성적 사유와 과학적 탐구는 참된 학식을 획득하는 길이었다. 과학적으로 탐구되지 않은 지식은 더 이상 참된 지식이 될 수 없으므로, 과학적 인식을 중요시하였다.[106] 태극학보의 많은 글은 다양한 자연현상에 대한 수학적이고 과학적인 설명을 다루었다. 예를 들면 대기에 대한 설명일 경우, 대기의 압력이 지면에서는 수은주 2척 45촌쯤(자세히 말하면 해수면에서부터 76cm의 높이까지이니 이를 1기압이라고 함)이나 높아질수록 점차 줄어든다고 하는 등 정확한 수치로 설명하였다.[107]

특히 장응진은 과학〔理科〕을 비롯하여 과학의 학문적 분류 등을 체계적으로 이해했던 지식인이었다. 그는 과학이란 용어를 분과학문이란 의미로 사용하고 수학이 과학적 연구 방법의 토대가 된다는 것을 정확히 인지하였다.

수학은 자연계 현상과 법칙에 대하여 정밀한 인식을 우리에게 주는 것으로,

여러 나라의 좋은 법률과 아름다운 규칙을 참고하여 교육하는 것이 가능할 것이다.

105) 會員 全永爵 『太極學報』 제1호 「無學의 不幸이라」 29쪽.

106) 研究生 『太極學報』 제14호 「地文學講義(2)」 468-470쪽 참조.

107) 金洛泳 『太極學報』 제14호 「兒童物理學講談(4)」 465-8쪽.

과학 발전의 중요한 원인이요 과학 연구의 중요한 방편이다. 우리는 수학으로 인하여 확실한 진리를 인식하며 감각기관〔五官〕으로 얻은 지각을 정당히 하며 경험 이외의 식견을 환히 열어 인과법칙을 적확히 하고, 또 이를 엄밀히 증명하여 자연이 가진 힘을 제어하거나 이용한다.[108)]

장응진은 인간이 접하는 모든 현상계는 과학적으로 탐구해야 할 대상이라고 보았으며 '과학' 이란 관찰 · 분류 · 설명이란 요건을 갖춘 것이라고 정의하였다. 그의 견해대로 과학적 탐구의 결과라야 근대적 학지라고 한다면,[109)] 유학의 경사자집을 강독하여 성현을 본받는 공부는 과학적이고 실제적인 학문이 아니다.

'과학' 이란 것은 어떠한 성질을 구비한 연후의 이름이다. 환언하면 어떠한 요건을 갖춘 연후에 요건을 만족할까 하면, 다음 세 조건을 구비해야 실로 과학의 성질을 갖추었다 할 것이다. '관찰 · 분류 · 설명' 이 그것이다. 천문학을 예로 들면, 일월성신의 여러 천체가 상호 간의 위치가 어떻게 변화하는가를 정밀히 관찰하고, 다음에는 운행하는 속도와 기타 성질에 따라 이들 여러 천체를 분류한다. 천체 운행에 대한 사실을 정밀히 관찰하고 이와 같은 사실을 그 특성에 따라 구분한 후에도 다시 자세한 설명한 연후에야 비로소 과학의 뜻을 다한 것이다. 대저 어떤 현상을 설명한다는 것은 이 현상을 일어나게 하는 모든

---

108) 張膺震『太極學報』제14호「敎授와 敎科에 對하여」458-9쪽.

109) 編輯人 張膺震『太極學報』제5호「科學論」291쪽: 사실의 관찰 혹은 분류는 우리의 상식으로도 인정할 수 있는 것이 적지 않으나, 하나하나의 현상을 설명하는 것은 과학적 지식을 가진 연후에야 기대할 수 있다. 이상 설명한 다수의 과학으로 연구하는 각종 현상은 개개 특수한 의의를 가진 것이 아니라 그 상호 간의 深密한 관계에 있어서 결국 이들 현상계의 전체 범위를 다 포함하여 하나의 대체계, 즉 우주 전체가 조성된 것이다.

조건의 구성상 이와 같은 현상이 일어나지 않을 수 없는 이유를 명시하는 것이다. 우리가 경험하는 온갖 현상은 각기 전체가 한 체계를 이루는데, 체계적 전체를 조성한 각 부분의 상호 관계를 분명하게 안 연후에야 비로소 전체의 조건을 알았다고 말할 수 있다.[110]

장응진은 자연현상에 대한 과학적 탐구를 자연과학 혹은 사실과학이라고 명명하고,[111] 시비선악에 대한 정신적 판단은 규범과학이라고 구분하여, 근대적 학지는 모두 과학적 탐구의 대상이라는 점을 분명히 하였다.[112] 그는 과학 연구는 무한한 자연적 현상을 유한한 두뇌와 지식으로써 진상을 규파窺破하는 어려운 일이나, 그것이 자연에 대한 인간의 제어능력를 강화한다는 측면에서 매우 중요하다고 하였다.

인류는 지구상의 영물이요 생물계의 패왕이다. 정신이 특출하고 지력이 발달하여 지구상 만물을 통어統御하고, 자연계의 현상을 최대한 연구하고 이용하여 자기의 생활을 진보〔助進〕시킨다. 또 갖가지 편리한 규범을 제정하여 인류 공동의 행복을 유지하고 향상하게 한다.[113]

---

110) 編輯人 張膺震『太極學報』제5호「科學論」291쪽.

111) 編輯人 張膺震『太極學報』제5호「科學論」291쪽: 자연적 현상을 일일이 들어 말하기 어려우나 이들 현상에 대해서는 우리의 지식이 경험상 대개 일정한 법칙에 따라 나타나는 것을 추상하니 이들 갖가지의 현상을 우리가 사실 그대로 연구하여 이 사이에 일정한 공통의 법칙을 발견하는 것을 자연과학 혹은 사실과학이라고 한다. 천문학 박물학 물리학 화학 심리학 기타 갖가지 구별이 있다.

112) 編輯人 張膺震『太極學報』제5호「科學論」291쪽: 우리 인류가 사회생활상에 필요한 갖가지의 규칙을 제정하고 표준을 세운 후에 갖가지의 사실을 이들 표준에 대조하여 선악 시비 호오 등의 구별을 정신상으로 판단함에 이러한 학문을 규범적 과학이라 한다. 윤리학 정치학 미학 논리학 등은 모두 규범과학이다.

113) 編輯人 張膺震『太極學報』제5호「科學論」291쪽.

인간은 자연현상에 대한 과학적 탐구를 통해 자연을 통제할 수 있기 때문에 만물의 영장이며, 자연이 가진 법칙과 힘을 이용함으로써 과학 발전 및 역사적 발전도 가능하다고 본 것이다. 같은 맥락에서 김영재金英哉는 '과학' 이란 과학적 탐구의 결과라는 차원에서 실제 학문이며, 이것이 곧 국가의 문명적 진보를 실현할 '실학' 이라고 평가하였다.

> 과학은 곧 실학이니, 공리공론이나 상상이 아니라 실제 학문이다. 이를 실제에 응용하면 국가와 사회의 각종 사업을 발달시키는 동시에 일반 국민의 상식을 발달시키는 기초가 될 것이다. 대개 화학이 발달하고 보급되면 개인적으로는 각자의 사업과 경영이 온전히 성행하게 되고 재력이 증가하게 되어 견실한 사상적 발전을 도모하게 되고, 국가적 사업에서는 현저한 진보를 이루어 공고하고 풍부한 기초를 세우는 것은 자연스러운 결과이다.[114)]

과학이 국가적 발전을 가져오는 근대적 실학인 이유는 당대가 과학의 풍조가 격렬한 시대이기 때문이다.[115)] 따라서 우리도 과학적 사유와 탐구에 힘써야만 서구 열강과 같은 부강한 문명국이 될 수 있다고 예견하였다.

과학적 사유와 문명 진보 관념의 수용은 곧 유학에 대한 비판적 성찰로 직결될 수밖에 없었다. 조선 왕조의 시대정신이었던 유학은 근대적 격변에 이르러 이는 낡고 부패한 구학舊學으로 전락한 반면, 서구 근대 학문인 신학新學은 새로운 전범으로 급부상하였다. 성리학은 더 이상 우리가 마땅히 추구해야 할 정학正學이나 문명적 전범이 아니었다. 유학적 자산은

114) 金英哉『太極學報』제20호「科學의 急先務」384쪽.

115) 抱宇生『太極學報』제23호「스스로 教育할지어다」180쪽: 오늘날처럼 科學의 풍조가 극렬한 시대에 있는 우리는 자기의 결심과 근면만 있으면 충분히 專門의 科學을 어느 정도까지는 얻기 쉽다.

쓸모없는 구학으로, 파괴의 대상으로 전락하였다. 구학은 학문적 문명적 우위를 점유하지 못하고 병렬되거나, 신학 수용을 전제로 사유되었다. 신학은 구학과 달리 문명 진보의 전범으로서 경제 입국과 식산홍업을 융성시킬 수 있는 실제적인 학문으로 인식되었다.

> 근래에 서양 신문물 중에 윤리와 도덕은 우리가 취할 수 없다고 하더라도, 물리 · 증기 · 기계학의 신발명의 경우는 이용후생의 일대 관건이다. 대개 이러한 정교함과 민첩함이 학술 연구에서 나오는데, 오늘의 학교에서 말하는 물리 · 화학 · 전기 등의 과목은 특별히 전문화된 것이다.[116)]

> 신구학新舊學 양兩 주의主義의 차이를 거론하자면, 양자가 서로 반대되니 하나는 명분을 숭상하고 하나는 실질을 중시하는 등의 구분이 있다. (중략) 양 주의가 국가 사회에 미치는 이해관계를 논하자면 정신적 즐거움을 숭상하는 구주의舊主義의 고상한 기지氣志와 담백한 정신을 우리가 지극히 추앙하는 바이다. 하지만 안빈낙도의 지조와 절개를 거절하고 고행과 고난 속에서 정신적 즐거움만 애써 추구한다면, 어떤 생각이든지 간에 경제입국經濟立國의 실제에 행여 무슨 이득이 있을 수 있는가. (중략) 천하에 웅비하여 세상을 호시탐탐 노리는 열강을 둘러보건대 개인과 단체를 막론하고 실리주의에 전력하여, 가만히 앉아서 담소나 하지 않고 최우선으로 일가의 생계를 확립하며, 그 여유로 국가의 공공이익을 도모하여 식산홍업殖產興業을 융성시키니, 이 양 주의가 경국제민經國濟民에 각기 어떤 영향을 끼치는가.[117)]

구학인 유학과 신학인 서구 근대 학문은 명분과 실질, 정신적 즐거움과

---

116) 文一平 『太極學報』 제21호 「體育論」 21쪽.

117) 李範益 『少年韓半島』 제5호 「新舊兩主義」 38쪽.

실리주의의 차이만 있는 것이 아니었다. 이범익은 시대 변화를 직시하지 못하고 구학을 묵수하는 일은 좁은 식견에 불과하고, 물리에 투철한 신학이야말로 국가 진보를 위한 시무인데도 이를 저지하는 일은 탄식할 만한 일이라고 평가하였다.

> 우리나라에 수십 년 이래로 신구학 양 주의의 충돌이 대양의 파란처럼 기복을 반복함에 성쇠가 무상하나, 결국 승리가 필시 신주의新主義에 있음은 지혜로운 자가 아니어도 알 수 있다. 그러나 천하의 형세를 살피지 못하고 옛것에 얽매인 좁은 식견으로, 물리物理에 투철하고 사실에 부합하는 신주의를 조소하고 방해하는 자가 다수를 차지하여 국가의 진보를 지연시키고 있으니, 이는 우리가 주야로 우려하고 탄식하는 바이다.[118]

신학의 특징인 '물리에 투철하다'는 함의는 모든 존재자가 천리를 본성으로 내재하고 있으므로 즉물궁리를 통해 천리를 체인한다는 성리학의 격물치지가 아니었다. 물리란 과학적 사유와 탐구의 결과로써, 학문적 진리는 물론 국가적 진보를 가져올 수 있는 학지였다. 신구학은 인간과 세계에 대한 이해와 인식에서 확연히 구별되었고, 우리가 지향해야 할 바는 신주의新主義인 신학이었다.

조선시대에는 화이를 가르는 기준이 유학적 도덕문명이었다면, 근대의 문명과 야만은 과학기술과 자본주의 발달이 중요한 척도가 되었다. 즉 신구학에 대한 구분은 이미 성리학만이 참된 학문이 아니라는 의미를 내포하고 있었고, 문명적 진보가 신학을 통해 가능하다면 신학이야말로 우리가 닦아야 할 실학이 된다. 그래서 다시금 '학문이란 무엇인가'를 새롭

118) 李範益『少年韓半島』제5호「新舊兩主義」37-8쪽.

게 정의할 필요가 생겼다.

> 학문이란 무엇을 말하는가. 구학문과 신학문이 있다. 구학문을 수양하는 자는 신학문을 배척하고, 신학문을 수양하는 자는 구학문을 배척하니, 어찌 우리 국민이 단결되기를 바랄 수 있겠는가. 대저 신구학문이 경제, 법률, 의학, 지식, 농업, 공업 6대 학문에서 벗어나지 않으나 동양의 경우 온갖 학문 부류의 복잡함이 있는 까닭에, 그 폐단과 습속에 따라 충돌하다가 각자 진리를 전하지 못하고 외면만 답습하여 쇠퇴 부진한 지경이 되니, 어찌 한심하지 않은가. 이제 그 폐단을 바로잡기 위해 문명국의 학술을 수입하지 않을 수 없다. (중략) 이제 구학문의 부패를 제거하고 새로운 분위기를 두뇌에 주입하여, 국가의 정신과 기백을 양성하고 소년이 전진할 강력함과 반도가 원만할 팽창력으로 지구상에 태극기를 한번 휘날릴 모든 능력을 이 학회의 잡지에 포함시켰다. 그러니 우리 소년한반도 동포는 눈을 밝게 뜨고 담을 크게 펼쳐서 이 잡지의 성질을 함양하여 문명의 극도에 도달하도록 기약해야 한다.[119)]

참된 학문이란 국가 문명의 진보를 기약할 수 있어야 하고, 문명국의 학술인 신학이야말로 이에 부합하였다. 학문에 대한 재정의는 곧 '지식이란 무엇인가' 란 물음과도 직결되었다. 공부는 더 이상 격물치지의 수양이 될 수 없었다. 근대적 학지學知는 객관 사물에 대한 과학적 탐구와 이성적 사유의 결과물이었다.

> 지식이란 무엇인가. 감각感覺 · 지각知覺 · 사고思考의 결과이고 관념에 따라 자득한 것이다. 물계物界의 진상眞象과 물상物象의 진리를 세밀히 분석하여 우

119) 元泳義『少年韓半島』제2호. 元泳義「性質」2쪽.

> 리가 실제로 가지고 있는 사상寫象의 구별을 명확하게 한 것이다. 감각은 순연한 객관적 작용이 감각되는 것이다. (중략) 지각은 객관계의 이유인 의식을 포괄하는 지경〔含意識界〕에서 감각한 후에, 비교와 구별의 작용이 발생하여 그 고저와 험이險易를 지각할 수 있는 것이다. 사고란 지각한 사물이 나에게 들어와 내가 그 사물의 사물됨을 판단하여 자연히 고유한 나의 사물이 되는 것이니 이것은 사상계寫象界를 초월한 것이다.[120]

유학의 경사자집經史子集이란 분류와 존천리라는 학문 목표는 무의미해졌다. 근대적 지식은 정신계와 물질계 혹은 자연현상과 인간 현상 등으로 구분되어 연구되는데 심리학도 과학적 탐구를 필요로 하며, 학문함의 근간은 물질계의 물리학이라고 보았다.

> 물질계의 물리학과 대립하는 심리학의 원칙이란 인간 자신의 내면에 관한 학문을 위한 원칙을 제공한다. 대개 인생에서 반드시 해야 하는 일이 있으므로, 인격상 마땅히 해야 하는 일을 학문의 필수로 삼아야 한다. 학문함에 반드시 물질계의 물리학을 궁구해야 한다.[121]

소년한반도 오대양 육대주라는 세계[122]의 지리에 대한 지리문답을 모든 호에 실었다. 이는 천원지방적 중화주의에서 벗어났으며, 이제 지구는

120) 元泳義『少年韓半島』제6호「心理問答」14쪽.

121) 元泳義『少年韓半島』제2호「心理問答」26-7쪽.

122) 元泳義『少年韓半島』제5호「地理問答」13쪽: 육대주란 무엇을 말하는가. 아시아 유럽 아프리카 오스트레일리아 남아메리카 북아메리카를 육대주라 칭한다. 오대양이란 무엇을 말하는가. 태평양 대서양 인도양 남빙양 북빙양을 말한다. 태평양이 가장 큰 것으로 적도를 기준을 남태평양 서태평양이라 칭하고 자오선을 기준을 동태평양 서태평양이라 칭한다. 남빙양 북빙양은 양극 인근에 있다.

과학적으로 설명할 수 있는 대상으로 인식한 것을 반증한다.[123] 지구의 위치와 면적에 대한 수학적 명증성은 근대적 학문의 참을 드러내는 유용한 방식이었다.[124] 문명의 진보는 신학을 흡수하지 않고는 구현할 수 없다고 판단했기 때문에, 구학을 묵수해서는 안 된다고 보았다. 그렇다면 서구 근대 학문인 신학에 대한 체계적 이해와 교육이 급선무가 된다.

3) 근대 리학理學(科學)의 체계와 효용성

태극학보와 소년한반도는 과학적 인식을 중시하여 과학적 사유와 초보적 수준이지만 물리학, 수학, 화학, 천문학, 지문학, 광물과 동식물 소개에 심혈을 기울였다. 기존에 알려진 상식조차도 과학적 언어인 수학으로 표현하였으며, 동식물 및 광물의 체계적 분류를 비롯하여 물리학과 수학이 학문의 중심이 되었다. 이들은 유학적 지식보다는 근대 분과학문적 지식, 특히 문명 수용과 직결되는 자연과학을 중요한 '학지學知'로서 전달하였으며, 서구 근대 지식 발전의 특징을 정확히 이해하고 있었다.

---

123) 朴晶東『少年韓半島』제2호「地文學」37-8쪽: 지구 전체를 구분하여 북극 남극이란 한 극점을 발현하고 그 중간에 에두르는 일내를 적도선이라 칭한다. (중략) 지문학은 지구 창조 초기부터 연혁 수화水火의 상전相戰 태양계와의 관계 인력引力 등의 온갖 상태 등을 총괄한 이름이다.

124) 元泳義『少年韓半島』제3호「地理問答」20쪽: 구체의 크기는 어떠한가? 태양보다 125만 배 작고, 남북극의 거리가 직경 7899여 마일이고, 적도의 거리가 직경 7925마일이고, 둘레가 2만4899마일이고, 면적이 1억 9700만 마일이고, 부피가 26억만 마일이고, 비중을 수토水土로 비교하면 흙이 물의 5배이니, 표면은 흙이 물의 2배이고 이면裏面은 흙이 물의 3배이다.

元泳義『少年韓半島』제5호「地理問答」13쪽: 현재 지구의 면적은 얼마인가? 전면적이 1억 9700만 평방 마일이니, 도서 면적이 300만 평방 마일이고 육지 면적이 5300만 평방 마일이고 해수 면적이 1억 4400만 평방 마일이다. 이를 나눠 육대주 오대양의 명칭이 있다.

세계 문명이 진전될수록 점점 분주해져서 지구의 인류가 부강을 도모하고 빈약을 피하고자 할 때, 우등하고 빠른 자는 얻고 열등하고 둔한 자는 얻지 못하게 된다. (중략) 15~16세기경에 이르러 과학의 발전이 좋은 운을 열고 각종 기계를 발명할 때, 시계라고 하는 일대의 기묘한 기계를 발명한 이래 오늘날에 이르러서는 이 기계만 가지면 시간의 흐름을 알 수 있어 막대한 편리와 비상한 진보를 꾀한다.[125)]

김낙영金洛泳은 서구 근대과학을 소개하면서, 인류 문명의 진보란 곧 부강한 힘을 소유하는 것의 유무에 달려있고, 부강은 곧 과학의 발전과 기계의 발명에 달려있다고 하였다.

박유병朴有秉은 과학적 탐구에 의한 학문을 곧 과학이라고 통칭하였으며, 서구 분과학문에 대한 다양한 소개는 이러한 분류에 의거하였다.

오늘날 항상 칭하는 바의 '학문' 이란 것은 그 범위가 넓고 크다. 그러나 이를 연구상 편리를 위하여 구별하면, 즉 물리 · 화학 · 수학 · 정치 · 법률 · 심리 · 의학 · 농학 · 공학 · 상학 · 병학 · 문학 등의 '과학科學' 이다.[126)]

박정동朴晶東은 새로운 것이 있다는 것을 알지 못하고 옛것을 좋아하는 자〔好古者〕와 온고溫古할만한 것이 있다는 것을 알지 못하고 새로운 것을 좋아하는 자〔好新者〕를 구분하면서도, 천지지도天地之道는 간단間斷이 없기 때문에 근대 리학理學도 격치에 해당한다고 이해하였다.

물리학, 즉 금세의 리학理學은 고대 격치의 사실이다. (중략) 저 이치는 본래

125) 椒海 金洛泳 『太極學報』 제13호 「兒童物理學講談(3) - 갈릴레오의 이야기」 373쪽.
126) 朴有秉 『太極學報』 제16호 「數學의 遊戲」 116쪽.

존재한 것이지 억지로 부여된 것이 아니다. 그러므로 한 사물에 한 자연이 있고 만 사물에 만 자연이 있어야 결국 일리一理로 귀결되는 것이다.[127)]

각각의 사물에 본래부터 리理가 있다는 것은 성리학의 격물치지와 유사한 측면이 있는 것처럼 보이지만, 박정동은 물리학적 탐구 대상인 물체는 성리학의 천리나 음양오행과 같은 형이상학적 체계를 해명하기 위함이 아니다. 그가 근대 리학, 즉 물리학을 설명하면서 격치 개념과 연관하여 논한 것은 당시 science의 번역어로 격물치지학이 통용되고 있었던 것과 무관하지 않을 것이다. 즉 박정동이 말한 리학이나 근대적 격치는 성리학의 세계관과 무관하다. 물체의 상태와 성질의 변화하는 규칙을 파악하는 물리학 역시 천리를 내재하고 있는 『대학』의 물리物理와 다른 개념이다. 박정동이 설명한 격치와 물리학이 서구 근대 학문인 물리학에 관한 것임은 그가 〈물리학〉이란 연제 글에서 역론力論 및 인력의 실험과 중력[128)] 및 분자의 응집력과 부착력 원자의 화합력 그리고 힘의 작용과 동정[129)] 등을 설명하는 것에서도 파악할 수 있다.

자연현상의 법칙을 과학적 방법으로 탐구하는 자연과학을 이법을 탐구한다는 차원에서 '이과理科' 라고 하였으니, '리理' 는 태극이나 천리와 같은 성리학의 도덕적 맥락을 탈각하고 과학적 탐구의 결과로서 재인식된 것이다. 장응진은 이과에 대한 탐구를 통해 자연을 통제하고 이를 바

---

127) 朴晶東『少年韓半島』 제1호「物理學」 25-6쪽.

128) 朴晶東『少年韓半島』 제2호「物理學」 27-8쪽.

129) 朴晶東『少年韓半島』 제3호「物理學」 23-4쪽: 물체의 분자는 물체의 최소 부분을 다시 미세하게 분해하여 얻은 것이니, 각 분자는 그 물체의 성질이 아직 존재하며 그 구성의 原質이 각기 있다. (중략) 원자는 분자를 거듭 분해하여 얻은 것이다. 즉 이 원자는 어떠한 방법을 막론하고 거듭 분해할 수 없다. (중략) 물체는 힘을 더하지 않으면 운동하지 않는다. 일차 운동한 물체에 다른 힘을 또 더하면 가속운동을 한다. 그리고 이 힘과 동등함 힘을 반대 방향으로 더할 때 도로 정지된다.

탕으로 생활을 편리하게 하는 방법을 증진시킨다고 밝혔다.

> 이과理科의 목적은 자연물 및 자연현상을 설명하여 이것이 총체적으로 일정한 이법理法이 지배하는 것을 증명하고 또 자연물 상호 간의 관계와 자연물이 인생에 대한 관계를 이해한다. 그리고 한편으로 자연을 제어 · 이용하며 다른 한편으로는 우리 인류의 생활 상태를 증진케 하는 것이다. 그 범위는 동물 · 식물 · 광물 3계로부터 물리적 · 화학적 현상과 인간 신체의 생리 · 위생에 걸친 광대한 재료를 포괄한다.[130)]

근대 학문은 인간을 포함하여 동식물의 생물학적 특성과 법칙을 탐구하며[131)] 광물 등을 비롯한 물체에 대한 과학적 연구의 결과물이다. 최재익과 호연자는 이를 자연법칙을 탐구하는 학문이라는 의미에서 '이과理科' 라고 하였고, 박정의는 '리학理學' 이라고 정의하였다.

> 이과理科란 어떤 학문인가? 천연물의 성질과 천연 현상의 변화를 관찰하여 이를 인간의 일에 응용하는 학문이다.[132)]

> 이과라는 것은 자연계 현상을 연구 대상으로 삼는 자연과학과 완전히 동일한 범위를 포함한다. 동물학 · 식물학 · 광물학 · 인류학 · 물리학 · 화학 · 성학星學 · 지질학 등이 다 그 당연한 재료가 될 것이다.[133)]

---

130) 張膺震 『太極學報』 제14호 「教授와 教科에 對하여」 461-2쪽.

131) 최재익은 동식물 및 광물에 관한 내용을 매 호마다 게재하면서 동식물에 관한 과학 지식을 소개하였다.

132) 崔在翊 『少年韓半島』 제1호 「鑛物學問答 - 理科 總論」 29쪽.

133) 浩然子 『太極學報』 제15호 「理科教授法問答」 48쪽.

인간과 만물에 관한 이치를 실험과 관찰 등 과학적 방법을 통해 연구하고 이를 수학적 언어로 이해하는 것이 참된 학문이므로, 소당연과 소이연을 체인하여 도덕을 실천하는 것은 학문적 목표가 될 수 없었다. 이는 곧 성리학의 해체였다. '리'는 더 이상 태극이나 천리와 같은 형이상학적 원리가 아니라 자연현상에 대한 실험과 관찰의 결과였다. 김낙영은 뉴턴의 만유인력 및 인력이 달과 지구의 운동 및 조수에도 작용하는 것을 밝히고, 만약 인력이 작동을 멈추면 자전과 공전도 없어질 것이라고 하였다.[134] 또 갈릴레오의 생애와 업적에 대해서도 상세히 설명하였다.[135] 박정의 또한 화학을 이학의 한 분과로 규정하고 다양한 원소의 기호와 원자량 및 산소와 질소의 화합물이나 질소와 수소의 화합물 등 원소들의 화합물에 대해서도 소개하였다.[136] 박연의는 물이 위에서 아래로 흐르는 성질이 지구의 인력引力 때문이라거나 물이 100℃ 이상 끓을 수 없다는 것과 화학적 원소가 70여 종인데 물은 수소와 산소로 되어 있다는 등 물에 대한 과학적 사실을 소개하였다.[137] 태극학보는 초보적인 수준이지만 물리학, 수학, 화학,[138] 천문학, 지문학, 광물과 동물 등 다양한 자연과학 분야

---

134) 椒海 金洛泳 『太極學報』 제12호 「兒童物理學講談(2) - 뉴톤의 引力發明」 312-7쪽.
포우생도 뉴턴이 우주 내에 引力이라는 힘이 있어 물체와 물체 사이에 항상 작동한다는 것을 알아내 만유인력을 발견했다고 하였다. (抱宇生 『太極學報』 제23호 「物理學의 재미스러운 이야기: 뉴톤의 說」 186쪽)

135) 椒海 金洛泳 『太極學報』 제13호 「兒童物理學講談(3) - 갈릴레오의 이야기」 378쪽: 갈릴레이는 물체의 낙하를 조사해 지금도 유명한 낙하공식을 발명하였으니, 대체로 오늘날 세계 문명은 이러한 賢人이 만들어낸 것이라고 말할 수 있다.

136) 朴廷義 『太極學報』 제19호 「化學初步」 351-2쪽. 朴廷義는 『太極學報』 제18호 「化學瞥記」에서 이학의 한 분과를 화학이라고 한다고 하면서, 광물의 변화에 대해서 상론하였다. (광물의 변화는 물질 조성상 변화이다. 이러한 물질 조성의 여러 변화와 각종 물질의 性狀을 강구하는 理學의 한 분과를 화학이라고 한다. (중략) 원소는 금속과 비금속으로 대별된다.)

137) NYK生 『太極學報』 제11호 「水의 이야기」 254-9쪽.

를 소개하는 데 집중하였다.

과학적 탐구 방법과 근대 학문 체계 수용은 성리학적 세계관에서 벗어난 것을 의미한다. 이는 자연에 대한 과학적 인식과 함께 생물에 대한 이해에도 변화를 가져왔다. 조선 후기 호락논쟁의 인물성동이론은 인간과 다른 존재자가 오상을 어떻게 품부받았는지에 관한 논쟁이었다. 그러나 이규영 등은 인간과 동물의 동이점 및 동식물의 차이 등을 수학적 언어로 자세히 소개하였다.[139] 또 유제달柳濟達은 오상의 편전偏全과는 전혀 다른 맥락에서 동물을 이해하였으니, 동물이란 감각력이 있고 독립적인 운동을 영위하는 자라고 정의하고, 동물을 일곱 가지로 구분하였다.

> 동물은 척추동물과 무척추동물 두 가지로 구별된다. 척추동물이란 무엇인가? 동물 중에 골격이 체내에 있어서 전신의 기초를 조성함에 신체의 중추에 척추가 있는 동물이다. (중략) 동물계는 몇 부문으로 세분되는가? 척추동물, 절족동물, 연형동물軟形動物, 연형동물蠕形動物, 극피동물, 강장동물, 원시동물 부문으로 나뉜다.[140]

유제달은 반추류의 특징을 소개하거나, 기린을 성인의 시대에 출현하는 인수仁獸라고 생각한 것이 오류임을 지적하기도 하였다.[141] 그는 동물의 분류를 전체적으로 소개한 후 연속하여 각 동물의 특징을 설명해 나갔

---

138) 學海主人 『太極學報』 제18호 「人造金」 267쪽: 두 종류 이상의 다른 물질로 분해되지 못하는 물질을 화학에서 원소라고 하니, 원소는 만물 궁극의 성분이다.

139) 李奎濚 『太極學報』 제10호 「心臟運動과 血液循環의 要論」 186-9쪽, 朴相洛 『太極學報』 제10호 「動物體에 有한 勢力의 根源」 189-191쪽, 朴相洛 『太極學報』 제11호 「樹木의 이야기」 241-5쪽.

140) 柳濟達 『少年韓半島』 제1호 「動物學問答」 27쪽.

141) 柳濟達 『少年韓半島』 제4호 「動物問答」 23쪽.

다. 동물학 연구는 의식주에 필요한 것을 얻는 등 실제적 효용도 있지만,[142] 인간에 대한 이해도 얻을 수 있다고 하였다.

> 동물학 연구는 사상적 차원에서 이익이 있다. 인류는 동물의 한 종류이다. 각 동물의 어떠한 이법理法에 대해 알지 못하면 인류의 위치와 다른 동물과의 관계 등을 알기 어렵다. 그러한 까닭에 동물을 연구할 필요가 있는 것이다. 포유류는 특성이 어떠하고 여기에 속하는 동물은 무엇인가? 이는 신체 골격이 내부에 있어 전신의 기초가 되고 근육이 이에 부착되고 피부가 그 외면을 감싼 동물인데, 그 가운데 특별히 털로 전신을 덮고 피가 따뜻하며 태반으로 낳음에 유즙으로 새끼를 포육하는 동물을 말한다. 개, 고양이, 말, 소 등이 이에 속하고 우리 인류도 이에 속한다.[143]

포유류의 특성에 대한 앎은 곧 포유류에 해당하는 인간에 대한 과학적 지식을 제공한다. 즉 인간은 오상을 갖춘 심성론적 차원을 벗어나 과학적 탐구의 대상으로 전환된 것이다. 또 그는 다양한 동물의 생김새나,[144] 수중에 사는 유일한 포유류인 고래를 비롯하여 설치류 및 동물인데 난생하는 오리너구리 등의 생물학적 특징을 소개하였다.[145]

리에 대한 학문적 성과는 곧 인간의 이익과 편리, 즉 상업적 이윤 및 국가적 부강과 직결된다고 파악하였다.

---

142) 柳濟達『少年韓半島』제6호「動物問答」16-8쪽: 포유류와 인간의 유 무익한 관계를 분석한다. 식용 의복의 재료 공예품의 재료 등의 이익을 주는 소, 양, 돼지 등이 있는 반면, 인명을 해치는 등 인류에 유해한 동물로 사자, 호랑이, 표범 등이 있다.

143) 柳濟達『少年韓半島』제3호「動物問答」24-6쪽.

144) 柳濟達『少年韓半島』제1호「動物學問答」27쪽.

145) 柳濟達『少年韓半島』제5호「動物問答」18-20쪽.

이과理科에 대해 거듭 상세히 설명하자면 식물 비료의 성질을 알아야 배양의 방법을 연구할 수 있고, 금속의 단단한 정도에 근거해야 기구를 제조함에 편리한 여부를 생각할 수 있고, 흐르는 물을 응용해야 수거를 운전할 수 있고, 전기를 이용해야 전신과 전등을 설치할 수 있는 것 따위를 말한다. 그러므로 이과理科 학學의 진보에 따라 인류 행복의 증진도 매우 커진다.[146]

문명적 진보는 과학적 지식의 진보 여부와 일치하므로 적극적인 서구 자연과학 수용은 자명한 것으로 받아들여졌다. 그것은 곧 과학 지식의 효용성이 국가의 부강문제와 직결된다고 파악했기 때문이다. 인간과 생물뿐만 아니라 무생물인 광물에 관한 연구 또한 인류에 미치는 효용성 차원에서 중시하였다. 광물학은 지하자원으로써 사회의 공공 이익을 증진하는 데 도움을 준다고 하였다.[147] 박연의朴廷義는 화학의 발전이 무기 개발 및 제국주의 침략과 직결됨을 간파하였고,[148] 장지태張志台는 석탄이 기차의 운행과 공장 가동 등에 매우 큰 영향력이 있다고 하여 석탄의 중요성을 강조하였다.[149] 이뿐 아니라 태극학보는 양계법, 전정법剪定法, 과수재배법, 접목법, 조림학 등 다양한 실용 기술도 소개하였다.

김원극〔송남자〕은 외국 유학생이 주로 법학과에 진학하는 현실을 비판하면서 과학 전공자가 예전에 비해 많아졌지만 만족할 만한 수준은 아니라면서 더욱 권면하였다. 이는 만국공법이 대포 하나만 못한 것이 당대의

146) 崔在翊『少年韓半島』제1호「鑛物學問答 - 理科 總論」29쪽.

147) 崔在翊『少年韓半島』제3호「鑛物問答」31쪽.

148) 朴廷義『太極學報』제20호「化學初步」407쪽: 무연의 화학은 火綿을 薄延하여 제조하는 것인데, 연기가 없고 화력이 강렬한 화약이다. 그러므로 현재 각 문명국에서 무연의 화약을 발명하여 전쟁 시에 요긴하게 사용한다.

149) 會員 張志台『太極學報』제1호「石炭」41쪽: 석탄은 이 세상에 가장 널리 사용되어 여러 공장의 기계 운전과 기차 · 기선이 쾌주를 할 수 있었다. 이러한 결과가 나왔으니 오늘날 문명의 일부는 석탄의 덕이라 할만하다.

현실이기 때문이었다.

> 반드시 농업 · 공업 · 상업 등의 실업을 발달시켜 재산을 증식하며, 전기 · 화학 등의 실학을 연구하여 기계를 준비하며, 철학을 강론하고 해석하여 도덕을 양성하면 이제야 국부민강國富民强하여 흔들리지 않는 독립의 기초를 마련하게 될 것이다.[150]

김원극은 실학과 실업으로 국가적 실력을 양성할 것과 실제적인 학업에 힘쓸 것을 요구하였다. 그런 차원에서 실용적 양돈, 양계 등 축산 관련한 내용도 지속적으로 소개하고 장려하였다.[151] 서양의 기술과 기계의 정교한 발전이야말로 근대적 이용후생의 중요한 관건이므로 이를 받아들이는 것은 마땅하다고 하였다.[152]

> 공리공론을 배척하고 실학을 존숭하라. 실학은 곧 과학이니 과학의 보급이 오늘날의 급선무라 할 것이며, 과학을 발달시킬 것을 목적으로 하는 실학교가 설립되기를 바란다.[153]

한국은 과학을 발달시킬 수 있는 학교의 설립과 교육보다 절실한 것은 없게 된다. 신교육을 위한 제반 체제와 준비가 부족한 상황이었기 때문에 태극학보가 실질적인 교과서 역할을 할 수 있다고 내다보았다.

이러한 관점은 소년한반도도 마찬가지였다. 소년한반도가 서양 근대

---

150) 松南『太極學報』제22호「法律學生界의 觀念」88쪽.

151) 金鎭初『太極學報』제13호「養鷄說」388-390쪽.

152) 文一平『太極學報』제21호「體育論」21쪽.

153) 金英哉『太極學報』제20호「科學의 急先務」385-6쪽.

분과학문을 상세하게 소개한 이유는 근대 학문을 가르칠 학교 체계가 미흡한 상황이지만, 신학 교육의 필요성과 중요성을 강조하고 그 내용을 습득시키고자 한 것이다. 대한제국을 책임질 소년에게 절실히 필요한 것은 신학문의 교육을 통해 경제적 발전을 도모하는 것이었다. 그래서 양재건梁在謇은 모든 호에서 자제에게 신학문을 가르쳐야 한다고 강조하였다.[154] 교육방법도 힘들게 암송하는 방법이 아니라 다양한 교구를 사용하여 자연스럽게 학습해 나가는 것이 좋다고 하였다.

> 교수의 한 형식인 개발주의는 각종 사물을 이용하여 자연스럽게 발달의 심의心意를 개발시켜, 유사한 사례에도 두루 통하도록 하는 것이다. 주입주의는 힘들게 가르치는〔苦學〕 단련을 오로지 중시하나, 개발주의는 흥미 증진을 오로지 중시한다. 개발주의는 실로 근세 교육이 구 교육과 특별히 다른 점이다.[155]

교육방법뿐만 아니라 교육 내용이 달라졌기 때문에 새로운 교과를 통해 근대 지식을 익히고 공민의 공덕을 함양하는 것이 중요하다고 하였다.

> 교과의 종류를 논하자면 교수의 원리와 형식을 표현하여 인심을 개발하는 기구이다. 동서양의 구 교과는 제외하고 오늘날에 교과로 승인된 것은 윤리·어학·작문·지리·역사·수학·물리학·화학·동물학·식물학·습자·도화·체조·수공·음악 등의 과목이다. 그 가치를 논하자면 단체 자치의 한 공민公民이 되는 성품은 국가와의 관계가 중대하다.[156]

---

154) 梁在謇 『少年韓半島』 제3호 「教子弟新學」 6쪽.
155) 元泳義 『少年韓半島』 제5호 「教育新論」 2쪽.
156) 元泳義 『少年韓半島』 제5호 「教育新論」 3쪽.

교과목 가운데 주목할 것은 유학 경전을 가르치지 않고 서구 근대 신학문을 주요 교과목으로 한 점이다. 특히 눈에 띄는 것은 자연과학의 여러 분과의 내용과 특징을 구체적으로 제시하고, 수학 · 물리학 · 화학 등에 대한 교육을 통해 추리력과 사고력을 증진시킬 것을 요구한 점이다.[157] 서구 근대문명과 리학〔과학〕을 수용하여 문명한 부강국이 되고자 하는 염원은 곧 구학인 유학적 세계관을 탈각하고 과학적 사유를 토대로 신학을 구축하려는 노력으로 이어졌다.

사물과 현상에 대한 과학적 법칙인 리에 대한 학문적 성과는 곧 인간의 이익과 편리, 즉 상업적 이윤과 국가적 부강과 직결되어야 한다고 파악하였다.

> 이과理科에 대해 거듭 상세히 설명하자면 식물 비료의 성질을 알아야 배양의 방법을 연구할 수 있고, 금속의 단단한 정도에 근거해야 기구를 제조함에 편리한 여부를 생각할 수 있고, 흐르는 물을 응용해야 수거를 운전할 수 있고, 전기를 이용해야 전신과 전등을 설치할 수 있는 것 따위를 말한다. 그러므로 이과理科 학學의 진보에 따라 인류의 행복 증진이 매우 크다.[158]

이과 교과목 가운데 광물에 관한 연구 또한 인류에 미치는 효용성이 지대하므로 중요한 관심 분야로 인정받았다.

> 인류와 광물의 관계는 어떠한가? 광물계에 속한 것이 생물에게 미치는 관계가 지대하다는 사실은 구구절절 웅변이 필요하지 않아도 자명한 것이다. 그 가운데 큰 사례를 들어 간략히 논하자면 공기 · 물 · 빛 · 열은 인류뿐만 아니라

---

157) 元泳義『少年韓半島』 제6호「教育新論」3쪽.

158) 崔在翊『少年韓半島』 제1호「鑛物學問答 – 理科 總論」29쪽.

> 여러 생물에게 잠시도 없어서는 안 되며, 인류가 이 세상을 살면서 의식주의 원료를 광물계에서 구하는 경우가 많다. 그러므로 광물의 성질을 연구하여 관련성을 알고, 그 이용법을 강구하여 유용물을 지하에 묻어두지 말고 발굴하여 사회의 공공이익을 증진하도록 한다.[159]

김낙영金洛泳은 서구 근대과학을 소개하면서, 인류 문명의 진보란 곧 부강한 힘을 소유하는 것의 유무에 달려있고, 부강은 곧 과학의 발전과 기계의 발명에 달려있다고 하였다.[160]

> 이들 자연물의 성질을 탐구하고 현상과 이법理法을 명찰明察하는 것은 실제 생활에 필요할 뿐 아니라 이를 이용하면 자연력을 제어하여 인생의 개화를 증진케 하므로 현세現世 개화開化를 이해하는 데 빼놓을 수 없는 교과이다. 실로 실업의 발전과 물질적 진보는 전적으로 국민의 이과적理科的 지식 진보 여하에 달려있다.[161]

문명적 진보는 과학적 지식의 진보 여부와 일치하므로 서구 자연과학을 적극 수용하는 것은 당연한 일이다. 과학 지식의 효용성이 국가의 부강 여부와 직결되므로 더욱 그러했다. 박연의朴廷義는 화학 발전이 무기 개발 및 제국주의 침략으로 이어지는 현실을 간파하였고,[162] 장지태張志

---

159) 崔在翊『少年韓半島』제3호「鑛物問答」31쪽.

160) 椒海 金洛泳『太極學報』제12호「兒童物理學講談(2) - 뉴톤의 引力發明」312-7쪽. 포우생도 뉴턴이 우주 내에 引力이라는 힘이 있어 물체와 물체 사이에 항상 작동한다는 것을 알아내 만유인력을 발견했다고 하였다. (抱宇生『太極學報』제23호「物理學의 재미스러운 이야기: 뉴톤의 說」186쪽)

161) 張膺震『太極學報』제14호「教授와 教科에 對하여」461-2쪽.

162) 朴廷義『太極學報』제20호「化學初步」407쪽.

台는 석탄이 기차의 운행과 공장 가동 등에 큰 영향력이 있다고 하였다.[163] 이뿐 아니라 태극학보는 축산 관련한 내용도 지속적으로 다뤘는데, 돼지나 닭의 종류와 특징을 비롯하여 기르는 법을 상세하게 알렸다. 양계의 필요와 이익 등은 물론, 다른 나라와 계란과 닭고기 소비량을 비교하면서 영양 측면에서도 축산이 중요하다며 장려하였다.[164] 또 식림의 중요성을 산림의 효능 차원에서 소개하였다. 산림은 기후를 조절하고 강우를 많게 하며 홍수를 예방하고 수원水源을 만드는 등 그 효능이 극히 광대하므로, 삼림을 번식하고 보호할 필요가 있다고 주장하였다.[165]

과학 지식은 감각 · 지각 · 사고의 결과로써, 사물의 자연법칙을 알고 활용하여 재화를 생산함으로써 삶의 유용성을 높이는 것이다. 서양 근대 학문은 유학과는 달리 수학과 실험의 방법을 학문 연구에 도입했으며, 인과론적 설명 방식에 따라 개별적이고 독립된 개체들을 분류하고 이러한 분석을 토대로 종합하는 방법을 사용하였다. 자연계뿐만 아니라 인간 사회의 모든 현상을 원인과 결과의 관계로 설명하기 시작했고, 모든 변화와 운동 과정은 인과적 연쇄의 메커니즘으로 해석하였다. 과학혁명을 거치면서 장인들의 기술과 실험 결과를 학문 연구에 받아들였고, 이는 다시 과학에 추진력을 제공하였다. 과학혁명은 지식체계의 성격과 배치에 근본적인 변화를 불러왔다. '자연의 수학화' 를 실현한 과학혁명을 진원지로 하여 근대적 합리성이 지식 일반의 목표이자 방법론이 되어갔기 때문이다. 학문의 영역에서 볼 때 근대적 합리성은 유사한 것들을 엄격하게 분류하고 사물들 사이에 수학적 질서를 부여하는 것을 본령으로 하는 특

---

163) 會員 張志台『太極學報』제1호「石炭」41쪽: 석탄은 이 세상에 가장 널리 사용되어 여러 공장의 기계 운전과 기차 · 기선이 쾌주를 할 수 있었다. 이러한 결과가 나왔으니 오늘날 문명의 일부는 석탄의 덕이라 할만하다.

164) 金鎭初『太極學報』제13호「養鷄說」388-390쪽.

165) 浩然子『太極學報』제14호「理科講談(2)」471-3쪽.

정한 종류의 합리성으로, 그 밖의 것들은 배제함으로써 이성의 경계를 새롭게 구획한다. 이에 따라 주체와 객체의 분리가 명확히 전제되었고, 앎과 실천이 구별되었으며, 학문의 영역이 그 대상과 내용에 따라 세분화되었다.[166] 과학적 사유와 인식만이 참인 시대가 도래한 것이다.

3. 문명적 시선과 세계 인식

1) 문명국의 격물치지학

근대문명은 국경을 권역으로 닫히기도 하였지만, 자본주의 체제의 확산과 함께 세계로 뻗어나갔다. 서구 근대문명을 인식할 때 유럽 전체를 하나의 문명권〔泰西國, 西洋〕으로 보든지 영국이나 프랑스 등 개별 국가로 구분하여 인식하든지 간에, 서구와 비서구 혹은 문명과 야만이란 이분법적 사유에 근거한다면 '문명〔civilization〕'은 세계적 차원에서 유일한 문명적 전범이 되어갔다. 사회다윈주의적 사고가 급속히 확산하고, 자본주의 발달과 과학기술의 발달이 국가적 부강과 생존의 척도로 인식되고 제국주의 침략이 가속화되면서 국가주의적 인식도 더욱 분명해졌다. 근대 한국도 그들처럼 문명한 열강이 되거나 아니면 국권 상실의 위기를 극복하기 위한 자강自强의 방편으로 civilization을 받아들였다. 서구의 학문 · 기술 · 제도가 곧 선진문명으로 인식되면서, 그들처럼 되고자 하는 열망은 더욱 고조되었다.

개항 이후 서양에 대한 위기감과 함께 관심도 점점 깊어졌다. 최초의

---

166) 구장률『근대 초기 잡지와 분과학문의 형성』케포이북스 2012 25-6쪽 참조.

신문이자 문명개화론의 기관지 역할을 했던 《한성순보》(1883~1884)와 《한성주보》(1886~1888)는 당시 국가를 단위로 한 지구적 세계에 대한 지대한 관심과 격물치지학의 상관성을 농밀하게 보여준다. 《한성순보》와 주보는 태서泰西〔서양〕를 오랑캐나 금수가 아니라, 부강한 문명국으로 인식하였다. 이는 서구 근대문명을 새로운 하나의 전범으로 받아들이는 것이므로, 더 이상 성리학적 세계관을 자족한 보편 이념으로 여기지 않음을 의미한다. 개화사상가들은 서양이 문명하고 부강한 이유를 발견하고자 했으며, 군함과 전기를 비롯한 앞선 기술문명을 가능하게 한 원동력이 바로 학문의 발전이라고 판단하였다. 따라서 우리가 그들처럼 부강의 실효를 이루기 위해서는 무엇보다 서양의 발전된 학문과 기술을 습득하는 것이 필요하다고 보았다.

《한성순보》는 서양을 부강으로 이끈 학문 · 기술 · 제도와 관련된 기사를 게재함으로써 독자들에게 서양 문물의 중요성을 일깨웠다. 예를 들면 서양의 운수運輸는 부국강병을 이루는 근원일 뿐 아니라 문명개화로 나아가게 하는 길이기 때문에 '운수의 편리함이 없다고 한다면 재권財權과 이원利源이 모두 일어날 수 없을 것이며, 야만의 풍속〔蠻風戎俗〕도 변경할 수 없을 것이다.'[167]고 하였다. 천리와 강상윤리가 화이를 구분하는 준거가 아니라, 과학기술의 발달 정도가 문명과 야만을 가르는 기준인 것이다. 즉 서양 문물과 제도, 그리고 기계가 부강과 문명의 준거라면, 근대적

---

167) 《漢城旬報》 1884.2.17. 「各國近事」: 영국 格物博士 婁士例婁氏〔Lowiserou〕의 말을 인용하였다. "크도다, 運輸術의 사회 공헌함이여! 국내외 물산이 이것으로 인하야 성행하며 피차간 인간 친목이 이것을 연유하여 더욱 독실하며, 부국강병책이 이것으로 인하여 점점 성취되므로 문명개화의 근원이 이것으로 인하여 점점 발전된다. 만일 사회의 운수의 편리함이 없다고 한다면 財權과 利源이 모두 일어날 수 없을 것이며 蠻風戎俗도 변경할 수 없을 것이다. 중략 국가는 이것으로 부강해지고 민족은 이것으로 안락해지니 이것이 운수가 사회에 공헌함이 아니냐?"

문명성의 부재는 곧 야만적 풍속이 된다. 그렇다면 서구 과학기술은 적극적으로 수용해야 할 대상임은 자명하다. 즉 서양 근대문명은 우리에게는 '부재' 한 것이지만, 우리가 마땅히 취해야 할 장점이므로 수용해야 할 대상이지 양화론洋禍論을 내세워 배척할 것이 아니었다.

《한성순보》와 《한성주보》에 실린 일련의 기사들은 부강한 나라가 바로 문명의 나라임을 전제로 그들의 문명 사례를 배워야 한다고 주장하였다. 유럽 여러 나라에 대한 소개는 물론 그들의 부강한 문명과 그 원인에 대한 분석을 통해 우리도 그들처럼 부강한 나라가 되자고 하였다. 서양〔태서〕의 문명성에 대한 긍정적 시선은 척사론의 중화론으로는 포섭될 수 없는 지구적 세계의 발견과도 직결되었다. 중화주의는 해체되고 만국공법적 세계질서에 편입되었기 때문에, 근대적 지리와 세계에 대한 폭넓은 지식을 제공할 필요가 생겼다. 《한성순보》와 《한성주보》는 '서양에서 비롯하였다' 는 이유로 배척할 것이 아니라 실사구시를 위해 만국의 지리는 물론 세계에 대해 배우기를 강권하였다. 근대적 '실사구시' 는 유학적 도덕을 실현하기 위한 현실적 토대를 제공하는 것이 아니니, 성리학적 차원에서 시비를 논해서는 안 된다. 근대적 차원의 실사구시란 세계 각국에 대한 이해와 서양 문명의 수용을 통해 세계에 대한 견문을 넓히고 실제적인 효용을 창출하는 것이다. 이는 실사구시가 강상윤리와 같은 정덕 구현이 아니라 문명한 부강국을 목표로 한다는 것을 뜻한다.

> 비록 서양인에게서 나온 것이기는 하나 이치에 맞아 허황하지 않으니, 서양 사람이 한 말이라 하여 배척할 것이 아니다. 나는 동양의 제군자들이 쓸데없이 시비하지 말고 오직 실사구시만을 기약하여 만국의 지리에 대해 조용히 배우고 정신을 가다듬어 밝히기를 바란다. (중략) 경륜과 재지才智를 지닌 선비들이 함께 일어나 이를 토론하고 날로 분계憤啓한다면 어찌 다만 견문을 넓히고

지식을 밝히는 데 그치겠는가![168]

서양은 우리가 알고 배워야 할 대상이며, 서구 근대문명을 수용한다면 견문과 지식을 얻는 데 그치지 않고 국가의 부강을 도모할 수 있다고 예견하였다.

'지구'에 대한 과학적 정보와 오대주의 국가·지리·풍속·기후에 대한 개략적인 정보 제공은 견문을 넓히는 것에 국한되지 않았다. 《한성순보》와 주보는 아메리카의 역사·정치·지리·풍속[169], 미국의 역사·지리[170], 유럽의 역사[171], 유럽의 지리·정세[172], 아프리카의 지리·기후·풍토[173] 등을 소개하는 다양한 기사를 통해, 시선을 천하에서 세계로 이동 확장했다. 특히 세계 각국의 정치·경제·지리 및 각종 제도에 관한 내용은 호기심 차원이 아니라 세계정세와 문명을 이해함으로써 경제적인 이익을 도모하기 위함이었다. 외국 관련 기사인 각국근사各國近事와 외보外報가 압도적인 비중을 차지한 것도 이 때문이다.

서구와 비서구를 가르는 핵심적인 차이는 문명의 정수인 격물치지학의 효용을 갖추고 있는지였다.

이제 다 같은 사람이고 다 같은 물건인데, 우리가 그들〔태서인〕을 못 따라가는 것은 무엇 때문인가? 이는 단지 격물치지의 공력功力에 소루疏漏함이 있기

---

168)《漢城旬報》1883.10.31.「地球論」.

169)《漢城旬報》1883.11.20.「各國近事:아메리카주」.

170)《漢城旬報》1884.2.17.「各國近事:美國誌略」/《漢城旬報》1884.3.8.「各國近事:美國誌略續稿」

171)《漢城旬報》1884.1.30.「歐羅巴史記」.

172)《漢城周報》1886.3.1.「各國近事:유로부디약(유럽誌略)」.

173)《漢城旬報》1884.2.17.「各國近事:美國誌略」.

때문이다.[174]

격물치지학의 여부가 문명과 야만을 가르는 준거라면, 격물치지학은 국가 부강의 바탕이며 치국평천하의 근본인 것이다.[175] 격물치지가 치국의 근본인 것은 동일하지만, 그 실질적인 내용은 전혀 달랐다. 격치가 수신의 바탕이 되어 도덕성 차원에서 치국평천하를 구현하는 것이 아니라, 부강한 독립국 건설의 토대가 되는 것이었다. 격물치지학은 천리체인을 위한 즉물궁리나 성인의 글을 읽는 것이 아니라, 재화를 생산할 수 있는 과학 혹은 기술을 의미하였다.

> 격물치지格物致知는 치국평천하治國平天下의 근본이기 때문에 치국평천하에 뜻을 둔 사람은 반드시 먼저 여기에 힘을 써야 한다. 석공들이 조작하는 방법과 만물을 만들어내는 방법 가운데 다른 사람들이 깨닫기 어려운 것을 먼저 깨달아 알 수 있고 다른 사람들이 만들기 어려운 것을 먼저 만들어 낼 수 있다면 이것 또한 격물치지의 공효功效이다. 격물하여 치지할 수 있다면 생재生財에 대해 걱정할 것이 무엇이고 이용利用에 대해 어려워할 것이 무엇이며, 내수內修와 외교外交에 대해 두려워할 것이 무엇이겠는가?[176]

국가적 차원에서 격물치지학은 생재와 이용, 그리고 내수와 외교문제와 직결되기 때문에, 수양론을 내용으로 하지 않고 자물資物과 광물鑛物 개발과 같은 상공업의 발달로 환치되었다.

---

174)《漢城周報》1886.9.13.「論開礦」.

175)《漢城周報》1886.9.13.「論開礦」.

176)《漢城周報》1886.9.13..「論開礦」.

우리나라가 어찌하여 지금에는 땅에서 생산되는 것이 예전만 못하지 않은데도 재용財用은 늘 궁핍하고, 백성들의 소출이 전보다 감소하지 않았는데도 국가의 예산은 늘 부족한가? 이는 단지 격물치지를 두루 하지 않은 소치로 재리財利를 생산하는 방법을 연구하지 않은 탓이다.[177)]

우리나라는 격물치지를 두루 하지 않고 재리財利를 생산하는 방법을 연구하지 않아 재용財用이 궁핍하게 되었다고 평가하였다. 따라서 부강한 문명국이 되는 길인 격물치지학 수용은 당대의 시무라고 주장하였다.[178)]

번역된 '격물치지학'은 우리가 그들처럼 문명하지 않다는 점, 그리고 그들의 문명성을 수용해야만 그들처럼 문명해질 수 있다는 것을 여실히 보여주었다. 또한 서구 근대문명의 원천이 되는 학문과 과학 그리고 선진 기술을 수용하는 것이 급선무라는 생각을 담고 있었다. 격물치지학은 그들이 앞선 문명을 수단으로 삼아 위력적 힘의 과시로 위기를 몰고 왔지만, 역으로 그들처럼 문명화함으로써 독립국가를 건설해야 한다는 목표를 심어주었다.

한편으로 서구 열강의 문명적 우월함이 사실은 경제적 · 군사적 부강에 기인한 것임을 갈파하고, 그것이 곧 제국주의 침략이라는 점도 분명히 인식하였다. 《한성순보》는 "저들이 부강함만 믿고 오만한 것은 오직 공상工商의 이익과 함포艦砲의 위력에서 나온다."[179)]고 하여 그들 문명이 지닌 야만성을 보았지만, 그에 대응할 만한 구체적 힘을 갖지 못한 국권 상실의 위기는 문명을 통한 자강의 실현에 대한 열망을 더욱 부추겼다.

개화파는 약육강식의 국제정세에서 동양제국이 구규舊規만 지켜서는

177)《漢城周報》1886.9.13.「論開礦」.
178)《漢城旬報》1884.3.18.「各國近事: 各國學業所同」282쪽.
179)《漢城旬報》1984.3.8.「各國近事:歐洲와 亞洲 比例說」.

안온자수安穩自守할 수 없게 된 현실을 직시하였다.[180] 근본적인 대안은 그들처럼 문명국이 되는 것이며, 문명의 기초는 바로 격물치지학 수용이라고 판단하였다. 그들의 격치학을 수용하고 학습함으로써 그들처럼 자강한 문명국이 될 수 있다고 판단했기 때문에, 서양식 학교 제도를 도입하는 것이야말로 중요한 급무였다. 갑오개혁으로 과거제가 폐지된 이후 신학문을 교육하는 문제는 더욱 구체화하였다. 옛 규정〔舊規〕만 고수하지 말고, 저들의 장점을 취하여 우리의 단점을 보완하여 부강해지도록 노력하지 않으면 안 된다고 주장하였다.[181] 특히 서양의 전문교육기관으로서 기예원技藝院〔기술교육기관〕과 격물원格物院〔역학力學과 화학 등을 가르치는 과학교육기관〕을 소개하면서, 일본 또한 외국인 교사를 초빙하여 서구 근대 학문을 교육한 후 국가의 근간을 마련하였다고 하였다.[182]

하지만 신학문을 가르칠 교사와 교과서가 구비되지 않은 상황이었다. 일제 침략이 본격화되기 시작한 1906년 태극학보와 소년한반도의 발간은 신학문에 관한 교과서 역할을 담당하였다. 태극학회는 '태극'을 개념으로 한국의 정신을 담아내고자 했으며, 한편으로는 '문명화'를 한국이 지향해야 할 방향으로 여겼다. 성리학은 근대적 전범이 될 수 없었으니, 문명은 세계를 인식하는 준거였을 뿐만 아니라 새로운 시대의 척도가 되었다. 문명에 대한 인식은 상공업 시대의 도래와 국가 부강의 중요성을 자각하게 하였다. 김지간金志侃은 개인 및 국가의 문명과 행복을 도모하기 위해서는 학교를 설립하여 인재를 양성하고, 또 외국에 유학시켜 신학문을 수입하며 실업을 발달시켜야 한다고 촉구하였다.[183]

---

180) 金玉均『甲申日錄』1884.11.29.

181)《漢城周報》1886.2.1.「論學政」第二.

182)《漢城旬報》1884.4.16.「技藝院」·「格物院」참조.

183) 金志侃『太極學報』제18호「文明의 準備」234-6쪽.

정제원과 이원익 등은 서양이 문명국임은 자명한 사실이며, 우리도 그들과 대등한 문명한 부강국이 되도록 힘써야 한다고 생각하였다.

> 지금 시대의 급선무를 아는 준걸이라면 누가 서양을 문명국이 아니라 할 것이며, 우리나라를 진보하게 함에 서양 각국과 더불어 대등하게 하고자 하지 않을 것이며, 필시 먼저 우리나라의 문명 진보를 구함에 서양 문명과 더불어 서로 대등하게 하려 하지 않으리오.[184]

> (一) 우리 대한제국大韓帝國의 기초가 반석같이 굳건하고/ 문명의 운영과 부강의 기약이 조수潮水처럼 밀려와/ 만국 중에 우등으로 영원무궁하리라.[185]

문명적 시각에 입각하면 할수록 서구와 비서구 및 한국의 차이는 더욱 극명하게 드러났다. 근대적 문명은 서구 열강에는 있으나 우리나라에는 부재하였고, 그들은 선진문명을 향유하지만 우리는 열등한 야만상태에 놓여있었다. 이러한 근대문명 인식은 유학과 중국에 대한 인식에도 큰 변화를 불러왔다.

2) 성리학의 문명적 혼몽昏懜

기존의 사유체계와 전혀 다른 서구의 근대적 과학적 사유 구조를 수용한다는 것은 곧 유학에 대한 비판적 성찰과 직결될 수밖에 없었다. 우리가 수용해야 할 문명의 빛은 격물치지학을 비롯한 신학에 있지 태극이나 천리의 체득에서 비롯하지 않기 때문이었다. 오히려 유학은 부강한 문명

184) 鄭濟原 『太極學報』 제16호 「文明의 精神을 論함」 79-80쪽.
185) 李源益 『太極學報』 제10호 「愛國歌」 197쪽.

국이 되지 못한 원인으로 지목되었다. 즉 유학은 허문만을 숭상하고 실사구시를 잘하지 못했을 뿐만 아니라 격치학의 목적과 효용을 알지 못했기 때문에 국세가 약해지고 민생이 도탄에 빠지게 되었다고 비판하였다. 개화파는 쇄국주의를 고수했던 척사론을 비판하였다. 개화를 통한 문명화를 추구했던 개화파들에게 근대적 삶을 해명하지 못하는 유학적 도덕의식을 고수하는 것은 무의미했다. 국가의 존망보다 유학적 도덕문명을 지키는 것이 중요하다는 화서의 시대 인식 또한 국경을 삶의 범주로 하는 국가체제에서는 무력하였다. 과학기술은 불온한 정교함이 아니라 부국과 자강의 지선지미至善至美한 수단이었다. 우리도 그들처럼 될 수 있으니 오직 노력 여하에 달려 있다고 적극 권장하고,[186] 유럽인의 과학기술을 적극적으로 교육해야 한다는 주장은 자연스럽고 당연한 귀결이었다.[187]

서양 문물을 근대적 전범으로 환치되는 순간, 서양적이지 않은 모든 것은 곧 야만이 된다. 야만은 벗어나야 할 상태인 반면 문명은 추구해야 할 과제이다. 유럽 열강들이 부강을 독점하고 있는 것은 백성들이 생산을 제정하여 재화를 증식하고 그 방법이 치밀하여 기계의 기교技巧에 의존하고 있지만, 우리는 인력人力과 사람의 손으로 하기 때문에 졸렬하고 느리고 무디며, 안타깝게 구규舊規만을 지키고 있으니, 하루빨리 그들의 장점을

186) 《漢城周報》 1886.2.1. 「論學政 第二」: 우리나라 사민은 신체의 강건과 지식의 발달이 유럽 사람에 비해 그렇게 뒤지지 않으니, 그들로 하여금 정신을 모아 강구하고 논란하게 한다면 구해서 얻지 못할 것이 무엇이며, 배워서 이루지 못할 것이 무엇이겠는가! 유럽 사람들이 재화를 증식시킨 것은 하늘에서 떨어진 것도 아니고 땅에서 솟아난 것도 아니며 귀신이 가져다준 것도 아니다. 오직 人功의 노력 여하에서 생겨진 것이다.

187) 《漢城周報》 1886.2.15. 「論學政 第三」: 우리나라는 성명과 의리의 학문에는 그 법이 완비되었다고 말할 수 있지만, 錢穀 甲兵의 기술과 農 工 商賈의 설에 대해서는 고루 갖추었다고 할 수가 없다. (중략) 그렇다면 우리나라도 응당 학교를 설립하여 언문으로 학생을 가르쳐야 한다. 또 공맹 성현의 책에서부터 유럽인의 殖貨術에 이르기까지 모두 언문으로 번역하여 가르쳐야 한다.

취하여 우리의 단점을 보완해야만 부강을 이룰 수 있다고 주장하였다.[188] 누구보다 선비들이 격물치지학과 신학술을 배울 것을 권장하였다.

> 선비들은 격물치지에 어둡고 상공 · 농업 · 의학 등의 학문을 외면하고 신분적 우월감에 젖어있다. 근래에 개발된 신학술을 한글로 번역하여 가르치므로 사대부 가문에서는 입학하기를 수치스럽게 생각한다.[189]

서구 근대문명과 과학을 수용하지 않을 수 없는 까닭은 제국주의 침략을 제지할 길이기 때문이며, 그들을 제어하지 못하는 것은 바로 실학에 힘쓰지 않고 허문虛文에 매몰된 탓이다. 허문은 노자나 장자와 같은 허황한 말, 당나라의 시부 따위이지만 실학은 전선으로 통신하고 기선으로 항해하며, 총포로 위엄을 떨치고 화학으로 온갖 것을 만드는 과학기술이라고 대비하였다.[190] 전근대의 지적 유산은 '허문'에 지나지 않으나 과학기술은 근대적 실학이었고, 유학 역시 예외가 아니었다.

이러한 문명 인식은 타자와 구별되는 주체의 정체성을 해명해 줄 역사적 자산 또한 혼몽昏懜한 꿈으로 치부함으로써 문명의 빛은 더욱 찬연하였다. 사천 년이 꿈이라면 유학 역시 시대적 격변을 통찰하고 방향을 제시하는 시대정신이 아니라 그저 혼몽한 사상에 불과하다.

> 잠을 깨세 잠을 깨세 / 사천 년이 꿈속이라.
> 만국이 회동하여 / 사해가 일가로다.
> 구구세절 다 버리고 / 상하동심 동덕하세![191]

---

188)《漢城周報》1886.2.1.「論學政」第二.

189)《漢城周報》1886.1.25.「論學校」第一.

190)《漢城旬報》1884.3.27.「各國近事:이태리가 날로 성해지다」.

《독립신문》은 결핍된 타자인 자기 자신을 더욱 선명하게 보여주었다. 우리는 지금 도무지 예의염치를 모르고 짐승과 다름이 없이 흉포한 일만 행하는 야만국에 지나지 않는다고 지적하였다. 대한의 야만적 징표들은 '수치' 이므로, 단점을 버리고 서양의 장점을 취해야만 문명 진보할 수 있다고 진단하였다.[192] 어두운 백성을 열어 문명개화를 도모하는 것이 신문의 역할이라고 자임했던 《매일신문》도 우리나라가 문명국의 정교 전략과 풍속의 진미眞美함을 모방하여 개명할 기초를 일신日新해야 한다고 주장하였다.[193] 우리는 그들의 빛을 따라 열려야 할 대상이었으니, 그 빛은 물질문명에 국한되지 않고 정치 · 종교 · 풍속 등의 문제로 더욱 확장되었다. 우리가 새롭게 배워야 할 유럽은 지리적 공간 이상의 의미를 내포하였다. 유럽과 미국은 단순히 오대양 육대주의 일부가 아니라 지리적으로, 그리고 정치적 문화적 중심이었다. 과학적 사유와 격물치지학은 유럽 중심적, 백인 중심적, 문명 중심적 인식의 중추적 역할을 하였다.

과학을 비롯한 신학 수용은 일본 유학생을 통해 더욱 구체적으로 논의되었고, 유학에 대한 비판도 깊어져 파괴의 대상으로 지목되었다. 양재건梁在謇은 구사회의 추악한 정치와 부패한 법령 및 사회적 악을 제거하는 방법은 오직 '파괴' 뿐이라고 강조하였다. 설사 유학적 선정善政이나 양법良法과 규약이 있었을지라도 실천하지 않은 까닭에 속수무책인 상황을 직시하고 이를 파괴해야만 한다고 주장하였다.

> 그렇다면 어찌해야 하는가. 첫째도 파괴요 둘째도 파괴라 하겠다. (중략) 우리 제국의 이천만 동포들아! 그대들도 우리 소년한반도의 집주인이 아닌가. 청

191) 《독립신문》 1896.5.26. 「안주 이중원」
192) 《독립신문》 1899.2.23. 논설.
193) 《매일신문》 1898.4.15. 논설.

> 컨대 우리 구사회의 부패와 결렬을 보이고자 한다. 비록 선정이 있어도 어찌할 수 있는가. 말이 행실을 돌아보지 않고 행실이 말을 돌아보지 않는데 어찌할 수 있는가. 비록 양법이 있어도 어찌할 수 있는가. 법이 백성에게 신뢰받지 못하고 백성이 법을 신뢰하지 못하는데 어찌할 수 있는가. 비록 미규美規가 있어도 어찌할 수 있는가. 까마귀가 희고 고니가 검다고 하고, 화가 좋고 복이 나쁘다고 하는데 어찌할 수 있는가.[194]

상호尙灝는 부강한 독립국가를 건설하기 위해서는 무엇보다 기존의 왕조 체제 사상을 고쳐야 한다고 보았다. 사농공상의 신분제적 위계질서에 매몰되어서도 안 될뿐더러 쇄국주의와 집안의 영달을 위한 출세지향주의를 고집해서는 신사상 수용 및 국가 관념 강화가 어렵기 때문이다.

> 예로부터 쇄국주의를 고수한 탓에 호불호를 불문하고 외국 인사와 물품을 꺼리며 배척하는 사상이 굳건하다. 외국에 대한 지식이 전혀 없어 국가에 대한 관념이 매미 날개보다 얇고 집안에 대한 일념이 비단실보다 두터우니, 지금도 출세하면 굳이 가문의 이름부터 밝힌다. 국가의 쇠퇴와 패망은 아랑곳하지 않고 제 집안의 부유와 영달 추구를 이 세상 제일의 행복으로 알고 있으니, 아! 가련한 일이다.[195]

상호尙灝는 소년을 근대적 문명과 부강을 구현할 주체로 부각시키고, 유학적 세계관을 고집하는 부로父老는 시대적 격변에 능동적으로 대처하지 못한다고 하여 소년의 책임이 더욱 막중하다고 강조하였다.

194) 梁在謇『少年韓半島』제4호「파괴주의를 논하다」7쪽.

195) 尙灝『少年韓半島』제2호「工學 – 思想을 改하라」36쪽.

한반도의 장래 세계는 우리 소년의 세계이니, 우리 소년이 성장할 때 전적으로 관리할 것이다. 지금 세계를 현재 장년 부로父老가 관리하나, 장래의 세계는 우리 소년이 장차 계승하여 처리할 것이다. 그렇다면 장래 이 세계를 전수받아 그 보관과 처리의 책임을 담당할 자는 오직 우리 일반 소년이다. 그러니 마침내 감당할 책임이 어찌 중대하지 않은가.[196]

유학을 비롯한 왕조의 낡은 사유와 체제 전체가 '파괴'의 대상으로 지목받았다. 한국은 문명 및 생존경쟁에서 우위에 설 수 있는 요소가 부재하여 혼몽한 상태이기 때문에,[197] 유림은 정치 이념을 실현할 사회적 주체가 아니라 혼몽한 상태에서 깨어나야 할 계몽의 대상이었다. 태극학회는 문명화의 선봉에 서있다고 자임했으며, 그들의 학술 활동이 곧 애국이라고 생각하였다. 김보현은 근대적 학문 교육은 문명적 새벽을 알리는 행위로서 문명 진보는 물론 열강과 같은 반열에 올라 침략의 위기를 벗어날 방책이라고 주장하였다.

여러분들이 광채를 발하고 종소리를 울려 새벽을 알리는 행위는 한편으로는 교육의 일을 장려하여 백성들과 더불어 날로 문명을 진보시키며 한편으로는 애국의 충심을 격발시켜 국가의 기초를 공고하게 한다. 태극학회는 오직 우리 이천만 동포 중 여러 선각자들의 고명한 식견이 이룩한 큰 공로이자 업적이다.[198]

---

196) 趙炳義『少年韓半島』제4호「警告少年韓半島」43쪽.

197) 宋錫峻『太極學報』제4호「雜報 - 北米桑港共立協會總會長 宋錫峻氏寄函」268쪽: 미국에서 학보를 받아보고 샌프란시스코 공립협회 총회장인 송석준이 보낸 편지에, "한 줄기 태극의 광선이 2천만 동포를 春夢에서 깨워냅니다."고 하여, 태극학보의 내용이 동족을 보호하며 충군애국을 권면하여 학업을 장려하며 환난을 구제하려는 공립협회의 설립 목적과 다르지 않다고 하였다.

김보현金普鉉은 문명과 과학 지식을 수용하면 곧 부강한 근대국가를 건설할 수 있다고 예견하였는데, 연구생도 같은 견해를 밝히기도 하였다.[199] 따라서 그들은 한결같이 사회다윈주의적 관점에 따라 제국주의 침략을 세계적 대세로 용인하였기 때문에, 우리도 꿈에서 깨어나 서구 열강과 같이 문명을 일으키고 생존경쟁의 장에 나설 것을 촉구하였다.

> 우리 이천만 동포여! 사천여 년 도화원 속에 태평을 안락하게 누리던 단꿈을 속히 깨고, 구미 각국을 빛으로〔照〕 삼아 교육에 열심하고 실업에 종사하여, 아국 문명을 다시 일으키고 생존경쟁의 장에 빨리 내딛기를 바란다.[200]

해외 유학생은 문명의 실제적 위력과 과학기술의 발달을 목도하고 압도당하여, 과학 발전이 곧 문명적 진보를 담보하는 길이라고 판단하였다. 근대문명과 과학적 사유 및 과학과 기술을 수용하여 경제적 발전을 이룩하는 것이 독립의 방도이며 애국이라고 본 것이다. 따라서 애국과 문명화의 기초로서 근대 교육, 특히 자연과학과 실용적 기술 수용을 독려하였다.

'과학〔이학, 격물치지학〕' 은 분과학문이란 의미로서, 자연과학뿐만 아니라 법률·심리학 등을 포괄하는 개념으로 사용되었다. 그런데 이학理學의 '리理' 는 소이연과 소당연의 천리라는 성리학적 맥락을 탈각하였다. 이과는 자연과학의 전문적 수준보다는 수준이 비교적 낮은 교육 내용을 의미하여, 보통학교와 중학교에서 가르치는 자연과학 분야를 의미하였

198) 金普鉉『太極學報』제5호「恭賀太極學報創立(寄書)」286-7쪽.

199) 研究生『太極學報』제17호「學問의 目的」167쪽: 문명 각국에서 '학문' 이 있는 사람만큼 고등한 지위를 점유한 자가 없는 까닭에 우승열패의 경쟁장에 서고자 하는 자라면 오로지 학문만 닦는다. 오늘날 전문교육이라는 것은 분명 사람에게 직업을 가르치는 것이라 해도 무방하다.

200) 張弘植『太極學報』제2호「我國의 實業觀(寄書)」125쪽.

다. 성리학에서 음양오행을 의미했던 '기질' 또한 그 함의가 달라졌다. 기질은 기원후 2세기경 로마인 갈레노스란 의학자가 인간 신체의 중요한 액체가 있는데 그 가감加減으로 구성된 것이 인간의 기질이라고 정의하였다고 소개하였다. 이에 따라 인간은 네 가지 기질로 분류할 수 있으니, 다혈질 · 신경질 · 담즙질 · 호액질이라고 하였다.[201] 그리고 자신의 기질에 따라 전문 분야를 선택하는 것이 좋다고 보았다. '물리'란 용어 또한 즉물궁리적 맥락을 탈각하고 자연현상의 물리적 법칙이란 의미로 사용되었다. 초해생椒海生은 칠흑처럼 어두운 밤에 폭풍우가 온 강산을 구분할 수 없을 만큼 극심할 때는 누구나 환한 대낮을 기약할 수 없지만 새벽닭이 울면 동쪽에서 어김없이 해가 뜨는 것을 "물리의 순환이 이와 같다."고 언표하였다.[202]

격치가는 성인군자처럼 성리학적 수양을 실천하는 자가 아니라 자연에 대한 과학적 탐구인 이학 혹은 과학을 연구하는 과학자를 가리켰다.

> 모든 물체를 다수의 단순한 물질 원소로 나누어 오늘날까지 격치가格致家가 우주 사이에서 발견한 원소가 총 75종에 이른다. 그러므로 오늘날 지구상에서 우리가 일상적으로 접하고 수용하는 바, 대개의 물체는 이 75종 원소가 상호 결합하여 조성된 것이다.[203]

과학이 곧 근대적 실학이라고 단언한다면, 유학은 공론에 지나지 않으며 참된 학문이 아니므로 탐구할 가치가 없다.

---

201) 硏究生 『太極學報』 제19호 「靑年의 心理學應用」 339쪽.
202) 椒海生 『太極學報』 제19호 「靑年의 得意」 308쪽.
203) 編輯人 張膺震 『太極學報』 제1호 「空氣說」 37쪽.

오늘날에도 우리 한국인은 철리정치哲理政治에만 열성을 다하고 과학과 실학에 대해서는 함부로 경시하여, 학문이라 하면 치국평천하만 생각해 법률과 정치 등의 학문 닦기에 열중하고 실업을 버려둔 채 돌아보지 않아서 실제와 실력을 쌓지 못하고 공리공론만 들뜨니 국민의 자제들이 공론가空論家가 되어 비참한 현실에 처해 있다. (중략) 공리공론을 배척하고 실학을 존숭하라. 실학은 곧 과학이니 과학의 보급이 오늘날의 급선무라 할 것이며, 과학을 발달시킬 것을 목적으로 하는 실학교가 설립되기를 바란다.[204)]

호연자浩然子는 인류가 자연물을 과학적 탐구 대상으로 삼아 지식을 확장하고 더 나아가 실제 생활에 도움을 주는 실업의 발달로 나아가게 하는 것이 이과 교수의 목표로 보았다. 그러므로 자연과학적 탐구나 지식과 거리가 먼 고문古文을 가르치는 것은 바람직하지 않다고 여겼다. 특히 그는 유학사상에 침잠하여 국가 정신이 부족하게 되었다고 지적하였다. 당대는 독립국가 건설이 급무이기 때문에 국가사상과 애국심의 결여는 심각한 문제일 수밖에 없었다.

우리 부로父老가 삼천 년 동안 고루한 유교만 숭배하여 형식주의를 주장하고 참되고 실질적인 미〔成美〕를 취하지 않으며 개진改進을 계책하지 않아, 청년 자제의 청결한 정신에다 공맹을 깊이 새겨〔印刻〕 자국사상自國思想을 부족하게 하니, 이는 부로父老 여러분이 완강하고 사리에 어두운 잘못이 아닌가.[205)]

호연자는 유학을 맹종하는 부로가 세계적 변화를 도외시하여 외국의 발호를 막지 못한 것은 무능함을 드러낸 것이며, 신학문을 교육하여 시대

204) 金英哉『太極學報』제20호「科學의 急先務」385-6쪽.
205) 浩然子『太極學報』제22호「우리 父老여」89쪽.

를 구제하지 않은 것도 사심에 기인한 것으로 공덕과 공리에 어두운 것이며, 실업을 독려하지 않은 것 역시 용렬한 잘못이라고 비판하였다.[206)]

수양론적으로 중요한 개념이었던 '성誠'도 국가의 흥망성쇠와 연관하여 이해하였다. 성리학에서 인도人道의 핵심인 지성至誠은 언비어약이란 천일합일적 세계를 지향한다. 즉 인간의 도덕성 함양을 통해 지어지선의 경지에 이르고자 한다. 그런데 김홍량金鴻亮은 '지성'을 근대적 맥락, 특히 비보호국 국민의 성품 차원에서 이해하였다. 그는 지성이 여러 미덕과 큰 능력을 온축한 자의 성품이 달성된 것을 가리킨다고 하고, 지성이 있으면 죄악과 허위를 물리치고 자유를 모독하는 자를 물리칠 수 있다고 하였다. '금일今日의 영웅호걸'로 추앙받는 것은 모두 지성의 산물이며 그들의 활동 역시 지성의 활동이라고 하였다.

> 저 만고의 성웅聖雄인 조지 워싱턴은 농민 출신으로 독립군의 총독을 자임하고 자기 민족을 노예에서 해방시켰으며, 마르틴 루터는 나무꾼 집안에서 성장하여 천제天帝의 권한을 장악한 당대의 교황을 파문하고 신교新敎를 처음으로 내세워 현대사회를 일변토록 했으니, 저들도 지성의 능력을 통하지 않았더라면 이러한 위업을 달성할 수 없었을 것이다. (중략) 우리도 지성만 가지면 새로운 토지를 개척하며 죽은 자유도 되살아날 수 있을 것이니, 외부의 적과 내부의 원수만 원망하지 말고 지성으로 기초를 공고히 닦아야 한다.[207)]

국가적 위기를 타개할 영웅 혹은 주체는 유림이 아니라, 독립 정신과 국가 정신을 갖춘 개인으로 그러한 개인이 많아질수록 문명을 발달하고 국기國基는 튼실해진다고 하였다.

---

206) 浩然子『太極學報』 제22호「우리 父老여」 89-91쪽.

207) 金鴻亮『太極學報』 제20호「至誠의 力」 378쪽.

> 우리 중에 독립하는 개인이 늘어날수록 국가의 실질이 견고해지고 개인의 활동이 커질수록 국가기관이 점차 확장될 것이니, 마침내 개인의 자주독행은 전 국민의 전제이고 개인 독립의 총합이 국가의 독립이다. 그렇다면 나라의 문명과 야만은 인민 각자의 문명과 야만을 통하여 확정되고 나라의 성쇠 흥망은 인민 각자의 자주독행을 통하여 결정된다.[208]

그러므로 소년을 제대로 교육하는 일이 중요하다고 보았다. 국가 문명이 발달하기 위해서는 소년을 교육하되 유학 경전을 가르쳐서는 안 되고 근대 교육을 해야 한다고 하였다.

> 오직 국가 문명이 발달하냐 아니냐는 국민의 지식과 재덕이 갖추어졌는가 아닌가에 기인하니, 소년 국민교육 이 한 가지 일은 하루라도 소홀히 할 수 없다. (중략) 설사 학당에 보내 공부를 시키더라도 천자문과 한당고시漢唐古詩 등 시대에 뒤떨어진 것을 처음부터 전수하여 생기발랄한 소년의 머리〔新腦髓〕에 싫어하는 진부한 기운을 깊이 남기는 자도 있다.[209]

성리학적 자산이 파괴의 대상으로 전락하고 성리학의 핵심 개념이 신학을 이해하는 용어로 재해석되면서, 유학은 낡고 쓸모없는 '구학'이 되었다. 유학의 도덕이 문명적 전범이 아니라는 시각은 중국 인식에도 직접적인 영향을 미쳤다. 조선 후기 소중화 의식이 문명적 자존 의식을 드러낸 것이었으나, 중국 중심의 중화 문명을 보편으로 전제한 것이었다. 아편전쟁과 청일전쟁을 통해 역사적으로 중화주의가 해체되었다. 그런데도 여전히 중화주의를 근거로 세계를 인식한 척사론은 근대적 격변을 직시

---

208) 牡丹山人『太極學報』제21호「自主獨行의 精神」15-6쪽.

209) 石蘇 李東初『太極學報』제16호「少年國民의 養成」86쪽.

하는 데 한계를 드러낼 수밖에 없었다. 밖으로부터 온, 새로운 문명의 시선은 중국에 대한 인식을 변화시켰다. 중국 또한 하나의 개별 국가에 지나지 않았으며 우리가 따라야 할 전범은 더더욱 아니었다.[210] 더욱이 중국은 선진문명국도 아니며 서양만 못하다는 것은 자명한 사실이었다. 그래서 중국이 서양보다 문명적으로 열등한 원인을 찾고자 하였다.

> 오늘날의 형세로 말할 것 같으면 서양 여러 나라만 못하다. 수천백 년 전부터 흥하여 천하를 주름잡은 중국이 어찌 유독 물산이 부족하고 인재가 그들만 못하겠는가? 또 어찌 천시天時를 만나지 못해서 그러겠으며 지리地利가 그들만 못하겠는가? 이는 서양에는 법이 있으나 중국에는 법이 없기 때문이다. 왜 서양에는 법이 있다고 하는가? 처음에 서양 사람들은 인력人力이 부족하다고 생각하였기 때문에 생물生物의 힘으로 대신하였고 생물의 힘도 오히려 모자라기 때문에 증기의 힘이 생물의 힘보다 백배나 세다는 사실을 알았다. 그러나 어디에 써야 할지를 몰랐다. 생각하고 생각한 나머지 윤기輪機가 이루어졌다. 또 천문·지리·과학 등의 학문을 연구하여 한 사람이 창제하면 백 사람이 쓰고 앞 사람이 개발하면 후세 사람이 이어 연구하고 한두 나라가 시행하면 수십 나라가 본받아 더욱 정밀해지고 더욱 진선진미하게 되었다.[211]

중국의 많은 문제점의 근본 원인은 과학의 실제가 없기 때문이므로 서양 문명을 적극적으로 수용해야 할 처지에 놓였다고 판단하였다. 중국이 왜 서양만 못하는가에 대한 진단은 우리는 중국과 같은 우를 범하지 말아

---

210) 《漢城旬報》 1884.7.3. 「治道略論」: 중국은 仕途를 고치지 않고 天治를 닦지 않고 武職을 정비하지 않고 兵丁을 바로 잡지 않고 民情을 염려하지 않고 民需를 도와주지 않고 國勢를 振作시키지 아니하며 人心을 다스리지 않으면, 열 가지 병을 안고 캄캄한 가운데 다스리려 하는 形像과 같다.

211) 《漢城旬報》 1884.6.4. 「富國說」下.

야 한다는 경각심을 담고 있었다.[212] 중국에 대한 시선 변화는 한국이 만국공법 체제에 편입된 것과 함께 서양 제국이 문명적 전범으로 받아들여졌다는 것을 의미하였다. 서양이 문명적 전범이 될 수 있는 것 역시 자원화한 자연과 기술적 통제를 통해 정교한 물품을 생산하는 데 있다고 판단했기 때문에, 격물치지학을 수용해야 한다는 것은 의심할 여지가 없었다.[213] 중국은 서양에 비해 더 열등하다고 평가한 반면, 일본은 메이지유신 이래로 서양 문명을 흡수하여 국가적 진보를 이루었다고 보았다. 심지어 체력이 국력인 시대에 일본은 서구 열강처럼 체육을 장려하여 우아한 기상과 용감한 정신을 기르고 있다고 소개하기도 하였다.[214] 일본에 대한 긍정적 평가와 함께 일본이 동양의 맹주라는 인식 또한 자연스럽게 스며들었다.

3) 문명적 중심의 교체와 '동양'

서구 근대문명과 그 정수인 격물치지학은 야만을 문명으로 변화시키는 강력한 힘이 있다고 판단하였다. 선진문명의 유무가 국가의 생존 및 독립 문제와도 직결되었으니, 서구 열강의 위력과 제국주의 침략이 이를 여실히 보여주었다. 격물치지학은 객관 사물에 대한 과학적 탐구란 의미를 담은 번역어였지만, 성리학의 근간을 해체하면서 타자에 대한 인식 변화를 초래하였다. 서구의 물리적 위력, 그리고 반식민지로 전락한 중국과

212) 《漢城旬報》 1884.6.4. 「富國說」下.

213) 《漢城旬報》 1884.5.25. 「富國說」上.

214) 文一平 『太極學報』 제21호 「體育論」 24쪽: 일본도 체육이 매우 빠르게 진보하여 오늘날 굳세고 사나움을 이루었다. 이로 말미암아 보건대 체육이 개인의 정신적 측면에 밀접한 관련이 있을 뿐만 아니라 국가의 운명에 중대한 영향을 끼치니, 이를 어찌 소홀히 하겠는가.

문명화에 성공한 새로운 모델로 급부상한 일본, 그리고 개항을 둘러싼 국제정세의 변화는 화이론적 세계관을 무력화시켰다. 중국과 서양에 대한 인식 변화는 곧 아시아 혹은 동양에 대한 인식과 직결되었다. 중화주의 해체는 곧 천하로 인지되었던 아시아 혹은 동양을 서양과 대비되는 지역으로 재배치하였고, 따라서 서양과 동양, 문명과 야만, 허학과 실학이란 대비는 사회다윈주의적 세계를 더욱 선명하게 각인시켰다.

> 동양제국 같은 곳은 토지만 구주보다 배가 될 뿐만 아니라 그 물산物産의 번성함이나 인민의 다중多衆함이 실지로 구주보다 훨씬 앞선 위치에 있다. 아주亞洲의 물산과 인수人數가 이처럼 훌륭하고 이처럼 많은 데도 유독 부강을 구주에 빼앗기고 참혹한 모욕을 당하는 것은 무슨 까닭인가? 그 이유를 궁구해 보면 저들이 실학實學을 일삼을 때 우리는 허문虛文만 숭상했기 때문이다. 여기에서 실학이란 바로 과학 한가지이다. 만약 동양 모든 국가의 재주 있는 학자들에게 여기에 종사할 조건을 제공하고 연구하게 한다면 이것은 곧 동양제국이 약함에서 벗어나 강함으로 옮아가는 일대 기회가 될 것이다. 그러나 어떤 이는 '동인東人으로서 서학을 배우는 것은 이적夷狄의 것을 시용施用하여 화하華夏를 변하게 하니 좋지 않다.' 고 말하니, 슬프다![215]

문명의 이념과 중심의 전환은 전근대와 근대를 가르는 주요 준거 가운데 하나였다. 근대적 맥락에서 중국의 위치는 매우 명확하였다. 격물치지학을 비롯한 서구 근대문명을 구현하지 못한 중국은 문명적 중심국의 지위를 상실하고 말았다.[216] 중국인은 격물치지학과 기계 기술의 발달이 서

---

215) 《漢城旬報》 1884.3.27. 「各國近事」.

216) 《漢城旬報》 1884.5.25. 「富國說 上」/《漢城旬報》 1884.6.4. 「富國說 下」/《漢城旬報》 1884.3.27.「各國近事: 美國日盛」.

구문명의 핵심인데도 이것을 제대로 배우지 못하기 때문에 문명국이 될 수 없다고 진단하였다.[217] 이는 곧 산업을 제정하여 재화를 증식시킨다면 유럽처럼 부강한 국가가 될 수 있다는 확신과 일맥상통하였다. 우리도 서양 각국과 같이 웅비한 문명국이 되기 위해서는 산업이 발달이 필수이며, 농업을 비롯한 다양한 상공업을 통해 재화를 증식함으로써 이용후생을 누릴 수 있다고 주장하였다.[218]

군함과 철도의 위력도 대단하였지만, 열강에 대한 경각심을 증폭시킨 것은 조약이었다. 조약을 통해 경험한 만국공법 체제는 조공 체제와 다른 약육강식의 현실을 그대로 보여주었다. 개화파는 만국공법이란 문명한 국가 간에 통용되는 것이지 문명하지 못한 한국은 공법의 보호를 받을 수 없는 현실을 인정하지 않을 수 없었다. 국제법은 강자의 논리를 대변하는 것으로, 서구 열강이 경우에 따라 만국공법을 자의적으로 해석하며 공법을 어기는 데도 그것을 제재할 수 없다고 토로하였다.

> 남의 곤란한 시기를 틈타 남의 토지로 이익을 보는 자도 있고, 남의 위태로운 처지로 추격하여 남의 재물을 요구하는 자도 있다. 이런 행위들은 비록 공법에 위배되지만, 그들이 억지 주장으로 정당한 논리를 펴는 데 공법도 그것을 억제하지 못한다.[219]

만국공법이 실제로는 서구 열강의 이익을 대변하는 것에 지나지 않기 때문에 만국에 공평하지 않으며, 만국공법에 기대어 국가의 독립을 유지

---

217) 《漢城旬報》 1884.5.25.「富國說 上」/《漢城旬報》 1884.4.25.「廈門에 博聞書院을 設立하다」.

218) 《漢城周報》 1886.2.1.「論學政 第二」.

219) 《漢城旬報》 1884.9.29.「各國近事: 防俄助法論」.

하기란 불가능한 경우를 베트남과 미얀마의 사례를 보아도 알 수 있다고 파악하였다.[220] 국가가 자립할 힘이 없으면 열강의 침략을 막아낼 수 없는 현실[221]을 목도한 박영효는 "비록 만국공법이 있어서 세력균형을 주장하지만, 나라에 자립 자존할 힘이 없으면 반드시 까이고 찢어지기 마련이다. 이렇다 할 유럽의 문명 강대국도 패망하거늘 하물며 아시아의 미개한 약소국이랴!"[222]고 한탄하였다.

과학은 근대적 실학임에 분명하였다. 서학은 삿된 학문이라고 배척해야 할 사학도 아니며 단순히 서양이란 지역에 국한된 서학도 아니며 세계가 함께 향유할 가치가 있는 '공학'의 반열에 올라섰다.

> 실학이라고 하는 것은 바로 과학 한 가지 그것이다. (중략) 천문天文·역산曆算·격치학格致學은 천하의 공학公學이고 서학西學이 아니다. 또한 오늘날 절실히 쓰이는 학문으로 도道를 해롭게 하는 이단異端에 비할 것이 아니라고 말하고 싶다. (중략) 저 서인은 이쪽의 자료에서 단서를 얻어서 마음을 가다듬어 실리實理를 구해서 기술의 정교함을 완성하고 부강富强의 실효實效를 거두게 되었다.[223]

서구 근대문명은 우리가 배워야 할 새로운 전범이라는 믿음은 더욱 확고해졌다. 《독립신문》 논설에서 "미국·영국 등 서양의 문명국은 법률 장

220) 《漢城周報》 1886.3.8.「私議: 論天下時局」/《漢城周報》 1886.5.24.「私議: 論西日條約改證案」/《漢城周報》 1886.10.4.「私議: 論外交擇其任」 등.

221) 1880년대는 영국의 거문도 점거 사건과 청국의 간섭 등 열강에 의해 주권이 침해당하는 경우가 빈번해진 시기였다.

222) 역사학회 편 『한국사 자료선집』 52쪽: 雖有萬國公法 均勢公義 然國無自立自存之力 則必致削裂 不得維持 公法公義 素不足以爲恃也. 以歐洲文明强大之國 亦見敗亡 況亞洲未開弱小之邦乎.

223) 《漢城旬報》 1984.3.27.「各國近事: 이태리가 날로 성해지다」.

정과 모든 다스리는 일들이 밝고 공평하여 무식한 백성이 없고 사람마다 자유권이 있어서 나라가 개화 세계이니, 요순 때와 다름이 없다."[224]고 한 것은 결코 요순을 전범으로 한 유학적 도덕문명을 구현하려는 것이 아니라, 서구 근대문명 또한 요순 문명과 다르지만 '문명하다'는 인식을 드러낸 것이다.

> 구라파 정부에서는 법률 장정을 실시하고 벼슬시키는 데 돈도 아니 받고 문벌도 아니 보고 인재만 쓰며, 격물학·정치학·화학·리학·수학이 생겨나서 전일 보지 못하던 화륜선·전기거·철도·광산 등과 만국공법 그리고 교린 통상과 같은 온갖 새 법이 생겨났다.[225]

조선 왕조와 다르게 중화 문명을 지향하지 않고 체제 또한 다르지만, 유럽의 격치학과 화륜선, 철도 등은 근대적 문명성을 표상하기에 충분하였다. 아시아 혹은 동양은 문명한 유럽과 대비되었으며, 중국에 대한 인식 변화는 아시아를 비롯한 일본 인식에도 변화를 가져왔다. 《독립신문》은 가네코 와파루〔金子彌〕의 병위설兵衛說을 게재하면서, 부강한 일본인으로서 아시아의 쇠퇴에 대한 위기의식과 그 원인 및 해결 방안에 관한 의견을 소개하였다.

> 유럽은 부국강병하고 진취하는 것으로 계획하여 인지人智는 날마다 진취進就하고 문화는 달마다 발달하며, 천지의 이치를 궁리하고 만물의 성질을 탐구

224) 《독립신문》 1899.2.23. 「나라등슈」란 논설에서 각국의 등급을 문명국, 개화국, 반개화국, 야만국으로 분류하였다. 미국, 영국 등은 문명국 일본, 이태리 등은 개화국 대한제국, 청국 등은 반개화국에 분속하였다.

225) 《매일신문》 1898.12.24. 논설.

하며, 망탄亡誕하고 부회附會한 말은 단절하고 정확하고 진실한 논만이 홍행하며, 학술이 아울러 융성하고 사업이 함께 번창한다. 안으로는 올바른 정령政令과 문교文教가 시행되고, 밖으로는 이익이 있는 무역과 통상을 도모하여, 상하가 모두 알맞은 자리를 가지고 있어 사람마다 뜻을 성취하였다.

아시아는 이와 반대로 토지는 황폐하고 백성들은 안일하며, 옛것만을 고수하고 안일만을 찾아 원기는 쇠퇴하고 총명은 몽폐蒙蔽하며, 물리物理는 효란淆亂하고 사설邪說이 유행하며, 정치는 믿을만하지 못하고 교육은 성실하지 않아 상하가 원망하고, 관민이 서로 능멸하여 사랑하고 추대하는 마음이 없어지고 배반할 마음만 있으니, 별안간 일이 생겼을 때에 그들로 하여금 내환內患을 막고 외적外敵을 방어하려 한다면 어찌 낭패가 없지 않겠는가, 속수무책일 것이다.[226]

문명한 유럽과 달리 아시아는 풍부한 자원이 있지만 옛것만 고수하다 문명이 발달하지 않아 내우외환에 적절히 대응할 수 없게 되었다고 진단하였다. 따라서 아시아는 문명한 서양의 장점을 취해야 한다고 주장하였다.

만일 아시아에서도 금일에 지사志士가 배출되어 백여 년 된 폐습을 제거하고 천지 사이의 지극히 정대한 도리를 기반으로 도모하되, 천하의 공변된 마음으로 천하를 공평하게 보고, 또 저들의 군사제도 · 전선電線 · 주거舟車 · 천문天文 · 산학算學 · 광무礦務 · 통상 · 경직耕織 등의 일을 마음 써 궁구하며, 단점을 버리고 장점을 취하여 오랑캐라 해서 도외시하지 말고 중화中華라 해서 자긍하지도 말며 공평을 힘쓰고 사심을 버리면, 어찌 저들만 부강하고 우리만 쇠미하게 될 이치가 있겠는가?(중략) 이상은 일본에서 들어온 근신近信이다.[227]

---

226)《漢城旬報》1884.3.8.「各國近事:亞細亞洲總論」.

227)《漢城旬報》1884.3.8.「各國近事:歐洲各國兵備一覽表」.

이 글은 비록 일본 기사를 인용한 것이지만, 문명개화론의 관점과 다르지 않았다. 서양을 태극과 천리를 모르는 오랑캐라고 배척해서는 안 되며, 중화라는 자부심에 기대기보다는 그들의 장점을 배우기 위해 노력해야 한다는 것이다. 문명적 전범은 중국이 아니라 서구 열강이 된 것이며, 그 정수는 격물치지학이었다.

개화파는 세계적 만국공법 체제에서 가장 중요한 것은 자립할 수 있는 문명화라고 판단하였다. 따라서 척사론은 지구적 세계라는 근대적 변화를 제대로 보지 못하고 구습만을 보지保持하려는 우매한 주장이라고 평가하였다. 그런데 문제의 핵심은 척사론을 비판했던 점이 아니라, 문명개화를 추구하더라도 한국이 직면한 문제, 즉 국권 상실과 망국이란 시대적 문제를 해결하기 어려웠다는 것이다. 문명화를 주창한 이들은 그 문명이 사실은 경제적 군사적 부강에 기인한 것임을 갈파하였다.

> 저들 유럽이나 미국 사람들이 이른바 해외를 석권하고 있는 것은 모두 서로 바꾸어 군거群居하며 서로의 장점을 배우며, 때에 따라 변통하여 편리함을 따르기 때문이다. 그러므로 우리 아시아는 더욱 곤궁해지고 저들은 더욱 강해진다. 또 저들이 부강함만 믿고 오만한 것은 오직 공상工商의 이익과 함포艦砲의 위력에서 나온다.[228]

오히려 문명개화에 치중하여 그들의 선진성에 함몰되면 침략의 폭력성에 대한 인식은 상대적으로 약화할 수 있다. 제국주의 침략의 야만성을 민감하게 인식할 수 없게 되면 친일을 문명화로 오인하게 되는 위험이 있었다.[229] 개화를 통해 근대적 문명을 실현하여 열강과 같은 독립국이 되

228) 《漢城旬報》 1984.3.8. 「各國近事:歐洲各國兵備一覽表」.
229) 《漢城旬報》 1884.1.8. 「中西時勢論」.

고자 한 것은 곧 문명과 부강을 실현하지 못한 '결핍된 타자'로서의 자기 인식을 드러낸 것이기도 하였다. 유럽중심주의 및 단선적 진보사관에 대한 통찰 없이 제국주의 침략의 부당함을 체계적으로 파악하고 이에 적극적으로 대응하는 일은 불가능하다. 유럽중심주의적 세계관에 함몰되면 열등하고 약한 한국이 서구 열강이나 일본보다 더 문명한 경지에 도달한다는 것은 불가능에 가깝다. 그렇다면 역사적 발전은 그들의 궤적을 따라 점진적으로 나아가는 길 이외에는 없다. 문명개화를 구현하고자 했던 열망은 애초에 그들과 동일한 발전단계를 밟는 것이 불가능했다는 측면에서 실현될 수 없는 허구이기도 하였다. 과학기술의 발전 정도의 차이가 이를 압도적으로 보여주었다.[230)]

한치유韓致愈는 의업醫業 · 농업 · 공업 · 상업 등 세계의 공업 상황에 비추어보면 우리나라는 맹인 수준이며, 국가가 비록 독립의 명칭을 가지고 있다고 하지만 인민이 독립의 효과에 의한 혜택을 누리지 못하고 있다고 하였다.[231)] 김지간金志侃은 서구 열강이 상공업 시대에 진입한 반면, 농업 시대에 머물러있는 한국은 유치한 수준이고, 이는 쇄국정책에 기인한다고 파악하였다.[232)] 장응진張膺震은 국가적 생존과 자립을 위해 근대 학문을 연구해야 한다고 주장하였다.[233)]

---

230) 《漢城旬報》 1884.3.8. 「各國近事:歐洲各國兵備一覽表」.

231) 留學生總督 韓致愈 『太極學報』 제4호 「告學會說 (一)」 214-5쪽.

頭山逸民 『太極學報』 제24호 「實業發展의 方針」 249쪽: 두산일민은 지금 우리나라의 농업 공업 상업이 어떠한 처지에 이르렀는가 묻는다면, 제군도 답하기를, "만국의 최하급에 떨어져 있다." 고 할 것이다.

232) 金志侃 『太極學報』 제20호 「農業界의 思潮」 382쪽: 근래에 부강하다고 하는 열국들은 혹은 공업으로 혹은 상업으로 국가를 유지한다고들 한다. 이는 농업 시대는 과거에 속하고 상공업 시대에 도달했다는 것을 말해준다. (중략) 우리나라는 상공업 시대에 이르렀다고 말할 수 없고 아직 농업 시대인데 그 상태가 유치한 정도이다. (중략) 국민의 학식 정도가 유치할 뿐 아니라 쇄국 시대의 수구적 관습에서 비롯한 것이다.

> 지금 우리의 희망 중에 가장 희망하는 것은 국가의 문명 정도가 나날이 새롭게 열려 억만 년 무궁한 나라의 기초를 공고히 하며 이천만 민족이 그 토지에 단회團會하여 더할 나위 없는 행복을 누리는 것이다. (중략) 이러한 희망은 실력이 없으면 연목구어 같을 뿐만 아니라, 이른바 후에 반드시 재앙이 있을 것이다〔後必有災〕.[234]

이러한 시대 인식은 한국이 아직 문명한 발전단계에 이르지 못했음을 일깨우고, 부강한 문명국이 될 방법을 모색할 것을 촉구하였다. 문명적 진보를 이루어야만 국가의 독립도 보장된다고 보았기 때문에 문명화에 대한 열망은 더욱 강해졌다.

태극이란 개념으로 한국의 정신을 담아냈지만, 세계를 인식하고 한국이 지향해야 할 방향의 나침판은 '문명'이었다. 천리체인을 목표로 하는 성리학은 이념적 준거가 될 수 없었고 농업 시대는 벗어나야 마땅한 경제체제였다. 새로운 전범이 된 문명은 세계를 인식하는 준거였을 뿐만 아니라 새로운 시대의 척도가 되었다. 문명은 상공업 시대의 도래와 국가 부강의 중요성을 자각하게 하였다. 김지간은 개인의 문명과 행복이 곧 국가의 문명과 행복이므로 개인이 국가를 위하여 국가의 문명을 준비해야 한다고 주장하였다. 예를 들면 자산가는 학교를 설립하여 인재를 양성하고 외국에 유학시켜 신학문을 수입하며 실업을 발달시키는 등을 해야 한다고 촉구하였다.[235]

---

233) 編輯人 張膺震『太極學報』제4호「進化學上 生存競爭의 法則」226쪽: 일국으로써 금일 세계상에 생존하기에 필요한 성질은 즉 국민이 사회도덕을 실행하고 오늘날 정도에 적당한 인생 생활에 필요한 광범위한 일들 즉 정치, 법률, 도덕, 군사, 교육, 농공상 등 일체를 연구하고 발달시키는 것이다. 그래서 다른 국가와 경쟁 상대할 실력이 있은 연후에 생존 자립할 수 있다.

234) 白鎭珪『太極學報』제20호「實力의 希望」381쪽.

위로는 정부가 권리를 확실히 가지며 아래로는 인민들이 별도로 의무를 다하여 상하가 합심해 공경하고 조화를 이루며 전국 곳곳이 잘 섞이고 녹아들어 태평하니, 이를 부강국·문명국이라 한다.[236)]

이동초는 서양이 문명국임은 자명한 사실이며, 우리도 그들과 대등한 문명한 부강국이 되도록 힘써야 한다고 생각하였다. 문명적 시선을 수용한다는 것은 단순히 서양을 문명국으로 인식하는 데 국한되지 않았다. 중국과 일본 등에 대한 인식 변화와도 직결되었다.

현 20세기를 당하여 유럽 문명이 아주亞洲에 점점 침입하고 있다. 지나 일본과 이웃 나라들도 저 문명을 흠모하여 유입하는 데 급급하여 겨를이 없을 정도이다. 법률·정치·문학·실업에서부터 의복·음식·주택·각종 풍속 세세한 인간사에 이르기까지 일체 온갖 것을 찾아내어 응용하는 상태가 중세 이후 한토漢土의 예법 풍습 온갖 절차를 숭앙하고 모방하던 것과 매우 비슷하다.[237)]

유럽 혹은 서구는 비서구 즉 동양과 대비되었으며, 동양은 서양 문명을 모방해야 하면 한편으로는 그들의 침략에 대비해야 한다고 판단하였다. 최석하崔錫夏는 동양이 서양 열강의 외교적 목표물로 전락하였으며, 실력을 양성하여 침략에 대비하자고 하였다.

한갓 한국의 전도前途에 대하여 실망낙담하지 말고 안으로 실력을 양성하여 나라의 기초를 공고히 하고, 밖으로 천하대세를 잘 살펴 활동의 기회를 잃지

---

235) 金志侃『太極學報』제18호「文明의 準備」234-6쪽.
236) 石蘇 李東初『太極學報』제15호「良民主義」20-1쪽.
237) 石蘇 李東初『太極學報』제17호「文明의 性質有差와 文明의 誘入勿誤」156-7쪽.

말지어다.[238)]

강전姜荃은 "오직 일본은 능히 세계의 풍조를 헤아려 국문을 천명하고 교육을 부지런히 힘써 법령을 개혁하여 스스로 국력을 튼튼하게 한 지 40년 사이에 동양의 패권을 장악하기에 이르렀다."[239)]고 감탄하였다. '문명'은 당대를 약육강식의 생존경쟁 시대로 이해하고 서양과 비서양으로서의 동양, 그리고 인종주의적 인간 이해, 그리고 근대가 국가체제라는 점을 포괄하고 있었다. 한치유韓致愈는 동서양을 인종적으로도 구별하고 '동양'이 서주西洲와 마주하고 있다고 당대를 인식하였다. 특히 당시는 청일전쟁과 러일전쟁을 겪은 후로 일본의 침략이 노골화하던 시기였다. 그는 당시 일본을 중심으로 아시아가 연대하자는 아시아 연대론 및 '우리나라가 아시아에 처함이 정족鼎足의 형세'에 있다고 하여, 한·중·일이 정족론적 관계에 있다는 일본의 주장을 그대로 수용하였다. 일본의 제국적 시각을 그대로 수용함으로써 러일전쟁을 서양 백인종과 동양 황인종 간의 전쟁으로 보았다. 따라서 러일전쟁이 궁극적으로 '형제의 평등한 권리를 세우고 천하가 함께 누리는 이익을 공평하게 하려 함'이었다고 보았다.

> 동양에 있어서는 먼저 황색을 사랑하여 동양으로 말미암아 미루어 서주西洲에 미쳐야 하는 것으로, 마땅히 선후와 완급의 차례가 있어야 한다. 이는 마땅히 우리나라로 말미암고 일본으로 말미암아 청국과 태국에 나아가서 연합하고 동정하며 어깨를 나란히 하고 함께 서야 한다. 이를 통해 서주의 형제들만 부를 독점하고 강함을 독점하고 귀함을 독점하고 즐거움을 독점하지 못하게

---

238) 友洋 崔錫夏 『太極學報』 제12호 「天下大勢를 論함」 302쪽.

239) 姜荃 『太極學報』 제6호 「國文便利及漢文弊害의 說」 364쪽.

해야 한다.[240)]

정석내鄭錫迺는 문명을 중심으로 인식된 근대적 자장을 가장 잘 보여주었다. 그는 근대문명이 유학적 덕의를 도외시하고 약육강식의 원리가 작동한다는 것은 잘 인식하였으나, 이에 대한 비판적 견해를 제시하지는 않았다.

오늘날은 여러 나라들이 부강함을 서로 숭상하며 생존을 경쟁하는 적극적 시대이다. 비록 동주동문동색同洲同文同色의 인종이라도 덕의德義를 생각하지 않고 제멋대로 잔인하게 행동한다. (중략) 우리는 이때를 당하여 가국家國을 영원히 보존할 사업과 방책을 강구하여 함께 나누고자 한다.[241)]

정석내뿐만 아니라 이동초李東初도 유럽 문명을 과학기술적 발전에 국한하지 않고 삶의 양식 전반에 걸친 차이로 파악하였다. 그는 유럽 문명은 평민적 문명으로 공덕심의 교화로 그 이익이 사회 전체에 미치는 평등주의라고 규정하였다. 반면 동양 문명은 귀족적 문명으로 소수가 다수의 고혈을 짜내어 사욕私欲을 충족시키는 데 집중하였기 때문에 실업과 공업이 부진할 뿐 아니라 불공평한 사회가 되었다고 진단하였다.

현재 우리 동양은 서양의 평민적 문명 풍조에 휩쓸려 있는데 그 조류의 맹렬한 기세가 왕성하니, 이 압도하는 기세에 물러서지 않고 용맹하게 나아간다면 옛날의 귀족적 문명 사상을 한방에 혁파하고 평등주의 문명의 새로운 결과에 이름을 기약할 수 있을 것이다. 이는 우리 모든 동양 동포에게 이전에 없던 행

240) 留學生總督 韓致愈『太極學報』제4호「告學會說 (一)」214-5쪽.

241) 鄭錫迺『太極學報』제11호「實業界의 一嚆矢」230쪽.

복이요 가슴에 가득 담긴 희망의 서광이다.[242]

이동초는 귀족적 문명 전반에 걸친 혁파를 통해 실용 평등주의 성질을 유입하여 다수의 권리를 증진하는 방향을 모색해야 한다고 하였다. 따라서 한국 또한 옛 기풍을 모두 버리고 자조自助와 자분自奮의 기상으로 자활 자립하여 평등주의 문명을 이루어나가야 할 것이라고 하였다.

242) 石蘇 李東初『太極學報』제17호「文明의 性質有差와 文明의 誘入勿誤」157쪽.

Ⅳ. 신구학론과 성리학의 해체

1. 격물치지학과 자강론

1) 근대적 학지學知로서의 신학新學

개항기(1876~1894)에는 이질적 문명에 직면하여 자타에 대한 인식을 점검하고, 이에 대한 다양한 관점과 입장이 공존하였다. 그런데 자강기(1894~1910)는 열강의 침략적 야욕이 강화되었고, 특히 러일전쟁 이후 일제의 침략이 더 구체화하면서 국권 상실에 대한 위기의식도 한결 깊어졌다. 척사로써 유학적 세계를 지키고자 했던 척사 위정의 논리나 유학적 윤리를 지키되 우수한 서기를 수용함으로써 부국강병을 도모하려던 신기선의 오도서기론吾道西器論은 일제의 침략이 노골화되면서 설 자리를 잃었다. 개항기에는 격물치지학을 어떻게 수용할 수 있는지에 대한 다양한 탐색이 진행되었다면, 자강기에는 문명화와 신학 수용을 전제로 신구학론을 통해 격물치지학과 근대문명의 상관성을 보다 집중적으로 논의하였다. 근대문명의 적극적 수용을 통한 자강과 국권회복을 시무로 여겼던 자강기에 이르면, 신학新學과 구학舊學을 대별하고 어떻게 취사선택할 것인가를 구체적으로 문제 삼았다. 이는 신학 수용의 필요성을 보다 적극적이고 체계적으로 표출한 것이다.

자강론자들 중 일부는 유학적 사유를 부정하기도 하였지만, 신구학 논쟁을 통하여 유학의 장점은 지키되 서구 근대문명의 장점을 시급히 수용해야 한다는 논의도 활발하였다. 신구학 논쟁 자체가 적극적인 신학 수용과 성리학에 대한 반성적 물음이란 양면적 의미를 내포하고 있었다. 성리학이 갖는 전근대적 측면은 집중적인 비판 대상이 되었으며, 성리학적 세계관을 고집하는 유림은 구습을 묵수하는 부유腐儒라는 평가를 받았다.[1] 격물치지학 혹은 과학은 근대적 학문 체계의 중핵으로 자리잡았으며, 과학적 인식에 대한 이해는 더욱 심화하여 근대적 삶의 양식을 구성해 나갔다. 근대문명적 격변을 인식할 개념어들은 근대 체제와 학문을 담아내는 도구로서 전근대적 사유와의 차이를 드러내면서, 근대적 지식체계와 인간을 구성하였다. 문명과 자강, 그리고 신학을 비롯하여 격물치지학, 과학 등이 그 중심에 있었다.

과학은 자연과 인간에 대한 객관적이고 과학적인 탐구 방법을 통해 획득된 체계적 '근대지' 였다. 근대 학문이란 객관적 연구 방법에 결과이므로 좁게는 자연과학을 의미하기도 하였으며 넓게는 자연과학 의학 공학을 비롯한 이과理科 혹은 근대 지식 전반을 포괄하는 분과학문을 의미하였다. 즉 근대적 학지는 곧 과학적 탐구와 인식의 결과물이었다. 장응진은 과학론에서 사실과학과 규범과학으로 대별하기도 하였으며, 과학을 자연과학과 정신과학으로 구분하였다. 즉 인간의 정신 또한 과학적 탐구의 대상으로 인식한 것이다. 그는 정신과학을 인류가 사회생활에 필요한 각종 규칙과 규범을 제정하고 기준을 세운 뒤에 각종 사실을 이 표준과 대조하여 선악善惡, 정부정正不正, 호불호好不好를 구별하는 학문이라고

1) 金甲淳 『大韓協會會報』 4호 「腐儒」 238쪽.

정의하였다.[2] 1900년대 후반 주로 일본 유학생이 중심이 되어 '근대적 학식이란 곧 과학'이라는 인식이 자리잡기 시작하였고, 국내의 학술지에서도 신학과 격물치지학이란 용어가 빈번하게 사용되었다. 소개하는 분야는 학술지마다 다소 차이가 있었지만, 신학은 곧 서구 근대적 분과학문을 가리켰다.

> 신학은 오늘날의 철인哲人 지사志士가 정열적으로 연구한 신지식이니, 경제·정치·농학農學·공학工學·화학化學·이학理學 등등 신학新學의 분과는 매우 많다.[3]

신학의 학문적 분과를 법률·경제·상업·공업·문학·의학·이학理學·농학,[4] 혹은 물리·화학·수학·정치·법률·심리·의학·공학·상학商學·병학兵學·농학 등으로 분류하기도 하였다.[5] 이응종李膺鍾은 문학·정치·법률·경제·수리數理·의학·약학·농림農林·공학工學·상학商學 등의 분과학문을 가르치는 전문학교를 소개하기도 하였다.[6] 최생崔生은 "지금 세상은 전업시대專業時代이다."[7]고 하여, 학문분과의 전문화를 강조하였다. 김유제金有濟는 이러한 분과학문은 모두 실제 유용한 학문일 뿐만 아니라, 과학적 진리를 담고 있는 참된 지식이라고 파악하였다. 따라서 청년뿐만 아니라 노년층까지도 탐구해야 한다고 강조하였다.

---

2) 張膺震 『太極學報』 5호 「과학론」 291-4쪽.
3) 究新子 『西北學會月報』 8호 「新學과 舊學의 구별」 45쪽.
4) 李東初 『太極學報』 16호 「소년국민의 양성」 9쪽.
5) 朴有秋 『太極學報』 16호 「數學遊戲」 38쪽, 『西北學會月報』 9호 「학과의 要說」 7쪽.
6) 李膺鍾 『畿湖興學會月報』 12호 「學典」 349쪽.
7) 崔生 『大韓留學生學報』 2호 「地理學雜記」 401쪽.

신학의 저서를 보니 그 대강大綱과 세목細目이 천인사물天人事物의 리理와 일용수용日用需用의 방책과 국가 인민을 유지 발달시키는 것을 모두 갖추고 있다. 총괄하면 덕육德育 · 지육智育 · 체육體育은 신학의 대부분이오, 분과하여 말하면 수신학 · 윤리학 등등이 있다. 신학은 국가를 견고하게 하며 재기才器를 넓혀주고 식견을 길러주며 재예才藝를 지도하는 것이 갖추지 않은 것이 없다. 그 범위는 광대하고 조리條理는 정상精詳하며, 진화進化의 정도와 유지維持하는 질서가 완전하고 아름답다고 할만하다. 따라서 실제적이고 유용한 학문이라고 하는 것은 한 사람의 사견私見이 아니다. (중략) 한마디로 (청년뿐만 아니라) 노년까지도 마땅히 탐구해야할 신학新學은 진화進化의 기관機關이오 문명文明의 기구〔鑪鞴〕라고 하겠다.[8)]

신학의 이치를 상찰詳察하면 만리萬理를 필거畢擧할 것이다. 오늘날 문명한 열강국이 된 것은 모두 신학의 효력이지 구학의 효력은 거의 없다.[9)]

위 인용문들은 신학 연구를 통해 사물의 이치를 탐구해야 마땅하며, 참된 이치는 과학적 연구 방법을 통해 발견할 수 있다는 근대적 사유를 보여준다. 참된 앎은 과학적이고 객관적으로 검증되어야 할 것으로서, 사단칠정론이나 기질 변화 등 인간 심성 문제를 성찰하는 것과는 무관한 것이 되었다. 최생은 신학이 대강과 세목을 고루 갖추고 있으며, 지덕체를 고루 함양할 수 있는 문명의 기구라고 파악하였다. 신학은 천지만물의 이치를 모두 갖추고 있을 뿐만 아니라 그 조리條理가 상세하기 때문에, 신학의 과학적 탐구를 통해 모든 이치〔萬理〕를 파악할 수 있다. 만리는 즉물궁리卽物窮理를 통해서 인식할 수 있는 것이 아니며, 참된 진리란 천리체인天理

8) 金有濟 『畿湖興學會月報』 2호 「老不可不學」 86-88쪽.

9) 究新子 『西北學會月報』 8호 「新學과 舊學의 구별」 45쪽.

體認을 의미하지도 않는다. 이와 같은 지적은 천리체인에서 과학적 탐구라는 사유의 전환을 담고 있다는 점에서 매우 중요하다. 즉 진리성은 천리天理에서 과학법칙科學法則[10]으로 옮아갔다. 신학 수용은 자연과 인간에 관한 과학적 인식을 학문적으로 정초했다는 점에서 획기적이었다. 자강기 사상적 변화는 바로 이러한 도덕성에서 '과학성'으로의 전환을 근간으로 하였다.

과학적 탐구로 발견한 참된 이치라는 차원에서 신학은 구학과 확연히 구별되었다. 더욱이 신학은 문명한 열강국이 되는 지름길이었다. 신학은 만물에 대한 과학적 탐구에 국한된 것이 아니다. 최생은 신학이 대강과 세목을 고루 갖추고 있으며, 지덕체를 고루 함양할 수 있는 문명의 기구라고 파악하였다. 신학은 천지만물의 이치를 모두 갖추고 있을 뿐만 아니라 그 조리條理가 상세하기 때문에, 신학의 과학적 탐구를 통해 모든 이치〔萬理〕를 파악할 수 있다. 그러므로 즉물궁리를 통해서 만리萬理를 인식할 수 있는 것이 아니며, 참된 진리란 천리체인天理體認을 의미하지도 않는다. 자강기 지식인들은 신학 연구를 통해 천지 사물의 이치를 탐구해야 마땅하며, 참된 이치는 과학적 연구 방법을 통해 발견할 수 있다는 근대적 사유를 수용하였다. 참된 앎은 과학적이고 객관적으로 검증되어야 할 것으로서, 기질 변화 등 인간 심성 문제와는 별개의 것이 되었다. 이는 천리체인에서 과학적 탐구라는 사유의 전환을 담고 있다는 점에서 매우 중요하다. 즉 진리성은 천리天理에서 과학법칙科學法則[11]으로 이동했다. 신

---

10) 과학적 자연법칙이란 자연에 관한 객관적 이해로서 자연을 양 속도 무게 질량 시공간적 위치 등의 수량화가 가능한 물질적 기계론적 관점에서 이해하면서 자연의 기계론적 필연성을 법칙화하는 것을 말한다. 갈릴레오는 자연현상을 크기 형태 숫자 그리고 운동이라는 일차적인 성질들로 환원시킴으로써 객관성을 확보하고자 하였다. 장성만 「개항기의 한국사회와 근대성의 형성」 『모더니티란 무엇인가』 민음사 1994 266쪽.

11) 과학적 자연법칙이란 자연에 관한 객관적 이해로서 자연을 양 속도 무게 질량 시공간

학 수용은 자연과 인간에 관한 과학적 인식을 학문적으로 정초했다는 점에서 획기적이었다. 자강기 사상적 변화는 바로 이러한 '과학성'에 근간을 두고 있기 때문이다.

1910년대에 이르러 최남선은 학문은 곧 과학이라는 인식을 지식장知識場에 안착시켰다.

> 학이란 조직된 지식이란 뜻이니, 자세히 말하자면 제1은 널리 관찰하여 많은 재료를 한곳에 뭉쳐 그 전반에 관통되는 말만 개괄하는 '개괄적 지식'이오, 제2는 그 재료를 수집 배열하는 데 일정한 방법을 좇아 계통을 명정明正하게 하여 분류를 한 '체계적 지식'이오, 제3은 정돈된 재료 사실의 관계를 밝혀 그 사이에 있는 이법理法을 정확하게 단정하여 그 사실을 설명할 수 있는 '합리적 지식'이라야 하는 것이다.[12)]

학적 인식과 체계의 재편은 곧 유학의 경사자집 중심의 학문을 근대적 맥락에서 재배치해야 한다는 것을 의미하였으니, 이는 곧 성리학이란 무엇인가에 대한 되물음이었다. 이는 과거제와 신분제의 제도적 개혁에 따른 성리학적 질서 체계의 붕괴를 넘어서 성리학의 이념 자체에 대한 성찰이기도 하였다. 과학 즉 근대적 학문은 성리학의 격물치지를 통한 수양론이 아니라 어떤 현상에 대한 원인과 결과를 탐색하는 합리적 과정을 통해 체계를 갖춘다.

적 위치 등의 수량화가 가능한 물질적 기계론적 관점에서 이해하면서 자연의 기계론적 필연성을 법칙화하는 것을 말한다. 갈릴레오는 자연현상을 크기 형태 숫자 그리고 운동이라는 일차적인 성질들로 환원시킴으로써 객관성을 확보하고자 하였다. 장성만 「개항기의 한국사회와 근대성의 형성」 『모더니티란 무엇인가』 민음사 1994 266쪽.

12) 崔南善 『靑春』 1호 「百學名解」 76쪽.

'학식學識' 은 일정한 현상에 대하여 그 원인과 결과의 관계를 이해하고 해석하는 것인즉, 우리가 연구하여 획득한 것이다. 우주의 삼라만상에 대하여 해득解得한 학식의 전체를 범칭 하여 '학學' 이라, 혹은 '과학科學' 이라 하니, 과학이라는 것은 세계 각국을 열국列國이라 부르는 것과 같이 학의 사례가 될 수 있는 여러 학문을 말한다.[13]

학문의 핵심은 수양론이 아니다. 모든 학문은 사실과학 영역과 규범과학 영역으로 나뉘는데, 학문 대상에 대한 과학적 인식을 통해 실질적인 지식을 체계화한 것이다. 죽포생은 문학(철학 · 규범과학 · 정신과학)과 이학(자연과학 · 사실과학)이란 구분법 대신 수학을 따로 분류하고 문학과 이학을 함께 묶어, 수학은 형식적 과학이고 다른 하나는 실질적 과학인데, 형식적 과학은 순수한 수학을 말하며 실질적 과학은 정신적 과학과 자연적 과학으로 변별된다고 하였다.[14]

과학적 사유와 근대적 지식체계를 체화할수록 성리학적 세계관으로 해명되지 않는 근대는 더욱 명확해졌다. 신학은 성리학적 세계관으로 오롯이 해명할 수 없었던 근대적 삶의 지평을 그야말로 새롭게 열어주었다. 철도와 시계로 표상되는 서구적 근대는 사회체계를 비롯하여 삶의 양식 전반을 빠르게 변화시키고 나아가 기존 문화 체계 전반에 대한 반성적 물음을 요구하였다. 개항기에 유학은 정학正學이나 오도吾道로 그리고 서구 학문은 태서학泰西學 혹은 서학西學이란 개념어로 자리매김하고 있었다.

자연뿐만 아니라 모든 학적 대상은 과학적으로 연구해야 하는 것이다. 그러므로 과학적인 설명이 불가능한 현묘한 이치는 주관적인 견해 이상의 의미를 가질 수 없다. 즉 과학적 지식이야말로 참이기 때문이다. 과학

13) 權補相 『大東學會月報』 2호 「法學用語解」 109쪽.

14) 竹圃生 『西北學會月報』 14호 「學問研究의 要路」 36-40쪽 참조.

이란 계통적인 학리學理를 갖춘 학문이란 뜻으로, 근대적 학문 일반을 가리키는 용어로 사용하였다.[15] 과학기술은 진리와 지식체계를 바꾸어 놓았으며 뿌리 깊은 사고의 습관을 뒤흔들었다. 이러한 변화는 기존의 어휘가 갖고 있던 의미가 새롭게 바뀌면서 표현되었다. 새로운 기술은 세계관의 전환을 포함하며, 우리가 갖는 관심의 구조, 즉 생각하는 바를 바꾼다. 모든 기술은 사회제도와 밀접한 관련이 있다.[16] 과학기술적 진보와 발전을 문명의 최우선 과제로 인식하면서, 유학의 도덕적 이념은 해체되었다. 근대식 교육과 체계는 일상을 더욱 서구화시켰으며, 그것은 곧 식민지화와 불가분의 관계에 놓였다. 서구적 문명과 삶이 곧 진보요 발전이 되면서 전근대적 삶의 양식은 모두 낡은 것으로 치부해 버리는 이른바 새로운 근대 세계가 생성되었다.

서구 근대 학문을 신학으로 유학을 구학으로 구분한 신구학론은 서구적 근대를 문명의 전범으로 수용하려는 인식 지평을 반영한 담론으로서, 전근대적 사유〔구학〕와 근대적 사유〔신학〕가 첨예하게 충돌하는 지점을 보여주었다. 천리체인을 목표로 했던 성리학은 과학적 탐구의 대상이 아니었기 때문에 학문적 위상을 상실했다. 인간과 자연은 모두 측정 가능한 과학적 탐구의 대상이 되었기 때문에, 측정 불가능한 것은 무의미한 것으로 치부되었다. 과학과 기술은 진보의 주요 도구가 되었고, 자연에 대한 신뢰할 만한 정보들을 축적해 나가야만 야만을 종식하고 문명화를 실현할 수 있다고 믿었다. 이러한 신뢰는 기술주의가 공중위생 · 교통 · 전신 · 생산관계 등 사회 전반에 걸쳐 놀라운 변화를 가능하게 하는 현실을 통해 입증되기도 하였다.

1906년은 근대 역사에서 매우 중요한 분기점이었다. 러일전쟁에서 승

15) 『西北學會月報』 11호 「諸學釋名 節要: 科學(영어 사이엔쓰)」 232-5쪽.

16) 닐 포스트먼 지음, 김균 옮김 『테크노 폴리』 궁리 2005 37-41쪽.

리한 일본은 대한제국의 외교권을 박탈하는 등 제국주의 침략 야욕을 노골화했다. 서양과 일본이 문명적 강자인 반면, 아한我韓은 열등한 보호국으로 전락한 상태였기 때문에, 그들처럼 강자가 되려는 열망은 그 어느 때보다 강렬하였다. 자강기 지식인들은 근대국가 건설과 국권회복을 위한 '자강自强'을 시대적 급무로 파악하고, 문명국인 유럽과 유럽에 버금가는 문명을 구현한 일본처럼 되는 길을 찾고자 하였다. 이들은 서구적 근대문명성을 수용하는 것이야말로 강자가 되는 지름길이며, 신학이 문명화의 원천이라고 파악하였다. 신학은 현실과 괴리된 단순한 지식체계가 아니라 세계적 자본주의 체계 및 근대국가 체제와 사회제도를 뒷받침하는 토대였기 때문에, 신학이야말로 근대적 시의성에 맞는 새로운 학문이 아닐 수 없었다.

여병현[17)]은 문명국이 되기 위해서 서구 열강과 일본처럼 신학을 교육해야 마땅하며, 이를 실시하지 않아 식민지가 되는 것 또한 당연하다고 주장하였다.

> 오늘날 세계의 대세를 보건대 동서 열강이라 일컬어지는 일등 국가인 서양의 영국 · 미국 · 프랑스 · 독일 · 러시아 제국諸國과 동양의 일본은 교민지도敎民之道가 인시제의因時制宜 아닌 것이 없으니, 남녀귀천을 막론하고 고등학교까지 의무교육을 실시한다. (중략) 인도 · 안남 · 이집트 등 여러 나라가 병탄倂呑을 당하며 강인국强隣國에게 겸제鉗制를 당하는 것은 곧 신학에 힘쓰지 않았기 때문이다.[18)]

---

17) 여병현(1867~?)은 1895년 박영효 내각에서 선발된 유학생으로 일본으로 건너갔다가 1896년 캐나다를 거쳐 미국에서 2년간 공부하고 돌아왔다. 그는 이른바 선진국의 문명을 목도하였고, 학술지에 격물치지학에 관한 구체적인 글을 다수 실었다.

18) 呂炳鉉 『大韓協會會報』 8호 「新學問의 不可不修」 93쪽.

여병현은 당시 우리나라는 사장詞章만을 숭상하고 실학에 힘쓰지 않아 실제적인 책략이 없기 때문에 이웃 나라〔隣國〕의 병탄을 피하기 어렵게 되었다고 결론지었다. 그리고 그 근본적인 원인은 구습과 구학을 고수한 데에 있다고 진단하면서, 구학으로는 국권회복과 자주독립을 이룰 수 없다는 것은 명확하다고 단언하였다.[19)]

> 교육을 실행하지 않으면 생존을 얻을 수 없다. (중략) 승패강약勝敗强弱이 정치에 근본하고, 정치우열政治優劣은 교육에 근본하고, 교육의 요체는 국민의 의무이다.[20)]

신학을 교육하지 않으면 약육강식의 세계에서 생존할 수 없으므로 신학 교육이 교육의 요체이며 국민의 의무라고 단언하였다. 조완구趙琬九도 유학적 교육 방식을 거부하고 근대식 분과학문을 교육하는 것이야말로 '광명한' 세상을 여는 지름길이라고 주장하였다.

> 오늘날 경쟁이 극렬한 무대에 처하여 (옛 성인의 가르침이나 오륜과 같은) 단순한 교육방법으로는 천연계의 물경物競에서 승리하기는 어렵다. 그러므로 농부는 농학을 장인은 공학을 상인은 상학을 배워야만 광명한 세계를 볼 것이다.[21)]

유학의 지행합일적 공부론은 시대에 맞지 않는 공허한 교육방법에 불과하며, 개인과 국가의 생존을 위한 실용적 지식 습득을 요구하였다. 근대식 교육을 통해 신학을 습득해야만 생존경쟁에서 강자가 될 수 있으며

---

19) 呂炳鉉 『大韓協會會報』 8호 「新學問의 不可不修」 94쪽.

20) 李鍾濬 『大韓自彊會月報』 7호 「敎育論」 497쪽.

21) 趙琬九 『畿湖興學會月報』 3호 「敎無定向이면 反不如不敎」 175쪽.

광명한 문명 세계로 진입할 수 있었다.

열강의 문명이 신학의 효력 때문이라고 판단한다면, 신학을 수용하는 것이야말로 근대적 문명에 이르는 지름길일 수밖에 없었다. 여병현은 구학으로는 국권회복과 자주독립을 도모할 수 없지만, 신학에 힘쓰면 실현할 수 있다고 보았다.[22] 신구학론은 일차적으로 사회 전반에 걸쳐 여전히 영향을 미치고 있던 유학에 대한 재평가였다. 유학의 도덕 이념은 일차적으로 '낡고 쓸모없는' 병적인 상태에 있지만, 신학은 '문명화를 통한 자강'을 구현할 중요한 길이라고 인식하였다. 자강론에서 자본주의적 경제 발전〔殖産〕과 함께 근대적 교육체계 구축과 확장이 강조되었던 것은 이 때문이었다.[23] 전근대사회의 정치 이념이자 시대정신이었던 성리학은 보편 문명의 지위를 상실하고 사덕私德의 차원으로 역할 영역이 축소되었던 반면, 과학적 사유에 기반을 둔 근대적 학문은 수용해야 할 전범으로 자리잡아 근대적 삶을 추동하였다. 즉 신구학론은 전근대와 근대를 구획 짓는 보편 문명의 전이轉移에 관한 담론이었다. 신구학론이 신학 수용을 전제하고 있었다는 것은 구학으로는 시대 문제를 해결할 수 없다는 현실 인식과 맞닿아있었다.

이종린은 성리학이나 시문에 국한되지 말고 신학인 정치 · 경제 · 자연과학 등 전반에 걸쳐 있음을 알아야 한다고 주장하였으며,[24] 최병헌도 신구학의 허실을 분명히 살펴야 한다고 주장하였다.[25]

> 구학은 고인의 서적이니 그 이치를 관찰하건대 수제치평修齊治平의 도가 없

---

22) 呂炳鉉 『大韓協會會報』 8호 「新學問의 不可不修」 94쪽.

23) 張志淵 『大韓自彊會月報』 7호 「國家存亡之故」 503쪽: 현재 우리의 급무는 오직 교육과 식산 두 가지일 뿐이다.

24) 李鍾麟 『畿湖興學會月報』 8호 「我國學界의 誤解」 80쪽.

25) 崔炳憲 『畿湖興學會月報』 4호 「學有新舊學 辨其虛實」2 36-8쪽.

는 것은 아니나 (중략) 오래도록 공부해도 한 가지 일〔一事〕도 이루지 못한다. (중략) 신학은 이와 다르다. 신학은 오늘날의 철인哲人 지사志士가 정열적으로 연구한 신지식이니, 경제 · 정치 · 농학農學 · 공학工學 · 화학化學 · 리학理學 등등 신학新學의 분과는 매우 많다.[26)]

'신학〔西儒之學〕' 은 실사實事를 문제 삼는 참된 학문 체계로 받아들여졌다. 자강기 지식인들은 신학을 수용하지 않으면 문명국이 될 수 없을 뿐만 아니라 종국에는 식민지로 전락할 것이라고 예견하였다.[27)] '근대'란 새로운 세계를 해석할 체계를 담지한 서구 학문은 근대적 문명성을 담보한 그야말로 참되고 '새로운' 학문〔新學〕이며, 신학을 수용하지 않고는 근대국가 건설은 불가능하다고 판단하였다. 오늘날 문명한 열강국이 된 것은 모두 신학의 효력이지 구학의 효력은 거의 없기 때문이다.[28)] 따라서 과학기술 분야의 전문가를 격물군자라는 하듯이, 서학을 전공한 이에게 '서유西儒' 라는 칭호를 사용하여 학자의 반열에 놓는 것 역시 마땅하였다. 심지어 서유는 쓸모없는 말이나 하는 동유와 달리 참된 지식을 확장하고 문명화를 선도하는 지도적 위치에 있다고 비교하였다.

서유지학西儒之學은 리학理學과 문학文學으로부터 농공의農工醫에 이르기까지 학문을 넓혀 실사實事로써 학을 삼지 않음이 없으니 동유東儒의 쓸모없이 너저분한 말〔無用贅言〕과는 같지 않다. 이것이 바로 오늘날 강약이 나뉜 까닭이다. (중략) 지금 한갓 몇천 년의 진부무용陳腐無用한 말을 고수하여 견문을 넓히고 지식을 확장할〔博聞見廣知識〕 것을 생각지 않으니, 이것이 참으로 오주

26) 究新子『西北學會月報』 8호 「新學과 舊學의 구별」 45쪽.
27) 呂炳鉉『大韓協會會報』 8호 「新學問의 不可不修」 93-4쪽 참조.
28) 究新子『西北學會月報』 8호 「新學과 舊學의 구별」 45쪽.

五洲를 알지 못하고 팔성八星을 알지 못하는 것이다.[29)]

신학은 실사實事를 탐구하는 실용적 학문으로 인정받았다. 신학이 객관 사물에 대한 과학적 탐구〔博聞見〕를 통해 진리성을 담보〔廣知識〕하였다면, 천리체인天理體認을 통해 보편성을 확보했던 유학은 비과학非科學으로서 유용성과 실학성을 상실한 무용췌언無用贅言으로 전락하였다. 서북학회월보는 구학은 부유진사腐儒陳士가 허명虛名을 장식하여 시간을 낭비한 것일 뿐이어서 인지발달의 결과를 얻을 수 없지만, 신학은 이와 다르다고 분변하였다.[30)] 대동학회월보도 신학의 '문명성' 이야말로 시의성時宜性을 갖추고 있다고 주장하였다.

> 신학新學이란 문화文化와 인지人智가 점점 발전할 때에 시의時宜에 합당함과 혜보慧寶를 운용함으로써 문명文明의 기운을 가지고 있다. 그래서 실용적 학업을 수진修進하고 실상적實狀的 이치理致를 증거証據하였다. 또 세인의 취심醉心을 각성시키고 몽경夢境을 부숴 허탄虛誕한 풍속을 배척하고, 허령虛靈한 지각智覺을 온전穩全히 하여 학이시습學而時習하였으며, 실용적 학문과 실상의 이치를 궁구하고 실행하였다. 때문에 신학新學은 문학文學〔學問〕이 날로 증가하고 지식이 해마다 증가하여 오늘날 문명의 큰 기틀을 이루었다.[31)]

신학은 실용적 학문과 실상의 이치를 증거證據하고 궁구함으로써 비과학적인 환몽幻夢을 깰 수 있을 뿐만 아니라 허령의 지각을 온전히 발휘하여 실상의 이치를 궁구할 수 있는 참된 학문이었다. 근대적 문명성과 시

29) 金思說 『大東學會月報』 1호 「學問體用」 48쪽.
30) 究新子 『西北學會月報』 8호 「新學과 舊學의 區別」 45쪽.
31) 申箕善 『大東學會月報』 2호 「新舊學關係」(續) 104쪽.

의성을 갖추었기 때문이다. 이러한 신학의 효용성은 이성에 의한 인간 주체의 각성과 인간과 자연에 관한 과학적 탐구의 결과였다. 인간의 허령한 지각은 천리를 체인하는 것이 아니라 과학적 이치를 탐구하는 능력이라고 하였다. 과학과 기술은 근대적 '진보'를 가능하게 하는 핵심 요소였다. 따라서 자연에 대한 신뢰할 만한 정보들을 축적해 나가야 야만을 종식하고 문명화를 실현할 수 있다고 믿었다.

2) 격물치지학의 공효와 자강론

당대 국내 지식인들은 성리학적 지식을 충분히 습득한 세대였으며, 이질적인 지식체계를 이해하는 것 또한 기존의 지식체계를 토대로 하는 격의 과정을 거칠 수밖에 없었다. 자강기 국내 학술지에서 과학이란 용어보다 격물치지학이 널리 사용된 것은 신학에 대한 이해가 구학과의 상관성 속에서 논의되었기 때문이다. 참된 앎은 과학적이고 객관적으로 검증해야 할 것으로서, 기질 변화 등 인간 심성 문제와는 별개의 것이 되었다. 유학적 문명에서 기술문명으로 사상적 전환이 일어났다. 즉 신학의 정수였던 격물치지학은 전근대적인 유학의 도덕道德문명에서 서구적 근대문명〔civilization〕으로 '보편 문명의 전이轉移'를 표상한다. 여병현은 격물지치란 개념이 성리학의 핵심 주제어였지만, 그 의미가 변화했음을 지적하였다. 격물치지란 이용후생의 차원에서 이해되어야 하며, 격물치지학은 부강의 근본이라고 정의하였다.

> 격치란 격물치지를 말하니 그것은 이용후생에 힘을 들여 이룬 공효〔功〕가 크다. 옛 성현이 격치학을 강구하지 않음이 없었기 때문에 대학 수장에 수제치평의 도는 격물치지를 근본으로 한다고 하였으나, 후세유後世儒가 실학에 힘쓰

지 않고 점점 사장을 숭상하는데 유용한 정력을 소모해 읊조리고 암송하는 사이에 닳아 없어졌으니〔銷磨〕 성공하는 이가 드물었다. 근래에 통상한 이후로 서양의 부강지술富强之術이 격치학을 근본으로 하지 않음이 없음을 보았다.[32)]

여병현은 미국 어느 전문학교를 방문했던 경험을 통해 격치학의 효용성을 강조하였다. 그는 전문 교과 중에 격치 과목이 매우 많고 격치지사가 수십만 명이라 새로운 발명을 많이 할 수 있기 때문에, 19세기에 많은 발명이 있었다고 분석했다. 그리고 20세기에 어떤 신묘한 발명이 있을지 알 수 없다고 하면서, "사람의 심력心力이 이르면 천지의 조화造化를 빼앗을 수 있음이 이와 같다." 고 하여 격치학이 가져올 문명적 진보를 확신하였다.[33)] 그는 수학에 기초한 학문인 격치학이 발달하여 인간이 천지조화를 빼앗을 수도 있게 되었다고 보았다. 여병현은 격물치지학은 성리학과 전혀 다른 지식체계를 가지고 있으며 그 효용성도 현격한 차이가 있다고 판단하였다. 근대적 천지조화는 리기심성론의 차원에서 구현되는 것이 아니라 과학기술의 발달과 국가적 자강 차원에서 달성되어야 할 학문적 목표가 되었다고 인식하였다.

격치란 산학의 진공進功이요, 산학算學은 격치학의 용구用具이다. 그러므로 격치지사는 산학을 근본으로 삼는다. 일전에 미국 어느 전문학교를 방문했는데, 전문 교과 중에 격치 과목이 매우 많고 연구자들 또한 많았다(740명 중에 280명). 이들은 각국 언어 문자(25%) 및 화학 · 광학光學 · 중학重學 · 성학聲學(25%) 등을 많이 배우고, 다시 천문학 · 지질학(10%)에 주의하고, 동식물학(40%) 등을 배운다. 격치지사가 수십만 명이라 새로운 발명을 많이 할 수 있

32) 呂炳鉉 『大韓協會會報』 5호 「格致學의 功用 1」 316쪽.
33) 呂炳鉉 『大韓協會會報』 7호 「格致學의 功用 3」 15쪽.

다. 그러므로 인문이 개벽한 이후 발명하지 못한 것을 19세기에 많이 발명하였으니, 20세기에 어떤 신묘한 발명이 있을지 알 수 없다. 그러므로 사람의 심력心力이 이르면 천지의 조화造化를 빼앗을 수 있음이 이와 같다.[34)]

격물치지학은 자연과 인간에 관한 과학적 지식을 확장해 줄 뿐만 아니라 근대적 발명과 기술적 발전을 가능하게 하는 원천이기 때문에 부국강병까지 실현할 수 있는 이용후생의 '실학實學'으로 확고히 자리잡았다. 여병현은 격물치지학을 서양 근대 자연과학 분야 전반을 포함하는 용어로 사용하였다. 그는 예를 들면 과학자〔礦學者〕가 지학地學의 연구를 추광推廣함으로써 토질을 분별하여 오금五金을 캐기 때문에 인생이용人生利用에 효력效功이 매우 크며, 화학은 만물의 성질 및 효용을, 기학은 각종 기체의 성질과 취미臭味 및 중량重量 등을 아는 것이라고 설명하였다.

격치의 과목을 말해보자면 천문학天文學·지문학地文學·화학化學·기학氣學·광학光學·성학聲學·중학重學·전학電學 등이다. 천문학은 태양계의 성질과 대소를 연구한다. 중학은 사물의 중량은 지구 중력과 밀접한 관련이 있으니 격치가가 중력의 작용을 추광推廣하여 중심지법을 발명하니 중심이란 중량 중심을 말한다. 이러한 격치학은 인간 삶의 이용利用에 크게 도움이 된다.[35)]

격물치지학의 학문적 성과는 성리학적 격물치지를 통해서는 도달할 수 없는 지경이었다. 격치학은 성리학과는 다른 차원이지만 모든 존재자의 자연적 이법과 본성에 대한 과학적 지식을 제공하며, 더 나아가 자물資物에 대한 과학적 탐구를 통해 기술을 개발하고 산업을 발달시켜 자강에

34) 呂炳鉉 『大韓協會會報』 7호 「格致學의 功用 3」 14쪽.
35) 呂炳鉉 『大韓協會會報』 5호 「格致學의 功用 1」 316쪽.

이르게 한다고 하였다. 과학적 탐구는 자연적 이법과 인간의 본성을 모두 파악〔明理盡性〕할 수 있게 할 뿐만 아니라, 부국강병을 도모하여 자강에 이르게 한다고 하였다. 성리학은 격물치지를 통해 천리를 궁구하고 실천하여 성인이 되고자 했다면 근대적 격치학은 국가적 자강을 궁극적 목표로 삼았다. 성리학과 근대 학문이 모두 실학을 지향하였으나 그 내용에서는 현격한 질적 차이가 있었던 것이다.

> 태서 신학新學은 정치 · 법률 등 각 과가 모두 정밀하고 은미한데, 격치지학은 더욱 필요한 것이다. (중략) 격치지학은 작게는 명리진성明理盡性할 수 있고 크게는 부국강병을 도모할 수 있다.[36]

여병현도 구주歐洲의 여러 격치가格致家가 격치학에 관한 연구를 통하여 삶을 편리하게 하는 다양한 기계를 발명했음을 상세히 설명하고,[37] 또 베이컨이 자연과학 발달에 큰 영향을 미쳤다고 소개하였다.

> 영국인 베이컨은 이학지계理學之界에서 특출난 인물이다. 그는 유고遺稿를 수습하며 새로운 학설을 널리 채집하여 일부 격치지설格致之說을 편성編成하고 다시 20여 동지와 학회를 창설하니, 이 취지는 신지新知를 강구하기를 힘써 이용후생지도에 도움이 되는 것은 일체를 실행하고 채납采納하는 것이었다. 이 당시 영국 왕이 찬조금을 주어 수년간에 큰 발전의 효과가 있었다. 때문에 구주 여러 나라 가운데 러시아와 프랑스〔俄法〕가 가장 앞서고 그다음 독일〔덕국〕이 서로 앞다투어 사모하여 본받았기에〔慕效〕, 1820년에 이르러서는 전 유럽의 학자가 모두 격치지학이 급무임을 알고 이에 서로 호응하고 서로 협심하

36) 金文演 『大東學會月報』 1호 「學界一班」 38쪽.
37) 呂炳鉉 『大韓協會會報』 6호 「格致學의 功用 2」 394-6쪽.

여 도시와 시골 각처에 모두 학회가 있고 구주 중앙에 하나의 총학회가 있어, 매년 여러 차례 정기적으로 개회開會하면 각처 격치지사가 운집하여 반드시 대중 앞에서 각각 안 바를 발표하여 서로 비교한 뒤에 최우수자를 선정하며 중지衆知를 수집蒐集하여 일지一技를 이루었다. 이로부터 격치지설이 태서에서 성행하고 오늘날에 이르러 영국 · 미국 · 프랑스 · 독일 여러 나라의 부강이 격치지설로 말미암지 않음이 없으니, 격치학이 나라의 성쇠와 관계있는 것은 군더더기 말을 기다릴 필요도 없다.[38]

근대과학의 핵심은 과학과 기술의 결합이었다. 베이컨은 과학의 진정하고 합리적이며 유일한 목표가 '새로운 발명품과 부를 통해 인간의 삶에 봉사하는 것' 임을 깨닫지 못한 선학先學들을 계속 비판하였다. 베이컨은 과학과 기술이 진보의 원천이라고 생각했기 때문이다.[39] 그는 인간 생활의 문명과 야만을 결정짓는 것은 토양이나 기후 혹은 인종의 차이에서 오는 것이 아니라 단지 기술의 차이에서 온다고 단언하였다. 베이컨의 관점에서 보면, 있는 그대로의 자연은 무용할 뿐만 아니라 무의미하다. 진정한 자연은 기술적으로 강요받고 간섭받아 자연적 상태에서 벗어났을 때이다. 왜냐하면 사물의 본성은 자연적이고 자유로운 상태보다는 기술의 닦달과 요구에 놓일 때 훨씬 쉽사리 그 정체를 드러내기 때문이다. 베이컨은 자연에 관한 앎이 증가할수록 인간이 자연을 정복하는 힘 또한 증가

---

38) 呂炳鉉 『大韓協會會報』 7호 「格致學의 功用 3」 16-7쪽.

39) 유럽에서 기술주의 문화가 시작된 것은 1776년 즈음이다. 1805년경 기계-도구 산업 즉 기계를 만드는 기계가 개발되었다. 생산의 기계화를 통해 기계만 작동시키면 되는 노동자를 배치함으로써 섬유산업에 혁명을 가져왔다. 새로운 생산수단과 통신수단의 혁명적 특성은 인간 활동의 모든 영역에 급진적인 사상을 불어넣었다. 기술주의 문화는 진보의 사상을 이식하였으며, 그 결과 우리가 전통적으로 맺었던 관계가 와해되었다. 닐 포스트먼 지음 김균 옮김 『테크노 폴리』 궁리 2005 59-65쪽 참조.

하고 인류의 삶도 발전할 수 있다고 주장하였다. 이것이 바로 '아는 것이 힘이다.' 고 한 발언의 함의였다. 베이컨은 과학 탐구와 기계 혁신을 인간에게 원래 부여되었지만, 로마의 붕괴 이후 상실했던 자연에 대한 지배력을 복원하기 위한 수단으로 보았다. 산업화 시대를 거치면서 대다수 유럽인은 인간이 자연의 지배자이며 자연은 인간을 위해 창조되었다는 인식에 공감했다.[40] 《한성순보》와 《한성주보》에서부터 자강기 학술지에 이르기까지 베이컨이 빈번히 등장했던 것 또한 베이컨으로 상징되는 과학적 사유를 수용하려는 의지의 발로였다. 격물치지학이야말로 객관 대상에 관한 과학적 실험과 관찰 및 분석으로 밝혀진 참된 지식체계일 뿐만 아니라 신학의 정수였다.

근대 서양인이 생각했던 역사적 진보는 자연에 대한 기술적 개입을 통해 이룩할 수 있었다. 이러한 과학기술의 진보는 이성적이고 수학적인 사유의 소산임은 두말할 나위가 없다. 근대적 인간은 자연을 정복하고 통치할 수 있는 인공人工 능력〔기술〕을 가진 존재였다. 즉 과학기술의 발전을 통해 건설된 근대는 인간 이성에 신적神的 권위를 부여했으니, 기술을 소유한 인간은 지구의 주인이라는 의미에서 신적이었다. 산업혁명을 거치면서 이러한 근대과학적 세계관은 더욱 확고한 지위를 획득하였으며, 유럽중심주의의 논리적 토대를 형성하였다. 격물치지학은 이러한 서구 근대의 과학적 세계관을 고스란히 담고 있었다. 여병현은 격치학이 국가의 성쇠와 불가분의 관계에 있음에도 불구하고 아한의 격치학 발달 정도는 매우 열악하다고 진단하였다.

우리 대한은 몇천 년 이래로 비록 유명한 유학자〔有名儒碩彥〕를 연이어 배

40) 마이클 에이더스 지음 김동광 옮김 『기계, 인간의 척도가 되다』 산처럼 2011 277쪽.

출하여 이학지설理學之說로 경쟁하여 서로 높은 경지에 이르렀다〔相高〕. 하지만 그 베풂을 추광推廣하여 베풀지 못하였기 때문에 격치지학의 쓰임을 알지 못하니, 오늘날 국세國勢 부진不振과 민생의 곤궁한〔困瘁〕 까닭은 그 이치가 본디부터 그러하다. 오직 바라건대 우리 청년 동포는 특히 격치지학에 주력하여 전인前人이 미발未發한 것을 발전시켜 타국이 미치지 못한 바에 비쳐서 훗날 국가의 융운隆運과 인민의 복리福利를 기약하고 도모할지어다.[41]

자강기 대부분의 학술지는 문명한 독립국이 되는 것이 당대의 급무이며, 격치학을 비롯한 신학은 과학기술의 발달이 토대로서 자강을 실현할 첩경이라고 생각하였다. 적극적인 신학 수용을 전제한다면, 문제는 신학을 어떻게 교육하고 확산시킬 것인가와 구학인 유학을 근대적 맥락에서 어디에 위치 지울 것인가라는 문제가 남게 된다.

성리학의 천리는 모든 존재자의 본성〔性卽理〕이기 때문에 천리를 벗어난 존재자는 있을 수 없다. 그러므로 즉물궁리하여 천리를 체인하는 것〔豁然貫通〕이야말로 학문의 정수였다. 그러나 근대적 맥락에서 학문의 목적은 인간 심성이나 만물의 본성인 천리를 체인하는 것〔明理盡性〕이 아니라 자연현상에 대한 과학적 탐구에 있었다.[42] 수양론이 성리학의 중요한 학문적 토대라면 근대학문은 수학을 바탕으로 하였다. 자연현상이란 우주 사이의 만물이 천연적으로 상호 간에 일어나는 사실일 뿐 천리가 기의 운동으로 드러난 것을 의미하지 않는다. 자연은 자원으로서 존재한다. 자

41) 呂炳鉉 『大韓協會會報』 7호 「格致學의 功用 3」 14-7쪽.

42) 위정척사사상가들이 서양의 근대적 사유를 받아들일 수 없었던 근본적인 이유는 우주 만물에 내재해 있는 천리 즉 所以然之故〔사실판단 영역〕와 所當然之則〔가치판단 영역〕의 불가분성을 거부하고 천리체인을 무의미하게 만들었기 때문이었다. 또한 서양의 편리한 물품이란 제거해야 할 대상인 인욕을 부추기기 때문에 洋禍라고 파악하였다.

연현상을 연구하여 인간 생활에 편리하도록 이용하는 것이 학문함의 중요한 목표가 되었다.[43)]

앞서 살핀 바와 같이 여병현은 격물치지학을 비롯한 과학기술이 근대 국가주의와 불가분의 관계에 있다고 파악하고, 그 핵심 인물로서 베이컨을 들었다. 근대 한국인이 본 것은 기술문명의 현실적인 현상들이었다. 예를 들면 군함을 비롯한 근대식 물품들, 그리고 생명을 담보로 하는 의학과 위생시설, 새로운 시공간을 제공하는 시계와 철도 등이었다. 개항기에는 이러한 물리적이고 표면적 현상들에 대한 반응이었다면 자강기에는 그러한 물리적 현상의 원천이 무엇인지 보다 구체적으로 묻게 되었다. 이러한 현실적 변화들은 세계와 인간에 대한 인식 체계의 전환을 가져왔다. 인간과 자연에 대한 과학적 설명을 위해서는 성리학적 리기 개념과 심성론적 구조가 필요하지 않았다. 그러한 사유 구조 전환의 극점을 보여준 것이 바로 격물치지학이었다.

자강기 지식인들은 이러한 자연과학과 과학기술의 수용이야말로 자강과 부국강병을 실현할 강력한 길이라고 인식하였다. 과학적 보편주의는 자강기의 신구학론에 직접적이고도 강력한 영향을 미쳤다. 아한이 문명화하지 못한 원인이 과학기술의 부재이기 때문이었다. 신구학론은 근대적 지식 구조를 내면화하는 반면, 성리학적 세계관 해체의 정점을 보여주는 근대 담론이었다.[44)] 과학 지식이 가치중립적이라는 신념에 기반을 둔

---

43) 일찍이 한성순 · 주보에서도 '만물이 기술적 가공의 대상으로 존재해야 한다'는 주장은 일관되게 계속되었다. 우주의 萬象과 天地 自體도 인류의 利用을 위하여 존재하다는 언급은 金思說『大東學會月報』1호「學問體用」44쪽에도 보인다.

44) 한국 성리학의 대표적인 논쟁은 모두 인간의 심성을 리기론적으로 해명하고 존천리를 어떻게 구현할 것인지에 관한 것이었다. 15세기 사단칠정논쟁은 心의 작용인 情의 문제를 논의했다면 17~8세기 호락논쟁은 심의 본체인 性을 논의하였다. 그리고 19세기 명덕논쟁은 心 자체를 문제 삼았다. 개항기 심설논쟁은 명덕을 尊理的 차원에서 적극 해명함으로써 西學이 邪學임을 입증함과 동시에 성리학적 이념을 공고화하

것과는 달리 성리학은 존재와 당위를 유기적 관계로 해명한다. 근대 공간에서 유학적 도덕문명성과 서구 근대문명성은 동일한 인식 지평에 설 수 없었다. 격물치지학이 가치중립적인 자연법칙을 탐구했다면 성리학의 격물치지는 천일합일적인 천리를 체인하고자 했기 때문에, 그 학문적 지향점은 현격한 차이가 있었다. 신구학론자들은 신학을 수용하지 않을 수 없는 근대적 삶의 맥락에서 구학의 문명성 부재를 비판하였다. 신학 수용론은 개항기 서기 수용론을 비롯하여 신문과 학술지에서 격물치지학 관련 내용들에서 이미 그 사상적 단초를 보였지만, 자강기의 신구학론은 신학이 이미 확고한 영역을 구축하고 유학을 근대적 맥락에서 재배치하고자 했다는 점에서 질적인 차이가 있었다. 서구 근대적 문명성이 과학기술 분야에 국한된 것은 아니었지만, 그 핵심은 격물치지학이라고 판단했기 때문에 많은 학술지가 신학 가운데 특히 격물치지학에 주목했다.

사회다윈주의적 현실 인식은 신학 수용과 밀접한 관련이 있었으며, '과학성' 은 이를 매개하는 중요한 요소였다. 사회다윈주의는 근대적 문명을 실현해야 한다는 열망과 신학 수용을 당연한 것으로 받아들이는 과학적 토대를 제공했기 때문이다. 서구 근대 지식은 인간과 자연에 관한 '과학적' 인 탐구의 총체였으며, 과학적 진리는 모든 학문의 지고한 목표가 되었다. 과학적 방법만이 '참된 앎' 을 담보할 수 있다는 믿음은 모든 학문 영역으로 확산하여, 모든 지식 유형은 과학적으로 탐구해야만 했다. 과학적 지식에 기반을 둔 기술과 기계는 전근대와 근대를 가르는 중요한 척도로 작용하였다.[45]

는 철학적 논쟁이었다. 한국 성리학이 심성정에 관한 치밀한 담론을 전개한 것은 도덕가치의 내면화와 그 실천을 통해 사회적 문제를 해결하려는 데 초점이 있었기 때문이다. 기존의 리기심성론에 관한 논쟁들이 성리학 내적인 이론논쟁이었다면, 신구학론은 이질적인 타자를 만나 유학의 근대적 정체성을 물었던 외적인 논쟁이었다고 할 수 있다.

서양에서는 자연에 관한 과학적 탐구가 실제 삶에 큰 영향을 미치면서, 인간과 사회에 관한 과학적 탐구를 통해 세계에 관한 체계적인 앎을 구축하고자 하였다. 19세기 사회다윈주의는 인간과 사회에 관한 객관적인 '과학 이론' 으로서 각광받았다. 자연과 인간에 관한 과학적 탐구야말로 '참된' 지식이었기 때문에 사회다윈주의적 세계 인식은 거부할 수 없는 객관적이고 보편적인 진리로 인식되었다.[46] 사회다윈주의에 근거하면 인간 사회가 자연과 마찬가지로 적자생존과 약육강식의 원리에 의해 선택된 강자의 생존이야말로 과학적 진리였다. 사회다윈주의를 인간 사회에 관한 '과학적' 담론이라고 인식한다면, 이는 검증된 진리이므로 이를 부정하기는 어려워진다. 즉 사회다윈주의를 수용한다는 것은 약육강식의 원리에 의거하여 한국의 현실을 인식하는 것을 의미하였다.

사회다윈주의에 근거한다면 한국은 그들처럼 강자가 되기 위한 문명

---

45) 과학적 사고방식과 발명 능력에 따른 유용한 산물들이 유럽인들을 다른 민족들과 구별하게 하는 기본적인 속성으로 빈번하게 등장하였다. 19세기의 선진문명과 야만, 그리고 미개한 문명을 구분할 수 있는 척도가 과학과 기술적 성취라는 점에 폭넓은 동의가 이뤄졌다. 과학과 기술적 성취는 더 이상 주변적인 것이 아니었고, 그 사회에 근본적인 가치와 제도적 정비가 이루어졌음을 나타내는 징후로 간주됐다. 기계와 방정식의 유무 지체가 특정 사회가 획득한 발전 수준을 가리키는 시표가 된 것이다. 변화는 좋은 것일 뿐만 아니라 문명화를 위해 필수적인 무엇이었다. 반면 정체와 쇠락은 미개인, 원시적이고 개발이 빈약한 문화는 야만인과 각기 결부시켰다. 문명화된 민족의 역사는 진보와 지속적인 발전의 이야기였고, 미개한 민족의 역사는 쇠퇴와 복구가 끝없이 순환하는 비참한 연대기였다. 19세기 저자들은 경쟁하듯, 이러한 대비를 가장 잘 표현하는 어휘를 만들어냈다. 존 R 실리는 미래/과거 사회를 대조했다. 찰스 콜드웰(1772~1853 미국 의사)은 발전/정체, 카를 카루스(1789~1869 독일의 생리학자 박물학자)는 낮, 밝음/밤의 민족을 대비시켰다. 마이클 에이더스 『시계, 인간의 척도가 되다』 259-260쪽 참조.

46) 리하르트 반 뒬멘 『개인의 발견』 현실문화연구 2007 참조. 근대(16~9세기) 서양에서 '개인' 이 발견되는 사회문화적 궤적을 보여준 책인데, 인간의 몸에 관한 과학적 탐구 과정을 알 수 있다.

화를 추진해야 했다. 한국은 문명성이 부재한 열등한 약자로서 그들처럼 강한 문명국이 되는 길을 찾지 않으면 국가와 민족이 생존할 수 없는 위기에 직면하였다. 사회다윈주의적 현실 인식은 그들처럼 되는 것〔문명화〕만이 가장 시의적절한 선택인 것처럼 오도誤導하였으며, 더 나아가 강자〔서양과 일본〕의 지배를 받는 것은 효율적이고 합리적인 선善이라고 강제하였다. 공중위생·교통·전신·근대적 생산관계 등 사회 전반에 걸친 근대적 변화는 과학기술과 문명화에 대한 신뢰를 더욱 증폭시켰다.

근대 영국을 비롯한 서구 여러 나라가 부강한 나라를 이룩할 수 있었던 것은 바로 격치학에 치중하여 신묘한 발명을 하였기 때문인데, 그들의 격치학은 천지의 조화를 빼앗을 수 있을 만큼 발전하였다. 그리고 이러한 격치학의 발달은 제국주의 침략을 가능하게 하는 원동력이 되었으며, 한국은 국권회복과 부국강병을 위해서는 그들의 격치학을 수용하지 않을 수 없는 현실에 직면한 것이다. 격치학과 과학기술의 발달은 곧 자본주의 경제발전과도 직결되었다.

> 자본주의 경제발전〔殖産〕이란 천연의 생산이 아니라 천지간 존재하는 물物에 인공人工을 가하여 유용성有用性을 만드는 것으로, 생산성을 증가시키는 것이 식산의 목적이다.[47]

자연은 인공人工과 기술의 대상으로서 천연물天然物과 인조물人造物로 구분될 뿐,[48] 천리天理를 내재內在하고 있는 사물事物〔人事와 萬物〕이 아니

47) 金成喜『大韓自彊會月報』7호「農業에 土地改良」528쪽.

48) 呂炳鉉『大韓自彊會月報』2호「殖產部」94쪽: 세계의 物產을 구별하면 두 종류가 있다. 天產的인 것과 人造적인 것이다. 천산은 인력에 의뢰하지 않고 자연적으로 생성된 것이다. 인조는 사람의 工力을 빌려 제조한 것이다.

었다. 즉 자연은 마땅히 자원으로서 존재해야 하며, 인간의 손과 기술을 거쳐 자연적 상태에서 벗어난 자연이야말로 자연다운 자연이며, 인간은 자연을 자원화할 수 있는 능력을 배양할 필요가 있었다. 천연물에 인공을 가하는 노동은 인간과 하등동물을 구별하는 인류 특유한 활동이라고 파악하였다.[49)]

국권 상실의 위기가 고조될수록 자강에 대한 열망도 높아졌다. 자강운동은 국권회복을 위한 일련의 활동으로, 교육과 식산을 주로 하였다. 자강기 지식인들은 문명한 자강국을 건설하고자 하였다. 그것은 곧 근대적 시공간에 따른 근대적 인간, 근대적 사회와 국가 및 근대적 자본주의 체제 확립을 의미하였다. 신학은 자본주의 및 국가체제, 그리고 근대식 사회제도를 뒷받침하는 토대였다. 이러한 근대적 삶은 외재적 요인으로 추동되었기 때문에 그 '부재' 를 확인하는 순간, 교육을 통해 새롭게 생성하고자 하였다. 자강기 '교육' 을 강조했던 절실한 이유가 여기에 있었다. '교육을 실행하지 않으면 생존할 수 없다.' [50)]는 절박한 주장은 곧 근대식 교육을 통한 신학 수용이었다. 교육이 국민의 의무라고 강조하였지만, 그 실상은 문명화 기획 이외의 것이 아니었다.

대체로《독립신문》이 제기한 문명화란 서구적 근대문명을 이식하기 위한 서구 학문과 문물의 적극적 수용을 의미하였다. 이것은 이른바 '조선병' 을 치유하는 유일한 길이기도 하였다.[51)] 열강의 침략을 당하는 미개한 조선의 병은 서구의 학문과 교육 부재가 근본적인 원인이라고 진단했다. 이러한 시선은 곧 유학에 대한 비판으로 이어졌다. 그러나《독립신문》이 전반적 서구문명 수용론을 제창하였음에 불구하고 그것이 '얼치기 개화'

49)『西北學會月報』11호「勞動의 意義」254-6쪽 참조.

50) 柳瑾 譯述『大韓自彊會月報』7호「教育部:教育學의 原理」511-528쪽 참조.

51)《독립신문》1897.2.13. 논설.

수준 이상을 벗어나 사회 전반에 걸쳐 획기적인 근대화를 달성하지 못한 채 해산당하였다. 《독립신문》의 기조를 계승한 대한자강회는 1906년 '아국의 독립은 자강 여하에 달려있다.' 는 취지를 내세웠다. 통감부가 대한자강회를 합법단체로 승인했던 것에서 알 수 있듯이, 대한자강회 규칙에는 국법 범위와 문명 궤도 안에서 행동할 것이라고 명시하였다. 국채보상운동 참여와 헤이그밀사사건에서 배일 운동을 했다는 이유로 대한자강회가 강제 해산된 후, 재결성된 대한협회 또한 근대적 문명론에 기초하여 실력 양성을 통한 국권회복을 주장하였다. 대한자강회는 자강한 문명을 실현할 주체〔韓人〕가 지녀야 할 덕목으로 독립성과 자조성自助性, 그리고 문명 정신을 제시하였다.[52] 문명 정신이 있으면 독립을 유지할 수 있으며, 자유自由 · 자강自强하여 독립하지 않으면 속박을 당한다고 진단하였다.[53] 문명과 자강은 자강기 한국 사회의 핵심 주제어로 부상하였다.

서구 열강은 자강한 문명국의 전범이었으며 일본 또한 선진문명국의 반열에 올라섰다.[54] 윤효정은 열등국인 한국은 자강지도自强之道인 문명화에 힘쓰지 않았기 때문에 쇠퇴했다고 진단하고, 문명 선진국인 일본의

---

52) 金陵居士 『大韓自强會月報』 3호 「勿憂韓國無錢」 212-3쪽, 金成喜 『大韓自彊會月報』 6호 「文明論」 409-410쪽 참조.

53) 呂炳鉉 『大韓自彊會月報』 2호 「殖產部」 94-6쪽, 金成喜 『大韓自彊會月報』 6호 「知耻와 自信力의 主義」 416-8쪽.

54) 이러한 일본 인식은 일본인의 자국 인식을 이식한 것이기도 하였다. 1880년대가 되면 일본은 半開國에서 '동양의 영국' 이 되었다고 인식하였다. 동양의 문명국인 일본은 아시아에서 대영제국을 건설했던 영국처럼 되고자 하였다. 이미 福澤諭吉은 "일본은 强大하고 조선은 小弱하다. 일본은 이미 문명으로 나아갔고 조선은 아직 미개하다." 고 二分하면서, 조선은 반드시 일본을 본받아서 문명에 참여해야 한다고 주장하였다. 또 그는 청일전쟁을 '文野의 전쟁' 으로 규정하여, 문명개화의 진보를 꾀하는 자와 그 진보를 방해하는 자와의 전쟁이요 서구적 신문명과 동아적 구문명의 충돌이라고 하였다. 함동주 「일본제국의 한국지배와 근대적 한국상의 창출」 『日本歷史研究』 제25집 2007 89-90쪽 참조.

지도와 보호를 받아 문명국으로 나아가야 한다고 하였다. 그는 문명의 근대적 진보성을 강조하였지만, 문명의 야만성과 침략성에 대한 인식은 상대적으로 약했다.

> 아한我韓이 이전에 자강지술自强之術을 강구하지 않아 인민이 스스로 우매해지고 국력이 스스로 쇠패衰敗해져 드디어 오늘날의 고난에 이르러 마침내 외인外人의 보호를 받으니, 이는 모두 자강지도自强之道에 뜻을 두지 않은 까닭이다.[55)]

일본은 이미 동양 문명 제일의 지위에 올랐기 문명적으로 한국을 지도할 위치에 있으며 한국의 해가 될 행동을 하지 않을 것이라고 진단하였다.[56)] 대한자강회는 이토 히로부미(伊藤博文)를 전폭적으로 신뢰하면서 일본의 보호국화를 문명지도론으로 받아들였다.

> 이번 이토 히로부미〔李侯〕의 연설은 명경明鏡처럼 일본 황실과 정부의 진의眞意를 철저하게 밝혔다. 그러므로 우리 관민官民은 이전보다 더욱 정신을 차리고 정치와 실업을 개선하고 진보시켜 조금이라도 머뭇거리거나 물러서려는 생각을 단호히 제거해야 할 것이다.[57)]

일본의 문명적 지도를 받아 정치와 실업 등 자강 정책을 개진하는 것이 문명한 독립국이 되는 길이라고 여겼다. 근대식 교육은 그들처럼 되기 위

---

55) 『大韓自强會月報』 1호 「大韓自强會趣旨書」 13쪽.

56) 『大韓自强會月報』 11호 「別報 - 伊藤統監의 演說」 328쪽: 소위 선진국으로서 '동양 문명 제일의 지위를 점유한 일본국' 이 한국에 害를 끼칠 일이 어찌 있으며, 또한 한국민의 怨府를 만들 일이 어찌 있으리오!

57) 朝陽樓主人 『大韓自强會月報』 11호 「別報 - 伊藤統監의 演說」 326쪽.

한 출발점이었다. 대한자강회는 나라의 독립은 자강에 달려있으며 '자강은 문명 궤도 내에서 행동하는 것' 즉 교육과 식산을 통한 문명화의 실현에 있다고 보았다.[58] 지나支那를 숭배하던 습관을 비롯한 구습舊習을 혁파하고 신사상新思想을 흡수하는 교육이 필요하다고 보았다.[59] 일본의 의무교육 제도가 문명국화는 물론 애국자 양성의 초석이 되었다고 판단했기 때문에,[60] 일본을 비롯한 서구 열강과 같은 문명국이 되는 출발점은 인시제의因時制宜한 실학實學, 곧 신학 교육이라고 판단하였다.

대한자강회와 대한협회 총무를 지냈던 윤효정은 선진문명국인 일본의 지도를 받아 자강을 실현해야 한다고 하였다.

> 아국은 아세아 대륙 동쪽 기슭에 치우쳐 있어 세계 문명에 진보하는데 시기를 놓쳐 지금은 선진문명국의 지도에 의거하여 국사를 정리하고 인문을 장려하여 지금부터는 국민이 협동 일치하여 문명을 호흡하고 시정을 개선하여 국가의 부강을 증진하며, 서구 열강과 어깨를 나란히 할 것을 기약하고자 한다.[61]

자강을 강구할 때라야 국권회복과 함께 부강한 문명국이 될 수 있다고 할 때, 문명국의 전범은 영국 프랑스 미국과 같은 서구 열강이다. 그렇다면 우리가 취할 길은 그들을 뒤따르는 것이다.

---

58) 『大韓自强會月報』 1호 「大韓自强會趣旨書」 13-5쪽. 산업혁명과 과학기술의 발전이 유럽 근대문명의 토대가 되었지만, 한국은 유럽과 같은 물적 토대를 갖지 못했기 때문에 문명을 향한 열망은 문화적인 의식 변화와 교육으로 표출된 측면도 있었다.

59) 坡山樵夫 南宮寔 『大韓自强會月報』 10호 「非刷新이면 文明을 不可致오 非文明이면 人類를 不可保라」 173쪽.

60) 金省喜 『大韓自强會月報』 5호 「教育說」 342쪽, 『大韓自强會月報』 3호 「海外記事」 228쪽.

61) 尹孝定 『大韓協會會報』 1호 「大韓協會의 本領」 53쪽.

오늘날 오대양 육대주 가운데 (중략) 국민이 자기처럼 타인을 사랑하고 가정을 돌보듯 애국하는 국민의무를 품수稟受한 자유권自由權을 확고히 지켜 세계에 무적無敵한 부강을 이룬 저 구미 열강을 보시오! 그렇다면 멸망도 그 나라 사람이 스스로 취한 결과요 부강도 그 나라 사람이 스스로 구한 것이오. (중략) 지금 아한我韓도 쇄신하여 타인의 굴레를 벗어나고 강토를 유지하며 민족을 보존하려면 태서 신법 이외에 다른 도리가 없을 듯하오. 오호라, 동포여! 구습舊習을 통거痛祛하고 신사상新思想을 크게 발휘해야 할 것이다.[62]

일본 또한 문명국의 반열에 올랐는데, 문명국 일본이 가장 강조한 것은 교육 분야였다. 대한자강회는 의무교육의 실시를 강력히 주장하면서 그 근거로 일본의 교육제도를 언급하였다.[63] 일본의 의무교육 제도가 일본 문명국화의 초석이 되었다고 판단하고, 일본이 의무교육을 통해 문명에 나아갔다고 평가하였다.[64]

한편 대한자강회가 대한정신 등 국가적 정체성〔한국혼〕과 애국심이 중요하다고는 하였고,[65] 대한협회는 『대한협회회보』가 곧 대한혼大韓魂이라고 천명하기도 하였다.[66] 국가적 정체성과 애국심 함양이 자강정책을 실행하는 데 중요한 토대이며,[67] 대한혼은 일본의 대화혼大和魂과 다르다고 인식하였다.

---

62) 坡山樵夫 南宮寔 『大韓自强會月報』 10호 「非刷新이면 文明을 不可致오 非文明이면 人類를 不可保라」 174쪽.

63) 盱初子 『大韓自强會月報』 3호 「世界列强의 敎育實況調査表」 159-162쪽 참조.

64) 金省喜 『大韓自强會月報』 5호 「敎育說」 14쪽.

65) 大垣丈夫 『大韓自强會月報』 1호 「本會趣旨로 顧問大垣丈夫씨가 연설하되」 29-30쪽.

66) 尹孝定 『大韓協會會報』 1호 「祝辭」 8쪽. 沈宜性은 會報가 사천 년 조국사상과 이천만 동포의 정신을 보도할 것이며 이 사상과 이 정신은 억만년 동안 강건할 것이라고 축사하였다.(沈宜性 『大韓協會會報』 1호 「祝辭」 12쪽.)

67) 金成喜 『大韓自强會月報』 11호 「敎育의 宗旨와 政治의 關係」 267쪽.

> 자강의 목적을 달성하고자 한다면 먼저 국민정신을 배양하지 않을 수 없다. 단군 기자 이래 사천 년 자국정신自國精神이 이천만 국민의 뇌수에 흘러 한순간이라도 자강정신自强精神을 잊지 않게 한 뒤에라야 자강의 심담心膽을 단련하여 권리의 활기活機를 만들 수 있다. 자국정신을 배양하며 문명의 학술을 호흡하는 것이 현재의 급무이다.[68]

근대적 정체성〔自國精神〕은 문명의 단선적 궤도에 대한 회의와 보편 타자와 마주 선 자기 정체성에 대한 비판적 성찰 없이는 생성될 수 없었으며, 결핍된 타자로서의 자기 인식을 극복하지 못한다면 문명화와 자강의 근원이라고 여겼던 애국정신 또한 기를 수 없었다. 신문명新文明을 담지한 근대적 주체는[69] 신학문의 교육과 서구화·일본화를 통해 달성되는 것이지 의병 활동과 같은 저항을 통해서 실현되는 것이 아니었다. 문명성이 부재한 우리가 그들처럼 되는 길은 신학을 교육받는 것이었다.[70] 보편 타자에 포섭당한 주체는 보편 문명을 주체적으로 수용하거나 단선적 문명 궤도를 벗어나 다른 길을 모색하는 것이 불가능하였다. 열강과 아한의 차이는 문명적 진보였으며, 선진문명 반열에 오른 일본인의 근대적 정체성이 한국혼의 문명적 준거였다. 그러므로 결핍된 타자로서의 자기 인식을 전제하고서 자국 정신이나 한국혼을 배양하여 자기애〔애국심〕를 기를 수 있다는 주장은 논리적 모순이었다.

68) 『大韓自强會月報』 1호 「大韓自强會趣旨書」 14쪽.

69) 윤효정 『大韓協會會報』 9호(1908) 「我會의 本領」 244쪽. 이 글에서 윤효정은 문명부강의 주체로서 근대적 교육을 통해 자본주의 발전을 도모할 수 있는 중등 이상의 인격과 중등 이상의 종교사상을 함유한 이를테면 新저작가 新번역가 신문가 잡지가 소설가 학생 망명 정치가 사립학교 설립자 및 교수 은행원이나 商務員 등 政見과 學問과 資産을 가진 紳士나 學士 志士를 상정하였다.

70) 尹孝定 『大韓協會會報』 1호 「大韓協會의 本領」 51쪽.

근대 한국은 문명국이 되고자 하는 열망에 휩싸였으며, 제국주의 침략이 본격화될수록 그 열망은 더욱 격화되었다. 그것은 교육과 식산을 통한 자강운동으로 집결되었다. 근대적 '문명'과 자강 추구는 곧 전근대적 삶과의 단절을 의미하기도 하였는데, 신구학론新舊學論은 전근대와 근대가 교차하는 바로 그 지점에 있었다. 신구학론은 전근대적 삶에 대한 반성과 근대적 삶에 대한 열망을 체계화한 것으로서, 유학사상의 단절과 연속 및 근대적 문명성의 생성에 관한 담론이었다. 신구학론의 신학 및 격물치지학은 서구적 근대성이 새로운 전범으로 자리잡아가는 사상적 전환을 보여준다.

2. 신구학체용론의 논리구조

1) 체용론體用論과 체일용수적體一用殊的 변용

성리학의 체용일원體用一源과 현미무간顯微無間은 리와 기의 관계 및 작용을 해명하는 논리체계이다. 정이천은 구체적으로 드러나는 모든 존재자의 형상形象은 그 안에 리가 내재해 있으며〔體用一源〕, 기와 리는 무간無間한 관계에 있다〔顯微無間〕고 파악하였다.[71] 체용론은 리의 유행 발현 과정을 시간상에서 보는 체계이며, 현미론은 리와 기의 관계를 공간상에서 보는 체계이다. 정이천의 이론을 계승한 주자 또한 모든 존재자는 현상적으로는 형상만 있는 것처럼 보이지만 실상은 본체로서의 리가 내재해 있다고 하여 체용의 상함성을 주장하였다.

---

71) 『周易』「易傳序」: 至微者理也 至著者象也. 體用一源 顯微無間.

> '현미무간'이란 지극히 현저한 상으로써 말하면 우리가 접하는 사건과 물건마다 이 리理가 없는 곳이 없다는 것이요, 리로써 말하면 본체가 먼저이고 작용이 나중이라는 것이다. 대개 본체를 말하면 작용의 리는 이미 그 속에 갖춰져 있으니, 이것이 일원이 되는 까닭이다. 사태로 말하자면 현이 먼저이고 미가 나중이다. 대개 사태 속에서 리의 작용을 볼 수 있으니, 이것이 무간이 되는 까닭이다.[72)]

체용 논리에 의거한다면 어떤 사태와 존재자의 소당연과 소이연을 체인한다는 것은 그 드러난 현상을 파악하는 데 국한되어서는 안 되며, 현상을 가능하게 하는 은미한 원리인 본체까지 인식해야 마땅하다. 모든 존재자〔萬物〕와 사태〔人事〕는 보편적인 천리를 내재하고 있기 때문이다.

논리적으로 말한다면 작용은 본체가 유행 발현하는 것이므로 체용은 체선용후體先用後일 수밖에 없다. 본체가 확립되지 않는다면 구체적인 작용이 있을 수 없기 때문이다. 하지만 체선용후體先用後가 물리적 시간이나 발생론적 차원의 선후를 뜻하는 것은 아니다.

> 체용일원이라는 것은 리의 측면에서 보면 리가 체가 되고 상이 용이 되어 리 속에 상이 있는 것이니 이것이 일원이다. 현미무간이라는 것은 상의 측면에서 보면 상이 현이 되고 리는 미가 되어 상 속에 리가 있는 것이니 이것은 무간이다.[73)]

---

72)『性理大全』「太極圖解」: 其曰顯微無間者 以至著之象言之 則卽事卽物 而此理無乎不在也. 言理則先體而後用 蓋擧體而用之理已具 是所以爲一源也. 言事則先顯而後微 蓋卽事而理之用理可見 是所以爲無間也.

73)『晦菴集』 권40: 體用一源者 自理而觀 則理爲體象爲用 理中有象 是一源也. 顯微無間者 自象而觀 則象爲顯理爲微 象中有理 是無間也.

체용 관계란 본원과 말류, 본체와 현상의 의미를 함축하고 있다. 본체는 형이상학으로서 초월적인 차원도 있지만 동시에 천지만물이 순환 유행할 수 있게 하는 동적인 면도 있기 때문에〔體中有用〕, 본체가 유행하고 발현하는 것이 곧 용이다. 작용은 본체의 유행 순환으로서 체의 드러남이지 결코 본체와 무관하게 유행 발현하는 것이 아니다. 또한 체용은 체일용수體一用殊의 관계에 있다. 본체와 작용은 시간과 공간 속에서 구체화되기 때문에 고정되어 있지 않고, 시공에 따라 그 발현 양상이 천차만별이다. 체용이 고정되어 있지 않다는 주자의 견해는 이러한 체용 관계를 해명한 것이다.

> 체용은 고정된 것이 아니다. 여기의 체용은 여기에 있고, 거기의 체용은 거기에 있다. 이 도리는 모두 무궁하여 사방팔방이 그렇지 않은 곳이 없고, 천 곳 만 곳이 서로 관통되어 있다.[74]

리기의 체용 관계가 시공간상에서 구체적 현상으로 드러나기 때문에 고정되어 있지 않다는 것은, 보편적 원리인 본체는 그 현상 속에 내재하나 동시에 시공간에 국한되지 않고 초월해 있다는 두 측면을 포괄하고 있다. 체용일원론과 현미무간론은 존재론적 차원에서 리기 관계를 논리적이고 현상적인 차원에서 입체적으로 해명하는 기제였다.

또한 성즉리性卽理는 리기론이 존재론적 함의를 지님과 동시에 심성론 및 당위규범과 밀접한 관련이 있음을 보여주는 성리학의 기본명제로서, 인간의 당위법칙에 관한 이론적 정당성을 확보해 주었다. 그러므로 체용론은 인간 행위의 당위법칙을 제시함과 동시에 당위법칙의 원리와 근거

---

74) 『朱子語類』「論語」 4: 體用無定 這處體用在這裏 那處體用在那裏. 這道理儘無窮 四方八面無不是 千頭萬緒相貫串.

를 논리적으로 해명하는 이론이었다. 본체인 천리는 곧 인간의 본성이다. 주자는 당위법칙인 도덕 본체를 충이라고 하였다.[75] 본체로서의 도리道理는 구체적인 행위의 원리이자 준칙이라면 작용인 의리義理는 구체적인 삶 속에서 실현되는 윤리적 행위라고 할 수 있다. 구체적인 상황에서 윤리적 행위는 내재적 준칙과 분리될 수 없는 불가분의 관계에 있으며, 윤리적 행위는 곧 준칙의 드러남일 뿐이다. 인간이 사리事理에 맞게 일을 처리하거나, 만물에 내재한 물리物理를 바르게 인식〔格物致知〕하는 등의 모든 행위와 사태가 천리를 체인하는 것이므로 수양론적 차원과 분리될 수 없다.

> 만일 도의道義를 나누어 말하면 도는 체體이고 의는 용用이다. 체는 그 통체를 들어 말하는 것이고, 의는 일사가 처한 곳에 나아가서 말하는 것이다. 예컨대 부모는 자애로워야 하고 자식은 마땅히 효도해야 하며, 임금은 어질어야 하고 신하는 공경해야 하는 것은 의이며, 자효慈孝와 인경仁敬해야하는 까닭이 곧 도이다.[76]

인간다운 인간〔仁人〕이 되기 위해서는 천리에 순응하는 삶을 추구해야 한다. 인仁은 곧 인간 본성의 본체이기 때문이다. 내적 본체가 확립되면 인의가 구체적 행위에 그대로 직출하여 모두 도의에 합당하게 된다. 구체적 현상이 곧 본체의 작용이기 때문이다.

> 인은 측은지심에 내장內藏되어 있고, 속에 있는 인은 바로 그 측은지심의 골자이다.[77]

75) 『朱子語類』 「論語」 9: 一者忠也 以貫之者恕也. 體一而用殊.

76) 『朱子語類』 「孟子」 2: 若道義別而言 則道是體義是用 道是擧他體統而言 義是就此一事所處而言. 如父當慈子當孝 君當仁臣當敬 此義也. 所以慈孝 所以仁敬則道也.

시공간상에서 드러나는 마음 작용인 측은지심은 인이란 은미한 본체의 드러남이다. 측은지심이 드러날 수 있는 것은 드러날 수 있도록 해주는 원리〔골자〕가 내재해 있기 때문에 가능하다. 본체는 시공간 속에서 다양한 행위와 현상으로 드러날 것이다. 이것을 주자는 '군자지도 비이은君子之道 費而隱'의 주에서 "비費는 용用이 넓은 것이며, 은隱은 체體가 은미한 것이다."[78]고 하였다. 모든 인사人事와 만물萬物은 은미한 본체의 작용 아님이 없으며 이를 잘 구현하는 인간다운 인간이 성인군자이다.

신학을 수용해야 한다는 주장은 개화기부터 있었다. 그러한 견해가 단편적으로 개진되다 자강기에 이르러서는 성리학과 대면하여 보다 논리적인 체계를 갖춰 설득력 있게 논의할 필요가 있었다. 개항기의 오도서기론은 도덕이념의 당위성을 전제로 서기 수용이 근대적 이용후생으로서 가치가 있다는 것을 도기상수상분론으로 해명하고자 하였다. 반면 신구학론은 서구 근대문명이 과학적인 보편 이념으로서 확고하게 자리매김하는 것과 유학이 사덕의 영역으로 축소 내지 해체되는 과정을 보여주는 근대담론이었다. 신학 수용을 전제한 신구학론은 과학적 세계 인식과 사회다윈주의에 기초하여, 우리도 서구 열강 및 일본과 같은 근대적 문명국이 되려는 열망을 유학과 서구 근대 학문의 조응을 이론화한 것이었다. 그 목적은 과학기술과 경제 발전을 위한 이론의 체계화였다. 신구학체용론의 핵심은 근대적 시의성이었으니, 국권회복과 부국강병을 위한 '자강'을 도모하기 위해서는 서구 신학을 비롯한 격물치지학을 적극적으로 수용해야 한다는 주장이다. 물론 신학과 구학의 차이에 대한 인식은 신학 수용을 강조하면서 일찍이 논의되었다. 서구 근대 분과학문의 특징과 체계에 대해 구체적으로 다뤘던 소년한반도와 태극학보는 이미 그 차이를

77)『朱子語類』「易」10: 仁便藏在惻隱之心 裏面仁便是那骨子.

78)『中庸章句』12장: 費用之廣也 隱體之微也.

분명히 인식하고 있었다. 이범익李範益은 우리나라에 오랫동안 신구학에 관한 논의가 있었지만, 근대적 격변기에 신학이야말로 국가의 진보를 가져올 것이므로 구학에 얽매여서는 안 된다고 주장하였다. 신구학에 관한 논의는 신학 수용을 전제로 하여 유학의 문제점을 지적하는 것이 주류를 이루었다.

> 신구학 양 주의의 차이를 거론하자면, 양자가 서로 반대되니 하나는 명분을 숭상하고 하나는 실질을 중시하는 등의 구분이 있다. (중략) 양 주의가 국가 사회에 미치는 이해관계를 논하자면 정신적 즐거움을 숭상하는 구주의의 고상한 기지氣志와 담백한 정신을 우리가 지극히 추앙하는 바이다. 하지만 만일 그 정도를 초과하여 온갖 인사를 다 그 희생에 바치고 그저 형식적 즐거움만 추구하는 지경이 된다면 육체적 요소를 중시하는 신주의와의 모순을 면하지 못할 것이다. 안빈낙도의 지조와 절개를 거절하고 고행과 고난 속에서 정신적 즐거움만 애써 추구한다면 무슨 생각이든지 간에 경제입국經濟立國의 실제에 행여 무슨 이득이 있을 수 있는가. (중략) 천하에 웅비하여 세상을 호시탐탐 노리는 열강을 둘러보건대 개인과 단체를 막론하고 실리주의에 전력하여 가만히 앉아서 용내龍內나 거짓으로 꾸미는 것을 담소하지 않고, 최우선으로 일가의 생계를 확립하며 그 여유로 국가의 공공 이익을 도모하여 식산흥업殖產興業을 융성시키니, 이 양 주의가 경국제민經國濟民에 각기 어떤 영향을 끼쳤던가.[79]

'학문'은 곧 근대적 학지를 획득하고 확장하여 이용후생에 도움을 주는 것을 목표로 한다. 지식이란 과학적이고 합리적인 탐구와 사유의 결과이지 심신을 수양하여 체득할 수 있는 것이 아니었다. 이러한 판단 준거

---

79) 李範益 『少年韓半島』 第5호 「新舊兩主義」 38쪽.

는 신구학을 반드시 구별하고, 그 효용성을 평가할 것을 요구하였다. 신학 수용론은 물리적 자연과 이성적 인간 주체를 발견하는 계기를 마련하고 수학화된 자연 세계를 구축함으로써 문명화의 수단이었던 과학기술의 발전을 도모할 수 있게 하였다. 그러나 이성과 계몽의 역사를 가지지 못했던 한국은 문명화의 사명과 함께 또 다른 문제에 직면하였다. 과학적 유용성과 거리가 멀었던 유학은 일차적으로 '낡고 쓸모없는' 것으로 부정되었지만, 이러한 과학적 보편주의는 유학적 사유를 '근대'라는 시공간 속에서 재음미할 수 있는 새로운 장을 제공하기도 하였다. 이것이 신구학론이 탄생할 수 있었던 사상적 배경이기도 하였다.

> 지식이란 무엇인가. 감각感覺 지각知覺 사고思考의 결과이고 관념에 따라 자득한 것이다. 물계物界의 진상眞象과 물상物象의 진리를 세밀히 분석하여 우리가 실제로 가지고 있는 사상寫象의 구별을 명확하게 한 것이다. (중략) 사고란 지각한 사물이 나에게 들어와 내가 그 사물의 사물됨을 판단하여 자연히 고유한 나의 사물이 되는 것이니 이것은 사상계寫象界를 초월한 것이다.[80)]

만유에 관한 진리는 과학적 탐구로 획득할 수 있다는 것을 보편적 준거로 삼아 신학과 구학을 판별하며, 각각의 역할과 효용성을 논리적으로 준별하고자 하였다. 근대 학문의 대계인 심리학과 물리학은 모두 '학문함'에 속하지만, 구학문은 과학적 지식과 달리 인간의 심성 문제에 천착함으로써 근대 학문의 체계에 편입될 수 없다고 판단하였다.

> 심리학은 물질계에서 물리학과 대립하여 인간 자신의 내면에 관한 모든 학

80) 元泳義『少年韓半島』제6호「心理問答」14쪽.

문을 위한 원칙을 제공한다. (중략) 심리학의 원칙은 어떠한가? 물질계에서 물리학과 상대되어 인간 자신의 내면에 관한 모든 학문을 위한 원칙을 제공한다. 대개 인생에서 반드시 해야 하는 일이 있으므로, 인격상 마땅히 해야 하는 일을 학문의 필수로 삼아야 하고, 학문함에 반드시 물질계의 물리학을 궁구해야 한다. 만유萬有의 물리가 곧 정신유일精神惟一에 다 귀결된다.

정신이란 무엇을 말하는가? 정신이란 형상도 없고 자취도 없어서 분명히 말하기 어렵다. 구학문은 '마음에 깃든다' 고 하고 신학문은 '두뇌에 깃든다' 고 본다. 그 논의가 서로 다르지만 정신이 깃든 곳은 곧 마음이다. 다만 구학문은 마음이 오장 내에 있는 줄로 인식하고 신학문은 마음이 곧 두뇌라고 인식한다.[81]

과학적 사유와 방법에 의해 인식된 것만이 자연과 인간에 대한 참된 앎이라는 근대적 사유는 성리학적 리기 개념을 형해화形骸化시켰다. 체용일원體用一源과 현미무간顯微無間의 원리에 입각한 성리학적 존재론 또한 리기론의 해체와 그 궤를 같이할 수밖에 없었다. 체용론이 신학 수용을 이론적으로 정당화하는 이론으로 소환된 것은 그 사유의 이질성만큼 낯설 수 있다. 그러나 전혀 다른 세계관이 접촉할 경우, 기존의 사유체계 가운데 새로운 사유를 수용할 수 있는 요소가 가교역할을 할 수 있다. 격물치지나 체용론 역시 이런 맥락에 있었다. 신학의 전폭적인 수용은 천리체인이란 성리학적 학문 목표를 무의미하게 만들었으며, 자연법칙에 관한 과학적 탐구만이 참된 지식을 발견하는 길이라는 근대적 사유를 생성하였다. 실험과 관찰이란 객관적인 방법을 통해 발견한 과학적 지식이야말로 '참' 이며 진정한 진리로 받아들여졌다. 따라서 격물치지학은 신학의 정수이자 핵심이었다. 문명의 광풍은 모든 것을 '과학적 참' 으로 환원해 버

81) 元泳義『少年韓半島』제2호「心理問答」26-7쪽.

렸다. 그리고 그 중심에는 과학기술 발전에 힘입은 유럽중심주의가 자리 잡고 있었다.

신구학체용론은 신학 수용을 전제로 하되 신학과 구학의 관계를 재배치하고 더 나아가 구학의 근대적 역할을 체용론으로 체계화한 것이다. 구학과 신학은 이질적인 세계관과 사유체계를 기반하고 하지만 신구학의 접맥을 체용론으로 논리화할 수 있었던 것은 체용론이 지닌 독특한 논리 구조에 기인한다. 체용론의 요점은 본체의 유행과 발현이란 작용을 통해 형이상학적 초월성을 지닌 본체를 체인〔因用指體〕할 수 있다는 것이다. 즉 일상생활 속에서 천지만물의 생성 화육이 자연스럽고 사람들이 도리에 맞게 생활하는 것을 통해서 본체를 체인할 수 있다는 것이니, 드러난 것을 통해 드러날 수 있게 한 것을 보는 것이다.[82)]

성리학의 체용론은 천리체인이란 당위성에 초점이 있었지만, 신구학체용론은 신학 수용의 정당성을 당시 지식체계 내에서 논리적으로 해명하는 데 주안점이 있었다. 따라서 본체 체인이라는 성리학의 본지보다는 근대적 삶에 대한 논리적 해명에 초점이 있었다. 즉 신구학체용론은 도덕실천을 통한 본체의 구현〔聖人 되기〕을 목적으로 삼지 않았다. 그보다는 근대적 시공간이란 현실적 지평 또한 본체가 드러난 하나의 현상으로 받아들임으로써 신학 수용 논리를 마련하고자 하였다. 이것은 유학적 논리체계로 신학 수용의 정당성을 해명할 수 있는 길을 만들 뿐만 아니라, 신학이야말로 시의성과 실학성을 갖추고 있음을 논리적으로 해명함으로써 신학 수용이 곧 본체를 구현하는 길이라는 역설의 기제도 가능하게 하였다. 이러한 논리는 성리학적 사유에 익숙한 당대인들에게 그들이 가진 기존의 사유체계를 사용하여 신학 수용의 필요성을 역설함으로써 신학 수

---

82) 『朱子語類』 권63 「中庸」 2: 皆是費 如鳶飛亦是費 魚躍亦是費 而所以爲費者 試討個費來看.

용을 보다 원활하게 수행할 수도 있었다.

구학을 체로 삼고 신학을 용으로 삼아야 한다. 반드시 먼저 실實을 취하고 화華를 버리며 진부한 것을 제어하여 새로운 것에 이르며〔推陳而致新〕 단점을 버리고 장점을 취하여 절충참작을 더욱 정밀하게 하여 다듬어지지 않은 옥돌 가운데 참된 것〔璞中之眞〕을 취하고 사탕수수의 가장 맛있는 부분을 먹듯이〔啖蔗頭之佳境〕 그 정수를 취해야만, 오늘날의 나침반이 된다.[83)]

신구학체용론은 서구 과학기술의 원천인 신학을 인간 본선의 본체〔인〕인 정덕을 실현하는 '하나의' 현실적 작용으로 본다. 논리적으로 리와 기, 본체와 작용, 원리와 현상 등은 질적으로 다르지만〔不相雜〕, 현상적 차원에서는 불상리不相離라는 상함적相含的 구조를 지니고 있다. 따라서 일차적으로 현실의 제 현상은 시공간상에 드러난〔費〕 '작용'〔用殊〕이므로 근대적 현실 또한 '하나의' 작용일 수 있다. 근대적 격변 또한 시공에 따라 다르게 나타날 수 있는 작용이 라면 이것 또한 보편적 본체의 드러남으로 볼 수 있다. 구학이든 신학이든 구체적으로 드러난 모든 것이 본체에 근거한다고 봄으로써 절충할 가능성이 열리는 것이다. 그렇다면 신학을 배척하는 것은 근대적 현상을 제대로 직시하지 못한 완고한 구습에 불과하며, 구학을 배척하고 신학만을 주창하는 것은 본체의 은미한 특성을 인지하지 못한 편협한 사고가 될 수 있다.

오늘날 완고격앙가頑固激昻家들은 모두 신학을 배척한다. 반면 새로운 공기를 호흡하여 신사상을 환출換出하는 자들은 모두 구학을 물리치고 배척〔排擯〕

83) 晩堂 李鍾濬 『大韓自强會月報』 9호 「宗敎를 不可不崇이오 新舊를 不可不參酌이라」 101-2쪽.

> 한다. 그러나 이것은 모두 편애偏隘하고 공정하지 못하여 절충함이 없고 서로 말살하려고만 하니, 이것이 어찌 깊이 생각한 것이겠는가.[84)]

대한자강회는 신구학의 충돌과 배척을 문제시하고 근대적 시공간에서 그 만날 수 있는 접점을 찾아야 한다고 주장하였다. 그러므로 시대적 격변과 신학을 무시하는 것은 본체를 깊이 통찰하지 못한 단견이며, 신학 수용을 주장하는 자들 또한 신사상이 본체가 드러난 하나의 작용임을 인식하지 못하고 구학을 배척하는 것 또한 공정하지 않다고 하였다. 따라서 신학과 구학, 본체와 그 근대적 작용 가운데 어느 것 하나 폐지할 수 없다는 논리를 전개하였다. 구학을 본체로, 신학을 현상적 작용이라고 논리화한 것은 구학과 신학이 근대적 현실을 인식하고 추동할 수 있는 나름의 역할이 존재한다는 것을 인정한 것이다. 즉 성리학의 천리가 형이상학적 본체로서의 의미는 상실했지만 여전히 당위적 차원에서는 유의미하며, 그것이 근대 유학본체론의 특징이라고 할 수는 있다.

과학기술은 자연에 대한 과학적 탐구를 통해 자연에 대한 지배력을 향상시켜 주었지만, '바람직한 삶'에 대한 가치판단을 제공하지는 않았다. 과학과 기술이 문명과 야만을 가르는 근대적 척도가 되었지만, 어떤 삶이 가치 있는지 혹은 어떤 행위가 윤리적인지에 관한 철학을 제공하지는 않았다. 서양에서도 과학기술이 발달했지만, 여전히 기독교적 윤리 규범이나 전통에 의존했듯이, 도덕본성의 실천을 강조했던 유학적 전통에서 격물치지학이 근대적 효용성을 보여주었지만 그것이 곧 가치 있는 삶임을 증명하지는 못했다. 유학은 도덕에 관한 풍부한 자산을 가지고 있었다. 김사설은 신구학체용론을 주장하면서 구학〔東洋之學〕은 리를 주로 하고

84) 晩堂 李鍾濬 『大韓自强會月報』 9호 「宗敎를 不可不崇이오 新舊를 不可不參酌이라」 100쪽.

신학〔泰西之學〕은 기를 주로 한다고 전제하고, 본체에 치중하여 작용을 도외시하거나 작용에 급박하여 본체를 버리는 것은 모두 오류라고 하였다. 본체인 유학과 근대적 작용인 신학이 비록 학문적인 구분이 있으나, 리 없는 기나 기 없는 리는 없는 것과 같이 체용상수體用相須의 묘를 살려야 한다고 주장하였다.

> 혹 동학은 리를 주로 하는 데, 리는 무형하기 때문에 그 설이 장황〔說長〕하되 효과는 느리다고 하고, 서학은 기를 주로 하는 데, 기는 유위하기 때문에 그 일이 분명하여〔事著〕 효과가 신속하다고 한다. 이것은 비록 그렇지만, 리기로써 말하면 천지 사이에 리 없는 물이 없으며 기 없는 물도 없다. 리가 기를 떠날 수 없는 것은 기가 리를 떠날 수 없는 것과 같다. 어찌 이것〔동학〕은 리를 주로 하여 기를 관리할 수 없는 지경이 되고 저것〔신학〕은 기를 주로 하여 리에 근원할 수 없을 수 있겠는가?[85)]

김사설金思說은 신학문의 수용이 절실하다는 점은 인정하면서도, 오륜과 인의효제 등 유학적 도덕성은 시공을 초월한 보편성이 있기 때문에 구학을 전면적으로 폐기할 수 없다고 하였다.

> 구학문이 없을 수 없는 것은 신학문이 없을 수 없는 것과 같다. 신학문이 없을 수 없는 것은 구학문이 없을 수 없는 것과 같다. 신학을 잘 배우고자 한다면, 어찌 하나만을 주로 삼아 다른 하나를 폐할 수 있겠는가. 군신부자의 윤리와 인의효제의 본성은 고인古人이든 금인今人이든 동일하며, 동인東人이든 서인西人이든 동일하다.[86)]

---

85) 金思說『大東學會月報』1호「學問體用」48쪽.
86) 金思說『大東學會月報』1호「學問體用」48쪽.

신학과 구학의 관계를 체용론으로 재정립함으로써 신학 수용이란 급무가 결코 유학의 도덕성을 도외시하는 것만은 아니므로 배척할 필요가 없다는 논리가 가능해진다. 도의 드러남은 언제나 동태적이고 다양한 변화 속에 있다. 즉 모든 동태적 현상은 성리학의 논리구조에서 도체의 유행발현인 작용, 즉 현실적 제 현상들은 곧 본체의 드러남〔理一用殊〕을 의미한다. 체용이 현미무간한 관계이기 때문에 신학을 배우고자 한다면 구학문 또한 폐기할 수 없다는 논리가 가능하다. 인의효제의 윤리적 본체란 동서고금을 초월한 보편성을 담보하고 있으므로 신학을 수용한다고 해서 폐지할 수 없다고 주장함으로써, 신학 수용의 당위성과 함께 성리학적 세계관을 견지하려는 사회적 저항을 줄일 수 있었다.

김윤식金允植은 유학의 인의도덕을 본체로 한다면 이용후생은 그 작용이므로 근대적 이용후생인 신학과 격치학을 수용하여 자강을 도모하는 것은 유학의 본지에 위배되지 않는다는 논리를 전개하였다.

> 인의도덕을 체로 삼고 이용후생을 용으로 삼는다. 인의도덕은 만국이 모두 우러르는 바인데 우리의 성현이 밝힌 것이 가장 뛰어나기 때문에 이를 따른다. 이용후생 역시 성현들이 이미 각국에서 언급하고 시행한 것이지만, 신학문이 여기에 공이 크기 때문에 신학문을 수용해야 한다.[87]

신학 및 격치학이 이용후생의 차원에서 효율성이 크기 때문에 이를 수용하는 것이 옳다고 주장하면 신학〔이용후생〕은 인의도덕〔정덕〕이란 유학적 본체를 근대적 삶의 맥락에서 실현하는 방편이 될 수 있다는 논리이다. 이것은 근대적 격변을 유학적 사유 구조에서 담아내면서 동시에 근대

---

87) 金允植『大東學會月報』1호「序」7쪽.

를 수용할 수 있는 매력적인 논리구조였다.

근대는 성리학의 체용론과 수양론이 해체되고, 과학적 세계 인식을 요구하는 새로운 시대였다. 신구학체용론의 체일용수 논리는 천리체인이란 궁극적 목표를 탈각시키되, 본체인 도의를 당위적 차원에서 해명함으로써 유학의 도덕이념이 근대에도 여전히 보편적인 의미를 지니고 있다는 것을 보여주고자 하였다. 그러나 구학을 본체로 인정하고 신학을 근대적 작용이라고 이론화함으로써, 성리학적 세계관을 묵수하고 근대적 격변을 도외시하는 기성세대에게 신학 수용이 근대적 이용후생에 해당하므로 이것 역시 리의 발현일 수 있다고 이론화함으로써 신학에 대한 부정적 인식을 약화하는 한편, 신학의 장점을 취하여 자강을 적극적으로 도모해야 한다는 주장에 중점을 둔 것이 신구학체용론이었다. 그러므로 신구학체용론이 유학의 도덕을 근대라는 시공간에 그대로 수호하거나 재현하려는 시도였다고 보는 것은 지나치게 피상적인 견해라고 하겠다.[88] 신학 및 격치학이 국가적 자강을 도모하는 길이라면 이를 수용하지 않고는 국권회복은 불가능하다고 판단하였기 때문에, 풍부한 유학적 자산을 근대적 맥락에서 어디에 위치 지울 것인지를 묻는 것은 부차적인 문제였다. 문명한 열강은 모두 신학의 효력 때문이지 구학의 결과가 아닌 것이 자명한 사실이며,[89] 신학에 힘쓰는 것이야말로 인시제의因時制宜라면 신학 수용이 곧

88) 이광린은 일찍이 "신학이란 구한말에 새로 수용된 서양의 근대 학문과 사상을 가리키며, 구학이란 오랫동안 한국 사회를 지배했던 유학의 학문과 사상을 가리킨다."고 정의하고, 대동학회월보는 구학을 수호하려는 의지를 강력하게 표명했다고 보았다. (이광린 「구한말 신학과 구학의 논쟁」 『동방학지』 제23 · 24합집 1980) 노대환은 신구학체용론은 기본적인 논리는 동도서기론과 같지만, 동도서기론이 서기 수용을 합리화하는 데 강조점이 있었던 반면, 대동학회는 구학인 유학을 복권시키는 데 목적이 있었으며 대동학회가 복권시키고자 했던 유학의 가치는 도덕이었다고 주장하였다. (노대환 지음 『문명』 소화 2010 203쪽.)

89) 究新子 『西北學會月報』 8호 「新學과 舊學의 區別」 45쪽.

근대적 작용이라고 보는 것이 타당하다.[90] 자강을 위한 신학 수용이 시대적 급무라고 판단한 자강기 학술지들은 성리학의 체용론을 차용하여 보다 체계적으로 신학 수용의 당위성을 드러내고 유림의 성리학 묵수와 수구 정책으로는 근대적 위기를 극복할 수 없다는 점을 부각하고자 하였다.

2) 구학본체론과 신학실리론新學實理論

근대적 일상과 위기는 성리학적 세계관으로 해명되지 않은 채 전근대와 근대의 문명적 간극 사이에 놓여있었다. 서학을 사학邪學으로 치부하고 척사론에 근거한 쇄국정책을 실시하는 것은 국가적 자강과 독립을 실현할 방책이 아니었다. 이러한 시대 인식은 유학과 서구 근대 학문에 대한 새로운 관계 정립을 요구하였다. 신구란 시간적 규정은 체선용후體先用後라는 체용론의 특징으로 해명할 수 있었으니, 오래된 구학이 이념적 본체라고 한다면 새로운 신학이 시의적절한 작용이라고 할 수 있다는 논리는 표면적으로는 자연스럽게 연결될 수 있었다. 그러나 근대적 삶은 유학적 도덕의식의 구현을 목표로 하지 않고 과학기술과 자본주의적 효용성을 준거로 작동하였다. 과학기술의 발달은 근대적 삶을 구축하는 토대였으며 원동력이었다. 일차적으로 서구 근대문명을 수용하는 것은 도덕과 인륜의 실천이 아니라 과학기술에 담긴 '근대적 힘'을 갖고자 하는 열망의 반영이었다.

서구 근대 학문 수용을 국권회복을 위한 자강의 첩경으로 여긴다면, 성리학자들처럼 사학이라고 할 수 없으며 성리학 또한 보편 이념을 담지한 정학正學이 될 수 없다. 이러한 관계 변화에 대한 물음은 학문 체계의 내적

90) 呂炳鉉 『大韓協會會報』 8호 「新學問의 不可不修」 93쪽.

논리의 문제가 아니라 지식체계가 놓인 현실의 변화에 따른 반성이었다. 구학본체론은 성리학적 형이상학 체계의 해체를 전제한 것으로, 즉물궁리에서 천리체인이란 윤리적 차원을 탈각시키고 자연에 대한 법칙에 관한 과학적 탐구〔物理〕만 남게 된 것과 궤를 같이한다. 구학본체론에서 제기될 수 있는 일차적인 문제는 성리학적 세계관의 해체에 따른 논리적 정합성의 문제였다. 성리학은 리기론과 심성론의 유기적 연관 속에서 존재원리와 당위 규범을 일관된 체계로 해명하였다. 소이연과 소당연의 리는 각 존재의 본성으로서 그 존재의 존재 원리이면서 당위법칙〔性卽理〕이다. 인간 본성인 도덕 본체는 심신의 활동을 통해 드러나지만, 형이하적인 기의 세계에서 객관적 논리적으로 추론할 수 없다. 유학에서 천리의 체인이 인식의 차원에 국한된 것이 아니라 지각과 실천을 포함하고 있는 것도 이 때문이다. 성리학의 소당연과 소이연은 이성적 인식의 대상이 아니라 주체적인 실천을 통해 이루어진다는 점에서, 과학적·객관적 세계 인식과는 다르다. 인仁이 실제 현상을 벗어나 실현되는 것은 아니라 그 본질을 그대로 드러내는 것이 곧 의義가 되지만, 실제 현상 자체가 곧 리는 아니다.

> 리일분수가 바로 인과 의의 리이니 행해야 의가 되는 것은 아니다. 행해야 하는 것을 의로 삼는 것은 바로 고자告子의 의외설義外說이니 한자韓子부터 잘못된 것이다. 대저 인의예지가 다 마음의 리로되 인이 그 속에서 있어 또한 포괄하지 않음이 없다.[91]

사덕四德은 마땅히 행해야 할 소당연의 실천이요 드러남이니, 이것이 당위일 수 있는 것은 소이연으로서의 인이 그 속을 일관하고 있기 때문이

91) 『晦菴集』 권45 「答廖子晦」: 理一分殊 更是仁義之理 不待行之而後爲義也. 以行之爲義 乃是告子義外說 自韓子失之矣. 大抵仁義禮智 皆心之理 而仁在其中 又無所不包.

다. 소이연은 존재자의 존재 원리의 차원도 있으나, 그 본의는 당위법칙의 근원과 까닭을 의미한다. 리가 소당연이면서 당위법칙의 소이연의 의미를 동시에 내포하고 있는데, 소이연과 소당연이 존재 원리와 당위법칙으로 이분되는 것은 아니다. 물음의 핵심은 근대적 맥락에서 체용론을 어떻게 재구축하고 현실문제를 해결할 것인가였다.

박은식은 유학이 생존경쟁이 치열한 시대 변화를 인식하지 못하고 고서古書만 읽고 변화를 도외시하는 구습을 지적하고, 시의時宜를 추구하는 것이 유학의 본지라고 지적하였다.

> 우리나라 구습의 폐해가 이루 말할 수 없이 많지만 네 가지는 더욱 특별히 나타난 것이다. 그러나 유림의 구습은 그 원질原質이 아름답기 때문에 오히려 고루한 식견을 고쳐서 시무에 관한 학문으로 그 지식을 개광開廣하면, 체용이 완전하고 형식과 내용이 모두 갖추어져 국가와 인민의 행복을 충분히 이룰 수 있다.[92]

그런데 체용일원론에 의하면 본체와 현상이 비록 체용의 구조로 설명된다 해도, 이는 리가 리기불리理氣不離의 전제 위에 기를 바탕으로 실현되는 것일 뿐이다. 구체적인 윤리 행위가 형이상의 태극이나 천리를 전제하지 않고서 그 근거와 정당성을 확보하는 것은 불가능하다. 따라서 도덕본체 혹은 실체인 리가 사어死語가 됨으로써 윤리적 행위의 당위적 근거가 사라졌다. 구학본체론은 유학이 근대사회에도 여전히 본체로서 유의미하다는 주장이지만, 형이상학적 본체론을 탈각시킨 것으로 성리학적 세계관의 해체를 역설적으로 보여준 담론이었다. 체용일원론은 리기불리

92) 朴殷植 『西友』 2호 「舊習改良論」 74쪽.

를 전제로 한 것이므로, 구체적인 현상〔기〕은 본체인 리와 무관하게 존재할 수 없다. 그러므로 유학 내적 논리에 근거한다면, 구학본체론은 이론적 정합성을 상실했다고 평가할 수 있다.

또한 유학은 『대학』의 8조목에서 알 수 있듯이, 도덕적 본성을 사회적으로 구현하려는 지향점을 갖는다. 군신부자의 윤리와 인의효제의 도는 개인의 사적 영역에 국한된 것이 아니라 국가와 천하를 태평성세로 실현하는 구심점이라는 측면에서 정치 이념이라고 할 수 있다. 정치 사회적 맥락에서 벗어난 유학 이념이 과연 유학사상의 본질이라고 할 수 있겠는가? 유학은 근본적으로 근대적 의미의 공사公私 구분과 달리, 나와 네가 올바른 관계맺음을 하는 것을 지향하였다. 그러므로 공자는 인을 극기라고 하였다. 사사로운 개인을 극복하고〔克己〕 너와 만날 수 있는 보편성〔天理, 理一之理〕을 공유해야만 대동 사회가 가능하다. 그런데 천리의 내재를 부정함으로써 공공성이 부재한 상황에서 도덕 본체를 말한다는 것은 무슨 의미를 갖는가? 인인仁人은 대동 사회를 실현하는 시발점이요 구심점이기 때문에, 공자는 인을 극기로 규정하였다. 즉 사사로운 개인의 차원을 벗어난다는 것〔극기〕은 모든 존재자들을 존재자답게 존재하는 조화로운 세상인 만물일체지인萬物一體之仁을 구현하려는 공공성이다. 공과 사가 각각 독립적 영역을 갖는 것이 아니라, 공사는 사욕과 천리의 구분에 지나지 않는다.

그렇다면 구학인 유학이 여전히 근대사회의 '본체'로서 일정한 역할이 있으며, 유학적 본체가 여전히 구현할 만한 보편적 이념성을 담보하고 있다는 주장이 갖는 의미는 무엇인가? 구학으로 규정된 유학의 정체성을 묻는다는 것은 서구적 근대성을 담보한 신학의 용인을 전제한 것이다. 신학 수용의 핵심은 과학기술 발전을 가능하게 한 인간과 자연에 관한 과학적 탐구였다. 과학적 진리는 인간에 관한 과학적 탐구를 가능하게 하고, 기술의 발달 정도가 문명과 야만을 가르는 새로운 척도가 되었다. 하지만 그것이 어떻게 행위를 하는 것이 옳은지에 대한 심층적인 해답을 제시하지는 못했다. 자강기에 수용하고자 했던 신학은 격물치지학〔science〕과 기술을 적극 받아들이는 데 중점이 있었다. 더욱이 근대 자연과학이 실험과 관찰에 근거한 객관적 자연법칙을 탐구하는 가치중립적 학문이라고 받아들여졌기 때문에 윤리적 행위에 관한 준칙이 될 수 없었다. 따라서 근대적 격변을 추동했던 신학은 오히려 어떻게 행위를 할 것인지에 관한 혼란을 초래했다. 오랫동안 유학적 사유에 익숙했던 당시대인들은 전근대와 근대라는 삶의 전환기에 직면하여 '어떻게 행위를 해야 하는가?' 에 대한 분명한 답을 갖지 못한 채 던져져 있었다. 특히 한국은 이성의 역사적 경험이 없었기 때문에 이성적 판단과 실천을 통해 선을 실현한다는 것은 불가능하였다.

반면 유학은 인간의 윤리적 행위에 관한 풍부한 이론 체계를 갖추고 있었다. 비록 신학 수용이 절대적으로 필요한 상황에 직면했다고 할지라도 유학의 도덕 담론이 유의미한 가치체계로 용인될 수 있었다. 이것은 근대 유럽에서 자연과 인간에 관한 과학적 탐구가 활발히 진행되었음에도 불구하고 어떻게 행위를 하는 것이 올바른 것인지에 관해서는 여전히 기독교적 윤리에 의지해 있었던 것과 유사하다. 전근대와 근대가 갈마드는 지점에서 신구학을 하나의 논리체계로 접목하고자 했던 사상적 시도는 이러한 역사적 격변을 반영한 것이다. 과학적 세계 인식이 문명화를 달성할 수 있는 기반을 제공하지만, 그것이 윤리적 행위에 관한 준거를 제시하지 못한다면, 도덕규범에 관한 풍부한 자산을 보유한 유학이 나름 역할을 담당할 수 있다고 보았다.

유학본체론이 일정한 시대적 가치가 있다고 할지라도 신학 수용이 우선이었으며, 유학은 시중지도로서 제 역할을 하지 못한다는 단점을 부각시켰다. 김사설金思說은 유학이 현실 문제와 괴리되어 성리설에 치중한 나머지 세사世事를 물어야 할 현실적 문맥을 놓쳐버렸기 때문에 쓸모없는 학문이 되었다고 진단하였다.

> 성리학자들은 다시 세사世事를 묻지 않았다. 설혹 세상에 나와 일을 한다고 할지라도 학자는 세상을 잊어야 한다고 말하니 어찌 성리학이 참으로 이와 같겠는가? 만약 참으로 이와 같다면 공자가 천하를 주유한 것도 부당하며 맹자가 제나라와 양나라에서 유세한 것도 부당하며 주자가 밤늦도록 잠 못 이룬 것도 부당하다.[93]

김사설은 근대적 격변을 학문적 문제로 삼지 않는 성리학은 유학의 본의를 상실한 것이라고 비판하였다. 국권 상실의 위기를 극복할 수 있는 자강론은 성리학의 리기론적 세계관을 통해서는 달성할 수 없다고 판단하였다. 이는 여병현이 격물치지학이 곧 서구가 부강해진 원인으로 지목한 것과 대비된다.[94] 격물치지학이 이용후생의 실학이라고 전제한다면,[95] 격물치지학을 비롯한 신학新學은 배척해야할 사학邪學이나 사학私學이 아니라, 우리가 시급히 수용해야 할 공학公學이 된다.[96] 공학公學인 신학新學은 이단이 아니라 문명과 부강을 실현할 수 있는 근대적 실학으로서 보편성을 인정받았다. 그리고 서구 과학이 실리를 얻었다는 평가는 객관 사물에 대한 법칙〔物理〕을 연구와 기술의 정교함이 문명국이 되는 지름길이라는 시대 인식을 반영한 것이다. 천하의 공학公學인 신학新學은

93) 金思說 『大東學會月報』 1호 「學問體用」 47쪽.
94) 呂炳鉉 『大韓協會會報』 5호 「格致學의 功用 1」 316쪽.
95) 《漢城旬報》 1884.3.27. 「各國近事:이태리가 날로 성해지다」.
96) 《漢城旬報》 1884.3.27. 「各國近事:이태리가 날로 성해지다」.

근대적 실리實理를 갖추고 있지만, 구학舊學〔유학〕은 사학私學으로 그 학문적 영역이 축소되었고, 문명성이 부재한 허학虛學으로 전락하였다.

> 우리 대한에는 경학에 뛰어난 자가 많았지만, 후세로 내려오면서 학문이 쇠퇴하여 독서지사가 오로지 사장詞章만을 숭상하고 실학에 힘쓰지 않았다. 그래서 문장으로 기록된 말은 많지만 마음속에는 실제적인 책략이 없으니 어찌 비웃음을 면할 수 있으랴! 슬프다. 우리나라 실정을 살피건대 2천만 영혜靈慧로운 민중은 장차 타족他族의 노예가 되는 것을 면할 수 없고 13도의 신성한 강토도 이웃 나라의 병탄을 피하기 어렵다. 그 죄과가 참으로 민을 인도함에 마땅한 바로서 하지 않고 민을 교화함에 그 구舊〔舊習·舊學〕를 변화시키지 않은 데에 있다. 오늘 경향 인사가 모두 "국권회복과 자주독립"을 말한다. 그러나 그 행하는 것은 전일의 구습이오, 그 하는 말은 전일의 구학이며 자손을 교육하는 것 역시 구습과 구학舊學이다. 이것으로 어떻게 국권회복과 자주독립을 할 수 있겠는가? 나는 구학으로는 국권회복과 자주독립을 이룰 수 없다는 것을 안다.[97]

여병현은 구학으로는 국권회복과 자주독립이 불가능하다고 단언하면서, 격치학이 국가의 성쇠와 불가분의 관계에 있음에도 불구하고 아한의 격치학 발달 정도는 매우 열악한 원인으로 유학을 지목하였다.[98] 그는 유학자가 실학에 힘쓰지 않고 사장학을 숭상하여 마침내 이용후생의 정력精力이 끝났다고 종언을 고하였다. 그리고 그는 격치학의 효용성을 강조하면서,[99] 격치학을 폐한다면 결국 나라가 망할 것이라고 극언하였다.[100]

---

97) 呂炳鉉『大韓協會會報』8호「新學問의 不可不修」94쪽.

98) 呂炳鉉『大韓協會會報』7호「格致學의 功用 3」17쪽.

99) 呂炳鉉『大韓協會會報』7호「格致學의 功用 3」15쪽.

격치학의 근대적 효용성을 강조할수록 유학적 이념은 낡고 쓸모없는 전근대적 사유로 치부되었다.

근대적 문명이나 자강과 무관한 유학은 공리공담으로 실제적 학문이 아니며, 과학만이 사상적 발전과 국가적 사업의 현저한 진보를 가져온다는 김영재金英哉의 관점은 과학기술의 발달을 곧 문명과 역사의 진보로 환치하는 지점을 명확히 보여준다.[101] 그런데 신학이 담지한 서구적 문명성은 제국주의 침략이란 근대적 폭력과 불가분의 관계에 있었다. 문명성은 수용의 대상이었지만 야만적 침략성은 저항해야 할 대상이었다. 과학기술은 제국주의 침략의 수단인 동시에 문명화의 전령이었다. 과학적 현실 인식은 맹목적인 문명화론과 일본의 문명지도론을 '과학'과 '보편'으로 받아들임으로써 이른바 근대적 폭력을 용인하는 결과를 초래하였다. 신학 수용론이 지닌 근본적인 문제는 서구 중심적 세계 인식을 곧 학문적 진리로 수용함으로써 서구적 문명화 이외의 길을 발견할 기회를 차단했다는 점과 열강의 제국주의적 침략을 비판할 수 있는 정당성을 발견할 수 없게 만들었다는 것이다. 만약 맹목적으로 서구적 문명성을 수용하게 된다면, 단선적 진보사관에 얽매여 제국주의 침략 또한 문명의 시혜가 되기 때문이다. 그렇다면 이들이 주장했던 시의성時宜性이 과연 시의적절한 것이었던가?

맹목적인 문명화는 서구 근대과학만이 과학적이고 객관적인 유일한 진리라고 하는 과학적 보편주의를 담고 있었다. 그렇다면 성리학의 학적 체계는 학문이 될 수 없게 된다. 성리학적 세계관이 해체 당함으로써 당위에 관한 존재론적 체계를 재구성하여 역사적 현실을 철학적으로 해명하고 방향을 제시하는 것은 쉽지 않았을 것이다. 그런데 문제는 이러한

100) 呂炳鉉『大韓協會會報』7호「格致學의 功用 3」16쪽.

101) 金英哉『太極學報』제20호「科學의 急先務」384쪽.

논리적 차원뿐만이 아니었다. 당위법칙의 존재근거 해체는 곧 시대적 문제 인식과도 직결되었기 때문이다. 신구학체용론자들은 신학 수용과 문명화에 적극적이었으며, 그 연장선에서 일본의 문명지도론을 긍정하는 입장을 보여주었다. 이것은 맹목적인 문명화 논리의 계승이었으며 친일 논리의 전초前哨였다. 문명화에 매몰됨으로써 제국주의 침략을 직시할 수 없는 한계를 노정露呈하였다. 더욱 심각한 문제는 일본문명지도론이 결핍된 타자 의식을 정치 · 경제적 관계하에서 각인함으로써 올바른 주체의식을 생성할 수 있는 길을 차단한 것이다. 근대적 주체는 인간관계의 그물맥 하에서 사덕四德〔私德〕을 실천하는 개인이 아니었다. 근대적 주체는 근대국가와 자본주의 체제에 적합한 개인이었다. 그러나 유학은 관계맺음에 관한 담론이었지 고립된 개체〔個人〕을 문제 삼지 않았다. 그런 측면에서 유학은 서구적 근대와 함께 할 공동의 장이 없었다. 그것은 새롭게 생성되어야 하는 시공간이었다. 그러나 구학본체론이 새로운 장을 구축할 논리적 정합성과 시대적 타당성을 갖추었다고 평가하기는 어렵다. 유학이 '근대'라는 새로운 시공간 속에서 시대정신으로서 제 역할을 담당하지 못하고 시대를 이탈하여 하나의 '과거의 낡은' 철학이 된 것은 유학의 본지를 실현하지 못한 것에 기인했다. 물론 서세동점의 근대 역사가 그 이전에 볼 수 없었던 문명사적 전환이었으며, 유학의 역사에서 유래를 찾을 수 없는 이질 문명 간의 충돌이었다는 점을 감안하더라도, 유학이 직면한 현실에서 시대정신으로서의 제 역할을 담당하지 못했던 책임까지 희석되는 것은 아니다.

유학을 사덕의 영역으로 국한하여 그 사회적 영향력이 약화하면서 일제 식민주의를 정당화는 논리로 악용될 수 있는 여지도 발생하였다. 한자와 유학은 일본과 한국의 문화적 동질성을 확인할 수 있는 유익한 소재였다.[102] 그렇다면 구학본체론이 도덕 본체를 근대적으로 재정립했다거나 시대정신으로 제 역할을 담당했다고 평가하기 어렵다. 그런데도 유학을 문제 삼은 근본적인 이유는 발달된 과학기술이 결국 제국주의 침략을 확장하는 첨병 역할을 했기 때문이었다. 맹목적인 문명화는 야만적 침략마저 옹호할 위험을 담고 있었다. 문명화에 대한 비판 논리를 신학에서 도출하는 것은 불가능하였다. 그렇다면 근대 공간에서 유학은 맹목적인 문명화에 대한 이념적 비판의 토대가 될 수 있었다. 그러나 신구학체용론의 구학본체론은 이러한 사회적 차원에서 제국주의 침략에 대한 도덕적 정당성을 이론화하지 않고 오히려 유학적 도덕원리를 개인의 차원으로 국한함으로써 그 근대적 역할을 축소하고 말았다.

약육강식 및 적자생존 논리와 문명화론에 매몰된다면 곧 서구적 문명성이 지닌 야만적 침략성을 비판할 수 있는 시선을 가질 수 없게 된다. 역설적이게도 유학은 문명화가 무엇을 지향해야 하는지, 그리고 과학적 지식이 지향해야 할 바가 무엇인지 되물을 수 있는 여지를 제공하였다. 신구학론을 주장했던 지식인들이 제시한 근대적 유학〔구학〕 인식이 과연 이 문제에 관한 적절한 답이었는지는 논외로 하더라도, 자강기 지식인들이 다양한 학술지에서 신학 수용을 전제하면서도 신구학에 관한 담론을 벌였던 근본적인 이유는 여기에 있었다. 신채호와 박은식 등은 신학 수용을 인정하면서도 맹목적인 문명화의 문제를 직시하고 무엇을 위한 문명화인가를 되물었다. 그것은 문명의 문명다움에 대한 물음이었으며, 유학이 근대 공간에서 재해석될 수 있는 새로운 공간을 제공하기도 하였다.

---

102) 조남호 「다카하시 도오루의 '조선의 유학' 재평가」『조선의 유학』 역주자 해설: 일본 어용관학자로서 제국주의 이념을 실현하고자 했던 다카하시 도오루〔高橋亨〕를 비롯하여 후쿠다 도쿠조〔福田德三〕 등은 한국의 사상과 역사를 왜곡하는 데 앞장섰다. 그리고 그들이 주로 다뤘던 시기가 조선시대와 유학이었다. 특히 高橋亨은 황국정신에 기초하여 유학을 연구하고 국민도덕의 본의를 천명하여 충성스러운 황국신민을 양성하는 것(명륜학원 교육목표)이 제국주의자의 연구 목적이었다.

3. 구학화舊學化된 유학의 재배치

1) 근대적 시공간과 신구학

시공간은 삶의 토대이다. 모든 사람은 모든 곳에서 그리고 모든 시대에 상이한 시공간적 이해와 경험을 가진다. 시공간에 대한 인식은 다양한 사회적 현상들이 각각의 고유성을 갖고 있다고 할지라도, 역사적으로 한정되는 일정한 사회 방식 혹은 일정한 일관성을 갖게 할 수 있다. 근대적 시공간관념은 그 안에 존재하는 근대적 삶을 정의하고 제한하며, 규정하고 통제한다는 점에서는 강제된 시간이었다.[103] 특히 17~8세기는 시간의 역사에서 중요한 시대였다. 시간에 대한 정밀한 측정은 수학적으로 측정할 수 있는 독립된 세계, 그러니까 과학이라는 특별한 세계에 대한 믿음을 주었다. 결과적으로 분초 단위로 분절되는 기계식 시간은 과학기술의 발달을 촉진했다. 근대적 시간개념을 상징적으로 표상하는 기계는 시계와 기차였는데, 분초 단위로 근대인의 일상을 통제할 수 있었던 기계식 시간은 인간의 사고와 행위를 제어하는 역할을 수행하였다.[104] 기계식 시간은 공장노동자의 출퇴근 시간 및 노동시간을 통제하였으며, 학교 또한 분절된 시간표에 따라 움직였다. 또 산업혁명 이후 등장한 철도와 우편을 비

103) 이진경 『근대적 시 · 공간의 탄생』 그린비 2010 192-4쪽 참조.

104) 1차 산업혁명과 관련하여 철도는 그 어떤 기술보다도 엄청난 물질적 진보를 구현했고, 그 과정에서 유럽과 그 밖의 모든 비서양 민족 사이에 벌어진 간격을 극적으로 보여주었다. 리오 막스가 말했듯이, '시스템으로서의 철도'는 새롭게 출현하는 산업 질서의 필수요소들을 대부분 포괄했다. 종전의 목조구조물을 대체한 금속구조물, 기계화된 동력, 장대하게 확장된 지리적 규모, 놀라운 속도, 합리성, 비인격성, 그리고 전례를 찾을 수 없을 만큼 강조된 정확한 시간 등이 그것이다. 철도는 자연을 지배하는 과학적 사고의 효율성을 극대화해 보여준 획기적인 상징물이었다. 마이클 에이더스 『기계, 인간의 척도가 되다』 산처럼 2011 289-290쪽 참조.

롯한 근대적 제도 역시 표준시간을 요구하였고, 유럽을 중심으로 한 표준시가 제정되었다. 전 지구적으로 표준화된 시간은 근대적 삶 전반을 개입 · 통제하였다.[105)]

우리나라의 경우 근대적 시간을 적극적으로 도입하고 그 중요성을 강조한 곳은 공장이 아니라 학교였다. 철도와 우편 등으로 인해 통일되고 규격화된 시간은 시간표대로 학생을 통제하는 학교를 비롯하여 시공간을 점유하는 근대적 제도를 통해 유포되면서 일상을 통제해 갔다.[106)] 또 다양한 신문과 학술지 또한 철도망을 이용한 우편제도를 통해 전국 각지에 전달되었다. 근대적 교통망과 유통과정이 없었다면 근대적 사유의 전파 또한 기대할 수 없었을 것이다. 근대적 시간은 근대적 사회체제를 통해 삶의 양식을 변화시켰다. 학문도 예외는 아니었으니, 성리학의 해체는 성리학 이론 체계의 내적 모순에 기인한 것이라기보다는 근대적 시공간의 변화에 크게 영향을 받았다.

> 시대는 변천하기 때문에 수시 변역하여 신구이학新舊二學의 구분이 생겨났다.[107)]

신구학론 이전에도 위정척사론의 정학正學과 사학邪學, 개화론의 오도吾道와 서기西器 그리고 태서지학泰西之學 등 유학과 서양 학문에 대한 지

105) 휘트로 저 이종인 역『시간의 문화사』영림카디널 1998 283-296쪽 참조.

106) 기차는 엄밀하고 표준화된 시간 의식을 지역과 국경을 넘어 세계로 빠르게 퍼뜨렸다. 기차와 전차는 옛 시간관념을 흔들어놓았다. 1899년 경인철도의 개통식을 시작으로 근대적 교통수단은 대중의 시간 감각을 근대화하는 데 큰 영향을 미쳤다. 그런 의미에서 기차는 단순한 교통수단이라기보다는 근대의 상징이었다. 최규진 엮음『근대를 보는 창 20』서해문집 2007 234-8쪽 참조.

107)『大東學會月報』2호「新學과 舊學의 關係」奬學社 29호 104쪽.

리적 · 문명적 성격을 지닌 다양한 명칭이 존재했었다. 그런데도 '낡고 그리고 새로운' 이란 규정이 필요했던 것은 근대적 삶의 양식과 시간관념이 일상과 지식의 유통구조를 장악해 간 궤도와 일맥상통한다. '신구학' 이란 유학과 서구 근대 학문을 근대적 시간관념에 의거 재규정한 것으로, '서양' 이란 근대 지리적 중심이 시공간적으로 보다 확고하게 자리잡았음을 방증한다.

근대적 시간개념의 도입은 그리니치 천문대를 중심으로 편제編制된 근대적 시간성에 편입되는 것이며 동시에 '지나간 시간은 다시 오지 않는다.' 는 직선적 시간관을 용인한다는 것을 의미하였다. 근대의 단선적 시간개념은 인류 역사는 시간이 지남에 따라 진보한다는 시간관으로서[108] 오래돼서 낡은 과거로 돌아갈 여지를 차단했다. 유학은 '새로운' 근대적 삶에서는 오래되어 낡고 쓸모없는 이념으로 전락하였다.

> 구학이란 전래된 바가 오래된 것이다. (중략) 유학의 역사는 문학이 쇠퇴하고 학자의 풍기風氣가 거의 끊어졌다. 그래서 유학적 앎이 세상을 새롭게 하는 바가 없다.[109]

근대적 시간관에 따르면 구학이란 현재적 시간과 단절되어 현실적 맥락을 상실한 이념이었다. 물리적 시간으로는 같은 시대를 살지만 근대적

108) 19세기에 들어와 진보의식에 대한 믿음이 강해지면서 법률학 등의 학문을 이해하는데 역사가 매우 중요하다는 의식이 생겨났다. 인류학자였던 E. B. 테일러(1832~1917)는 인간이 모든 분야에서 발전하는 데 필요한 전제조건은 지성이므로 결국 진보의 본질은 인간의 지적 발달이라고 주장하였다. 진보는 역사적으로 존재하며 시간은 결국 인간에게 이로운 개념이라는 사상이 깊숙이 자리잡았다. 휘트로저 이종인 역 『시간의 문화사』 영림카디널 1998 283-296쪽 참조.

109) 『大東學會月報』 2호 「新學과 舊學의 關係」 奬學社 29호 104-5쪽.

문명성이 부재한 유학의 역사는 유럽 열강과 동일선상에 놓여있지 않았다. 유학적 자산은 단지 고인古人의 업적을 묵수할 뿐 앎을 새롭게 창조하지 못하는 낡은 유산에 불과할 수밖에 없었다. '신구新舊'는 단순히 시간적 선후를 의미하는 것이 아니라 대립적인 가치관념까지 담고 있었다. 즉 구학은 오래되어 낡은 것일 뿐만 아니라 진부하고 나쁜 것인 반면, 신학은 새롭고 좋은 것일 뿐만 아니라 우리가 수용해야 할 '선진' 문명이란 가치관념으로 환치되었다. 구학이 허학이라면 신학은 실학이며, 허학과 실학은 곧 야만과 문명의 구분이기도 하였다.[110]

비동시적 시간관념은 공간관념과도 연동되었다. 지리적 공간은 단순히 물리적 차원에 국한된 것이 아니라, 인간의 의식적 사고에 의해 규정되는 사회적 의미들과 밀접한 관련이 있었다. 청일전쟁은 중국 중심적 중화 질서가 붕괴되었음을 보여주는 역사적 사건이었으며, 유럽중심주의의 물리적 위력은 전통적 가치체계와 지배구조를 붕괴시켰을 만큼 강력했다. '서양'은 시공간적으로 새로운 중심이었을 뿐만 아니라 근대가 지향해야 할 새로운 가치를 표상하였다. 새로운 문명적 전범인 유럽과 미국은 단순히 오대양 육대주의 일부가 아니라, 지구적 세계의 중심으로서 백인 중심적이고 서구문명 중심적인 근대 담론을 창조하는 장이었다. 근대 이후 세계는 문명한 서구와 미개하고 야만적인 비서구 지역으로 분할되었다.

이러한 동양·서양 / 문명·야만이란 이분법적 세계 인식은 《독립신문》이 잘 보여주었다. 《독립신문》에 의하면 혼몽한 동양 사람은 잠에서 깨어나야 할 대상이었다.

> 우리가 천하대세를 살펴보건대 서양 사람들은 정신을 가다듬고 이목을 새

110) 崔炳憲『畿湖興學會月報』4호「學有新舊辨其虛實」236-8쪽.

롭게 하여 날로 앞으로 나아가기를 힘쓴다. 그러므로 그 나라들이 점점 문명하고 부강하여 인구가 해마다 늘고 재정이 날마다 풍족해지고 있다. 동양 사람들은 그렇지 못하여 이전의 악습을 버리지 않고 새 학문을 싫어하며 무슨 일이든지 궁구할 생각은 도무지 없어서 뒤로 물러서기만 좋아한다. 혹 자기보다 학문이 고명한 이가 있으면 포용하기는커녕 시기하여 모해謀害하고자 하니 혼몽세계라 할 수 있다. 또 국세가 점점 빈약하고 위태로워 인구가 해마다 줄고 재정이 날로 궁핍할 뿐만 아니라 민심이 산란하여 내란이 자주 일어난다. 이것은 세계의 유식한 이들이 다 아는 것이다.[111]

한국은 악습을 버리지 못하고 새 학문을 싫어하여 꿈에서 깨어나지 못하는 '동양 사람'에 속했다. 이러한 자의식은 아한을 동아시아 한편에 치우친 지리적 주변으로 인식하게 하였고, 이는 문명 수준과 무관하지 않았다.

아한我韓이 동아시아 한쪽에 치우쳐 있어, 세계 진화에 암매暗昧하였기 때문에 오늘날 이 지경에 이르렀다.[112]

아국我國은 아세아대륙 동쪽 기슭에 치우쳐 있어 세계 문명으로 진보하는 시기를 놓쳤다. 지금은 선진문명국의 지도에 의거하여 국사國事를 정리整理하고 인문人文을 장려해야 한다. 또한 지금부터 국민이 협동일치하여 문명을 흡수하고 시정施政을 개선함으로써 국가의 부강을 증진하여, 서구 열강과 어깨를 나란히 할 것을 기약하고자 한다.[113]

111) 《독립신문》 1899.6.17. 논설.

112) 大韓子 『大韓協會會報』 6호 「土地와 國家人民의 關係」 394쪽.

113) 尹孝定 『大韓協會會報』 1호 「大韓協會의 本領」 53쪽.

근대적 시공간관념에 의하면 아한은 문명화할 시기를 놓쳐버린 변방의 야만이었다. 아한은 문명의 빛이 존재하지 않는 혼몽한 '밖' 이며, 지리적으로도 '치우친' 지역에 있었기 때문에 문명의 진보에 동참하지 못했다고 생각하였다.

동양의 구학문과 서양의 신학문이란 이분법적 용어는 재편되는 시공간관념과 지식 구조를 명확하게 보여주었다. 신구학론은 지구적 세계 인식을 토대로 한 근대 담론이었다.

> 오늘날은 육주六洲가 교통하는, 창벽創闢 이래 큰 변혁기이다. 학문도 더욱 뛰어나 구학문과 신학문이란 구분이 있게 되었다. 구학문이란 동양지학이요 신학문이란 태서지학을 가리킨다. 신구학문은 서로 구분이 있어 합하여 하나로 할 수 없다. 아, 본디 신구학문의 다름이 있다.[114)]

지구적 세계가 중심과 주변으로 이분되었듯, 학문 또한 동·서양학으로 구획되었다. 이것은 신학이 보편 문명이 됨과 동시에 유학은 문명성이 부재한 '밖' 이 되는 문명사적 전환이었다.

근대적 시공간관념이 안착함에 따라 근대적 사유와 문명성의 영향력은 더욱 확대되었다. 현세 문명의 안팎은 중심-앞선 문명/주변-뒤처진 야만이란 이분법적 경계를 형성하였으며, 발전과 진보를 담보한 문명은 밖에서 와서 새로운 전범으로 자리잡고 견고한 경계를 구획 지었다. 이에 따르면 아한我韓이란 동아시아 한편에 치우쳐있는 미개국이었다. 문명화할 적절한 시기를 놓친 아한은 '실기失時' 해버린 시간적 간극을 메울 수 없었다.

대한협회는 모든 사회가 문명과 부강을 궁극적 목적으로 삼는다고 전

---

114) 金思說『大東學會月報』1호「學問體用」47쪽.

제하고, 그것의 성취 여부에 따라 문명국과 야만국으로 구분한다고 하였다.[115] 문명국에는 영국 · 미국 · 독일 등 구미 열강과 동양의 일본이 포함되며, 이들 국가는 문명과 부강이 제일 위에 있다고 하였다.[116] 반면 아한의 미개지민未開之民은 반개半開와 미개未開의 사이에 살고 있다고 규정하였다.[117] 야만적 근대 주체인 아한은 '뒤따라가야 할' 뒤처진 존재로서 이미 문명화를 이룬 선진문명국의 지도를 받지 않을 수 없다고 자인하였다.[118] 대한협회는 아한이 야만과 노예가 된 근본적인 원인은 바로 물품을 생산할 수 있는 기술과 제조를 천대하고 소홀히 한 탓이라고 진단하였다.

> 우리 아한我韓이 오늘날 야만족野蠻族에 처한 까닭이 단순히 민회民會가 없는 탓만은 아니다. (중략) 우리는 일대기계一大器械를 작성作成하거나 물품을 제조하는 사람을 천인이라고 홀대하였다. 그래서 진취하는 사람이 없고 연구하는 힘이 없어져 오늘날 국내 제조는 매우 졸렬〔極惡極劣〕하여 자국自國의 수용需用도 채우지 못할뿐더러 각종 이익을 모두 외국에 허용하니, 재정 상태가 바닥나버렸다. 이렇게 이천만 인심이 각자 암매暗昧한 지위를 자처自處하였으니 '야만' 이란 명칭을 어찌 면할 수 있으리오![119]

문명의 빛은 밖으로부터 와 세계진화世界進化에 어두운 야만상태를 적나라하게 들추어냈다. 근대적 문명성은 전근대적인 것 안에는 존재하지 않았던, 그야말로 새로운 것들이었다. 따라서 우리는 새롭게 발명된 농공상업을 배워야만 현세 문명의 가치를 따라갈 수 있었다. 근대문명은 천리

115) 金光濟 『大韓協會會報』 6호 「六波의 習慣을 劈破然後에 可以自保」 457쪽.
116) 呂炳鉉 『大韓協會會報』 1호 「義務教育의 必要」 29쪽.
117) 金成喜 『大韓協會會報』 1호 「政黨의 事業은 國民의 責任」 31, 33쪽.
118) 尹孝定 『大韓協會會報』 1호 「大韓協會의 本領」 47쪽.
119) 金秉祚 『大韓協會會報』 12호 「一心丹이 活我同胞之無上良藥」 460-1쪽.

와 강상에 대한 격물치지적 인식 여부에 의해 구분되는 것이 아니라, 과학기술의 발전에 힘입는 자본주의 발전 여부에 따라 판가름 난다고 여겼다. 다수의 학술지에서 '아한은 암매한 지경에 놓였다.' 는 점을 지적하고 강조하였다.

> 아한我韓이 동아시아 한쪽에 치우쳐 있어 세계 진화에 암매暗昧하였기 때문에 오늘날 이 지경에 이르렀다. 그 패책敗積한 원인을 연구하며 신발명新發明의 농공상업을 학득學得하여 선진우방先進友邦과 어깨를 나란히 하여 앞으로 나아가면 현세 문명의 가치를 충분히 회복할 수 있을 것이니, 오직 우리 동포는 힘써 권면勸勉할지어다.[120]

대한협회는 한국 사회의 주요 문제점을 지적하면서,[121] 한국이 서양과 일본처럼 문명화를 통해 부국강병한 자주독립국이 되어야 한다고 주장하였다.[122] 신구학론자들은 근대적 문명성은 밖으로부터 수용해야 할 것이지 우리 내부에는 존재하지 않는다는 문명성의 부재를 전제하고 있었다. 그들은 한국이 미개한 보호국이 된 근본적인 원인을 문명성의 부재로 파악하였으며, 문명화의 시작은 신학문의 교육이라고 진단하였다.[123]

근대적 시간개념은 문명화 시기를 놓쳐버린 뒤처진 존재라는 자기 인식을 심어주었으며, 동시에 우리도 그들처럼 되기 위해 그들을 뒤따라가

---

120) 大韓子『大韓協會會報』6호「土地와 國家人民의 關係」94쪽.

121) 첫째 관리들의 부정부패 척결과 입헌제 도입 등과 같은 정치적 측면, 둘째로 교육의 보급을 통한 국민적 수준의 향상, 셋째는 산업과 저축심의 결여라는 경제적 측면으로 정리할 수 있다. 이러한 주장들은 한국의 현실에 따른 것으로 볼 수도 있지만, 일본의 문명지도론 논리와 큰 차이가 없다.

122) 尹孝定『大韓協會會報』1호「大韓協會의 本領」53쪽.

123) 呂炳鉉『大韓協會會報』2호「義務教育의 必要」83쪽.

지 않으면 발전 · 진보할 수 없다는 문명적 강박감을 갖게 하였다. 대한협회는 서구 근대문명 수용을 통한 실력 양성을 위해서는 서구 근대자연과학을 포함한 근대 학문의 수용이 절실히 필요하다고 보았다.[124] 자강기에 근대식 학교가 폭발적으로 증가한 것은 학교를 통해 문명화를 실현하려는 목적에서 비롯하였다. 격물치지학을 비롯한 근대 자연과학과 기술〔신학〕을 적극적으로 수용하고자 했다는 것은 근대적 시공간관념이 단순히 학교와 철도 등 표면적인 통제에 그친 것이 아니라, 서구적 근대를 이식하고 확산하는 지렛대 역할을 담당했음을 보여준다.

근대적 삶은 근대적 시공간 속에서 새롭게 규정되었다. 신학은 근대적 삶을 표상할 이념을 제공하였다. 그런 의미에서 신학은 혼몽한 세상을 부수고 새로운 지각을 가능하게 하는 시의적절한 실학이었다.[125] 신학이 근대적 실학이므로, 유학도 시의에 맞게 변화해야 할 필요가 있었다. 유승겸兪承兼은 유학의 도란 현실적 맥락 속에서 구현되는 것이므로, 모고심慕古心을 버리고 시대의 변화에 따라 유학의 본지를 실현할 수 있는 방책을 모색해야 한다〔因時制宜〕고 주장하였다.

> 지금 오국吾國은 민이 편안하다고 할 수 없으며 국가가 부유하다고 할 수 없다. 예전 상류사회가 시의時宜에 적당하지 않은 모고심慕古心에 매몰되었기 때문에 지금과 같은 비참한 지경에 빠지게 되었다. 그러므로 모고심을 변화시켜 전과 같이 그 일만 본받으려고 하지 말고 그 도를 법칙으로 삼아야 한다. 그 도란 다른 것이 아니다. 오직 인시제의因時制宜하는 것이니 주공과 공자를 심신深信하는 자는 이 말을 잘 살펴야 할 것이다. 주공과 공자도 옛것을 사모하되 반

124) 『大韓協會會報』 1호 「大韓協會趣旨書」 5쪽: 오로지 실력 여하에 달려있다. 실력이란 무엇인가? 정치 교육 산업을 강구하고 발달시키는 것일 뿐이다.

125) 『大東學會月報』 2호 「新舊學關係」(續) 奬學社 29호 104쪽.

드시 때에 합당하게 하지 않았는가! 삼대의 예악제도가 서로 같지 않은 것을 관찰하면 오늘날 또한 오늘날에 합당한 일을 행해야 할 것이다.[126]

신학 수용의 목표는 신학의 효용성과 앞선 과학기술을 수용하여 문명국을 건설하는 데 있었다. 과학과 기술은 '진보'의 핵심 요소였다. 따라서 자연에 대한 신뢰할 만한 정보들을 축적해 나가는 가운데 결국 야만을 종식하고 문명화를 실현할 수 있다고 믿었다. 사회 전반에 걸친 근대적 변화는 과학기술과 문명화에 대한 신뢰를 더욱 증폭시켰다. 이러한 근대적 문명성과 진보는 유학에는 없었다. 그러므로 구학인 유학을 근대적 맥락에서 재배치할 필요가 대두되었다.

2) 구학의 병폐와 사덕화私德化

중화주의적 세계 인식과 리기심성론, 그리고 관혼상제례를 비롯한 유학적 예교문화禮敎文化를 뒷받침했던 순환론적 시간관념은 단선적 진보적인 근대 시공간관념에 따라 생성된 근대적 삶을 해명할 수 있는 이념을 체계적으로 제시하지는 못했다. 이종하李棕夏는 신구학이 보세치민普世治民이란 동일한 목표를 가졌기 때문에 구별할 필요가 없다고 항변하기도 했지만,[127] 그의 주장은 도리어 공허했다. 사회문화적 맥락을 상실했는데도 여전히 불변의 이념성을 묵수한다는 것은 오히려 이념을 형해화形骸化할 수 있기 때문이었다. 왕조 체제와 신분제에 기반을 둔 유학적 윤리 규범을 고수하는 것이야말로 이미 낡아서 쓸모가 없어졌다. 근대적 시공간관념이 근대적 일상을 포획해 가면서, 근대적 삶을 인식·해명할 수 있는

126) 兪承兼『大東學會月報』3호「經濟書를 讀하다가 儒者의 現狀을 歎함」196-7쪽.
127) 李棕夏『大東學會月報』2호「新舊學問이 同乎아 異乎아」103쪽.

사상적 체계가 필요했다. 이는 곧 이념을 실현할 장을 상실한 성리학의 성명의리지학性命義理之學은 공담空談이 된다는 것을 의미하였다. 시대적 변화를 제대로 인식하고 대처하지 못하는 성리학적 담론은 수구파의 잘못에 불과하였다.

> 오늘날은 육주六州의 풍기風氣가 호환互換하고 오종五種의 인류人類가 착잡錯雜하여 서세동점西勢東漸의 약육강식시대弱肉强食時代가 되었다. 과거와의 거리가 매우 먼 풍조일신風潮日新하는 세계를 만났으니, 성명性命의 공담空談과 부패腐敗의 사상으로 생존할 희망이 어디에 있으리오. 이것은 수구파의 잘못이라고 할 수 있다.[128)]

근대적 시공간관념하에서 유학은 '근대'를 사유할 현실적 맥락을 잃어버렸다. 그런데도 '낡고 새로운' 이란 수식어를 통해 서구 근대 학문과 조응하게 된 것은 삶의 양식이 격절하지 않고 근대와 겹쳐 있었기 때문이었다. 즉 유학은 비록 근대사회를 추동해 나갈 주도력을 상실했음에도 불구하고, 단숨에 사라진 것이 아니라 여전히 삶의 전 영역에서 광범위한 영향력을 행사하고 있었다. 이것이 '낡고 쓸모없는' 이란 가치판단과 연관되어 있었음에도 불구하고 다시금 구학을 문제 삼게 된 근본적인 이유였다.

김사설金思說은 효제충신은 시공을 초월한 보편 이념〔당위적 본체〕이기 때문에 근대적 시공간 속에서도 여전히 유효하다고 주장하였다.[129)] 또 같은 맥락에서 성낙현成樂賢은 유학의 도덕이 아니라면 인간과 금수의 차이를 말할 수 없다는 논리를 내세웠다. 인간의 인간다움〔仁〕은 인간을 금수와 구분 짓는 중요한 잣대이기 때문에 인仁의 현실적 구현이라고 할 수

128) 金源極『西北學會月報』1호「敎育方法 必隨其國程道」8쪽.
129) 金思說『大東學會月報』1호「學問體用」47쪽.

있는 효제충신은 시공을 초월한 보편 이념이라고 주장하였다.

> 구학의 도덕이 아니면 효제충신의 의를 잃게 되어 금수와 같아진다.[130)]

구학의 일정한 역할을 긍정했던 신구학체용론자들은 근대적 맥락에서도 인간의 도리인 효제충신은 여전히 지킬 필요가 있기 때문에 신학을 수용하더라도 마땅히 구학을 먼저 닦지 않으면 안 된다고 주장하였다. 그렇다면 군신부자의 윤리와 인의효제의 본의를 실현하기 위해서는 이념을 실현할 수 있는 현실적 구체적 맥락을 재모색해야 했다. 구학에 대한 비판은 바로 이러한 '현실적 맥락' 속에서 이루어졌다.

> 시국에 통하지 않고 옛것에만 빠져 지금 것을 그르다고 여기는 태도는 옳지 않다. 유학자들은 본말이 어떠한지 논하지도 않고 그 득실이 어떠한지도 묻지 않고 태서인의 말은 들어보지도 않고 무조건 "오학吾學이 아니다."고 말하니, 학學이 어찌 피오彼吾가 일정一定하여 바꿀 수 없는 구분이 있겠는가? 지금 유학자들은 한갓 몇천 년의 진부무용陳腐無用한 말을 고수하여 견문을 넓히고 지식을 확장할 계책을 생각하지 않으니, 이것이 참으로 오주五洲를 알지 못하고 팔성八星을 알지 못하는 것이다.[131)]

시국에 통하지 못하는 유학은 낡고 공허한 이념이다. 효제충신이란 전근대적 이념이 어떻게 하면 근대적 시공간 속에서 사회문화적 맥락을 포착하여 시대적 변화를 공유할 것인가를 물어야 했다. 근대의 단선적 시간은 되돌릴 수 없기 때문이다. 신구학론은 신학의 효용성을 수용해야 한다

130) 成樂賢『大東學會月報』20호「欲學新學先學舊學」589쪽.

131) 金思說『大東學會月報』1호「學問體用」48쪽.

는 전제에서 출발하였기 때문에, 구학의 병폐를 지적하는 데 치중하였다.

신학이야말로 근대적 실학으로서 '시대'에 맞는 시의성을 담보하고 있는 반면, 구학은 현실적 맥락을 상실했으면서도 낡은 이념성만 고수하는 병적인 노예상태에 빠졌다고 진단하였다. 신구학론자들은 구학의 이념과 제도로는 서구 열강의 침략에 맞설 수 없을뿐더러 근대적 문명화도 이룰 수 없다고 비판하였다. 설태희薛泰熙는 조선시대의 성리학이 요순정치를 정체로 삼았지만 실제로는 그 본지를 실현하기보다는 동포의 인권을 박탈한 정치를 했기 때문에 지금의 노예상태에 이르렀다고 비판하였다. 또 신분제에 근거한 조선 왕조의 전제정치는 내적 노예상태였다고 평가하였다. 그는 유학의 본의대로 한다면 공자의 도가 대부대강지술大富大强之術이 될 수 있음에도 불구하고, 당시 우매한 유학자들이 유학이 부강과 이해를 언급하지 않고 오히려 부강과 이해를 기피해야 할 것으로 오인했기 때문에 병적인 상태에 이르렀다고 주장하였다.[132] 유학이 병적인 상태에 빠졌다면 옛것만 좋아하는 '병'이야말로 시대 변화에 대처하지 못하는 문제점이 아닐 수 없었다.[133] 국권 상실의 원인이 서구 열강의 침략이라기보다는 병적인 상태에 빠진 구학에 있다면, 국권회복과 자주독립을 위해 신학을 수용하는 것이 급선무일 수밖에 없게 된다.

> 지금 서인의 국가학인 물리학物理學·기화학氣化學에 관련된 서적과 사회법·교육법·식산 법규에 관한 것은 모두 배우고 수용해야 할 것이다. 그런데 그대들이 머리를 자르고 서양 옷을 입는 것 때문에 이것까지 아울러 싫어하고 미워하여 함부로 '윤리도 없고 이치도 없다'고 말하니 또한 과실이 아닌가?[134]

---

132) 薛泰熙 『大韓自强會月報』 6호 「抛棄自由者爲世界之罪人」 421쪽.

133) 呂炳鉉 『大韓協會會報』 8호 「新學問의 不可不修」 94쪽.

134) 李沂 『大韓自强會月報』 9호 「好古病」 91쪽.

이기李沂는 유학의 시중지도時中之道를 실현하기 위해서라도 서인西人의 국가학國家學을 배워야 마땅하다고 주장하였다. 그리고 신학이 비록 성리학의 리기심성론과 동일한 논리구조를 가지고 있지는 않지만 윤리와 이치를 갖추지 못한 야만이라고 단정할 수 없다는 점도 아울러 지적하였다.

구학의 병폐는 곧장 서양의 선진문명과 대비되었다. 《한성주보》 주필을 지냈던 장박張博은 구미를 직접 보기 전에는 동양이 구미에 미치지 못하는 것은 형질의 문명뿐이고 개인적 차원의 윤리도덕〔수신도덕/사덕〕은 구미에 못지않다고 생각했는데 막상 가보니 그렇지 않았다고 고백하면서, 차도와 인도의 구분, 길에서 침을 뱉지 않는 것, 공중화장실 사용 등 몇 가지를 그 예로 제시하였다.[135] 장박은 사회구조적 차원에서 근대적 공공성의 '부재'와 사회이념으로서 성리학의 역할 상실을 용인하더라도, 개인적 수양이나 윤리적 차원의 사덕에 대한 자긍심을 갖고 있었다. 그런데 이러한 인식은 사덕과 공덕의 영역을 분리했을 때 가능한 사유로서, 사덕私德이란 개인이 취해야 할 올바른 행동이나 예절에 국한된 것이다. 이는 수신제가치국처럼 개인의 덕성과 공적 윤리를 유기적 관계로 파악한 것과는 차이가 있었다.

성리학의 공사 개념은 곧 천리와 인욕의 차이를 의미하였다. 인간의 도덕적 본성인 천리가 군주를 비롯한 정치지도자의 정치적 덕성 안에 수렴되었고, 수신이 가국적家國的 차원으로 확장됨으로써 공정과 공평이 실현되는 천하를 구현하였다. 하지만 근대국가는 법치에 근거한 국권을 가지고 있으며, 국가 구성원인 개인은 법적인 의무와 권리를 가진다. 우양생友洋生은 개인이 자신의 우위에 두는 것은 비판할 수 없지만, 당대가 국가간 생존경쟁 시대이므로 공리와 공익을 우선시해야 한다고 주장하였다.

---

135) 張博『大東學會月報』3호「公德」163-6쪽.

개인사상의 개념은 단결은 객위客位이며 개성은 본위이다. 국가 사회의 공리와 공익을 존중함은 개인의 성능性能의 향상 발달에 있어 자신을 위하는 것은 아니므로, 결국은 개인의 본위에 귀착하게 된다. 이는 절대적으로 배척할 것은 아니다. 그렇다면 세계 인류가 국가조직을 일체 파괴하고 생존경쟁의 원칙을 폐지하고 인도人道로써 공동생활을 경영하게 되면 혹은 진리로 인정할지라도 불가함이 없을 듯하나, 국가조직을 본위로 삼고 생존하는 현 세계에서는 어떠한 국가라도 이 개인사상을 극단으로 발휘하면 반드시 멸망에 이르게 될 것이니, 하물며 한국인이 어떠하겠는가.[136]

개인의 사적 영역과 사회나 국가의 공적 영역의 구분은 본성의 확충을 통해 평천하를 구현하는 수기치인과는 달리 공덕과 사덕의 구분을 요구한다. 우양생이 공리와 공익을 중시해야 한다는 것은 곧 공익과 사익, 공덕과 사덕을 대비한 것이다.

공덕과 공리의 성질은 사덕과 사리의 상반된 것이다. 사덕은 협소하고 공덕은 광대하며 사리는 단소하고 공리는 장원하니, 공덕과 공리는 국가와 사회를 보존하게 하기 때문에 국가와 사회에 그 개인을 헌신하고 그 힘을 다해야 한다.[137]

국가와 사회라는 공공성과 상반되는 개인의 영역이 사私이며 사덕이란 바로 이러한 개인윤리를 말한다. 국가의 공공성 및 공덕이 근대국가와 사회에 필요한 윤리라면, 사덕이란 근대국가 사회에서 개인이 지켜야 할 윤리 규범으로 그 의미가 제한되었다. 공리와 대비되는 사리私利는 사적인 개인의 이익이란 의미였지 사사로운 인욕이나 극기복례의 의미를 함의하

---

136) 友洋生 『西北學會月報』 13호 「我韓의 思想界를 論함」 395-6쪽.
137) 友洋生 『西北學會月報』 13호 「我韓의 思想界를 論함」 395쪽.

고 있지 않았다. 성리학에서는 나의 인욕〔사욕〕을 제거하면 그것이 곧 천리의 회복이요 공공公共과 공정公定의 실현이 된다. 그러나 근대 법치국가에서 공적 영역과 사적 영역은 명확하게 구분되며, 사리와 사덕 및 공리와 공덕 역시 그러하다.

국가는 백성의 집합체로서 집안〔家〕의 확장이 아니었다. 개인〔私〕이란 새로운 사회적 주체가 설정되면서 개인과 국가의 관계를 재설명할 필요가 발생하였다. 토지와 인민과 주권을 가진 국가는 사회와 구별되니, 국가는 사회의 총체였다. 개인 간 혹은 사회 간에 충돌과 이해가 발생하는데, 상이한 이해 갈등이 사덕에 의해 완전히 수습될 수 없기 때문에 외부의 강제적인 힘인 법률이 요청되는 것이며, 법률은 국가의 힘으로 간주되었다.[138] 특히 제국주의 침략을 사회다윈주의의 적자생존과 약육강식 원리로 이해한 지식인들은 당대를 국가 경쟁 시대로 규정하였기 때문에 개인의 자유와 권리를 함양하는 것보다는 국가적 위기를 극복할 수 있는 '국민' 만들기를 시급한 과제로 인식하였다. 새롭게 생성되기 시작한 '개인'의 행동 규범은 내적인 도덕 규칙〔私德〕과 국가의 법률 규칙 사이에 있었다. 유학의 사덕四德은 공덕이나 사회적 인민과는 더욱 거리가 멀어졌다.

유학은 개인의 도덕적 수양을 근본으로 사회적 문제를 해결해 나가는 동심원적인 관계망을 기본 축으로 하였다. 그러나 근대국가란 자본주의 경제체제의 대두와 성장 그리고 팽창과 그 궤를 같이하면서, 개인의 경제적 이익을 실현하는 정치적 경제적 단위로 성장한 근대적 체제였다. 주권국가를 기본단위로 한 근대국가 체제를 설정하고 국민국가라는 새로운 국가형태를 전 지구적인 보편 현상으로 만들어냈던 결정적인 계기는 자

138) 溯考生 『西北學會月報』 8호 「國家와 事會의 關係」 45-6쪽.

본주의의 발달이었다. 근대적 개인 즉 시민은 법 앞에서 평등한 정치공동체의 확립함으로써 사적 영역을 보장받고자 하였다. 그러나 유학의 사덕은 이러한 근대적 맥락하에 있었던 것도 아니었다. 수신이 곧 제가요 제가가 곧 치국인 유기적 관계망은 사라졌다. 그것은 정치적 경제적 의미보다는 그야말로 개인의 사적 영역으로 한정된다.

개인의 수양과 도덕 실천을 정치의 기반으로 삼는 왕도정치는 그 정치적 장을 상실하고, 풍부한 유학의 도덕 자산은 개인 윤리적 차원으로 그 역할이 축소되어, 사회적 공공성의 역할을 상실하였다. 김사설은 군신부자의 윤리와 인의효제의 본성은 동서고금에 따라 달라지는 것이 아니라는 도의道義의 보편성을 주장하였다.[139] 그렇다면 근대적 일상에서도 여전히 효제충신은 시공을 초월한 도덕으로서 실현할 가치가 있다.

> 사람이 삶에 한순간도 떨어질 수 없는 것이 효제충신의 도이다. 이 도는 곧 공맹의 가르침이니 동양에서 수천 년 동안 존봉尊奉한 종교이다. 이 종교는 사람에게 원기가 있는 것과 같고 사람이 음식을 먹어야 하는 것과 같아 일용상행에서 떠나 있을 수 없으니 만국이 모두 동일한 것이다. 하물며 우리나라가 예외이겠는가? 진실로 천지 사이에 있는 자라면 그 누가 능히 이것을 버리고 다른 데로 가겠는가. 또 천하만국이 각각 종교가 있으니 각각 그 종교에 반드시 자국을 주로 하니, 진실로 이 땅에서 태어났으면 그 누가 이것을 버리고 다른 데로 가겠는가.[140]

신구학체용론의 유학적 본체는 당위법칙인 도덕 본체에 국한되었다.

---

139) 金思說『大東學會月報』1호「學問體用」47쪽.

140) 晩堂 李鍾濬『大韓自强會月報』9호「宗敎를 不可不崇이오 新舊를 不可不參酌이라」101쪽.

예를 들자면 과학기술적 삶을 받아들인다고 할지라도 부자 관계나 군신 관계 등 인간관계 맺음이란 기본적인 삶의 맥락이 소멸하지 않는다면 인간관계 맺음에 관한 당위법칙으로서 본체는 여전히 유의미하다고 보았다. 즉 서구의 계몽된 '개인'을 국가의 주체로 상정하였지만 이성의 역사를 경험하지 않았던 한국에서는 인간 삶에 관한 기본적인 영역은 여전히 유학적 이해 방식에 근거하고자 했던 것이다.

하지만 구학본체론은 유학의 도덕 본체인 효제충신을 사덕私德의 영역으로 국한시켰다. 구학을 본체로 삼아야 한다는 주장은 유학적 도덕문명의식이 여전히 근대사회에도 필요하다고 주장하지만, 성리학적 도덕 본체는 공공성을 상실했기 때문이다. 근대문명적 시선에 따르면 중국에서 유입된 유학은 개인의 사적을 함양하는 데 치중한 것으로 이미 충분하다고 판단하였다. 그런데 맹자의 정전제에서도 보이듯이 유학적 도덕이 사회경제적 맥락과 무관하게 실현될 수 있는 이념이 아니며, 오히려 올바른 경제적 분배가 이루어지지 않으면 실현할 수 없다. 그렇다면 사회적 문맥을 벗어나 개인 차원에 국한해 '도덕'을 말하는 것이 도덕 본체의 본의일 수 있는가?

> 문명 간의 교류를 통해 발전해왔다. 오동吾東 정치 학술은 다년간 지나〔중국〕에서 수입되었는데, 윤리학과 덕육·체육은 개인의 사덕을 양성하였고, 불완전하다고 할 수는 없다. 부족한 것은 공덕公德과 격치지학格致之學이다.[141]

성리학의 도덕 본체를 사덕의 영역으로 국한하면 당연히 공덕은 부재한 상태가 된다. 성리학의 공사公私는 천리인욕과 결합된 개념이었다. 군

141) 金文演『大東學會月報』1호「學界一班」36쪽.

자 개인의 수양이 정치적 경륜으로 수렴되어 국가적 공정과 공공성을 확보하고, 이것이 신민의 차원으로 확충하면 사회적 생활에 관련된 일반적인 윤리 규범이 안정적으로 시행된다. 중정中正한 공公을 어지럽히는 편사偏私는 당연히 제거의 대상이 되었다. 그러므로 공사는 "사람에는 단지 하나의 공사公私가 있으며, 천하에는 단지 하나의 사정邪正이 있다." 또는 "무릇 한 가지 일에는 곧 두 단서가 있다. 옳은 것은 곧 천리의 공, 그른 것은 곧 인욕의 사이다."라고 하듯이, 정사正邪 시비是非의 긴장된 윤리성이 부여된다.[142] 공은 극기복례로서 사회적 규범성을 포함한 반면, 사는 사유私有·자리自利에 기반을 둔 사욕私欲으로서 대체로 부정적인 의미를 갖고 있었다. 그러나 공사가 다중多衆과 개별적이고 독립적인 개인으로 구분되지는 않았다.

그런데 근대국가 체제는 개인의 사적 영역을 보장하는 체제이기도 하지만, 계몽된 개인이 국가적 공공성을 생성함으로써 유지될 수 있는 정치적 공동체였다. 그러므로 개인의 삶은 공리와 공익의 향상이란 공공의 영역을 통해 보장받을 수 있다. 따라서 공덕 함양은 문명과 국가 발전의 원동력이며, 그것이 곧 개인 발전을 위하는 길이 된다. 유학을 사덕 영역으로 국한하고 사사로운 폐습의 근원으로 파악하면서 공덕의 함양이 필요하다고 주장한다면, 공덕은 부재한 것이기 때문에 신학을 통해서 새롭게 생성해야 할 것이 된다.

수구사상이 만약 공적인 의무義務에서 나오면 옳겠지만, 지금은 사적私的인 폐습弊習을 왕성하게 드러내니 이것이 어찌 옳겠는가! (중략) 제공諸公은 신세계新世界 문명공기文明空氣를 흡취吸取하고 탐간貪奸의 구습을 통혁痛革한다면

142) 미조구치 유조 『중국의 공과 사』 신서원 2004 24쪽 재인용.

위민위국爲民爲國의 공정사상公正思想이 자연히 감발感發할 것이다.[143)]

변승기邊昇基는 수구사상으로 표현된 유학이 사적 폐습의 원인일 뿐만 아니라 탐간의 구습을 자행해 왔기 때문에 이러한 문제점을 극복하고, 신세계 문명文明에 맞는 공정사상을 새롭게 창조해야 한다고 하였다. 이처럼 수구파의 사사로운 폐습과 대비하여 국가적 공공성을 강조할 경우, 구학과 신학의 차이는 더욱 도드라진다. 구학본체론은 개인윤리 즉 사덕私德의 차원에서 유의미할 뿐 사회적인 시의성과 유용성을 담고 있지 않았다. 그러나 유학의 도덕이념을 사덕의 차원으로 국한했기 때문에 이것이 곧 공덕의 부재로 인식되었던 것이지, 유학의 도덕이념의 본질이 개인 차원에 국한된 것은 아니다.

이것은 리일지리理一之理의 보편성과 천리의 내재성이 해체되었기 때문에 초래된 당연한 결과였다. 기본적으로 체용이 서로 불상잡 불상리의 관계에 있고, 본체는 때에 따라 그 드러남을 달리할 수 있다. 그렇다면 당시대는 본체의 드러남을 사덕에서 잘 볼 수 있다는 논리 전개가 가능해진다. 체용론이 리기 관계를 시간상에서 보는 체계라면, 시공간관념의 달라진 것 또한 '하나의' 작용상의 변화로 치부할 수 있고, 개인의 차원에 국한될지라도 효제충신은 시공을 초월한 보편성을 가지고 있다고 이해하는데 무리가 없다. 그런데 역으로 효제충신을 실현할 사회문화적 맥락을 상실했는데도 여전히 시공을 초월한 이념적 보편성을 견지하고 있다는 주장은 오히려 이념을 형해화形骸化할 수 있다. 유학이 근대공간에서 구체적으로 어떤 역할을 담당했는지에 대한 문제는 간단히 평가할 문제가 아니지만, 현실을 해명하거나 추동할 수 없는 시대정신이란 그야말로 공허

143) 邊昇基『湖南學會月報』3호「革去舊習」148-9쪽.

할 뿐이기 때문이다.

그렇다면 '구학'에 대한 물음이 제기된 것은 무엇 때문인가? 구학의 낡은 이념성이 근대적 효용성을 창출하지 못한다는 비판에도 불구하고 구학에 대한 강한 물음이 제기되었던 근본적인 이유는 타자의 양면성에 기인하였다. 서구적 근대문명성은 동일성의 원리로 결핍된 타자를 배제하고 식민 지배를 정당화하였다. 문명화는 근대사회로 진입하는 길을 열어주기도 하였지만, 그것이 곧 식민지로 전락하는 길이기도 하였다는 점에서 더 큰 문제를 던져주었다. 한국의 경우, 야누스적 타자가 지닌 침략적 야만성에 대한 저항과 비판 논리는 전통적으로 문명적 자긍심의 원천이었던 유학에서 찾을 수밖에 없었다. 물론 이것은 근대 공간에서 유학의 시대적 역할에 대한 통렬한 자기성찰을 전제했을 경우에 가능한 것이었다.

구학을 전면적으로 폐기할 수 없었던 근본적인 이유는 과학기술의 발달이 삶의 모든 문제를 해결해 주는 열쇠가 될 수 없다는 데 있었다. 즉 기술적 진보가 가치판단의 문제까지 해결해 주지는 않았기 때문이었다.[144)]

> 예로부터 영달지사榮達之士는 특별한 사람을 칭하는 것이 아니다. 사리를 통달하고 시의를 참작하여 저들의 장점을 나의 장점으로 만들고 저들의 단점을 나의 단점으로 인식하여 그로 하여금 때와 일이 어떠한지를 살피게 해야 할 것이다. 나는 (구학과 신학) 양자를 일설一說로 연합하여 그것을 재판단하고자 한다. 비록 상고의 일〔구학〕이라도 만약 시의에 적합하면 진적陳跡이라 평가하지 말라고 하고 참작하여 쓰고자 한다. 또 비록 오늘날의 학문〔今日之學, 신

144) 유럽에서도 기술주의 문화를 사는 시민들은 과학과 기술이 생활 기준이 될 만한 철학을 제공할 수 없음을 잘 알고 있었다. 그들은 선조들의 철학에 의존하였다. 두 개의 대립한 세계관 즉 기술적 세계관과 전통적 세계관이 불안한 긴장관계 속에서 공존하였다. 기술적인 세계관이 더 큰 위력을 가지고 있지만, 전통적인 세계관도 여전히 존재하였다. 닐 포스트먼 『테크노 폴리』 궁리 2005 59-65쪽 참조.

학〕이라도 사리에 부합하지 않으면 별건別件이라 말하지 말라 하고 잘 헤아려 서 그것을 시험해 보고자 한다.[145]

이종린李鍾麟은 신구학을 모두 시의성에 근거하여 판단해 볼 필요가 있다고 전제하였다. 과학기술은 과학적 탐구를 통해 자연에 대한 지배력을 향상했지만, '바람직한 삶' 에 대한 가치판단을 제공하지는 않았다. 이것이 신학 수용이 시급한 문제였음에도 불구하고 신구학의 '관계맺음' 에 대해 문제 삼았던 중요한 이유였다. 근대 과학기술이 문명화를 위해 필수적인 요소라고 할지라도 그것이 도리道理와 사리事理에 관한 해답을 주지는 않았다. 유학의 도덕문명은 윤리 문제에 관한 풍부한 정신적 자산을 보유하고 있었기 때문에 이 간극은 더욱 부각될 수밖에 없었다. 더욱이 과학기술은 문명화의 수단이기도 하였지만, 군국주의의 전령 역할도 담당했기 때문이었다.

또한 전근대적인 유학을 버리기만 하면 곧 문명화될 수 있었는가? 그렇지 않았다는 데 문제의 심각성이 있었다. 대한자강회는 독립적 · 자조적이며 문명정신을 가진 한인을 자강 문명을 실현할 주체로 상정하였다.[146] 여병현은 한인이 자유자강自由自强하여 독립하지 않으면 속박을 당할 것이며, 문명의 정신이 있어야 독립을 유지할 수 있다고 진단하였다.[147] 그런데 자유자강할 수 있는 독립정신과 문명 정신은 기술의 발달과 물산의 증식을 통해 함양되는 것이 아니었다. 적어도 기계적이고 물리적인 차원에서는 정신 함양을 말할 수 없기 때문이다.

145) 李鍾麟 『大韓協會會報』 4호 「新舊學의 關係」 243쪽.

146) 金陵居士 『大韓自强會月報』 3호 「勿憂韓國無錢」 212-3쪽, 金成喜 『大韓自强會月報』 6호 「文明論」 409-410쪽.

147) 呂炳鉉 『大韓自强會月報』 2호 「殖產部」 94-6쪽, 金成喜 『大韓自强會月報』 6호 「知恥와 自信力의 主義」 416-7쪽.

문명의 시선에 의하면 아한은 이미 문명적으로 진보할 시기를 놓친 결핍된 타자였다. 아한이 이미 자립 자조할 능력을 결핍한 상태라면,[148] 문명의 빛을 좇아 그들처럼 되고자 하더라도 자유로운 주체의식과 문명화를 창조할 수 없는 태생적 한계에 부딪힐 수밖에 없다.

> 국민의 자존성이 있으면 만근萬斤의 타력으로 압멸壓滅하려고 할지라도 능히 자존할 것이다. (중략) 오늘날 아국我國의 현상을 관찰하면 타력他力의 횡포〔橫加〕를 당함이 이집트나 인도와 무엇이 다르리오. 그러나 아국의 인종은 머지않아 오늘날의 굴레를 벗고 세계상에 일등 국민의 지위에 오를 것이라고 예언하겠다. 이 예언이 맞을지 여부는 국민 자존성 배양에 달려있다.[149]

서구적 근대문명성을 유일한 전범으로 삼는다면 서구적 근대성이 부재했던 한국은 '결핍된 타자'일 수밖에 없었다. 자존성은 자신에 대한 자긍심에서 배양되는 것이지 부재와 결핍의 상태에서는 함양하기 어려웠다. 근대 한국은 그들처럼 되고자 하나 그들과 같은 근대인을 창조할 수 없는 모순에 직면하였다. 유학은 그 열망과 좌절 사이에 있었다. 유학의 근대적 해체, 그 자리가 바로 유학의 근대적 재정립의 자리이기도 하였다. 한편 유학 이념〔時中〕이 현실적 맥락에서 올바름을 실현하는 것이라면, 현재적 문맥에 대한 통찰 없이 효제충신의 논리가 보편타당성을 확보하지 못할 뿐만 아니라, 제국주의 침략에 맞설만한 시대정신을 담고 있었다고 평가하기도 어렵다.

하지만 근대 교육을 통해 과학적 합리성이 더욱 정착하면서 유학은 비

148) 『大韓協會會報』 1호 「大韓協會趣旨書」 1쪽: 自立之力을 상실한 데 이르러 友邦의 救援을 받게 되었으니 이것은 참으로 부끄러운 일이다.

149) 呂炳鉉 『大韓協會會報』 9호 「國民自尊性의 培養」 12쪽.

과학의 진원지로 지목되었고, 구학본체론은 논의 대상이 아니었다. 이광수는 과학이 발달하지 못한 근원으로 유학을 지목하였고 조선 유학은 모두 부정되었다.

> 유교가 과학을 천히 여겼다. 그러므로 과학이 발생 발달치 못하였을뿐더러, 인민의 생활방식이 전혀 비과학적이 되고 인민의 사상이 전혀 비과학적이 되어, 그 사회에는 과학적 조직이 없고, 그 생활과 사업은 과학적 근거와 경륜이 없이 오직 황당한 미신과 무계한 상상과 일시적 생념에만 의지하게 되었다. (중략) 현대의 문명은 과학의 문명, 현대 교육의 진수는 과학, 따라서 현대 생활의 기초는 과학, 그중에서도 자연과학이다.[150)]

이광수는 유학은 과학과 대비되는 '비과학'이며 근대적 문명 및 삶과는 아무런 관련이 없다고 단언하였다. 그렇다면 우리는 과학화하는 것 이외에 다른 길이 없게 된다. 특히 일제는 고등교육 대신 실업교육에 주력하는 신교육 진흥 정책을 내세우면서 일차적으로 구교육인 유학의 개혁을 내세웠다. 유학은 교육 내용과 정치 이념 등에서 사회적 기능과 역할을 상실함으로써 '본체'라고 이름할 수도 없는 지경에 이르렀고, 이런 과정에서 성리학적 세계관은 실질적으로 해체되었다. 반면 일제는 실생활 중심의 기능 실습에 초점을 둔 과학기술 교육만 강조하고, 전문적인 과학교육에 제한을 두어 과학 관련 고등교육을 하지 않았다.[151)] 일제의 식민

150) 李光洙『新生活論』박문서관 1925 60-70쪽.

151) 일본은 조선 지배에 관심이 있었지 문명화나 발전 등은 원하지 않았기 때문에 조선인을 대상으로 한 고등교육은 실시하지 않았다. 유일한 고등교육기관은 경성제국대학은 일본인만으로 교수진을 구성하였으며 학생 역시 일본인 학생 비율이 적지 않았다. 교육체계에서 과학과 기술 분야는 특히 취약하였는데, 조선인의 과학과 기술 관련 교육 기회가 제한되었고, 하급기술 인력까지도 일본인을 우선 채용하는 등

통치 정책은 기본적으로 지배에 있었기 때문에 과학기술의 보급과 인식 확대는 제한적일 수밖에 없었다. 식민기 동안 과학기술은 일본인이 독점하였고, 조선인들은 배제되었다. 조선인은 과학기술 교육을 받기도 어려웠으며, 설사 과학기술을 습득하였다 할지라도 취업 기회가 제한되어 그 역량을 발휘할 기회가 차단당했다. 1920년대 이후 일본 유학생이 증가하였고 이 가운데 이공계 재학 비율은 5%가량에 불과했지만, 과학적 인식과 내용은 심화되었다. 1939년 경성제국대학에 이공학부가 개설되었고 많지 않지만 조선인도 교육 기회를 가졌다. 1930년대 조선에서는 과학지식보급회를 결성하여 '과학데이' 행사를 개최하고 『과학조선』을 발간하는 등 과학기술의 대중화를 위한 노력을 개진하였다.[152] 일제의 통제 정책 때문에 제한적이기는 했지만 과학적 사유는 근대 교육 등을 통해 확산하고 일본 유학의 증가 등으로 심화되었다.

> 과학이란 것은 우주의 원리, 현상, 조직을 그대로 기재 연구하는 것이다. (중략) 분트의 분류에 의거하면 3요소 계통으로 나누어 놓은 것을 알 수 있다. 분트는 먼저 자연과학, 정신과학 두 가지로 나누고 각 과학을 발생론 · 현상론 · 조직론으로 분류하였다. (중략) '인류 지식의 각 방면은 계산적 정략에서부터 시작되었다.' 는 어느 사람의 말과 같이 인류의 지식은 수량 개념에서 시작되었다. (중략) 산업 · 정치 · 학술 · 공예는 물론 음악 · 회화 등 예술까지도 수량

철저히 일본인이 중심이었다. 조선인은 하급기술력을 제한적으로 익히거나, 공장 광산 관련 기능을 길러 전쟁에 동원되었다. 일제는 일본은 조선인의 과학기술계에 진출 억제를 기본정책으로 하고 과학기술 분야의 교육과 직업을 철저히 장악함으로써, 조선 지배를 강화하고자 하였다. 과학기술은 문명화의 지름길이 아니라 지배의 수단이었다. 김근배 『한국 근대 과학기술인력의 출현』 문학과지성사 2005 참조.

152) 한미라 · 이대화 「1930년대 『科學館報』에 나타난 '과학 기술' 의 표상과 특징」 『문화와 융합』 제55집 2018 556쪽.

관을 떠나고는 기초를 정할 수 없는 것이다. (중략) 이같이 과학도 지식도 시간 · 공간 · 물질 3요소의 환영으로 볼 수 있다.[153)]

이만규는 과학은 객관적 탐구 내용을 분류체계에 따라 잘 정리하는 것이며, 과학적 탐구의 기초는 수량화라고 하였다. 이른바 지식이란 이러한 과학적 합리성을 토대로 하지 않고는 성립할 수 없다고 본 것이다. 정신과학이나 예술도 예외가 아니었다. 이러한 과학 담론에 의거한다면, 성리학의 천리체인과 격물치지는 시간 · 공간 · 물질이란 과학적 탐구의 3요소 및 수학적 계량과 무관하니, 성리학은 비과학이며 근대적 지식도 아니다. 이런 과정을 거쳐 유학은 교육체계 내에서는 물론 학문적 대상에서도 제외되어 갔다. 유학은 근대적 문명과 과학기술의 발전을 가져올 수 없다는 것 또한 당연한 사실로 인식되었다. 반면 과학적 합리성과 과학기술의 발달은 객관적 보편성을 담보하면서 근대화 지상주의적 사유를 사회적 진보로 받아들이게 하였다.

153) 이만규 『동광』 6호 「시간 공간 물질 3요소의 환영」 28-9쪽.

V. '격물치지' 에 대한 재성찰

1. 근대 과학기술에 대한 비판적 성찰

1) 과학기술의 위력과 문제점

근대 격물치지학, 혹은 과학을 둘러싼 논의들은 곧 서구 근대문명이 하나의 새로운 전범으로 자리잡는 과정을 여실히 보여주었다. 서구적 근대성은 성리학적 세계관과 매우 달라서, 문명[civilization]을 수용한다는 것 자체가 근대와 전근대를 가르는 일차적인 기준이기도 하였다. 이전의 왕조 교체와는 질적으로 다른 문화적 격변을 초래한 개항이란 역사적 소용돌이 속에서 근대 지식인들은 서구문명의 위력에 압도되었다. 개화파를 비롯하여 일본 유학생 등은 유학儒學이 실제적인 일에 구체적인 효용을 창출하지 못해 국세가 약화하였다고 판단했기 때문에, 서구 근대문명을 어떻게 이해하고 수용할 것인지에 중점을 두었다. 근대문명 수용의 가교 역할을 한 것은 성리학의 핵심 개념인 격물치지였다. 번역된 격물치지학은 성리학의 격물치지와의 간극을 드러내면서, 문명자강한 근대국가 건설의 원천으로 간주되었다. 우리도 격물치지학에 힘써야만 국가의 부강과 독립, 그리고 인민의 복리를 도모할 수 있다고 보았다. 그러나 서양의 군사력과 힘이 단지 과학기술에만 기반을 둔 것이 아니라, 정치 · 경제 · 사회 등을 포괄하는 체제임을 인식하게 됨에 따라 서구 근대문명은 더욱 전폭적으로 수용해야 할 대상으로 확대되었다.

철도와 시계는 근대적 시공간의 확장성을 압축적으로 보여주면서, 신세계를 열어나갔다.[1] 문명의 우월성을 상징적으로 보여준 철도는 문명의 편리함을 실현하기도 하였지만 동시에 제국주의를 확장해 가는 교통수단이면서 수탈과 폭력의 지름길이기도 하였다. 또한 철도 시간표는 분초 단위로 분절되는 기계식 시간을 강제하였으며, 세계 표준시라는 새로운 시간적 중심을 이식하였다. 근대적 시공간관념은 유럽 중심적 보편주의를 확산시키는 물리적 토대였다. 선진문명을 향유하는 유럽은 그 자체로 타자에게 얼마나 보편적 가치가 부재하는지를 판가름하는 준거로 작동하여, 제국주의 침략을 '문명의 전파' 라고 왜곡하였다. 한편 과학적 탐구를 문화의 외부 그리고 정치적 싸움의 장과는 무관하다고 여겨 이데올로기적으로 중립적이라고 생각하였다. 하지만 과학적 진리만이 보편적 진리라는 과학적 보편주의는 유럽중심주의의 논거로 작동하였다. 유럽인들은 근대과학이야말로 문화적 · 정치적으로 진보의 확실성, 특히 과학적 지식과 그 기술적 적용에서 진보를 증명하는 기제로 보았다. 과학자들이 획득한 이론적 지식의 적용을 통해서 유용한 기술을 생산하고 이것을 통해 인류에게 이익을 제공할 수 있다는 점에서 과학적 진보는 모든 이에게 이로운 것임에 틀림없다고 주장하였다. 더 나아가 이러한 보편적 진리를 유럽인들은 비서구 지역의 야만인들에게 정치적 · 경제적 · 군사적 · 문화적으로 개입 혹은 지배할 권리가 있다는 합리적 근거로 삼았다. 이러한 유럽중

---

1) 『대한매일신보』 1908.7.2. 논설: 사방으로 철로 놓고 行人 物品 輸運할 제 鑿山通道 몇 천 리를 순식간에 왕래하니 그 근처에 사는 사람 고동소리에 놀라겠네. 신세계가 되었구나!

심주의는 제국주의 침략을 정당화하였다. 이는 과학이 객관적인 지식체계인 측면도 있지만, 근대의 사회·문화적 이데올로기로서 정치적 이해관계와 밀접히 연관되어 권력과 함수관계를 이뤘다는 것을 보여준다.

일반적으로 과학과 기술 발전이 생활의 편리는 물론 역사적 발전과 진보를 촉발하는 원동력이라고 믿어 의심치 않았으나 과학기술이 삶의 모든 문제를 해결해 주지도 않았고, 철학적으로 재성찰해야 할 문제를 배태하였다. 첫째, 과학기술적 발달 즉 문명화가 우리가 처한 모든 문제를 해결해 주는 열쇠냐는 것이다. 즉 과학기술은 과학적 탐구를 통해 자연에 대한 지배력을 향상해 주었지만, '바람직한 삶'에 대한 가치판단을 제공하지는 않았다. 물론 과학기술은 진리와 지식체계를 바꾸어 놓았으며 오랜 사고방식마저 변화시켰다. 이러한 격변은 기존의 어휘가 갖고 있던 의미가 새롭게 바뀌면서 표현되었다. 새로운 기술은 세계관의 전환을 포함하며, 우리가 갖는 관심의 구조, 즉 생각하는 바를 바꿔왔다. 기술은 언제나 사회제도와 밀접한 관련이 있었다. 17세기 이전에는 모든 문화가 도구사용 문화였다. 모든 도구는 물적 삶의 구체적이고 시급한 문제를 해결하기 위한 것으로, 종교나 철학적 세계관에 봉사하기 위한 것으로 여겼다. 즉 도구의 발달이 사람들이 믿는 전통이나 신, 그리고 정치·사회조직의 정통성을 빼앗아 가지 않았다. 오히려 문화적 신념이 도구의 발명을 특정한 방향으로 유도하고 그 용도를 한정하였다. 그래서 기술은 구속력 있는 사회적 종교적 체계의 영향을 지속적으로 받았고, 기술적 도구와 세계관 사이에는 긴밀한 통합 관계가 존재하였다. 당시 사람들에게 어떻게 행동하고 생각할 것인가를 제시하던 것은 기술이 아니라 신학神學이었다. 모든 기술과 도구는 형이상학적 이론에 의해 통합되어 있었다.[2)]

---

2) 닐 포스트먼 『테크노 폴리』 궁리 2005 37-41쪽.

하지만 근대는 과학기술과 기계가 삶의 새로운 척도로서 작동하였다. 자연과 기술에 관한 인식 변화는 곧 자연을 마주하는 인간에 대한 이해도, 그리고 그러한 인간이 만들어가는 사회 · 문화 현상에도 큰 영향을 미쳤다. 서구 근대적 문명과 과학적 사유 방식의 수용은 곧 인간 이해에도 큰 변화를 불러왔다. 도덕적 수양으로 성인군자가 되는 것을 지향하기보다는 근대적 합리성과 효율성을 중요시하였다. 성리학의 권위는 사라지고 신학의 효용성과 과학의 권위를 이식하고자 하였다. 성리학의 리기론은 모든 존재자의 존재양식을 해명하는 질서정연한 세계관이었다. 그 구조를 해명하는 것이 체용론이었다. 그러나 성리학적 세계관은 회의와 비판의 대상이 되었다. 과학과 기술을 '진보'의 주요 도구로 이해하고, 자연에 대한 신뢰할 만한 정보들을 축적해 나가는 가운데 결국 야만을 종식하고 문명화를 실현할 수 있다고 믿었다. 이러한 신뢰는 기술주의가 공중위생 · 교통 · 전신 · 생산관계 등 사회 전반에 걸쳐 놀라운 변화를 가능하게 하는 현실을 통해 입증되기도 하였다.

유학의 성인군자는 도덕적 본성을 실현하고자 하나, 근대 격물군자는 과학적 탐구를 학문적 목표로 삼았다. 서구 근대과학을 수용해야 한다는 절박한 시선은 "오직 총명한 지혜를 가진 자만이 만물을 주재한다."[3]고 단언하기에 이르렀다. '만물을 주재함'은 보편적인 천리가 모든 존재자에게 동일하게 내재되어 있기 때문에 격물치지를 통해 인간이 만물을 주재할 수 있다는 성리학적 의미를 함의한 것이 아니다. 여기서 주재란 바로 '인공人工과 재력才力을 사용함'을 의미하였다. 격물군자는 격물치지학과 과학기술을 습득하여 서구 열강과 같이 근대적 문명을 실현할 수 있는 있다는 점에서 시무가時務家이기도 하였다.[4] 즉 부국을 위한 재화의 생

3) 《漢城周報》 1887년 3월 7일 883쪽.

4) 《漢城旬報》 1884년 1월 8일 「國內私報: 各國度量衡表」 120쪽에 격물가와 시무가란 표현

산과 과학기술을 습득하는 것이 곧 시무時務이며 이러한 근대적 시무를 실천하는 격물군자야말로 추구해야 할 전범이 되었다. 이는 성리학적 격물치지와 이념 체계의 해체를 의미하였다.

성리학적 세계관이 해체된 자리에 과학적 보편주의가 이식되었지만, 과학 지식이 근대 한국 사회의 모든 문제를 해결해 주지는 않았다. 국제 정세상 문명화를 추구하기만 하면 문명 자강한 독립국가를 건설할 수 있는 것도 아니었다. 문명화는 식민화를 촉진하는 지름길이 되기도 하였다. 더욱이 과학적 탐구가 가치중립적이라고 믿는다면, 지적 탐구에 대한 도덕적 성찰을 도외시함으로써 근대문명이 지닌 야만적 침략성을 비판할 수 있는 근거와 '그들처럼 되기' 이외의 다른 길을 모색할 관점을 갖기는 어렵게 되었다. 과학기술이 제국주의 침략의 도구가 되는 것에 대한 도덕적 문제 제기는 더더욱 어려워진다. 특히 유학의 도덕 이념을 사덕화私德化함으로써 사회 국가적 차원의 도덕성은 부재하게 되었다. 국가체제의 시대에 어떤 삶이 바람직한지에 관한 도덕적 성찰이 서구 근대문명 의식 수용만으로는 해결할 수 없었다. 그것은 곧 동일화 전략에 매몰될 위험과 함께 문명성이 부재한 타자화된 주체의식을 이식함으로써 독립된 국가 건설과는 더욱 거리가 멀어지는 결과를 초래하기 때문이다. 근대적 맥락에서 유학에 대한 재성찰이 절실히 요구되었던 것이 바로 이러한 맥락이었다.

둘째, 과학-기술적 발전이 곧 인류의 진보 발전이라고 할 수 있는가이다. 근대과학의 가장 큰 특징은 과학과 기술의 결합이었다.[5] 유럽 지식인

이 나온다. 博文局에서 각국의 도량형제도를 조사하여 時務家가 참고할 수 있도록 기록하였는데 일본 영국 프랑스 러시아 미국 등 외국은 도량형법이 잘 지켜지고 있다고 강조하였다.

5) 유럽에서 기술주의문화가 시작된 것은 1776년 즈음이다. 1805년경 기계-도구 산업 즉 기계를 만드는 기계가 개발되었다. 생산의 기계화를 통해 기계만 작동시키면 되는

들은 유럽과 다른 지역을 구분하게 하는 핵심적 차이가 과학과 기술의 업적이라고 보고, 과학기술을 비서양 사회를 평가하고 분류하는 척도로 삼았다. 17세기 초 서양인에게 기술은 천사였고, 신적인 것이었다. 근대 서양인은 인간과 세계를 기술의 신적 위대성 안에서 해석하였다. 베이컨은 "어떤 사람에게 가장 문명화된 유럽 지역의 인간 생활과 아메리카의 가장 야만적인 지역의 인간 생활을 서로 비교해 보라고 하자. 그는 어떤 주저함도 없이 '인간이 인간에 대하여 신이다' 고 말할 것이다. 이러한 차이는 토양이나 기후 혹은 인종의 차이에서 오는 것이 아니다. 그것은 단지 기술의 차이에서 온다." 고 하여, 기술을 소유한 인간은 지구의 주인이라는 의미에서 신적이라고 이해하였다. 신적인 인간은 기술을 앞세워 자연을 정복하고 통치할 수 있으며, 그대로의 자연은 무용할 뿐만 아니라 무의미하고, 기술에 의하여 조작될 때만 자연으로서 현상한다.[6] 산업화 시대를 거치면서 대다수 유럽인은 인간이 자연의 지배자이며 자연은 인간을 위해 창조되었다는 인식에 공감했다.[7] 유럽인들은 과학과 기술의 업적을 유럽의 과거와 현재를 통틀어 모든 문명과 유럽을 구분하는 핵심적인 특성일 뿐만 아니라 비서구 사회를 평가하고 분류하며 등급을 매기는 가장 중요한 척도로 간주하였다.[8] 서구 근대문명의 문명성은 곧 과학과 기술

노동자를 배치함으로써 섬유산업에 혁명을 가져왔다. 새로운 생산수단과 통신수단의 혁명적 특성은 인간 활동의 모든 영역에 급진적인 사상을 불어넣었다. 기술주의문화는 진보의 사상을 이식하였으며, 그 결과 우리가 전통적으로 맺었던 관계가 와해되었다. 닐 포스트먼 『테크노 폴리』 궁리 2005 59-65쪽 참조.

6) 김성환 「테크놀로지 시대의 동도서기론」 『창작과 비평』 2001 봄호 111집 68-9쪽.

7) 마이클 에이더스 『기계, 인간의 척도가 되다』 산처럼 2011 277쪽.

8) 마이클 에이더스 『기계, 인간의 척도가 되다』 산처럼 2011 188쪽. 예를 들면 마르탱은 1834년 "사방에서 문명은 확장된다. 문명은 유럽을 하나의 민족으로 만들고, 마치 자비로운 신처럼 아시아 쪽으로 발걸음을 돌려 자연이 그토록 강력하고 인종이 그토록 아름다우며 인간이 그토록 퇴화한 그 화려한 고장으로 복음서를 손에 들고 나아간다." 고 말한다.

의 발전, 그리고 그 상호작용의 결과인 기계의 발달이었다. 산업화된 유럽 문화 전체가 다른 문화와 구별되는 별개의 종류라는 생각은 점차 강화되었다.[9)]

하지만 근대 과학적 세계관은 유럽중심주의의 또 다른 표현이기도 하였다. 과학적 보편주의는 과학적 진리만이 보편적 진리이며, 유럽 근대과학이야말로 문화적 · 정치적으로 진보의 확실성, 특히 과학적 지식과 그 기술적 적용에서 진보를 증명하는 기제라고 주장하였다. 그리고 그러한 보편적 진리를 보유한 유럽인들은 야만인들에게 정치적 · 경제적 · 군사적 · 문화적으로 개입 혹은 지배할 권리가 있음은 과학적이고 합리적인 것이라고 여겼다.[10)] 18세기 이후 유럽인들은 유럽인이야말로 과학 탐구와 기계력의 적용을 통해 자연계를 정복할 수 있는 능력이 다른 모든 민족보다 우월하다고 믿었으며, 이것이 유럽 문명의 독특한 발전의 핵심이라고 보았다.[11)] 베이컨은 자연에 관한 앎이 증가할수록 인간이 자연을 정복할 힘 또한 증가하고 인류의 삶도 발전할 수 있다고 생각하였다. 베이컨은 과학을 성적 · 계급적 · 국가적 권력의 관점에서 파악하였으며, 진보 개념을 주조했다. 그의 진보 개념은 '아는 것이 힘' 이라는 지식-권력의 핵심 명제에 기댄 것이었다. 베이컨의 귀납법은 신 · 구세계의 식민지로부터 이윤을 거두기 시작했던 당시 '국가의 강대함' 을 최대의 관심사로 삼았던 젠틀맨 층의 여론을 대변한 것이었으며, 사회에 대해서는 시민의 지적 · 육체적 노동을 결집하고 자연에 대해서는 자원의 이용을 극대화하는, 그리하여 종국적으로는 국가의 강대함과 제국주의적 팽창을 제고하기 위함이었다. 노동력을 최대한 결집하고 자연의 착취를 극대화하는 것

9) 마이클 에이더스 『기계, 인간의 척도가 되다』 산처럼 2011 188쪽.
10) 이매뉴얼 월러스틴 『유럽적 보편주의: 권력의 레토릭』 창비 2008 135쪽.
11) 마이클 에이더스 『기계, 인간의 척도가 되다』 산처럼 2011 277-281쪽 참조.

이 국가의 강대함을 위해서라면, 사회와 자연에 대한 모든 지식은 당연히 국가의 통제에 귀속되어야 할 것이었다. 이런 의미에서 줄리안 마틴은 '지식이 권력이라는 베이컨 주장의 의미는 국가권력을 증진할 수 있도록 지식에 족쇄를 채워야 한다는 것' 이라고 단언했다. 더 나아가 지식이 국가의 통제를 받는다는 것은 지식이 이윤 창출이나 제국주의적 팽창 같은 국가적 효용을 추구해야 한다는 뜻으로 해석되었다. 베이컨은 법적 · 정치적 요소들을 자연 영역으로 옮긴 최초의 고리로 이목을 끌었다.[12)]

과학적 세계 인식을 수용하는 한 서구적 근대가 유일한 보편이라는 사유로부터 결코 자유로울 수 없었다. 자본주의 체제에 편입된 이상 서구적 근대 수용은 불가피한 일이기도 하였다. 근대에 생성된 모든 가치관념은 유럽중심주의와 무관할 수 없었다. 서구적 근대를 보편으로 수용하면서 한국 또한 과학기술적 진보와 발전을 최우선 과제로 인식하였다. 그러나 철도가 편리한 교통수단이면서 동시에 제국의 군인을 실어 나른 지름길이며 수탈의 수단이었던 것에서 단적으로 드러나듯이, 그것은 곧 식민지화와 불가분의 관계에 놓였다. 그리고 서구적 문명과 삶이 곧 진보요 발전이 되면서 전근대적 삶의 양식은 모두 낡은 것으로 치부해 버리는 '근대' 가 시작되었다. 근대 한국인이 본 것은 기술문명의 현실적인 현상들이었다. 예를 들면 군함을 비롯한 근대식 물품들, 그리고 생명을 담보로 하는 의학과 위생시설, 새로운 시공간을 제공하는 시계와 철도 등이었다. 개항기에는 이러한 물리적이고 표면적 현상들에 대한 반응이었다면 자강기에는 그러한 물리적 현상의 원천이 무엇인지 보다 구체적으로 물었고, 신구학론으로 정리되었다. 이러한 일련의 과정은 세계와 인간에 대한 인식 체계의 전환을 가져왔다. 인간과 자연에 대한 과학적 설명을 위해서

12) 이종흡 「근대과학의 성차별성, 계급차별성, 국가중심성에 대한 비판의 초점으로서의 프랜시스 베이컨」 『대구사학』 86집 2007 270-1쪽.

더 이상 성리학의 리기심성론적 개념에 의존하지 않았다. 그러한 사유 구조의 전환의 극점을 보여준 것이 바로 격물치지학이었다. 《한성순보》·《한성주보》에서부터 자강기 학술지에 이르기까지 베이컨이 빈번히 등장했던 것 또한 베이컨으로 대표되는 근대 자연과학적 사유를 수용하려는 의지의 발로였다.[13] 신학과 격물치지학은 근대적 '진보' 내지는 발전, 그리고 문명〔civilization〕과 밀접히 연관된 개념이었다. 자강기 지식인들이 격물치치학의 발달을 중요하게 생각한 것은 서구 열강의 문명이 과학기술의 발달에 기인한다고 판단하였기 때문이다. 우리도 그들처럼 격치학에 힘써야만 국가의 부강과 인민의 복리를 도모할 수 있다고 보았다. 그들은 근대 영국을 비롯한 서구 여러 나라가 부강한 나라를 이룩할 수 있었던 것은 바로 격치학에 치중하여 신묘한 발명에 성공한 탓이며, 그들의 격치학이 천지의 조화를 빼앗을 수 있을 만큼 발전했기 때문에, 제국주의 침략도 가능했다고 보았다. 당연히 그들처럼 되는 길을 탐색하였다. 과학적 보편주의를 객관적 진리로 수용하게 되면 신학의 핵심이라고 할 수 있는 격물치지학을 중심으로 근대식 교육을 강화하는 것이야말로 문명화의 첩경이 되는 셈이다. 이 시기의 학술지에 격물치지학의 효용과 과학 분야에 관한 다양한 글들이 소개되었던 이유가 바로 여기에 있었다.

사회경제적 '효용성效用性' 은 가치판단의 중요한 기준이 되었다. 격물치지학이 중요하게 받아들여졌던 것도 바로 실제적 유용성 때문이었다. 자연은 인간의 편리한 삶을 위한 유용한 자원으로서 인공人工이 가해지기를 기다리는 실험 관찰의 대상 이외의 의미를 갖지 못했다.[14] 인간도 예

13) 呂炳鉉 『大韓協會月報』 7호 (1908.10)「格致學의 功用 3」16-7쪽 참조.

14) 예를 들면 『大朝鮮獨立協會報』(1896~1897)에는 중국 상해의 格致書院에서 발행한 동양 최초의 월간 과학 잡지였던 『격치휘편』의 가사를 거의 대부분 그대로 인용 소개하였다. 그 주요 내용은 공기 전기학 화학 및 금광과 관련된 광물학에 대한 것이 대부분이었다. 특히 광물학은 당시 부국강병을 위해 광산에 관한 지식이 필요했던 상황

외는 아니었다. 자강기 사회다윈주의 수용은 막대한 영향을 미쳤다. 신학新學과 사회다윈주의가 유기적 연관 속에서 수용되었던 것은 사회다윈주의가 과학기술의 '효용성'과 역사적 진보를 동일시하였기 때문이었다.[15) 특히 자강기 지식인에게 큰 영향을 미쳤던 적자생존적 세계 인식은 위기의식과 문명화 열망을 더욱 고조시켰다. 자연과 인간에 관한 과학적 탐구야말로 '참된' 지식이었기 때문에 사회다윈주의적 세계 인식은 거부할 수 없는 객관적이고 보편적인 진리로 인식되었다. 사회다윈주의에 근거하면 인간 사회가 자연과 마찬가지로 적자생존과 약육강식의 원리에 의해 선택된 강자의 생존이야말로 과학적 진리였다. 인간 사회에 관한 근대적이고 과학적인 해석으로 기능했던 사회다윈주의는 인간은 물론 자연에 관한 과학적 탐구와 그 '진보'적 발전을 추구하는 것과도 긴밀한 관계가 있었다. 기술문명의 발달이 곧 인류의 문명화였으며, 곧 역사적 진보였다. 인류 역사가 진보한다는 사회다윈주의적 신념이 가능했던 토대는 과학기술의 발전에 힘입었다.

사회다윈주의를 수용한다는 것은 근대 과학적 사유 방식 수용과 밀접한 관련이 있었으며, 약육강식의 원리에 의거하여 한국의 현실을 인식하는 것을 의미하였다. 사회다윈주의에 근거한다면 한국은 약자이기 때문에, 서구 열강이나 일본처럼 강자가 되기 위한 문명화를 추진해야 했다. 한국은 문명성이 부재한 열등한 약자로서 그들처럼 강한 문명국이 되는 길을 찾지 않으면 국가와 민족의 생존을 도모할 수 없다고 판단했기 때문

을 반영한 것이다. 이면우 「근대교육기(1876~1910) 학회지를 통한 과학교육의 전개」 『한국지구과학회지』 22집 한국지구과학회 2001 77쪽.

15) 허버트 스펜서는 인간 발전의 핵심 요소로 성찰적 의식(reflective consciousness)을 꼽기도 했지만, 특정 민족이 이러한 의식을 적용해서 자연 세계를 얼마나 통제할 수 있는지 여부가 문명화된 상태를 향한 진보의 핵심적 요소라고 믿었다. 마이클 에이더스 『기계, 인간의 척도가 되다』 산처럼 2011 282쪽 참조.

이다. 사회다윈주의적 현실 인식은 그들처럼 되는 것〔문명화〕만이 가장 시의적절한 선택인 것처럼 오도誤導하였으며, 더 나아가 강자〔서양과 일본〕의 지배를 받는 것은 과학적이고 합리적인 진리라고 강제하였다. 사회다윈주의가 제국주의 침략을 정당화하는 이론으로 과학기술이 식민지 개척의 도구임에도 불구하고, 그것을 거부할 수 없었던 것은 과학적 지식만이 객관적인 참이라고 여겼기 때문이다. 인간에 관한 과학적 탐구였던 인종주의는 사회다윈주의와 결합하여, 백인우월주의를 확산시켰다. 유럽중심주의를 재생산했던 일본은 일본을 맹주로 하는 황인종 연대론〔동양주의〕을 주창하였으며, 문명한 일본인과 상반된 열등하고 미개한 조센징을 부각시켰다. 한국은 문명이 부재한 결핍된 타자가 되었다. 과학적 세계인식은 제국주의 침략과 군국주의 발전과 밀접히 연관되어 있었으니, 이것이 인류의 발전과 전쟁의 도구라는 양날의 기술에 관한 비판적 성찰이 필요한 중요한 이유이다.

근대 격물치지학을 둘러싼 사상적 격변은 서구 근대를 진보적 전범으로 수용하고자 하는 강렬한 욕망이 야만적 근대 너머를 상상할 수 있는 여지마저 봉쇄함으로써 '결핍된 타자'로 전락하는 과정을 여실히 보여주었다. 과거를 되묻는 것이 미래를 여는 열쇠라고 한다면 그 봉쇄된 지점에 대한 성찰은 우리가 지향해야 할 미래를 탐색하는 시발점이자, 바로 '지금 여기 우리'를 해명할 수 있는 출발점이라고 하겠다. 그런 측면에서 근대적 문명에 대한 비판적 성찰과 우리가 지향해야 할 문명성에 대한 깊은 통찰이 절실히 필요하다. 인간이 기술에 거의 모든 전권을 내주고 스스로 기술의 노예로 전락했다고 우려되는 테크노 폴리 시대[16]를 살고 있는 지금은 더더욱 그렇다.

16) 닐 포스트먼 『테크노 폴리』 궁리 2005 참조.

셋째, 과학적 보편주의만이 참된 지식의 유일한 준거인가이다. 19세기에는 과학과 기술적 성취가 선진문명과 야만문명을 구분할 수 있는 척도라는 것에 대한 폭넓은 동의가 이뤄졌다. 과학과 기술적 성취는 더 이상 주변적인 것이 아니었고, 그 사회에 근본적인 가치와 제도적 정비가 이루어졌음을 나타내는 징후로 간주됐다.[17] 근대의 기술적 효용성과 경쟁 논리는 더 정교하게 자연과 인간에 관한 탐구로 지속되었고, 자본과 과학지식에서 앞선 서양은 선두를 점유하고 있는 것이 현실이다. 하지만 과학기술이 가치중립적이라는 견해는 많은 비판과 회의에 직면하였다. 1990년대 후반 '과학전쟁' 이라 불렸던 논쟁에서, 과학이 본질적으로 사회적이라는 주장하는 사람들은 과학의 핵심이 모델을 만들고 근사치를 얻어내는 데 있다고 본다. 이들에게 과학 이론은 가설적인 성격이 강한 것이고 실험은 여러 가지 이유에서 불확실할뿐더러 문제투성이다. 또 과학이 지식의 형태로 정리되는 과정에서 과학자가 지닌 세계관 · 가치 · 정치경제적 이해관계 · 믿음 · 신념 · 상상력 등이 영향을 미친다. 과학은 사회적 요소가 개입함으로써 왜곡되는 것이 아니라, 더 온전해진다. 과학은 인간이 하는 일이고 여기에는 인간이 지닌 여러 가지 인식적 · 사회적 요소가 동시에 영향을 미치는데, 이러한 요소에는 주관 · 직관 · 상상력 · 편견 같은 개개인의 지적인 요소는 물론이고 야망 · 경쟁 · 질투 · 권위 · 정치권력 같은 사회적 요소까지 개입한다. 인식론적으로 보아도 과학은 실재를 잘 반영하는 것이 아니라, 모델을 잘 세우는 작업이다. 이른바 과학전쟁에 참여했던 이들은 이러한 논쟁을 거치면서 과학과 인문학이 '하나의 문화' 로서 총체적으로 이해해야 하는 데 동의하였다. 과학이 합리적이라고 생각하는 사람들도 과학에 사회적 요소가 있다는 것을 부정하지 않고, 반

17) 마이클 에이더스 『기계, 인간의 척도가 되다』 산처럼 2011 259-260쪽 참조.

대로 사회적이라고 생각하는 사람들도 합리성이라고 부르는 인지적 요소가 과학에 있음을 부정하지 않는다. 즉 적어도 과학에는 합리성과 사회성이라는 두 가지 특성이 동시에 작동한다는 것을 인정한 것이다. 인간이 주체가 되어 수행하는 과학에 사회직 요소와 인식론적 요소가 함께 있다는 것이 당연한 것으로 받아들여지고 있다.[18)]

과학기술은 단지 학술적 차원에 국한되지 않고 언제나 정치적 맥락과 유기적 관계에 있었다. 서구적 근대를 수용한 한국 또한 과학기술적 진보와 발전을 문명의 최우선 과제로 삼았다. 타자를 본받아 타자를 넘어서려는 욕망이 격물치지학을 전폭적으로 수용하게 한 것이다. 그러나 과학적 보편주의는 제국주의 침략을 정당화하였다. 즉 격물치지학은 문명의 정수라는 긍정적인 측면과 함께 제국주의 침략의 수단이란 부정적 측면도 동시에 갖고 있었다. 국권 상실의 위기에 직면하여 많은 지식인이 과학기술이 발달하면 문명한 독립국가를 건설할 수 있다고 생각했다. 하지만 철도 부설에서 단적으로 드러나듯이, 문명의 첨병인 그 과학기술은 군국주의의 도구가 되어 제국주의 침략의 지름길이 되었다. 이러한 과학기술의 속성은 식민기에 더욱 강화되었다. 식민기 조선의 과학기술은 철저하게 일본제국의 정책하에 있었다. 일본의 과학기술은 국가 주도로 발달하였으며, 제국대학의 이학부와 공학부를 중심으로 고급 인력을 양성하였다. 1차 세계대전에서 항공기와 독가스 등 최첨단 과학기술이 군사 무기화하는 것을 목도한 일본은 향후 전쟁이 자국의 모든 산업기반과 과학기술이 총동원되는 총력전이 될 것임을 자각하고, '과학동원' 정책을 펼쳤다. 과학동원이란 과학기술을 국가의 목적과 요구에 따라 능률적으로 집중 통제 동원하는 체제를 뜻한다. 일본은 공식적으로는 1941년 고도국방국가

18) 박영태 외 『과학철학』 창비 2011 232-4쪽.

완성의 근간인 과학기술의 국가총력전체제를 확립할 것을 목적으로 하는 '과학기술 신체제 확립 요강'을 결정하였고, 여기에서 전시하의 과학동원을 본격화했다. 이러한 과학동원의 영향으로 조선에도 과학교육에 대한 붐이 조성되었다. 이는 일본이 조선인을 전쟁에 동원하려는 의도가 짙게 작용한 것이다.[19)]

격물치지학의 폭력적 침략성에 대한 비판적 성찰을 가능하게 했던 사유가 바로 유학이었다. 서구적 문명과 삶이 곧 진보요 발전이 되면서 유학은 전근대적 삶의 양식으로서 낡고 쓸모없는 것으로 치부되었다. 하지만 문명성과 폭력성을 동시에 지닌 야누스적 타자에 대한 주체적 대응을 가능하게 하는 이념으로 작동하기도 하였다. 과학기술이 지닌 문제점, 즉 군국주의의 수단으로 전락한 점과, 그것 자체가 하나의 이데올로기가 되는 문제는 간과되었다. 이는 기술 자체가 정치적 이데올로기였다는 것을 의미하는 것이 아니라, 과학기술이 놓인 사회적 · 문화적 맥락이 이를 매개로 이데올로기화했다는 의미이다. 과학적 보편주의가 지닌 문제점을 과학적 세계관 내에서 비판적으로 성찰하기는 어렵다. 유학의 도덕적 이념은 과학기술이 군국주의의 수단으로 전락하는 문제를 비판적으로 성찰할 수 있는 길을 열었다. 근대의 경우 박은식이 대표적인 예이다.

2) 이분법적 사유와 과학기술에 대한 반성

근대는 자연과학적 진리와 효용이라는 합리성에 기반을 두었으며, 그것을 무기로 이른바 '과학시대'를 열었다. 과학시대에서 기술적 도구는 문화의 사고 체계에 중심적인 역할을 담당하면서 근대문명〔civilization〕

---

19) 한미라 · 이대화 「1930년대 『科學館報』에 나타난 '과학 기술'의 표상과 특징」 『문화와 융합』 55집 2018 550-1쪽.

을 발달시켰다. 코페르니쿠스와 갈릴레이, 데카르트와 뉴턴을 비롯하여 베이컨이 과학시대를 연 핵심 인물이었다. 베이컨은 과학의 진정하고 합리적이며 유일한 목표가 '새로운 발명품과 부를 통해 인간의 삶에 봉사하는 것' 임을 깨닫지 못한 선학들을 계속 비판하였다. 19세기 초 유럽에서 기계-도구산업 즉 기계를 만드는 기계가 개발되고, 생산의 기계화를 통해 기계만 작동시키면 되는 노동자를 배치함으로써 섬유산업에 혁명을 가져왔다. 새로운 생산수단과 통신수단의 혁명적 특성은 인간 활동의 모든 영역에 큰 영향을 미쳤다.[20] 이러한 변화는 전통사회 질서와의 연속성을 와해시키고, 유럽 근대의 특징인 탈마법화와 세속화를 초래하였다. 그리고 19세기 유럽 문명은 과학기술과 자본주의 체제를 앞세워, 제국주의 시대를 열었다.

인식 대상과 주체 그리고 정신과 물질이라는 이분적 사유는 데카르트 철학에 근거한다. 데카르트의 우주론은 생명체 또한 동일한 물리적 법칙에 종속되는 기계의 일종으로 파악한다. 뉴턴은 『자연철학의 수학적 원리』에서 자연과학이 더 이상 실체적 특성이나 본질 같은 형이상학적 원리에 의존하지 않고 경험적 사실과 그것을 서술하는 수학적 원리에 의해 이루어져야 한다고 주장하였다. 세계에 대한 기계화 · 수학화는 단순히 현상을 수학적으로 기술하는 행위를 넘어서는 의미를 함축한다. 세계에 대한 기계화 · 수학화라는 '새로운' 과학적 탐구 방법은 자연에 대한 어떤 실체적 특성이나 원리를 전제하지 않으며, 경험과 실험에 의한 사실을 수학적으로 기술하고 검증하는 것을 뜻한다. 갈릴레이는 자신의 연구 과정에서 '이성의 빛' 으로 사물을 통찰한다는 말을 자주하였으며, 데카르트와 라이프니츠 등 합리론자들은 자연이 합리적 원리에 의해 구성되어 있

20) 닐 포스트먼 『테크노 폴리』 궁리 2005 59-65쪽.

고 인간의 이성은 그런 원리를 선천적으로 간파할 수 있으며, 그로부터 자연현상에 관해 합당한 설명을 제공할 수 있다고 믿었다. 근대 자연철학은 과거처럼 초자연적이거나 관념적인 원리 또는 신 같은 개념에 의존하지 않고, 하나의 단일한 물리적 원리에 의거하여 자연의 체계를 해명하고자 하였다. 궁극적 목적은 자연을 하나의 완성된 기계적 체계로 해석하는 것이었다. 데카르트는 자신의 기계론적 사고를 물리적 자연뿐만 아니라 생명체까지 적용하여 모든 생명체는 기계에 불과하다고 보았다.[21] 합리적 기계론은 근대성 이론의 중핵이다. 합리성은 원인과 결과의 연관이 명확히 인지되면서 그것을 반복적으로 재현할 수 있는 가능성이고, 기계론은 이러한 합리성을 인간 외적인 대상 속에서 구현시킬 수 있는 가능성이다. 톱니바퀴 두 개가 서로 맞물려 돌아가는 원리를 이해하고 그것을 실제로 만들어서 실행시킬 때 합리적 기계론은 완성된다. 쉽게 말해 자연을 완전히 분해해서 다시 결합하는 능력이 그렇다.

모든 과학은 자연과 진리에 대한 일정한 관념과 방법적 규범을 토대로 하며, 나아가 사회규범 · 정치 상황 그리고 종교적 신념에 이르기까지 다양한 요인들을 배경으로 한다. 근대과학을 가능하게 한 패러다임은 기계적 자연관, 철저한 경험적 방법, 수학적 서술로 요약할 수 있다. 17세기는 이러한 기계론적 합리성이 사회 · 문화적으로 전면화된 시기였다. 이 시대는 수학의 발달에 힘입어 시간과 사물의 계측 가능성이 증대했고, 기술의 발달로 인해 대상을 가공하고 조형할 수 있는 능력도 신장되었다. 기술적 기계들이 대거 등장한 것도 이즈음의 일이다. 태엽시계는 합리적 기계론의 대표적인 산물이었다.[22] 기계적 자연관은 자연을 시계처럼 다양한 부품에 의해 구성되고 일전한 원리에 따라 규칙적으로 움직이는 자동

21) 박영태 외 『과학철학』 창비 2011 17-40쪽 참조.

22) 이화인문과학원 엮음 『분열된 신체와 텍스트』 아카넷 2017 21쪽.

기계로 보는 관점이다. 근대과학자들은 세계를 수학적으로 설계되고 기계적으로 작동하는 구조물, 즉 기계적 세계로 보았으며, 수학이 자연의 실체적 원리라고 인식하여 자연의 수학적 구조를 밝혀내는 것을 과학의 과제로 여겼다. 존재의 본질이 어떤 실체적 힘이나 정신적 원리가 아니라 수학적인 것이라면, 탐구의 대상은 시간 · 공간 · 속도 · 질량 등 정량화할 수 있는 성질 외에는 없는 것이다. 결국 자연이란 단일한 물리적 원리에 따라 기계적으로 움직이는 물질들의 전체에 불과하다.[23]

과학적 탐구만이 '참된 앎'을 담보할 수 있다는 믿음은 모든 학문 영역으로 확산하였다. 모든 지식 유형은 과학적으로 탐구되어야만 했으니, 인간 역시 과학적 탐구의 대상이 되었다. 특히 근대적 몸은 인간에 관한 과학적 탐구를 가능하게 한 물질적 토대를 제공하였다. 몸에 관한 과학적 탐구는 해부학에서 시작하여 골상학과 생리학 그리고 인종학 등으로 발전하였다.[24] 한국에서는 1900년대 학술지에서 생리학 등 인간 몸에 관한 과학적 탐구를 중요하게 다루었다.[25]

> 인간 신체도 일종의 물物이기 때문에 화학적 분석을 하면 각각 원소元素로 조성된 것을 알 수 있다. (중략) 인체는 다양한 기관으로 구성되어 있지만, 그 실상은 세포이다.[26]

---

23) 박영태 외 『과학철학』 창비 2011 16-7쪽.

24) 중세 교회는 신체는 구원을 위태롭게 하는 것으로 간주하여, 금욕주의적 문화를 통해 인간의 육체적 본성은 물론 감각적 자연감정을 말살하고자 했다. 교회는 인간 해부를 엄격히 금지하였지만, 인간 중심의 가치관이 전개되자 신체구조에 대한 연구열의가 해부학으로 이어졌다. 김연순 『기계인간에서 사이버휴먼으로』 「인체구조의 과학적 인식」 성균관대학교 출판부 2009 참조.

25) 박정심 「근대적 몸〔신체〕의 발견: 修身에서 體育으로」 『한국철학논집』 36집 2013 참조.

26) 夢蓮 宋憲奭 『서북학회월보』 19호 「生理衛生學」 404-7쪽 요약.

인체를 짐승의 몸과 같이 세포로 구성된 하나의 육체적 조직으로 파악한다면, 기계나 객관 사물처럼 인체 역시 과학적 탐구의 대상일 수밖에 없었다. 인간 내부의 물질인 몸은 복잡하고 생동력 있는 기계이기 때문에, 수학적으로 계량화되고 실험 관찰이 가능한 대상이 되었다.

> 사람의 몸이나 짐승의 몸은 마치 온기 만드는 '기계'와 같아서 몸에서 온기를 항상 밖으로 전파한다.[27]

사람을 기계적 신체로 인식한다는 것은 생물학적 맥락에서 인간을 이해하려는 관점과 일맥상통한다. 근대적 신체를 구성하고 있는 세포조직과 그 작용에 관한 과학적 분석이 여러 학술지에 소개되었다.[28] 물질화된 신체는 세포조직을 단위로 하므로 개별화된다.[29] 개별화된 신체는 개인을 고립적인 존재로 규정하기 때문에 유학의 천인합일이란 도덕적 관계망은 해체될 수밖에 없었다. 신체를 기계적 물질이라고 규정한다는 것은 곧 인간을 정신과 신체로 이분화하여 이해하는 것이므로, 인간다움은 성

27) 『대조선독립협회회보』 4호 「사람마다 알면 죠흔 일」 85쪽.

28) 夢蓮 宋憲奭 『서북학회월보』 19호 「生理衛生學」 404-7쪽 요약: 인간 신체도 일종의 物이기 때문에 화학적 분석을 하면 각각 元素로 조성된 것을 알 수 있다. 인체는 크게 頭部 幹部 肢部 세 부분으로 구분할 수 있다 인체는 動物性管인 신경중추와 植物性管인 내장으로 구성되어 있다. 인체의 작용은 소화작용 순환작용 호흡작용 배설작용 정신작용 생식작용이 있다. 이와 같이 인체는 다양한 기관으로 구성되어 있지만, 그 실상은 세포이다. 다수의 세포가 집합하여 상호 연결되면 일정한 기관을 구성하고, 다양한 기관이 인체의 전부를 조직한다.

29) 정신과 물질이란 이분법적 인간 이해는 개인적 차원에 국한되지는 않았다. 몸에 관한 근대 담론은 단순히 기계화된 물질적 몸에 대한 인식에 국한된 것이 아니라 인간에 관한 담론으로, 문명에 관한 표상이기도 하였다. 서구적 문명성이 이성이란 '정신'에 근거한다면, 문명성이 부재한 비서구는 육체적이고 여성적이며 개발이 덜 된 처녀지와 같은 존재가 되었다. 열등한 황인종으로서 야만상태에 처해 있다는 자기의식은 '문명화'에 대한 열망을 자극했고, 그것은 근대적 몸 담론에 고스란히 담겼다.

誠이나 존천리存天理가 아니라 정신작용에서 찾아야 했다.[30] 신체와 정신에 관한 과학적 탐구를 통해 인간 본질을 이해하려는 사유는 격물치지의 본래 의미는 그 맥락을 잃게 되었으며, 천인합일의 유기적 관계망을 무의미하게 만들었다.

근대과학과 기술의 성취는 인간-주체와 기계-객체라는 이분법적 인식을 바탕으로 가능했으며, 인간이 자연을 지배할 수 있다는 확신을 심어주었다. 실험과 관찰 등 과학적 탐구는 보편적이고 객관적인 지식체계로 받아들이지만, 자연에 관한 실험이나 관찰이 인식 주체의 세계관이나 연구자가 살고 있는 사회문화적 환경과 무관하다고 할 수 있는가? 과학 지식은 일차적으로 관련된 사실들을 수집하거나 관찰할 것인데, '관련된 모든 사실들의 수집' 이 가능하기 위해서는 어떤 대상이나 현상이 현재의 문제와 어떻게 관련되는지를 알려주는 지침이나 기준이 제시되어야 한다. 핸슨이나 폴라니가 주장하듯이 모든 관찰은 관찰자의 과거 경험, 지식, 교육 수준에 따라 달라진다. 관찰자의 지식과 경험에 따라 같은 대상에 대해 서로 다른 관찰이 가능한 문제를 사전에 방지하기 위해 '선입견 배제' 라는 제한 조항을 제안했다고 볼 수 있다. 하지만 관련된 모든 사실의 관찰과 기록, 선입견 배제 요청은 실현될 수 없다.[31] 심지어 과학자의 연구는 그의 세계관이나 역사적 경험, 문화, 사회적 환경과 밀접한 관련이 있다. 그래서 과학 지식이 객관적이고 보편적이라고 하기 어렵다. 또 과학자의 연구가 가치중립적이므로, 사회적 이데올로기 및 사회적 관계

30) 洪正裕는 '物' 이란 지구상의 일정한 가치를 지닌 모든 것을 의미하는데 사람 역시 물이며, 따라서 물의 총체인 동식물 가운데 동물계에 속한다고 하였다. 그는 다른 종류의 물이 유형한 外質에 가치가 있지만 동물 중에 最靈한 性質을 부여받은 인간은 무형한 지식에 가치가 있기 때문에, 인간이 지식이 없다면 牛溲馬渤처럼 쓸모가 없다고 하였다. 洪正裕 『畿湖興學會月報』 2호 「物의 價値」 92쪽 참조.

31) 박영태 외 『과학철학』 창비 2011 199-200쪽.

나 책임과 무관하다고 말할 수 없다. 과학자의 세계관은 물론 과학 지식은 사회적 산물이다. 주체와 객체의 이분적 경계에 기초한 근대사회의 기술은, 이해할 수 없고 불안한 자연을 합리적으로 계산할 수 있는 기술적 자연으로 대체하려 했다. 그러나 실제로는 주체와 타자, 그리고 인간과 자연은 서로 밀접한 관계 맺음을 하고 있다. 더욱이 오늘날 기술은 사물과 우리의 관계를 지배하는 단계에 이르게 되어, 근대 이분법적 경계는 무의미해졌다. 브뤼노 라투르(Bruno Latour, 1947~2022)는 서양의 학문이 자연, 사회, 인간만을 다뤄왔다는 것과 함께, 주체와 객체라는 이분법에 빠져 기술이야말로 사회를 구성하는 요소 중에 가장 중요한 것인데도, 기술을 저급하고 수동적인 대상으로만 취급했던 점도 비판하였다. 라투르는 총을 예시로 들었다. 사람이 총을 가짐으로써 사람도 바뀌고 총도 바뀐다고 본다. 총을 가진 사람은 총을 가지지 않은 사람에 비해서 할 수 있는 일이 달라지고, 마찬가지로 총도 사람의 손에 쥐어짐으로써 옷장 속에 있는 총과는 다른 존재가 된다. 즉 총과 사람의 합체라는 잡종이 새로운 행위자로 등장하며 이 잡종 행위자는 이전에 사람이 가졌던 목표와는 다른 목표를 가지게 된다는 것이다. 예를 들어, 원래는 다른 사람에게 겁만 주려고 했는데, 총이 손에 쥐어져 있기 때문에 살인을 저지르게 되는 식이다. 라투르는 주체와 객체의 이분법적 구분에 대해 비판한다. 즉 라투르는 "사람은 대상과 관계를 맺고 대상은 사람과 관계를 맺을 때만 진정한 의미의 행위자가 된다."고 주장한다.[32)]

또 중요하게 살펴야 할 문제는 과학기술이 인간 사회에 미치는 영향이나 파급효과가 언제나 과학기술자의 예상과 일치하지는 않는다는 것이다. 과학자와 공학자들이 자신의 연구 결과를 예측하기는 하나, 기술의

32) 이상욱 외 『욕망하는 테크놀로지』 동아시아 2011 89-90쪽.

미래를 예측하는 일은 매우 어렵다. 에디슨은 축음기가 중요한 공식 메시지를 기록하거나 문서를 구술하는 등의 중요한 역할을 할 것이라고 예측했지만, 사람들은 음악을 즐기는 사소한 오락 용도로 사용하였다. 전화기 기술 개발자 역시 전화가 일상적인 통화에 사용되는 것을 못마땅하게 생각했다. 축음기와 전화기처럼 발명가의 예측과는 다른 용도로 사용되었지만, 그것은 그래도 생산적인 용도로 전환되었다. 그러나 플라스틱의 경우, 그 내구성에 쓰임새가 많았지만, 그 썩지 않는 장점이 미래 환경문제를 일으키는 결정적 원인이 되리라는 점을 예상한 기술자는 거의 없었다. 기술개발이 추진되는 과정에서 기술이 가진 잠재적 혜택만이 부각되고 불확실한 위험은 축소되거나 무시되는 경우가 많다. 그러나 신기술이 가져올 위험을 공개적으로 설명하고, 그 위험에도 불구하고 기술개발을 계속할지 여부에 대한 사회적 공감대를 확보하려고 노력해야 한다.[33] 현대인들이 기술을 만들고 통제할 수 있는 수단이라고 믿지만, 실상은 인간이 기술 발전을 주도적으로 이끌지 못했다는 자크 엘륄의 지적은 주목할 만하다.[34]

기술이 자율성을 갖는 사회의 특징은 첫째, 현대 기술의 선택이나 확산

33) 이상욱 외 『욕망하는 테크놀로지』 동아시아 2011 104-9쪽.

34) 자크 엘륄 『기술사회』, 이상욱 외 『욕망하는 테크놀로지』 동아시아 2011, 69쪽 재인용: 기술은 외부로부터 어떤 간섭도 용인하지 않으며 어떤 제한도 받아들이지 않는다. (중략) 도덕은 도덕적 문제를 판단하지만, 기술적 문제와 관련해서는 아무 말도 할 수 없다. 오직 기술적인 기준들만 중요하기 때문이다. 기술적 판단은 인간 행위에 중요한 제약이 되는 윤리의 영향에서 완전히 벗어나 있다. (중략) 기술은 스스로를 선과 악의 기준 너머에 놓았기 때문에 더 이상 어떤 제약도 두려워할 필요가 없다. 오랫동안 기술은 가치중립적이라고 여겨졌다. 이제는 이런 구분조차도 별다른 필요가 없다. 기술의 힘과 자율성은 너무나 공고해져서 이제는 무엇이 도덕적인지를 결정하는 재판관도, 새로운 도덕의 창조자도 기술이다. 그러니까 기술은 새로운 문명의 창조자 역할을 하는 것이다.

에 있어서 인간은 선택의 우선권을 갖지 못한다. 더 효율적인 기술이 선택되고, 성공한 기술은 예외 없이 다른 곳으로 퍼져나간다. 또 기술은 다른 기술과 끊임없이 합쳐져서 새로운 기술을 만들어낸다. 둘째, 현대 기술이 엄청난 규모로 확장됨에 따라 개인이나 집단이 특정 기술의 발전 과정에 대해 완전히 파악하거나 제어하는 것이 불가능해졌다. 따라서 대다수의 과학자와 공학자가 힘을 합친다 해도 기술의 발전을 통제하는 것은 거의 불가능하다. 셋째, 현대인은 기술 발전을 통제하고 싶은 생각이 별로 없다. 기술 발전은 좋은 것이며 기술을 통제하는 것은 비현실적이란 주장이 팽배해있다. 기술이 자율성을 갖는다는 것은 기술사회에서 인간의 자율성은 거의 상실되었다는 것을 뜻한다.[35)]

과학기술의 의도하지 않은 결과나 혹은 발생하지 않은 결과에 대한 검토가 필요한 까닭은, 과학기술의 영향력이 시공간적으로 크게 확대되고, 돌이킬 수 없는 결과로 이어지는 경우가 많기 때문이다. 따라서 인간의 미래에 상당한 영향을 줄 수 있는 사회적 차원의 기술 연구에 대해 충분하고 공정한 설명을 듣고 이에 대한 사회적 논의 과정을 통해 기술 개발 여부에 대한 합의나 최소한의 공감대를 확보할 필요가 있다.[36)] 특히 오늘날 기술사회를 이끌어가는 거대한 기술 시스템은 인간들에 의해 조정되기보다는 '더 빨리, 더 많이, 더 싸게' 만을 추구하는 '효율성의 법칙' 에 따라 운영된다. 인간의 가치나 필요는 효율성의 논리 앞에 무력하다. 사실 효율성을 떨어뜨리는 주범이 사람이다. 모든 제조업에서 자동화를 위한 노력이 계속되고 있는 것은 이 때문이다.[37)] 자본주의 사회에서 '효율성' 이란 좋은 것, 합리적인 것, 추구해야 할 것, 심지어 운명지어진 어떤

35) 손화철 『미래와 만날 준비』 책숲 2021 55-6쪽.
36) 손화철 『미래와 만날 준비』 책숲 2021 114-115쪽.
37) 이상욱 외 『욕망하는 테크놀로지』 동아시아 2011 70-1쪽.

것을 의미한다.[38] 이것은 역설적으로 과학 지식 내지는 실험 관찰 등의 방법을 통해 습득된 '견문지見聞知' 라고 할지라도, 관찰자 혹은 인간과 분리되어 객관적 가치중립적이지 않다는 것을 보여준다. 과학기술에 대한 도덕적 성찰이 기술사회의 문제를 직접적으로 해결할 수 있는 구체적인 대안을 제시하지는 못한다. 하지만 근대 역사를 통해 우리는 과학기술이 군국주의의 도구로 전락해서는 안 된다는 점과 과학기술이 궁극적으로 인간다움의 실현에 위배되어서는 안 된다는 것도 분명하게 배웠다. 인간이 기술의 주인이어야지 기술이 인간과 사회의 주도권을 넘겨줘서는 안 된다. 기술이 인간 통제를 벗어나서는 안 된다는 것이다. 과학기술의 향방을 인간이 제어할 수 없는 상황에서 벌어질 재앙을 예측하기 어려운 상황이다. 이것이 인간과 기술 및 기계가 어떤 관계맺음을 할 것인지에 관해 물어야만 하는 이유이다. 기술에 관한 물음은 곧 인간에 관한 물음이다.

2. 박은식의 본연지와 발본색원론

1) 과학기술〔견문지〕에 관한 본연지적 성찰

격물치지학格物致知學은 성리학의 세계관 전체를 해체할 만큼 막강한 파급력을 보여주었다. 그러나 격물치지학을 비롯한 서구 근대문명을 적극 수용하면 제국주의 침략을 방어할 수 있었던 것도 아니었다. 서구 근대는 수용의 대상이면서 동시에 저항의 대상이었다. 앞서 살핀 바와 같이

38) 이상욱 외 『욕망하는 테크놀로지』 동아시아 2011 111쪽.

사상사적으로 가장 큰 격변은 즉물궁리를 통한 천리체인이란 성리학적 세계가 해체되었다는 점이다. 이것은 격물치지에 대한 이해를 둘러싸고 벌어진 유학 내의 사상적 분화와는 질적으로 차이가 있었다. 즉물궁리는 과학적 탐구로 대체되고 성리학적 성인되기는 더 이상 학문의 목표가 아니었으며, 심지어 성리학은 '낡고 쓸모없는' 구학舊學으로 전락하였다. 이것은 성리학적인 천인합일의 세계관이 붕괴하였음을 의미하며, '어떻게 살 것인가' 라는 질문 앞에 새롭게 놓이게 되었다는 것을 뜻하기도 하였다.

박은식은 주자학적 격물치지는 객관 사물의 원리 탐구로 대체되고,[39] 또 조선 사회의 지도 이념이었던 성리학이 시대정신이 될 수 없는 상황을 직시하였다. 성리학이 당대 문제에 적절히 대응하지 못한다고 판단한 그는 양명학으로 사상적 전환을 단행하였으며, 과학기술에 의존한 근대적 삶에 대한 윤리적 성찰이 유학적 사유 안에서 어떻게 재정립될 수 있는지를 물었다. 과학적 실용과 효용이 문명과 야만을 가르는 준거로 작동하는 근대 체계에서는 과학적 사유를 따르는 것이 마땅하다고 여길 수 있다. 그러나 과학은 생활의 편리와 물질적 풍요를 가져왔지만, 동시에 군국주의의 도구이기도 하여 근대적 폭력의 첨병 역할을 하였다. 성리학적 격물치지는 과학적 탐구 방법에 밀려 해체되었으나 과학적 합리성을 맹목적으로 추종할 수도 없기 때문에, 근대적 맥락에서 격물치지를 이해할 필요가 있었다. 박은식은 과학적 실용을 요구하는 시대의 '격물치지' 의 의미를 되물었다.

박은식은 양명학의 견문지見聞知와 덕성지德性知 개념을 원용하여 과학기술의 도덕성을 문제 삼았다. 주자학에서 격물치지는 천리를 궁구하는

39) 『朴殷植全書』 下 「儒教求新論」 47쪽: 지금 시대의 學問은 各種科學이 곧 格物窮理의 공부이다.

데 매우 중요하다. 인사는 물론이거니와 만물에 내재한 분수적分殊的 차원의 천리를 알아가는 과정〔格物〕을 통하여 천리를 활연관통豁然貫通할 수 있기 때문이다. 주자는 모든 존재자〔天下之物, 衆物〕에 나아가 그에 내재한 리理를 탐구해야 한다고 하였고, 따라서 격물의 격格을 '이르다〔至〕' 라고 해석하였다. 인사人事와 만물萬物에 내재한 리에 대한 구체적 탐구가 바로 즉물궁리卽物窮理이다. 반면 양명은 주자가 격물치지를 즉물궁리로 파악하여 심心과 리理, 심心과 물物을 이분화했다고 비판하였다.[40] 그래서 양명은 주자의 즉물궁리설이 결국은 외外로 내內를 보충하는 것에 불과하다고 보았다. 양명은 주자처럼 격格을 지至로 해석하여 각각의 사물에 내재되어 있는 이치를 탐구한다면 결국 밖으로 끊임없이 나가기만 하지 결코 덕성을 함양하는 내적인 방향으로 전환하기 어렵기 때문에, 격은 '지至' 와 '정正', 두 가지 의미로 해석해야 그 본래 의미를 올바르게 파악할 수 있다고 주장하였다.

> 주자 이후 학문을 한다는 사람은 지식을 격물치지의 '지知' 라 여기고, 사람의 마음에 갖추어져 있는 것은 단지 깨달음에 불과하다고 하였다. 그리고 리理는 천지만물에 공통적으로 내재하는 것이므로 꼭 천지만물의 이치를 궁구한 연후에야 비로소 우리 마음의 깨달음이 나와 하나로 합치한다고 생각하게 되었다. 즉 아무리 내외의 구분이 없다고 주장해도 실제는 전적으로 외부에 대한 견문見聞에 의해 자신의 깨달음을 보충하지 않을 수 없다고 하니, 양명이 유감으로 여긴 것은 바로 이런 점이었다.[41]

---

40) 『傳習錄』 中 「答顧東橋書」: 朱子所謂格物云者, 在卽物而窮其理也. 卽物窮理是就事事物物上求其所謂定理者也. 是以吾心而求理於事事物物之中, 析心與理爲二矣.

41) 『明儒學案』 卷10 「陽明傳」: 先生憫宋儒之後 學者以知識爲知 謂人心之所有者 不過明覺 而理爲天地萬物之所公共 故必窮盡天地萬物之理 然後吾心之明覺 與之渾合而無間. 說是無內外 其實全靠外來聞見 以塡補其陽明者也.

황종희의 『명유학안明儒學案』 평가에서도 드러나듯이 양명은 천리체인이 단순히 '외부로부터의 견문'에 의해 보충될 수 있다고 보는 것은 잘못이라고 보았다. 이는 궁리窮理 자체에 대한 비판이라기보다는 객관적 사물에 대한 탐구에서 가치판단의 전제를 발견하고자 한 주자학적 방법에 대한 비판으로 이해할 수 있다. 양명은 격물치지란 욕심에 따라 움직이고 사사로움에 가린 의념을 바르게 하는 것이라고 이해하였다. 그러므로 격물이란 내 마음의 양지인 천리가 각각의 사물에 이르면 각각의 사물이 모두 그 이치를 얻는 것이라고 규정하였다.[42)]

양명은 일상생활에서 보고 듣고 응수하는 것이 비록 수천 가지로 많더라도 양지의 작용이 아님이 없다고 전제하고, 덕성지가 견문에서 함양되는 것은 아니지만, 견문지 또한 양지의 작용이 아님이 없다고 하였다.

> 양지는 견문에 막힘이 없으면서도 견문에서 떨어져 있지도 않다. (중략) 지금 오로지 견문의 말단만 구한다고 말한다면 이것은 핵심을 잃어버리고 부차적인 뜻에 떨어진 것이다.[43)]

양명은 견문지 또한 양지의 작용으로, 양지는 견문에 결코 막힘이 없다고 하였다. 양지는 견문을 주재하기 때문에 견문의 말단만을 추구해서는 안 되지만, 보고 듣고 응수하는 견문지를 제외한다면 실현할 수 있는 양지 또한 없기 때문에 양지와 견문은 하나의 일이라고도 하였다.[44)] 양명은

42) 『傳習錄』 中 「答顧東橋書」: 吾心之良知卽所謂天理也, 致吾心良知之天理于事事物物則事事物物皆得其理矣. 致吾心良知者致知也, 事事物物皆得其理者格物也.

43) 『傳習錄』 中 「答歐陽崇一」: 良知不滯於見聞 而不亦不離於見聞 (중략) 今云專求之見聞之末 則是失卻頭腦 而已落在第二義矣.

44) 『傳習錄』 中「答歐陽崇一」: 蓋日用之間 見聞酬酢 雖千頭萬緒, 莫非良知之發竅用流行, 除卻見聞酬酢, 亦無良知可致矣. 故只是一事.

양지의 작용이 비단 견문지의 영역에 한정된 것은 아니지만 견문지 또한 양지의 작용임을 인정하고 있으며, 견문지에 대한 덕성지적인 성찰을 강조하였다. 즉 양명학은 사물과 관계맺음하고 있는 인간 주체의 도덕적 판단을 보다 중시하며, 객관적 정리定理보다는 상황 변화에 따른 주체적 판단과 적극적 실천을 강조하였다.

박은식은 이러한 양명학적 특징을 근대적으로 해석함으로써 근대 한국 사회가 안고 있던 문제를 해결하고자 하였다. 그는 인간 삶에 필요한 물질학을 발달시키기 위해서는 서구 자연과학을 십분 활용하되, 도덕적 문제는 양명학을 바탕으로 재정립하고자 하였다. 그는 일차적으로 견문지의 영역에 해당하는 물질학의 효용에 대해 긍정하였다. 사물에 대한 객관적 지식의 확충은 과학기술의 발달과 사회생활의 진보를 가져오기 때문에, 서구 자연과학을 적극적으로 수용할 수밖에 없다고 인정하였다. 박은식은 생존경쟁 시대에 생존을 도모하기 위해서는 과학을 연구하는 것이 시급하지만, 그렇다고 인격을 함양하는 일을 소홀히 할 수는 없다고 하였다. 이 지점에서 그는 사물에 대한 객관적 인식이 윤리적 행위의 올바른 방향과 준거를 제시하지 않는다는 것을 문제 삼았다.

박은식은 자연과학 발달이 물질적 삶을 풍요롭게 하지만, 바람직한 삶은 단순히 물질적 풍요만으로 얻어지는 것이 아니라면, 자연과학적 진리 또한 윤리적 판단의 주재를 받을 필요가 있다고 판단하였다. 즉 견문지 영역〔智育〕을 인정하면서도, 다시금 본연지本然知 영역〔德育〕을 통해 과학과 도덕의 관계성을 재구축하고자 하였다.[45] 자연과학적 진리가 윤리적 판단의 준거가 될 수 없는 반면 본연지는 본심지지本心之知인 양지가 객관 사물에 대한 객관적 인식을 물론 가치판단까지 아우르는 앎이다. 이

45) 『朴殷植全書』 下 「日本陽明學會 主幹에게」 238쪽.

것은 양지가 만물을 주재하기 때문에 가능하다. 그가 양명학이 본심지지를 강조하였지만 결코 물리지지物理之知를 소홀히 하지 않았다고 평가한 것은, 바로 양지가 이 두 영역을 통재統宰할 수 있는 허령한 본각이라고 판단한 것과 밀접한 관련이 있다.[46] 박은식은 객관 사물 인식 문제는 서구의 자연과학적 사유 방식을 따르지 않을 수 없다고 인정하였다. 객관 사물이 양명학의 심외무물의 범주를 벗어난 것이 아니라면 이 또한 양지의 판단과 무관해서는 안 된다고 보았다. 본연지적 성찰은 개인의 차원에 머무르지 않고 인간과 지식체계 그리고 자연과의 관계 등을 전반적으로 물을 수 있으며, 더 나아가 자연과학적 지식이 인간 주체와 어떤 관계맺음을 해야 하는지에 대해 판단할 수 있다고 보았다. 자연과학적 진리가 인류 평화를 해친다면 그것을 맹목적으로 추구해서는 안 된다. 이는 과학기술의 발전이 결국 제국주의적 침략의 도구가 된 현실에 대한 비판적 성찰과 연관된다. 박은식은 견문지에 대한 본연지적 성찰을 통해 근대 과학기술의 발달이 종국에는 군국주의의 도구로 전락한 측면을 비판할 수 있었다.

그는 과학과 물질문명에 대한 반성적 성찰을 통해 그것이 과연 바람직한지를 되물을 수 있어야 한다고 보았다. 20세기의 계몽이성은 자본과 권력이라는 현실적인 힘에 포획된 도구적 이성으로 전락했고, 과학기술 역시 군국주의의 수단으로 전락함으로써 그 부정적 측면을 여실히 드러냈다. 근본적으로 과학적 탐구는 인간다움을 구현하는 문제에 대해 충분한 해답을 제시하지 못했다. 박은식은 양지를 근간으로 과학적 탐구에 대한 본연지적 성찰이란 중대한 관점을 제시하였다. 과학기술의 발전이야말로 생존경쟁 시대에 필요한 것이지만, 다시금 그가 덕육德育의 영역을 문제

---

46) 『朴殷植全書』 下 「學의 眞理는 疑로 쫓아 求하라」 199쪽.

삼은 것은 성리학적 도덕규범이 와해되어 근대사회에 적합한 윤리 규범을 재정립해야 하는 문제와 밀접한 관련이 있다. 그는 자본주의적 혹은 과학적 인간되기도 필요하지만, 윤리적 차원을 도외시해서는 안 된다는 점을 강조하였다. 근대적 사업들을 잘하는 것 못지않게 도덕적 삶 역시 중요한 영역이라고 하였다.

> 무릇 인간이 학문을 닦는 것은 두 가지 목적이 있으니, 도덕은 성현 되기를 목적으로 하는 것이고, 사업은 영웅 되기를 목적으로 한다.[47)]

특히 과학적 탐구의 결과인 기술적 발전은 불가사의한 것이 많아 사욕과 물욕을 자극할 가능성이 있다고 보았다. 이러한 시대일수록 치양지의 윤리성은 더욱 절실하다고 판단하였다. 박은식은 양명학의 격물치지와 치양지를 과학기술이 삶의 새로운 척도로서 작동하는 현실에 대한 비판적 성찰의 준거로 제시하였다. 앞서 살핀 비와 같이 양명은 '물物'이란 '사事'라고 하였고,[48)] '의념의 소재가 물이다'고 한다면 일차적으로 물은 인사人事로 이해할 수 있다. 그런데 '명각의 감응이 물이다.'고 한다면, 물은 인사란 인간 행위와 인식 대상으로서의 존재자를 모두 포함한다.[49)] 그러므로 인사와 만물에 대한 의념의 발동은 선과 불선이란 판단하에 놓이게 되며, 이것이 선이 되기 위한 과정으로 바로잡음〔格〕이 중요해진다. 박은식은 양명이 그의 문인 추수익鄒守益에게 보낸 편지글을 요약하였는데, 양명이 '추수익은 주자학의 즉물궁리와 선지후행의 공부에 치중하여 문장과 견문에 빠져 성심과 실의를 상실했다'고 비판한 것을 강조하였다.

---

47) 『朴殷植全書』 下 「告我學生諸君」 49쪽.

48) 『傳習錄』 下 「黃以方錄」: 我解格作正字義, 物作事字義.

49) 蔡仁厚 『왕양명 철학』 서광사 1996 76쪽.

후세의 근심은 전적으로 선비들이 공허한 문장으로 서로 기만하고, 성심誠心과 실의實意가 있다는 것을 몰라 그런 폐습이 쌓여 이루어진 것이다. (중략) 세속의 유학자들은 각각 한쪽으로 치우친 견해에 나아가 모방하여 치장하고, 경전의 장구를 빙자한 뜻을 가지고 꾸민다. 그리하여 그 폐습에 익숙하여 스스로 믿고 편안하게 여긴다.[50]

양명은 이 편지글에서 견문적 앎이 성의와 무관하게 단지 주지적 차원에 치중하는 당대의 학문 풍토를 비판하고, 치양지는 견문을 반드시 필요로 하지 않는다고 강조하였다.

양지는 지선한 본체이므로 반드시 견문을 빌어올 필요가 없다.[51]

그러므로 주자학의 격물치지는 견문지적 공부에 치중하여 도리어 도와 멀어지는 폐단이 발생했다고 판단하였다.

구천九川이 "오직 송나라 유학자들이 지를 해석하는 데 감각적 경험으로 얻는 것을 성性의 본체로 인식하므로 견문이 많아짐에 따라 도에 대한 장애가 날로 깊어졌습니다. 지금 선생께서 양지 두 글자를 찾아내시니 이는 예나 지금이나 인간의 진면목이니, 다시 무엇을 더 의심하겠습니까?" 라고 말했다. 선생(양명)이 "그렇다!" 고 답했다.[52]

양명학은 치양지의 도덕적 앎은 견문지의 확충을 기다리지 않으나, 견

50) 『朴殷植全書』 中 「王陽明先生實記」 158쪽.

51) 『朴殷植全書』 中 「王陽明先生實記」 95쪽.

52) 『朴殷植全書』 中 「王陽明先生實記」 133-4쪽.

문지의 영역 또한 의념의 대상으로서 사사물물에 포함된다면, 양지적 판단에서 예외일 수 없다는 점을 명확히 한 것이다. 즉 치양지가 반드시 견문지의 증익을 필요로 하지 않으나, 견문지 또한 양지의 판단을 벗어나지는 않는다. 박은식도 양명의 견문지에 대한 양지적 판단이 근대 과학기술의 문제점을 판별하는 준거가 된다고 보았다.

> 대개 (양명) 선생의 학문은 본체지지本體之知를 얻는 것이므로 견문을 증익할 필요가 없으니, 당연히 실용과는 거리가 있을 것이다. 그러나 사물에 임하고 변화에 대처하는 것을 항상 헤아리되 한층 어려운 일을 만날 때마다 더욱 정신을 쏟는다. (중략) 본체가 공부이고 공부가 곧 본체이니, 공허한 데 떨어지지 않고 사물에 막히지도 않아 만사의 주재가 된다.[53]

양명학에서 물物은 나의 마음이라는 주관적 토대를 벗어나 독자적으로 존재할 수 없다. 심외무물心外無物은 객관 대상의 존재 자체를 부정하는 것이 아니라, '대상과 인식 주체의 관계성'에 더욱 주목하는 것이다. 양명학에서 물物은 인사人事를 의미하며 격물格物은 정물正物의 의미로서 시비선악을 판단하는 문제이다. 그러므로 객관 사물 세계이든 인사이든 물은 독자적인 범주를 가질 수 없으며, 앎은 실천을 통해서만 그 본모습을 드러낸다. 이러한 양명의 '물' 이해에 근거한다면 과학기술을 비롯한 신학新學 역시 의념의 대상이 되는 '물'의 범주에서 벗어나 있지 않다. 과학적 지식 탐구는 견문에 해당한다. 견문지가 견문을 통해 인식된 내용이라고 할지라도 역시 양지를 벗어나 있는 것은 아니다. 그러므로 견문지적 앎은 가치중립적일 수 없다. 객관 사물에 대한 과학적 탐구와 기술이 견

53) 『朴殷植全書』 中 「王陽明先生實記」 138-9쪽.

문지의 영역이라면 이 또한 본연지적 성찰의 대상이 된다. 따라서 과학기술이 제국주의와 전쟁의 도구로 전락했다면 치양지의 관점에서 비판해야 한다. 견문지 역시 치양지의 대상이며, 가치판단의 대상이어야 한다. 양지의 판단을 벗어나 존재하는 것은 없기 때문이다.

> 양지는 견문을 통하지 않고도 존재하나 견문은 모두 양지의 쓰임이 된다. 그러므로 양지는 견문에 막히지 않으나 또 견문과 분리되어 있지 않다. (중략) 그러므로 양지를 발현 확충해 나가는 것이 학문의 핵심이며 성인이 사람을 가르치는 가장 중요한 뜻이다. 지금 말단인 견문만을 오로지 구한다고 한다면 이는 핵심을 잃어 부차적인 것에 떨어진다.[54]

박은식은 양지는 견문에 의거하지 않고 본유하나, 견문은 양지의 주재를 벗어나서는 안 된다고 하였다. 인간의 모든 지식과 기능은 견문지의 영역으로서 양지의 작용을 벗어나 있어서는 안 된다고 한 것은 과학기술이 궁극적으로 인간다운 삶을 영위할 수 있는 수단이어야 하는 점을 강조한 것이다. 이는 본연지가 견문지의 부차적인 것으로 전락해서는 안 된다는 뜻이다. 삶의 모든 영역과 활동이 곧 사사물물이므로 견문과 행동을 제거하면 양지를 확충할 장이 없게 된다. 그러므로 논지의 초점은 견문지에 해당하는 과학적 탐구를 거부하는 것이 아니라 과학적 탐구 역시 양지의 주재가 필요하다는 것이다. 치양지는 반드시 실제의 일과 행위상에서 이루어지기 때문이다.[55] 그러므로 천만 가지 견문과 행동이 모두 치양지의 범위를 벗어나지 않도록 하는 것이 학문의 핵심처라고 강조하였다.

---

54) 『朴殷植全書』 中 「王陽明先生實記」 161-2쪽.

55) 『傳習錄』 下 「黃以方錄」: 先儒解格物爲格天下之物, 天下之物何格得? 且謂一草木一木亦皆有理, 今如何去格? 縱格得草木來 是如何反來誠得自家意?

무릇 학문 공부가 핵심적인 것이 당연하다. 만약 핵심처에 집중하는 것이 치양지를 일삼는다면 다양한 견문이 모두 치양지의 공효가 아님이 없게 된다. 일상생활에서 견문과 행동이 비록 천 가지 만 가지로 단서가 많더라도 모두 양지가 발휘되어 유행하는 것이니, 견문과 행동을 제거하면 양지를 발현 확충할 수 없다.[56]

모든 지식과 활동이 양지의 판단과 주재를 벗어나지 않아야만 인간다운 삶이 가능할 것이다. 과학기술은 삶의 풍요를 가져오기도 했지만, 제국주의 침략을 가능하게 했던 수단이었다. 과학적 탐구가 반인륜적 폭력으로 전락하지 않으려면, 무엇보다 윤리적 판단과 실천이 요구된다고 하겠다. 모든 학문 탐구가 언제나 양지의 허령명각이 만물의 주재가 되도록 해야 한다는 것이다.

천지가 비록 멀지만 나의 허령은 통할 수 있고, 만물이 비록 많으나 나의 허령이 응할 수 있다. (중략) 천하의 무엇이 이보다 더 고상하고 정결하고 광명한 것이 있으리오. 참으로 조화의 정령이고 만물의 주재이다.[57]

근대는 견문지가 확장되어야만 생리경쟁生利競爭에서 이길 수 있는 수단인 부국강병과 자본주의의 발달을 도모할 수 있었다. 그러나 자연에 대한 탐구가 인간 주체와 어떤 관계맺음을 해야 할 것인지를 묻게 되면, 과학 지식의 도덕성과 경쟁의 공정성을 문제삼지 않을 수 없다. 박은식은 견문 지식과 기술 발달을 통해 문명화를 이룩하는 것이 시대적 요청이지만, 그렇다고 맹목적으로 물질문명을 추구하는 것은 옳지 않다고 판단하

56) 『朴殷植全書』 中 「王陽明先生實記」 162쪽.

57) 『朴殷植全書』 下 「學의 眞理는 疑를 좇아 求하라」 199쪽.

였다. 박은식은 도덕과 분리된 객관 사물의 탐구를 인정하지만, 사물과 인간 주체와의 관계성을 문제 삼았다. 그리고 경제발전의 중요한 요소로서의 과학보다는, 열강의 국가적 힘을 강화하는 도구가 되어, 제국의 통치와 착취의 수단으로 전락한 과학 지식에 대한 도덕적 성찰을 할 수 있었다. 이것은 바로 허령한 본각인 양지에 의해 가능하였다. 과학적 방법으로 자연을 탐구하고 활용하여야만 〔견문지의 영역〕 부국강병과 자본주의의 발달을 도모하여 생리경쟁生利競爭에서 이길 수 있었다. 그러나 과학 지식이 군국주의의 침략 도구로 악용되어 인도주의에 위배된다면 그것이 과연 인간 삶에 무슨 의미가 있는지를 되물었다. 과학기술의 발달이 종국에는 제국주의 침략의 도구로 전락했다면 과연 과학기술이 인류의 삶에 무엇인지를 다시 묻는 것은 당연하다. 이것이 바로 박은식의 양명학 사상의 큰 특징이다.

2) 발본색원론拔本塞源論과 과학자의 책무

양명은 객관 사물의 실재를 부정하지는 않았지만, 그의 주요 관심은 사물에 대한 존재론적 해명보다는 인륜이었음은 주지의 사실이다. 양명학의 물物은 인간 의념이 작용하고 있는 인식 대상을 의미하며, 만물이든 인사人事이든 물은 독자적인 범주를 가질 수 없다. 즉 의념의 대상이 되는 모든 존재자는 그에 대한 올바른 시비판단과 실천을 통해서만 그 본래적 의미를 드러낸다. 이러한 양명학의 관점은 객관 사물에 대한 지적 탐구 자체를 부정하는 것이 아니라, 도덕 주체와 관련하여 지식의 도덕성을 중요시하는 것이다. 즉 양명학은 객관 사물에 대한 지적 탐구가 궁극적으로 인간의 가치판단과의 연관성 속에서만 그 본래적 의미를 드러낸다는 측면을 강조한다. 이것이 바로 '의념이 작용하고 있는 대상으로서의 물' 이며, '내 마음의 양지를 각각의 사물에서 실현한다' 는 격물치지의 뜻과 일맥상통한다. 인식 주체는 의념이 작용하고 있는 자리에서 그에 맞게 응하기 때문에〔隨感隨應〕, 인간이 마주한 대상에 따라 판단 내용이 달라진다. 근대적 삶에서 실제적 경험세계인 대상물에 대한 경험적 · 실증적 측면을 소홀히 다룰 수 없다면, 그런 측면을 충분히 인정할 수 있다. 그렇지만 그것이 치양지에 위배되는지 아닌지 여부는 반드시 물어야 한다. 이러한 대응은 주자의 즉물궁리가 성현의 말씀인 경전에 대한 지식적 탐구에 치중한 것에 비해서 오히려 경험적이고 실제적이다.

양명의 격물치지설을 주자와 비견한다면 존덕성의 측면을 강조한 것은 맞지만, 그가 말한 심외무물[58]을 굳이 인간 심성 영역에 국한하여 이해할 필요는 없다. 물이 의념이 작용하고 있는 대상이라고 한다면, 이것은 '사물과 관계맺음을 하고 있는 의념' 의 뜻을 포함하고 있기 때문이다.

> 몸의 주재主宰는 바로 심心이며, 심이 발현한 것이 의념意念이다. 의념의 본체가 지知이며, 의념이 있는 곳이 바로 물物이다.[59]

의념의 소재所在인 물物은 이미 인간 의식이 작용하여 관계맺음하는 존재이므로, 인간 의식과 무관한 외재적인 지식 대상이 아니다. 양명은 물에 대해 다음과 같이 구체적으로 설명하고 있다.

> 의념이 작용하는 곳에는 반드시 그 물이 있으니, 물物은 곧 사事이다. 예컨대

58) 『傳習錄』 上 「徐愛錄」: 意在於視聽言動 則視聽言動便是一物. 所以某說 無心外之理 無心外無物.

59) 『傳習錄』 上 「徐愛錄」: 身之主宰便是心, 心之所發便是意, 意之本體便是知, 意之所在便是物.

> 의념이 부모를 섬기는 데 작용하면 부모를 섬기는 것이 곧 하나의 물이 되며, 의념이 백성을 다스리는 데 작용하면 곧 백성을 다스리는 일이 하나의 물이 되며, 의념이 책을 읽는 데 작용하면 곧 독서가 하나의 물이 되며, 의념이 송사를 처리하는 데 작용하면 송사를 듣는 것이 하나의 물이 된다. 무릇 의념이 작용하는 곳에 물이 없지 않다. 이 의념이 있으면 곧 이 물이 있고, 이 의념이 없으면 곧 이 물이 없다. 물은 의념의 작용이 아니겠는가?[60]

여기서도 알 수 있듯 양명은 물을 의념이 작용하는 대상으로 파악하였으니, 의념이 부모를 섬기는 데 있으면 부모를 섬김이 물이며, 의념이 독서에 작용하면 곧 독서가 인식의 대상이 된다. 그러므로 양명은 '물즉사物卽事'라고 하였다. 인간 주체가 인식 대상으로 삼는 물은 인사에 국한되지 않으니, '의념이 있으면 곧 물이 있다'는 것은 객관 사물 또한 치양지의 대상이 될 수 있음을 의미한다. 객관 사물에 대한 과학적 탐구 역시 의념이 작용하는 대상이라면 하나의 물이다.

> 물에 대하여 말하면 격한다고 말하고, 의에 대해 말하면 성한다고 말하고, 지에 대해 말하면 치라고 말하고, 심에 대해 말하면 정이라고 합니다. 정이란 심을 바르게 한다는 것이며, 성이란 의념을 참되게 한다는 것이며, 치란 양지를 실현한다는 것이며, 격이란 물을 바로잡는다는 것입니다. 이것은 모두 리를 궁구하여 본성을 실현하는 것이다. 천하에는 본성 밖의 리가 없고 본성 밖의 사물이 없습니다.[61]

---

60) 『傳習錄』 中 「答顧東橋書」: 意之所用必有其物, 物卽事也. 如意用於事親 卽事親爲一物, 意用於治民, 卽治民爲一物, 意用於讀書 卽讀書爲一物, 意用於聽訟 卽聽訟爲一物. 凡意之所用 無有無物也, 有是意卽有是物, 無是意卽無是無物矣. 物非意之用乎? (같은 내용이 『朴殷植全書』 中 「王陽明先生實記」 151-2쪽에 있다.)

61) 『傳習錄』 中 「答羅整菴少宰書」: 就物而言謂之格, 就知而言謂之致, 就意而言謂之誠, 就心

'심외무물心外無物' 은 인식 대상이 실재한다는 사실을 부정하는 것이 결코 아니다. 양명은 주자에 비해 '내內' 를 더욱 강조하여 불교의 선과 비슷하다는 비판을 받았다. 그러나 양명학이 주자학의 유산인 객관 사물의 조리條理를 부정하지 않는다는 점에서 선과는 근본적으로 다르다고 하겠다. '심외무물' 은 객관 대상의 존재 자체를 부정하는 것이 아니기 때문에, 양명학을 주관유심주의로 규정하는 것은 온당치 않다. 양명의 심외무물과 격물치지설은 주자의 즉물궁리가 심과 리, 심과 물을 지나치게 이원화한 폐단을 바로잡기 위함이었다. 양명의 격물치지설은 주자의 격물설 전체를 부정한 것이라기보다는 그 폐단을 보완한 것으로 이해할 수 있다. 양명의 심외무물의 '물' 은 인간의 의념과 분리해서 독자적인 범주를 가질 수 없다는 견해를 담고 있다. 즉 객관 사물이 항상 주체와의 어떤 관계 맺음을 하느냐를 보다 중시하는 관점이라고 하겠다. 여기에서 양지와 객관 사물과의 관계성 문제가 도출된다.

> 선생께서 남진으로 유람 가셨을 때, 한 친구가 바위틈의 꽃나무를 가리키며 여쭈었다. "천하에 마음 밖의 물이 없다고 하셨는데, 이 꽃나무와 같은 것은 깊은 산 속에서 저절로 피고 지니, 나의 마음과 무슨 상관이 있는 것입니까?" 선생께서 말씀하시기를, "네가 이 꽃을 보지 못하였을 때 이 꽃은 네 마음과 같이 적막한 곳으로 돌아간다. 네가 이 꽃을 보았을 때 이 꽃의 색깔이 일시에 명백해지니, 곧 이 꽃은 네 마음 밖에 있는 것이 아님을 알 수 있다." 고 하셨다.[62]

而言謂之正. 正者 正此也, 誠者 誠此也, 致者 致此也, 格者 格此也, 皆所謂窮理以盡性也. 天下無性外之理, 無性外之物.

62) 『傳習錄』 下 「黃省曾錄」: 先生有南鎭 一友指岩中花樹問曰 "天下無心外之物 如此花樹 在深山中有自開自落 於我心亦何相關?" 先生曰 "你未看此花時 此花與汝心同歸於寂 你來看此花時 則此花顔色一時明白起來 便知此花不在你的心外".

양명은 '산속에 절로 피었다 지는 꽃' 의 실재나 그에 대한 탐구를 부정한 것이 아니라, 인식 주체가 꽃을 보았을 때 '자기 색깔을 분명히 드러내는' 꽃의 의미성을 물었던 것이다. 내 마음과 무관하게 피었다 지는 꽃의 존재에 대해서 말한다면 그것은 내 마음과 무관하게 실재한다. 이를 적극적으로 해석한다면 양명은 객관 사물과 인간 주체와의 '관계성' 에 주목한 것으로, 인식 주체의 삶이 다른 사람과 사회를 비롯하여 객관 사물과도 분리되어 있지 않음을 강조한 것이다.

심외무물은 인식 주체와 인식 대상 사이의 관계성과 실천에 관한 논의이다. 인식 주체와 대상의 관계의 긴밀성을 보여주는 데, 논점은 인식 주체의 윤리성이다. 삶의 맥락에서 의념의 대상인 모든 '물', 그것이 생물이든 무생물이든지 간에 또 객관 사물이든 사람이든지 간에 그 대상과 어떤 관계맺음을 할 것인가를 판단하고 실천하는 것은 나이다. 인간다운 삶을 가능하게 하는 것이 인仁이라면, 인간이 관계맺음하고 있는 모든 것이 인의 실현을 지향해야 하는데, 그 출발점이 바로 '나' 이니, 이것이 곧 인을 행하는 것은 나에게 달려있다〔爲仁由己〕는 뜻이다. 따라서 기술이 삶을 심각하게 변화시키고 삶의 새로운 척도가 되었음에도 불구하고, 과학기술이 삶의 절대적인 척도가 되거나 인간보다 우위에 있어서는 안 된다. 치양지적 주체는 계몽이성과 같이 이원화된 인간중심주의는 아니며, 자연을 단순히 자원화하거나 정복의 대상으로 보지 않는다. 인간다움〔仁〕을 지향하는 진아적 주체는 과학기술의 양면성을 깊이 성찰하고 어떤 관계맺음을 할 것인가를 문제 삼았고, '인간의 존엄이나 세계적 대동평화보다 우선하는 보편 이념은 없다' 는 전제를 놓치지 않는다는 점에 주목할 필요가 있는 것이다.

박은식은 치양지의 '치' 를 격물치지와 지행합일이라고 하였으며, 양지가 시대적 변화에 대응하여 혈구지도絜矩之道와 같은 준거가 될 수 있다고 판단하였다.

> 양지가 절목의 변화에 응하는 것은 곡척과 자와 컴퍼스로 사각형, 원, 길이의 장단을 재는 것과 같다. 절목의 때에 따른 변화를 미리 예단할 수 없는 것은 사각형, 원, 길이의 장단이 무궁한 것과 같다. 그러므로 곡척과 컴퍼스가 참으로 성립되면 사각형과 원을 속일 수 없으니, 천하의 사각형과 원을 그릴 수 있는 기준이 되어 그 쓰임이 무궁하다. 또 자가 참으로 성립되면 길이의 장단을 속일 수 없으니, 천하의 장단을 재는 기준이 되어 그 쓰임이 무궁하다. 양지를 진실로 이루면 절목의 변화를 속일 수 없으니, 천하 절목의 변화에 기준이 되어 무궁하게 응할 수 있다. 한 터럭만 한 것이라도 천리에 어긋남이 있는지를 내 마음의 양지 일념의 작은 것에서 찾지 않으면, 배움이 장차 무슨 소용이 있겠는가?[63]

한국 근대의 문명사적 전환은 왕조의 교체나 주류 담론의 변화와 같은 기존의 역사적 변화와는 질적으로 다른 측면이 많았다. 오랫동안 삶의 준거로서 작동했던 유학은 시대적 보편으로 역할을 하지 못한 채 근대적 격변과 맞닥뜨렸다. 박은식은 이러한 역사적 격변기일수록 양지의 판단과 실천이 중요하다고 판단하였다. 박은식은 양지가 시대적 변화 속에서 시비 판단의 준거로서 제 역할을 다하기 위해서는 발본색원이 무엇보다 중요하다고 강조하였다. 발본색원은 『춘추좌씨전春秋左氏傳』 「소공昭公」 9년 조에 나오는 말로, "나무의 뿌리를 뽑아내고 샘물의 근원을 막는다〔拔去木之本, 充塞水之源〕."는 뜻이다. 발본은 삿된 의념을 싹이 발현하는 그 찰나에 뽑아버리는 것이며, 색원은 삿된 의념이 나오는 근원처를 막아

63) 『朴殷植全書』 中 「王陽明先生實記」 152쪽.

버리는 것이다. 그러므로 발본색원은 성인을 마음을 회복하는 지름길이다. 양명은 발본색원론이 세상에 밝혀진다면 성인되기를 배우는 것이 훨씬 쉬워질 것이라고 하였다.[64] 양명은 영명한 양지를 밝혀 사욕과 물욕을 발본색원함으로써 지행합일을 실천할 것을 촉구하였다.

> 요즘 사람들의 학문은 지와 행을 두 가지로 나누기 때문에, 한 의념의 발동이 불선할지라도 아직 행하지 않았다는 이유로 곧바로 금지하려고 하지 않는다. 내가 지금 지행합일을 말하는 것은 바로 사람들에게 한 의념의 발동이 곧 행위를 한 것임을 알게 하려는 것이다. 발동한 곳에 불선이 있으면 곧바로 불선한 의념을 극복해야 한다. 반드시 그 뿌리까지 철저히 제거하여 한 의념의 불선도 가슴 속에 잠복해 있지 않도록 해야 한다. 이것이 내가 주장하는 근본 취지이다.[65]

양명은 행을 의념의 발동이라고 함으로써 의념의 불선을 뿌리째 제거하려는 공부에 힘쓰지 않는 잘못을 지적하고, 발본에 힘써야 함을 강조하였다. 또한 의념이 발동하는데 부지불식간에 사욕이나 물욕이 끼어들어 선을 좋아하고 악을 싫어하는 것〔好善惡惡〕에 방해가 되지 않도록 할 것을 강조하였다.

> 양명 선생께서 일찍이 "사람이 단지 선을 좋아하기를 색을 좋아하듯이 하고, 악을 싫어하기를 악취를 싫어하듯이 할 수 있으면 곧 성인이다."고 하셨

---

64) 『傳習錄』 中 「答顧東橋書」: 夫拔本塞源之論不明於天下, 則天下之學聖人者, 將日繁日難, 斯人淪於禽獸夷伙, 而猶自以爲聖人之學.

65) 『傳習錄』 下 「黃直錄」: 今人學問 只因知行分作兩件, 故有一念發動, 雖是不善, 然卻未曾行, 便不去禁止. 我今說個知行合一, 正要人曉得一念發動處, 便卽是行了. 發動處有不善, 就將這不善的念克倒了. 須要徹根徹底 不使那一念不善潛伏在胸中. 此是我立言宗旨.

다. 내〔황직黃直〕가 처음 그것을 듣고 매우 쉽다고 느꼈으나 체험해 보니 그 공부를 착실하게 하기란 어려웠다. 예를 들면 일념이 비록 선을 좋아하고 악을 싫어할 줄 알더라도 저도 모르는 사이에 (사욕이나 물욕이) 끼어들어 뒤섞이게 된다. 그러자마자 선을 좋아하는 것이 색을 좋아하는 것과 같고 악을 싫어하는 것이 악취를 싫어하는 것과 같은 마음이 아니다. 선을 참으로 좋아할 수 있다는 것은 의념에 선하지 않음이 없는 것이고, 악을 참으로 싫어한다는 것은 의념에 악이 없는 것이다.[66)]

치양지를 하기 위해서는 사욕이나 물욕이 호선오악好善惡惡하는 의념의 발동에 끼어들지 않도록 하는 것이 중요하다고 한 것이다. 그러므로 발본과 색원은 참된 주체〔眞我〕가 되는 중요한 공부라고 할 수 있다. 박은식도 발본색원론의 중요성을 강조하면서 그것이 근대적 맥락에서 재음미되어야 하는 측면을 지적하였다.[67)] 특히 근대사회가 생존경쟁과 지식 및 기능의 우열만을 삶의 척도로 삼는 시대이기 때문에, 발본색원을 통해 치양지가 제대로 실현되도록 하는 것이 각별히 중요하다고 보았다. 그는 인간다운 삶을 지향하기보다는 경쟁의 전쟁을 가열하는 데에 치중하는 현실을 지적하였다.

현 인류의 생존경쟁이 오직 지식과 기능의 우열만 중시하니, 발본색원을 주장하는 것이 물정에 어둡고 절실하지 않다고 여길 수 있다. 그러나 성현은 천하의 다툼을 종식하고 환란을 구하는 것을 마음으로 삼았으니, 어찌 지식과 기

66) 『傳習錄』 下 「黃直錄」: 先生嘗謂人但得好善如好好色, 惡惡如惡惡臭, 便是聖人. 直初聞之, 覺甚易, 後禮驗得來, 此箇功夫著實是難. 如一念雖知好善惡惡, 然不知不覺又夾雜去了. 才有夾雜, 便不是好善如好好色, 惡惡如惡惡臭的心. 善能實實的好, 是無一念不善矣. 惡能實實的惡, 是無念及惡矣.

67) 『朴殷植全書』 中 「王陽明先生實記」 152쪽.

능으로 경쟁의 전쟁터에서 싸워 민생의 화禍를 더하는 일을 할 수 있겠는가! 이것이 바로 성인의 뜻이 인의仁義가 되는 이유이다.[68]

당시 인류가 직면한 지나친 경쟁, 지식과 기능의 우열만 중시하는 것은 발본색원을 제대로 하지 않은 탓이기도 하였다. 지식과 기능이 불필요하다는 주장이 아니라, 그것이 인의를 도외시하고 무한경쟁으로 치닫는 문제점을 지적한 것이다. 발본색원은 사욕私欲과 사의私意에서 발현하는 의념을 근본적으로 제거하는 발본과 이러한 의념의 근원을 막아버리는 색원을 통해, 양지가 사사물물에서 올바르게 실현되도록 하는 수양론이다. 이러한 수양론이 근대문명적 삶과는 거리가 멀뿐 아니라 과학자들과는 더욱 관계가 요원하다고 볼 수 있다. 그러나 박은식은 과학자들이야말로 발본색원이 필요하다고 역설하였다.

> 발본색원론이 근세 과학자의 입장에서 보면 당연한 업무 및 인류 생활과 거리가 멀다고 하겠으나, 많은 과학자의 성향이 항상 개인의 사사로운 생각은 많고 공공의 이해에는 관심이 적다. 그러니 폐단을 어찌 다 막을 것인가? 그러므로 선생의 발본색원론은 또한 교육에 도움이 될 수 있고 과학자의 병을 치료할 수 있다.[69]

박은식이 과학자에게 발본색원론이 절실히 필요하다고 보았다는 점은 주목할 만하다. 근대 이후 삶의 변화에 가장 큰 영향력은 미치는 것은 과학기술이다. 과학자의 사회적 역할은 갈수록 강화될 것이므로, 그들의 도덕성은 아무리 강조해도 지나치지 않다. 과학적 연구 성과는 가치중립적

68) 『朴殷植全書』 中 「王陽明先生實記」 156-7쪽.
69) 『朴殷植全書』 中 「王陽明先生實記」 157쪽.

이라고 믿지만 사실이 아니며, 그것이 삶에 미치는 파급력을 생각한다면 과학자들이야말로 발본색원의 교육이 절실하다고 할 수 있다. 과학기술의 발달이 인간다운 삶을 위한 수단이어야지 그것이 목적이 될 수 없다면, 더욱 그렇다.

전쟁을 경험한 일본의 물리학자 마스카와 도시히데(益川敏英)는 과학적 성과가 평화에 이바지해야 한다고 강하게 주장한다.[70] 그는 20세기를 '전쟁의 세기'라고 규정하고, 이것이 과학이 실용적으로 큰 힘을 갖게 된 것과 밀접한 관련이 있다고 한다. 따라서 과학 지식이 실험실에서 객관적으로 연구된다고 할지라도 그것이 놓인 사회적 맥락이 중요하며, '과학을 어떻게 사용하는가?' 하는 과학의 사회적인 역할을 생각해야 한다고 본다. 특히 "과학자는 과학자로서 학문을 사랑하기 이전에 인간으로서 인류를 사랑하지 않으면 안 된다."고 주장한다.[71] 그는 과학기술이 인간의 손에서 멀어지는 '거대과학'이 되고, 국가권력과 자본의 영향이 갈수록 커지는 상황이기 때문에, 과학자 자신도 인지하지 못하는 사이에 군사 연구에 가담할 위험성도 높아졌다고 진단한다. 따라서 그 어느 때보다 과학의 목표가 무엇인지를 인식하는 '인간으로서 인류를 사랑하는' 마음가짐이 요구된다고 하였다. 과학의 사회적 역할을 성찰하는 주체는 과학 지식 자체가 아니라 과학자 그리고 시민이다. 인류의 평화와 공존이란 도덕적 지향점을 인식하고 실천하는 것은 모두 해야 할 일이지만, 특히 과학자의 사회적 역할을 강조하지 않을 수 없다.

---

70) 마스카와 도시히데(益川敏英) 지음 김범수 옮김 『과학자는 전쟁에서 무엇을 했나』 동아시아 2017 109쪽.

71) 마스카와 도시히데(益川敏英) 지음 김범수 옮김 『과학자는 전쟁에서 무엇을 했나』 동아시아 2017 25쪽.

3. '격물치지'의 현재적 의미

1) 기술 우위의 시대와 격물치지

이질적인 문명 간의 충돌은 새로운 문명 창조의 전조였다. 이질적인 타자를 마주한 한국 근대 지식인들은 타자에 대한 다양한 태도를 보여주었다. 척사가 곧 정학을 수호하는 길이라고 생각한 척사위정파는 성리학적 체계를 정비함으로써 서구 과학문명이 지닌 이질성과 침략성을 드러냈다. 결과론적으로 보면 척사위정파는 척사하지 못했을 뿐더러 시대정신의 역할도 온전히 수행하지 못했다. 중화적 도덕문명론에 입각하여 성리학이 보편 이념이라는 신념이 척사위정사상을 지탱하는 동시에 그들을 무너뜨리는 힘이었다. 낯선 타자를 마주했을 때, 주체에 대한 반성적 물음은 타자와 만날 수 있는 새로운 길을 발견하게 한다. 그러나 척사론은 타자에 대한 강한 거부감을 드러냈을 뿐이었고, 위정론은 타자에 대한 저항의식으로서 자기방어적 기제를 확인하는 차원에서 그 시대적 소명을 다했을 뿐만 아니라, 생명력도 다했다고 할 수 있다.

근대적 삶의 양식과 제도는 성리학의 몰락을 초래하였다. 군함과 철도가 몰고 온 물리적 위력은 성리학적 세계관 자체를 공략하지는 않았지만 실질적인 토대를 붕괴시켰고, 그 영향력은 지대하였다. 근대 과학기술은 성리학적 세계관의 해체에 직접적이고 막강한 원인이 되었다. 과학기술에 대한 성리학적 대응은 성리학적 세계관 묵수가 대안이 될 수 없다는 것을 여실히 보여주었다. 따라서 척사론의 과학기술 이해가 근대 이후 과학기술이 갖는 위력과 사회적 파장을 제대로 이해한 대응책이라고 평가하기는 어렵다. 그렇다면 성리학은 전근대적 유물로서 실패한 이념에 지나지 않으며 무가치한 것인가?

인류사에서 기술이 없었던 적은 없지만, 산업혁명 이후 기술은 엄청난 속도로 발전하면서 인간과 사회를 시시각각 바꾸고, 삶의 모든 부분에서 강력한 영향력을 미치고 있다. 19세기 이후 과학과 기술은 눈부신 발전을 이루었고, 이는 다시 자본주의의 발달과 더불어 현대 기술의 눈부신 성장을 불러왔다. 순수한 이론적 탐구로서의 과학과 철저하게 경험적이고 현실적이던 기술이 하나로 합쳐져 '과학기술' 이 되었으니, 과학과 기술을 따로 나누어 생각하기 힘들게 된 것도 이때부터이다. 더 나아가 과학과 기술, 자본이 만나면서 기술이 인간 활동의 중심으로 떠오르게 되었다. 기술이 삶의 도구 이상의 가치를 지니고 도리어 기술이 인간의 삶에 변화를 초래하는 기술 우위의 시대가 도래하였다. 이에 따라 인간의 자리는 어디인가에 대한 물음과 함께 과학기술에 대한 성찰이 요구된다.[72)]

근대는 인간을 인간답게 하는 것은 '이성' 이라고 믿었으며, 합리성과 효율성을 중요한 가치로 받아들였다. 데카르트의 코기토, 즉 인간의 사유하는 능력은 자신은 물론 자신 이외의 모든 것을 의심하며 인식해 간다. 의심하는 주체와 인식 대상은 이분화된다. 인식의 일차적인 대상은 자연이다. 이분법적 사유 구조에 입각하여 자연을 정복 대상으로 삼고 자원화하고, 과학과 기술의 발달로 그 어느 때보다 풍요로운 삶이 가능해진 것이 근대 역사이다. 자연에 관한 이성적 탐구는 과학혁명과 산업혁명을 거치면서 삶의 양식을 획기적으로 변화시켰다. 근대 이후 과학기술의 발달은 인류가 진보 발전한다는 믿음을 견고하게 지탱해 주었다. 이성적 인간이 세계의 중심이 된 것이다. 근대적 인간은 탈주술화와 세속화를 통해 오로지 자아의 중심적 · 주체적 · 개인적 인격에 준거해 행위한다. 근대적 인간은 그 이외의 모든 비인간, 곧 이성적 사유와 행동이 불가능한 야만

---

72) 박영태 외 『과학철학』 창비 2011 324-5쪽.

인과 자연은 인간의 통제하에 둔다. 계몽이성은 과학적 탐구를 통해 자연을 지배하고 통제하는 것이 가능하며, 이를 통해 자연에 대한 인간의 힘이 증대하리라 생각했다. 자연에 대한 과학적 이해는 곧 자연을 자원화하여 자연을 지배하려는 근대 인간의 목표를 달성하는 수단이 되었다.

그런데 기술은 더 이상 인간이 통제할 수 있는 도구가 아니다. 기술의 영향력은 갈수록 심대해지고 있으며, 그 결과를 완벽하게 예측하는 것이 불가능하여 부작용이나 위험을 미리 알아내 대처할 방도가 없는 현실에 직면했다. 19세기 말과 20세기 초에 나타난 새로운 기술은 다른 사람을 지배하는 권력이 자연을 지배하는 권력으로부터 나온다는 사실을 보여주었다. 제국주의적 침략이란 '팽창'을 가능하게 한 것은 철鐵을 원료로 한 일련의 기술혁신이었다. 철로 만든 연속 발사가 가능한 라이플총 및 증기기관과 열차는 서구 열강이 비서구를 침략하는 첨병이 되었다. 1차 세계대전은 산업국들이 서로 무기를 겨눈 전쟁이었다. 그들은 다른 나라 사람들을 더 효율적으로 죽이기 위해 새로운 과학 연구에 자원을 집중하여 혁신을 가속화하였다. 중공업을 일으켜 철로 대포와 기관총을 비롯한 군수품을 생산하고, 질소로부터 비료와 폭약을 만드는 방법을 발견하여 노벨상을 받은 프리츠 하버(Fritz Haber, 1868~1934) 역시 독가스를 개발했다.[73] 전쟁과 기술의 연관성이 핵폭탄을 개발한 대규모 맨해튼계획과 같은 거대과학 기술에서만 가능하다는 생각은 자연스럽게 전쟁과 관련된 기술과 그렇지 않은 기술이 분명하게 구별된다는 생각으로 이어진다. 그러나 기술 발전에서 전쟁 기술은 중심에 있었다. 특히 19세기 들어 과학과 기술은 화학공업과 전기공업의 발전을 계기로 긴밀하게 연관되기 시작했고, 과학자들과 기술자들은 서로 협력하며 보다 적극적으로 전쟁에 참여하였

---

73) 다니엘 R 헤드릭 지음 김영태 옮김 『테크놀로지: 문명을 읽는 새로운 코드』 다른세상 2016 205-6쪽.

다.[74] 과학 지식이 비록 실험과 관찰에 의한 것일지라도 가치중립적이라 하기 어려우며, 과학 지식과 기술의 위력이 막강할수록 그에 대한 철학적 성찰이 필요하다. 과학기술은 기술적이기도 하지만 문화적이다. 과학자의 과학적 신념과 세계관이 과학기술 연구에 영향을 미치며, 과학자의 세계관 역시 사회문화적 산물이다.

원자폭탄은 2차 세계대전 이후 과학기술자들이 자신의 사회적 책임을 적극적으로 인식하고 평화적 목적을 위한 과학기술 연구와 활동에 나서게 된 중요한 계기를 제공했다. 핵폭탄은 인류가 직면한 과학기술의 위기, 즉 기술 자체의 위력뿐만 아니라 인간이 만든 기술이 도리어 인간을 파괴할 힘이 있음을 잘 보여주었다. 인간의 근대적 '영향력'은 지구 생태계를 교란시킬 만큼 막강해졌고, 그 힘은 도리어 더욱 예측할 수 없는 자연 앞에 인간을 데려다 놓았다. 인류 역사는 진보 발전한 측면도 있지만, 한편으로는 생존 자체를 위협받는 지경에 이르렀다. 핵전쟁의 위협이나 6차 대멸종은 서구 근대 사유체계로는 인간은 물론 지구 또한 종말을 맞이하게 될 수 있다는 경고이다. 자연에 대한 지배와 통제가 인간의 지배력을 증가시켰지만, 자연은 예측할 수 없을 뿐 아니라 생존 자체를 위협하는 새로운 자연현상으로 인간과 마주하고 있다. 이분법적 사유에 근간을 둔 계몽주의적 인간중심주의로는 우리가 직면한 사태에 적절히 대응할 수 없는 것이 현실이다.

이러한 현실 변화를 추동하는 핵심 동력이 바로 과학기술이다. 우리는 기술 우위의 시대를 살고 있고, 이러한 시대적 흐름은 막을 수 없는 대세이다. 따라서 그 어느 때보다 기술이 우리 삶에 무엇인지를 탐구하는 것이 철학의 중요한 논제가 되었다. 기술 우위의 시대에는 인간과 기술의

---

74) 이상욱 외 『욕망하는 테크놀로지』 동아시아 2011 141-151쪽 참조.

관계뿐만 아니라, 인간과 인간의 관계나 인간의 지위까지 달라지고, 그래서 근대적 위계질서가 무의미해질 것이기 때문이다. 척사론이 과학기술의 위력을 제대로 파악하지 못했지만, 계몽주의는 인간이 자연과 기술을 완벽하게 통제하고 지배할 수 있을 것이라고 믿었다. 성리학과 계몽주의는 인간과 기술의 관계 변화를 인식하는 데 한계가 있다. 기술을 도외시하거나 통제할 수 있다고 믿는 것은 기술의 위력에 대한 올바른 생각이 아니다. 인간이 기술을 만들지만, 기술은 우리의 경험과 인간관계 및 사회적 권력관계를 바꿈으로써 우리를 새롭게 만든다. 새로운 기술은 삶의 양식을 변화시켜 새로운 세계도 만들며, 인간 그 자체까지 되묻게 한다. 이것이 기술의 위력이다. 어떤 기술은 인간 사회를 더 민주적으로 만드는 데 기여하지만, 또 다른 기술은 독재자의 권능을 강화한다. 기술은 4차 산업혁명을 주도하고 있을 뿐만 아니라 핵전쟁의 공포 및 기후 위기 등에도 직간접적으로 큰 영향력을 미치고 있다. 기술이 이처럼 많은 위험을 안고 있지만, 후진할 길은 없다. 즉 과학과 기술의 발전을 중단하거나 이들이 사회에 미치는 영향력을 축소하는 일은 불가능하다. 기술의 지배와 통제란 기술 자체가 살아 움직여 인간을 지배한다는 것이 아니라, 기술로 인해서 더 큰 권력을 얻은 사람들이 기술을 통한 암묵적인 보편적인 지배와 권력을 행사한다는 의미이다.[75)]

더 이상 기술은 어떤 목적을 달성하기 위한 단순한 수단이나 도구가 아니다. 도구의 사용을 기점으로 신석기시대, 청동기시대 등으로 역사를 구분하는 것은 기술의 발전이 삶에 얼마나 큰 영향을 끼쳤는지를 보여준다. '도구는 단지 도구에 불과하다.' 는 생각은 지극히 소박한 견해이다. 오히려 도구는 인간이 활동하기 위한 조건을 형성하며, 더 나아가 활동 자체

75) 이상욱 외 『욕망하는 테크놀로지』 동아시아 2011 17-24쪽 참조.

에 참여함으로써 언제나 함께 기능해 왔다. 도구가 없다면, 인간은 더 이상 자신의 문화적 정체성을 유지할 수 없을 것이다. 예를 들면 문자가 기억의 보조물임은 누구나 안다. 책도 그럴 것이다. 그러하면 도로는 어떨까? 기억과 도로가 무슨 상관이냐는 반문이 당장 나올 법하다. 하지만 인간의 메시지는 문자로 쓰이고 책으로 만들어지며, 도로를 달려 먼 거리를 이동함으로써 활용의 정도와 범위가 달라진다. 도구는 물질적 외형이 아니라 그것들이 구축하는 관계의 내재적 연관에 따라 상이한 의미를 갖는다.[76] 오늘날 과학기술의 위력은 인간과 다른 존재자들 간의 경계를 무너뜨리는 실질적인 역할을 한다. 그래서 존재자들 간의 관계는 더욱 모호해지고 또 가까워진다. 기술이 사용될 때 어떤 사람들이 다른 사람보다 더 많은 권력 · 권위 · 특권을 가질 수 있는 방식으로 사용될 수 있으며, 더 유리한 집단이 있는 반면 불리한 집단이 발생할 수 있다. 또 특정 기술이 사용될 때 기술과 관련된 정치 · 경제적 사회관계망은 의도했던 대로만 변동하지 않거나, 의도치 않은 방향으로 나아갈 수 있다. 기술의 발전 방향을 단순히 효용성과 경제적 비용 차원에서 결정한다면, 기술이 놓인 사회적 관계망의 변화를 충분히 고려할 수 없을 것이고 예상치 못한 나쁜 혹은 비윤리적인 결과를 얻게 될 가능성이 높아진다. 어떤 특정한 기술을 사용하기 위해서는 특정한 방식으로 구성된 사회적 환경이 요구된다. 만약 핵발전소를 받아들인다면 기술-과학-산업-군사 엘리트 사이의 깊은 관계도 같이 받아들이는 셈이 된다. 그 엘리트들이 책임지지 않으면 핵발전소를 운영할 수 없기 때문이다. 주어진 기술이 한 사회에서 효과적으로 작동하기 위해서는 적절한 물질적 조건뿐만 아니라 사회적 조건까지 충족되지 않으면 안 된다.[77]

---

76) 이화인문과학원 엮음『분열된 신체와 텍스트』아카넷 2017 17-2쪽.

77) 랭던 위너 저 손화철 역『길을 묻는 테크놀로지』씨아이알 2010 46쪽.

기술이 제작이나 생산 영역에 속하지, 행위 영역에 속하지 않는다는 아리스토텔레스의 관점은 유지될 수 없다. 제작과 행위는 우리가 대상을 주체와 깔끔하게 분리할 수 있을 때, 사물과 우리의 관계를 다른 인간과의 관계와 깔끔하게 분리할 수 있을 때, 그리고 언어가 기술이 아니며 기술이 언어가 아닐 때만 깔끔하게 분리할 수 있을 것이다. 하지만 오늘날 기술은 이 모든 분계分界를 무너뜨린다. 그래서 기술은 이미 제작에만 한정할 수 없다.[78] 넓은 의미에서 기계는 인간과 도구의 그와 같은 내재적 연속성을 가리키는 개념이다. 태엽과 시계판, 시침 및 분침이 하나가 되어 시계가 구성되고, 맹인과 지팡이가 연결되어 그의 동작하는 신체를 이루듯, 다양한 부분들이 연결되어 일정한 조직체를 형성한 것이 기계이다. 인간과 사물, 유기체와 무기물의 구별은 중요하지 않다. 결합과 해체를 통해 또 다른 연결 관계를 구성할 수 있는 모든 것이 기계이다.[79]

랭던 위너는 기술을 삶의 형식으로 규정한다. 즉 기술은 독립적 목적을 이루기 위한 중립적 수단이 아니라, 그 기술을 만든 인간 삶의 맥락을 바꾸는 틀이 된다. 그리하여 기술이 처음 만들어졌을 때 상정했던 그 목적 자체마저 다른 의미를 가지게 된다고 하였다. 그렇다면 기술이 어떻게 우리 삶의 맥락을 바꾸고 있는지를 면밀히 살피고, 겸허히 인정하고 냉정하게 평가할 필요가 있다. 나아가 어떤 기술을 개발해야 인간에게 더욱 유익할 것인지에 대한 고민이 필요하다. 단순히 눈앞에 있는 필요를 채우고 불편함을 해소하려는 방편만이 아니라, 그 방편으로 인해 생겨날 수 있는 장기적으로 간접적인 영향들, 삶의 형식으로 우리의 인간됨에 미치게 될 효과들까지 고려해야 한다. 특히 위너는 인간의 목적과 도구 사이의 복잡한 관계를 무시해서는 안 된다고 생각한다. 물론 인간이 도구를 사용한

78) 알프레트 노르트만 지음 조창오 옮김 『기술철학 입문』 서광사 2021 171쪽.

79) 이화인문과학원 엮음 『분열된 신체와 텍스트』 아카넷 2017 19-20쪽.

다. 그러나 그 도구의 사용으로 사람의 생각과 활동의 범위와 내용이 달라진다는 점에 주목해야 한다. 또 기술 발달로 엄청난 능력을 갖춘 인간이 생겨날 가능성이 있지만, 인간의 관계와 사회적 평등 및 연대가 인간의 인간됨을 규정한다. 인간과 자연, 인공물이 서로 적절한 관계를 유지하며 살아가는 것이 위너가 그리는 인간다운 삶이다. 기술을 어떻게 이해하고 관리할 것인가가 중요한 이유는 그것이 결국 인간이 인간답게 살기 위한 조건이기 때문이다. 또한 자기 삶의 조건을 만들어가는 것을 통해 인간은 인간이 된다.[80)]

기술은 도구를 만드는 과정 및 결과를 통해 삶의 맥락을 변화시킬 뿐만 아니라, 새로운 인간의 출현을 가져올 만한 힘이 있다. 2000년대 들어 본격적으로 시작된 포스트휴먼에 대한 논의가 바로 그것이다. 기술은 인간 자신의 인간됨을 극복하는 경지에 이르렀고, 인간이 기술을 통해 스스로 진화를 구현하고 있다. 죽음마저 극복한 강인한 육체와 모든 정보와 지식을 파악할 수 있는 지적 능력, 도덕적으로 완벽한 존재가 바로 '트랜스휴먼'이다. 이제 우리의 물음은 "어떤 인간이 될 것인가?" 혹은 "어떤 인간이 되어야 하는가?"이다.[81)] 포스트휴머니즘은 더 이상 근대적 휴머니즘으로는 인간 사회를 제대로 이해할 수 없게 되었음과 함께, 이분법적 사유의 종말을 의미한다.

기술 발전과 기술화된 삶의 형식에 대해 논할 때 누가 행위를 하는 주체인가? 그리고 누구에게 영향을 미치는가? 여기서 무엇이 문제가 되는가? 레이 커즈와일의 지적처럼 기술 변화의 속도가 매우 빨라지고 그 영향이 너무 깊어서 인간의 생활이 되돌릴 수 없으며 더 나아가 그 변화 과정 전체를 파악하기도 어려울 정도로 변화하는 '특이점'이 임박했다고

80) 손화철 『랭던 위너』 커뮤니케이션북스 2016 1-7쪽.

81) 손화철 『미래와 만날 준비』 책숲 2021 69-75쪽.

하겠다.[82] 커즈와일은 특이점이 생물학적 사고 및 존재와 기술이 융합해 이룬 절정으로서, 여전히 인간적이지만 생물학적 근원을 훌쩍 뛰어넘은 세계를 탄생시킬 것이라고 예견하였다. 그래서 우리의 질문은 '그때에도 변하지 않고 존재하는 인간성이란 것이 있을까?' 를 묻게 된다는 것이다.[83] 이제 "나는 왜 사는가?" 혹은 "어떻게 살아야 잘 사는 것인가?" 라는 질문은 훨씬 더 능동적인 물음, 즉 고도로 발달된 기술사회에서 어떻게 인간답게 살 것인가로 전환될 수밖에 없다. 생명을 어떤 방식으로 만들고 유지할 것인지에 대해 더 큰 영향력을 갖게 되었기 때문이다.[84] 기술에 관한 질문도 인간이 어떻게 자연에 관한 과학적 법칙을 발견하고 자원으로 이용할 것인가가 되어서는 안 된다. 인간은 여전히 기술의 주인인가? 기술의 영향력은 인간의 통제 아래 있는가? 현재의 기술 발전은 인간에게 더 나은 환경과 기회를 제공하는가? 만약 그렇지 않다면 상황을 개선하기 위한 방안은 무엇인가? 좋은 기술은 어떤 기술인가? 이와 같은 물음은 궁극적으로 기술이 아닌 '인간' 을 향한다.[85] 과학기술 및 기계와 인간, 인간과 자연, 인간과 인간에 관한 이분법적 사유로는 존재자들 간의 긴밀한 관계맺음과 상호작용을 온전히 해명할 수 없다.

기술로 특징지어지는 우리의 삶이 구체적으로 어떻게 구성되고 있는지를 그 근간으로부터 다시 검토해야 한다.[86] 사람이 만드는 기술인만큼 기술도 사람을 만들어간다. 그러나 기술은 스스로 생각하지 않는다. 사람은 기술에 의해 그 삶의 형식이 바뀐다는 것 자체를 되물어 생각하고, 그것을 감안하여 결정을 내리며 그 결정에 책임지려 한다는 점에서 기술과

82) 레이 커즈와일 저, 김명남 · 장시형 역 『특이점이 온다』 김영사 2007, 23-4쪽.
83) 레이 커즈와일 저, 김명남 · 장시형 역 『특이점이 온다』 김영사 2007 27쪽.
84) 손화철 『미래와 만날 준비』 책숲 2021 105쪽.
85) 박영태 외 『과학철학』 창비 2011 326쪽.
86) 손화철 『랭던 위너』 커뮤니케이션북스 2016 82쪽.

다르다. 기술에 의지하여 스스로 생각할 필요가 없다고 착각한다면 인간은 자신의 피조물인 기술과 별반 다를 것이 없어지고 만다.[87] 인간과 과학기술의 관계맺음에 관한 철학적 성찰은 피상적인 논의를 넘어서서 충분히 실천적이어야 하며, 기술사회를 살아가는 시민들이 직접 행동으로 옮길 수 있는 수준의 제안이어야 한다. 박은식이 과학자들의 발본색원을 강조했지만, 기술의 위력이 미치는 파급효과가 막대하여 과학기술을 과학자에게만 오롯이 맡길 수 없다. 비록 과학기술에 대한 전문 지식을 갖추지 않았더라도 사회 구성원은 과학기술의 파장에 대한 다양한 견해를 제시할 수 있어야 한다. 기술의 사회적 파급력이 막대하므로 과학자뿐만 아니라 기계와 기술에 대한 전문가가 아닐지라도 기술의 자리에 대한 성찰에는 다양한 계층의 의견과 입장을 고려하고 중지를 모으는 노력이 필요하다. 즉 인의 관계망〔人倫〕과 과학기술에 대한 도덕적 성찰은 비단 과학자 집단에 국한될 수 없다. 인간이 기술을 제어할 가능성과 그 책임이 막중하므로, 인간의 도덕성과 사회적 책무가 그 어느 때보다 중요하다.

과거를 되묻는 일이 미래를 여는 열쇠를 발견하기 위한 것이라고 한다면, 전근대와 근대가 격돌했던 지점에 대한 성찰은 우리가 지향해야 할 미래를 탐색하는 출발점이 될 것이다. 격물치지학 수용은 곧 그들의 앞선 문명〔civilization〕을 새로운 전범으로 받아들이는 것과 동시에 성리학의 해체를 의미하였다. 과학기술의 수용을 시무로 인식하였지만, 그것이 곧 군국주의와 제국주의 침략의 도구였다는 점에서 비판적 성찰이 요구되었다. 더욱이 과학기술에 대한 비판적 성찰은 인간이 기술에 거의 모든 전권을 내주고 스스로 기술의 노예로 전락할 위험이 제기되는 시대를 살고 있는 지금 더욱 절실히 요구된다. 과학기술은 자연에 대한 지배력을 향상

87) 손화철 『랭던 위너』 커뮤니케이션북스 2016 84쪽.

시켜 주었지만, '바람직한 삶' 에 대한 가치판단을 제공하지는 않았다. 지금 우리가 서 있는 지점은 어디인지, 그 길이 어떻게 생성되었는지 알 수 없다면, 우리가 앞으로 어디로 가야 할지 그 방향을 가늠할 수도 없을 것이다. 그동안 우리는 서구적 근대성을 전범으로 삼아 유학을 해석하거나 그것과 유사한 것을 찾는 데 치중하였다. 비서구 지역의 철학은 왜 서양처럼 자연과학이 발달하지 못했는가, 그리고 서양의 자연과학과 같은 학문적 전통을 찾는다면 무엇일까를 고민하였다.[88)]

이제 물음의 전환이 필요한 시점이라고 하겠다. 격물지치학에 대한 유학적 재비판은 인간 및 과학기술의 자리에 대한 재물음〔各得其所〕이다. 기술이 놓인 현대적 맥락을 고려한다면, 유학의 격물치지는 어떤 의미가 있는지 되물을 가치가 있다. 인仁을 천리天理 및 공평무사公平無私로 이해한 것은 송대 이후이다. 성리학의 즉물궁리는 천리체인을 목표로 하였으나, 오늘날 형이상의 도인 천리 개념은 모든 존재자의 존재 원리나 보편 법칙으로 작동하고 있지 않다. 하지만 천리체인을 그대로 계승하지는 않더라도 유학의 본지인 인仁은 존재자들의 관계맺음, 즉 인간과 인간 인간과 만물 및 지구시스템 그리고 인간과 기계 사이의 이분적 경계를 해체하고 재정립하는 문제, 인간의 자리를 어떻게 자리매김할 것인지에 대한 혜안을 제공할 수 있다. '시중지도로서의 인仁' 은 보편 이념으로서 의미가 충분하다. 인을 이해하는 데 성리학적 개념들을 고집하거나 중화주의를 비롯하여 전근대적인 질서 회복을 주장할 필요는 없다. 성리학의 기는 모든 존재자를 구성하고 있는 재료이다. 그런데 음양오행은 존재자를 구성하는 재료일 뿐 아니라 상하上下나 존비尊卑와 같은 가치체계와도 무관하지 않다. 성리학의 리기론에 근거하면 모든 존재자는 기의 국한성으로 인

88) 풍우란 「중국에는 왜 과학이 없었던가?」 박성래 『중국과학의 사상』 전파과학사 1993 참조.

하여 각득지리各得之理의 다름과 형체의 차이가 있다. 그런데 기적인 다름과 차이가 위계적 관계로 직결된다고 하면, 기의 국한성은 신분 질서와 같은 사회적 불평등을 용인하는 한계도 있다. 성리학이 도덕적 평등성을 인정했지만, 백성을 교화의 대상으로 본 것도 이러한 세계관에 기인한 것이다. 근대는 천부인권을 사회제도를 통해 실현함으로써 인간 해방을 추구하였고, 이는 인류 역사의 발전이었다고 평가할 수 있다. 만약 성리학적 세계관을 묵수하여 리기론적인 존재론을 견지한다면, 사회적 평등은 물론 새로운 관계맺음을 전망할 수 없다.

기술은 통제할 수 있는 수단이 아니며, '기술 우위' 인 시대가 도래하였다. 이분법적 사유에서 벗어나 인간과 자연 및 기계, 인간과 인간의 관계에 대한 새로운 통찰이 필요하다. 그렇다면 다시 '유학 이념 가운데 지금 우리에게 필요한 것은 무엇인가?' 라는 질문을 다시 할 수 있다. 격물치지는 전근대와 근대를 관통하는 핵심 개념이다. 격물치지는 천리체인을 위한 수양론으로서 성리학의 핵심적 토대였으나, 근대 격물치지학은 격물치지가 함의하고 있던 천인합일의 유기적 세계관을 실질적으로 해체시켰다. 성리학의 천리와 태극 개념을 전제하지 않고 『대학』을 다시 읽는다면, 그리고 인류세시대의 관계맺음의 차원에서 새롭게 읽는다면 『대학』과 『중용』은 어떻게 다시 읽을 수 있는가? 정자가 인을 천리로 이해한 이래로, 인은 초월적이면서 동시에 내재적인 원리인 리理였다. 하지만 성리학의 리기론을 매개하지 않아도 인은 유학의 본지로서 중요한 의미가 있다. 유학의 인仁은 관계맺음에 관한 탁월한 철학이다. 인간다움인 인은 『대학』의 명덕으로 이해할 수 있다. 『대학』 전체의 체계에서 본다면 격물치지는 명덕에 관한 것이다. 즉 격물치지는 명덕을 밝히는 것으로, 지선至善의 경지에 이르기 위한 팔조목八條目의 첫 단계이다. 주자의 격물치지에 관한 보망장은 이러한 사유체계를 해명한 것이다. 격물치지를 통해 궁구해야 할 '물리物理' 란 진지眞知를 의미한다.[89)] 진지란 곧 천리에 대한 인식이므로, 객관 사물에 대한 과학적 법칙을 인식하는 것을 의미하지는 않는다. 그 핵심은 사욕에 의해 엄폐掩蔽되지 않고 천리를 앎이다.

> 제5장(격물치지보망장)은 선을 밝히는 요체요, 제6장은 몸을 참되게 하는〔誠身〕 근본이다.[90)]

> 격치의 요점은 마땅히 지선의 소재를 아는 것에 있다.[91)]

주자는 격물을 통해 인사와 만물의 실체實體를 구현하고자 하였다.[92)] 즉 주자는 즉물궁리를 통해 모든 존재자[93)]에 내재한 보편적 천리의 실체를 인식하는 윤리적 차원에 이르고자 하였다.[94)] 대학의 8조목은 천리체인 아닌 것이 없으니, 격물치지를 통해 앎이 분명해졌다면 그것은 곧 성의 공부로 이어진다. 즉 격물치지는 성리학의 목표인 지어지선止於至善의 경지를 알고 실천하는 8조목 가운데 첫 조목으로서, 제대로 알아야 올바로 실천할 수 있다는 견해를 분명히 한 것이다. 지어지선의 경지에서는 천명으로서의 성이 그대로 구현될 것이며 이것은 개인의 차원에 국한되지 않고 뭇 생명이 각득기소하는 평천하의 차원이 될 것이다.

이에 비해 양명은 물을 '의념이 있는 곳'[95)]이라고 함으로써 심心과 리

---

89) 『朱子語類』 권15「大學 二」 經下: 格致所以求爲眞知.

90) 『大學章句』 傳10章: 其第五章 乃明善之要, 其第六章 乃誠身之本.

91) 『大學或問』 下: 致知之要 當知至善之所在.

92) 『朱子語類』 권15「大學 二」 經下: 大學不說窮理 只說箇格物 便是要人就事物上理會 如此方見得實體.

93) 『大學或問』 下: 天道流行 造化發育 凡有聲色貌象而盈於天地之間者 皆物也.

94) 『大學或問』 下: 物必有理 皆所當窮 若天地之所以高深 鬼神之所以幽顯 是也.

理가 이분되는 문제점을 지적하고자 하였다. 양명의 심외무물心外無物은 의념의 대상인 '물物'이 의식 주체〔心〕와 좀 더 긴밀한 관련 속에서 인식하고 판단하여야 한다는 점을 강조한 것이다. 이는 양명이 덕성지를 강조하면서, 객관 사물에 대한 견문지를 배제하지 않았던 것과 궤를 같이한다. 그는 덕성지는 견문에서 말미암는 것이 아니지만 견문지도 양지의 작용이 아님이 없다고 하여,[96] '물'에 대한 덕성지적 성찰을 강조하였다. 이와 같이 『대학』의 격치와 성의는 인식 주체로서의 인간이 만물과 인사에 대응할 때 인사와 만물을 어떻게 인식하고 대처할 것인가에 관한 담론으로서, 궁극적으로는 '지선'이라는 도덕적 차원을 지향하고 있다. 그러므로 격치와 성의는 곧 정심正心·수신修身과 별개의 것이라기보다는 모두 성신誠身을 실현하는 일련의 과정을 논리적으로 해명한 것이다. 성신은 제가치국평천하齊家治國平天下를 실현하는 근간이며 지선을 향해가는 시발점이라고 할 수 있다. 『대학』의 지선至善은 곧 모든 존재자가 자기다움〔仁〕을 실현하는 것을 통해 도달해야 할 목표라고 하겠다.

격물치지의 '물'은 인사와 만물을 아우른다. 그러므로 모든 존재자들 사이, 그리고 그 경계를 무생물인 기계의 영역까지 확장하여 그 관계를 '격格한다'는 것이 가능하다. 이러한 관점이 필요한 까닭은 기계기술이 갖는 사회적 함의가 그만큼 크기 때문이다. 유학의 격물치지는 존재자들 즉 인간과 인간, 인간과 자연, 인간과 기계, 인간과 지구시스템 사이를 이분법적으로 사유하지 않고 유기적 관계에 있다고 사유할 수 있다. 또 격물치지는 명덕을 밝혀 지선에 이르는 출발점이다. 이를 보다 적극적으로 해석하면 격물치지는 인류와 지구시스템이 인이라는 도덕적 관계맺음〔인륜〕을 회복하는 착수처의 의미를 가질 수 있다. 격물치지와 각득기소

95) 『傳習錄』 권 上 「徐愛條」: 身之主宰便是心, 心之所發便是意, 意之所在便是物.

96) 『傳習錄』 권 中 「答歐陽崇」: 良知不有見聞而有, 而見聞非良知之用, 而亦不離於見聞.

는 인간의 자리뿐만 아니라 기술의 자리를 묻되, 기술이 인간 우위의 자리에 놓이게 된다면 기술의 자리뿐만 아니라 인간의 자리 역시 위협받을 수 있음을 경계한다. 또 과학기술적 효율성과 자본주의적 이윤을 준거로 삼지 않고 도덕적 관계망의 회복을 우선시하며, 지배와 통제가 아니라 공존의 길을 중시한다.

'물'이 인사와 만물을 포함하는 개념이므로 격물은 인사와 만물을 격한다는 뜻이며, 치지는 앎을 지극히 추극推極한다는 것이다. 그렇다면 격물치지는 인간의 명덕이 모든 존재자들 사이에서 지구시스템과 인류의 공존을 위해 해야 할 판단과 행위가 무엇인지, 인간의 자리가 어디이며 어떤 관계맺음을 해야 하는지를 추극樞極해야 할 것이다. 명덕은 인간이 도덕적이고 주체적으로 격하고 치할 수 있는 토대가 된다. 인간의 본유한 도덕심인 명덕은 모든 시공간에서 존재자 사이의 상황을 판단하고 공존할 수 있는 길을 모색하되, 반드시 도덕성을 바탕에 둔다. 명덕의 격물치지가 상황에 꼭 알맞게 된다면 인간뿐만 아니라 모든 존재자가 자기 자리에 있을 수 있을 것이다. 이것이 지선의 경지이며 '연비어약'이다.

2) 인류세시대의 연비어약鳶飛魚躍

오늘날 인간은 거대한 기술 체계의 한 부분이 되어버렸다.[97] 즉 인간의 자연에 대한 지배와 통제가 강화됨과 동시에 과학기술의 위력 역시 그에 못지않게 강화된 것이다. 자연에 대한 인간의 지배와 과학기술의 발달은 인류세라는 새로운 시대를 촉발시켰다. '인류세'[98]라는 개념은 인간의

97) 박영태 외 『과학철학』 창비 2011 327쪽.

98) 지질학상의 연대표는 중요한 지질학적 사건에 따라. 절 세 기 대 누대로 나뉜다. 지금 우리가 속한 시대인 홀로세는 약 1만 2천 년 전에 시작되었으며, 가장 최근의 빙하기

활동이 지구시스템 전반에 미친 영향으로 인해 지구 역사에서 일어난 가장 최근의 균열[99]과 이 균열로 인해 현재 지구가 새로운 지질학적 시대에 접어들었음을 포착한 지구시스템과학자들에 의해 창안되었다. 대기화학자 파울 크뤼천이 명명한 인류세라는 새로운 개념은 지구의 전체 역사를 나누는 공식적인 지질연대표에 새로운 지질시대를 추가해야 한다며 제안된 이름이다.[100] 그는 “지구 환경에 새겨진 인간의 흔적이 매우 크고 인간의 활동이 대단히 왕성해져 지구시스템[101] 기능에 미치는 인간의 영향력이 자연의 거대한 힘들과 겨룰 정도가 되었다.”고 하면서,[102] 인류세의 특징을 다음과 같이 제시하였다.

> 지난 3세기 동안 인간은 지구환경에 커다란 영향력을 행사했다. 시간이 지날수록 더욱 규모가 커지고 있다. 이와 같은 인류세적인 이산화탄소 배출로 인해 지구의 기후는, 미래에도 자연스럽게 유지되어야 할 지구환경을 획기적으로 바꿔놓을지 모른다. 이 점을 생각할 때 현시대를 인류세라고 명명하는 것도 합리적으로 보인다. 이것은 과거 10,000년에서 12,000 년 동안 지속되었던 온난한 신세〔the Holocene〕를 대체하는, 인간이 지배하는 지질학적 시대를 의

가 끝나고 기온이 안정화되어 지속되면서 인류 문명이 발전할 수 있는 토대가 되었다. 그러나 인간 활동의 영향으로 홀로세가 지나고 인류세로 이미 진입했다고 본다. (신상규 외 『포스트휴먼이 몰려온다』 아카넷 2021 236쪽 참조)

99) 디페시 차크라바르티는 인류세에 들어 인간은 스스로 지질학적인 힘이 되었으며, 인간의 역사와 자연의 역사를 가르던 벽에 ‘균열’이 생겼다고 주장한다. (신상규 외 『포스트휴먼이 몰려온다』 아카넷 2021 239쪽 참조)

100) 클리이빈 해밀턴, 정서진 옮김 『인류세』 이상북스 2018 28-9쪽.

101) 지구시스템이란 지형 생태계 환경 같은 이전의 연구 대상들을 망라하여, 초월한다. 지구는 행성의 중심핵에서 대기, 달에 이르기까지 서로 연결된 주기와 힘에 의해, 그리고 태양의 에너지 흐름에 의해 끊임없이 움직이는 상태에 놓인 전체를 말한다. (클리이빈 해밀턴, 정서진 옮김 『인류세』 이상북스 2018 32쪽)

102) 신상규 외 『포스트휴먼이 몰려온다』 아카넷 2021 236쪽.

미한다. 인류세는 18세기 후반에 시작된 듯이 보인다. 북극의 빙산 속에 담겨 있는 공기를 분석해 보면 이산화탄소와 메탄의 양이 전 지구적으로 증가하고 있다는 것을 알 수 있다. 이 시기는 제임스 왓트가 증기기관을 발명했던 1784년과 시기적으로도 일치한다.[103)]

인류세란 용어 사용과 시기 규정에 대해서는 다양한 시각이 있지만, 대체로 기후변화와 환경오염, 6차 대멸종 현상들을 비롯하여, 화석연료의 사용으로 인한 이산화탄소 급증 등이 인류세를 새로운 지질 연대로 인정해야 하는 근거로 받아들여졌다. 특히 핵폭탄이 투하된 1945년은 인류세 시대를 논의하는 데 매우 중요한 분기점으로 지적된다. 1945년은 지구의 유구한 역사 속에서 지질학적 진화가 자연의 힘이 주도하는 것이 아니라, 의식적이고 자발적 존재인 인간이 주체가 되어 지질학적 영향력을 발휘하는 전환점이다. 또 전 세계적인 경제성장, 자원 이용, 쓰레기양과 관련한 장기적인 변화 추이를 살펴보면, 제2차 세계대전 이후 모든 수치가 급격하게 상승했다. 따라서 이 시기는 '거대한 가속도의 시대'라 불렸고, 이러한 추세는 오늘날까지 이어지고 있다. 물론 핵시대가 그 자체로 지구시스템의 기능을 변화시키지는 않았다. 그러나 1945년에 퇴적된 방사성 핵종을 함유한 지층은 미국이 전 세계적 패권을 장악하게 된 시대와 전후 수십 년 동안 이뤄진 놀랄만한 물질적 확대, 즉 자본주의가 대대적으로 성공한 시기의 서막을 알리는 전조이다. 대기 중 이산화탄소의 지속적 증가를 보여주는 킬링 곡선은 아주 단순하면서도 눈에 띈다. 지구과학자 제임스 시빗스키는 이러한 변화를 다음과 같이 단적으로 언급하였다. "인간은 빙하기가 우리 지구에 영향을 미쳤던 정도에 비견될 만큼 방대한 규모

103) 몸문화연구소 지음 『인류세와 에코바디』 필로소픽 2019 24-5쪽.

로 지표면에 영향을 미쳤는데, 이는 빙하기보다 훨씬 짧은 기간에 이루어진 일이었다."[104] 〈네이처〉에 기고한 22명의 지구과학자들은 '앞으로 몇십 년은 지금까지 이어져 온 전체 인류 문명의 역사보다 더 오래 이어질, 파국으로 치달을 광범위한 기후변화를 최소화할 수 있는 한시적인 기회다.' 고 강조한다.[105]

일반적으로 계몽이성과 자연에 대한 과학기술적 지배를 핵심축으로 하는 '근대' 를 산 특정 인간들의 활동으로 인해 인류세가 촉발되었다고 간주한다. 근대적 성격의 거대서사가 지배 질서와 권력관계 구조에 합법성을 부여했지만, 인류세가 도래함으로써 합법성은 그 의미가 퇴색하였다. 포스트모던 비평가들이 제시하듯이 과학이 지배 질서를 합법화하는 서사로 기능하고 있다면, 이제 지배 질서는 과학으로부터 공격받는 처지에 놓이게 되었다.[106] 인류는 다시 홀로세로 되돌아갈 수 없다. 홀로세로 되돌아가는 것이 불가능한 상태에서 세계에 대한 인간 중심의 이해를 한다는 것은 어떤 의미를 가지는가? 계몽주의는 주체 이외의 모든 존재에 대한 지배력을 강화하는 방식으로 자신의 정체성을 정립하였고, 그러한 지배력은 행성의 지질학적 축을 변화시킬 정도로 대단하여 인류세라는 새로운 지질시대를 열었다. 인류세의 인간에 대한 철학적 모색은 근대 인간중심주의 오류에 대한 비판적 성찰로부터 출발하지 않을 수 없다. 이성적 인간을 여전히 세계와 삶의 중심에 놓지 않고, 타자에 대한 통제와 지배의 방식을 문제 삼는다. 근대의 결과인 인류세의 도래라는 무게가 우리를 압도하고 있기 때문이다. 이분법적 사유에 근거한 인간과 자연에 관한 근대적 이해는 지구시스템의 균열을 통해 그 한계를 극명히 드러내고 있

104) 클리이빈 해밀턴, 정서진 옮김 『인류세』 이상북스 2018 17-8쪽.
105) 클리이빈 해밀턴, 정서진 옮김 『인류세』 이상북스 2018 19쪽.
106) 클리이빈 해밀턴, 정서진 옮김 『인류세』 이상북스 2018 132쪽.

다. 계몽이성에 근거하면 인류 역사가 무한히 진보 발전할 것이라는 믿음은 인류세라는 위기에 봉착하였다. 인류세의 도래로 인간과 자연, 그리고 기술의 자리를 다시 성찰할 수밖에 없는 상황이다.

21세기 과학기술은 분명 우리 삶과 사회를 움직이는 핵심적인 동력이다. 과학기술에 대하여 특별히 우리가 주목해야 할 점은 기술 변화의 속도가 급속히 빠르고 그 영향이 지대하여 인간의 삶은 회복할 수 없을 정도로 변형될 것으로 예측되고 있다는 것이다. 트랜스휴머니즘(transhumanism)에 관한 논의에서도 알 수 있듯이, 인간 또한 기계화를 통해 궁극적으로 인간의 생물학적 조건을 초월하고자 하거나, 이미 생명 자체를 과학과 기술의 대상으로 삼음으로써 인간이 진화 과정에 개입하고 있는 실정이므로, 우리는 기술로 인간이 '되어간다'는 것을 체감한다. 인간존재가 기계적 발전과 변화와 불가분의 관계를 맺고 있다면, 인간과 기계의 관계를 묻지 않을 수 없다.[107] 즉 현대의 기술 상황은 우리에게 자신의 종種의 운명을 결정해야 하는 과제를 부여하는 동시에 이러한 기술의 사용 방식과 사용 범위가 삶의 방식과 어떤 관계에 놓여야 하는지를 묻게 한다.

우리가 서 있어야 할 지점은 근대의 존재론에서 한 걸음 뒤로 물러난 자리가 아니라 한 걸음 앞으로 나아간 지점이어야 한다. 우리가 인류세를 초래했음을 상기할 필요가 있다. 근대적 격변이 생존의 위기를 초래하였지만, 그렇다고 근대 이전의 담론이 도움이 되지 않는다. 전근대적 사유로는 근대 이후 이룬 과학기술적 성취와 그 영향에 대해 적절히 대응할 수 없기 때문이다. 논의의 초점은 기술을 통해 인간의 힘, 즉 지구시스템에 미치는 영향력이 증대한 것을 어떻게 이해할 것인가이다. 우리는 인류

107) 이진우 「인간과 기계의 융합 - 휴머니즘, 포스트휴머니즘, 그리고 트랜스휴머니즘」 『과학기술의 발전과 철학』 한국철학회 60주년 기념 춘계학술대회 발표문 2013 45-60쪽 참조.

와 지구의 공존을 위해 인간의 힘을 어떻게 사용할 수 있을지 물어야 한다. 기술의 위력은 인간의 삶 전반에 국한되지 않고 지구시스템 전체에도 막강한 영향력을 미친다. 그러나 과학기술적 지식 자체가 위기 극복의 대안을 제시하지는 못한다. 지금 같은 상황에 놓인 자신을 어떻게 이해해야 하는지, 인류가 살고 있는 그리고 인류와 함께 공존해야 할 지구시스템과는 어떤 관계맺음을 하는 것이 바람직한지 과학적 지식 자체는 답을 하지 못한다. 자연과학이 "기온 상승을 2도 이하로 안정화하기 위해서는 대기 중 이산화탄소 농도를 450ppm 이하로 억제해야 한다." 같은 것은 알려준다. 그리고 이산화탄소 농도를 억제하지 못할 것 같으면 지구공학적 기술을 이용하도록 제안도 할 것이다.[108] 그러나 근본적으로 이러한 사태를 초래한 인간은 어떤 존재이며 인간의 자리는 어디인지에 대해 과학은 답하기는 어렵다.

기술은 이런 목적을 달성하는 데 가장 큰 가능성을 열어주지만, 또한 가장 큰 위험을 품고 있다. 혹은 기술을 구체화하는 과정이 오늘날 문제의 근원이기 때문에 특정한 사회구조와 제도에 깊숙이 뿌리내린 기술이야말로 가장 큰 위험을 상징한다고 말하는 것이 더 정확할 것이다.[109] 과학계에서는 인간의 힘이 매우 강력해져 자연의 거대한 힘들과 겨루어 행성의 경로를 변화시킬 정도가 되었다고 말한다. 홀로세 동안 잠들어 있던 자연의 힘들이 깨어나 더 위험하고 더욱 통제가 어려워지는, 장기간 지속될 시대에 진입하고 있다고 말한다. 인간은 이제까지 결코 지금처럼 강력했던 적도, 자연에 대해 지배력을 행사했던 적도 없다.[110] 인간 활동이 지구시스템 전반에 미친 영향으로 인해 지구 역사에서 일어난 인류세의 '균

---

108) 사이토 고헤이 지음 김영현 옮김 『지속불가능 자본주의』 다다서재 2021 272쪽.
109) 클리이브 해밀턴, 정서진 옮김 『인류세』 이상북스 2018 122쪽.
110) 클리이브 해밀턴, 정서진 옮김 『인류세』 이상북스 2018 81쪽.

열' 은 인간과 자연 물질과 정신, 문명과 야만의 견고한 이분법적 위계질서가 더 이상 유지될 수 없다는 것을 단적으로 보여준다. 즉 인류세의 도래는 이분법적 사유체계와 이성 중심적 휴머니즘으로는 인류와 지구시스템이 공존할 수 있는 길을 탐색할 수 없다. 계몽주의는 자연에 대한 지배와 통제를 통해 인간의 지배력을 증가시켰지만, 자연은 예측할 수 없을 뿐 아니라 생존 자체를 위협하는 새로운 자연현상으로 인간 앞에 있다. 인간은 자연을 지배할 수 없다. 이분법적 사유에 근간을 둔 계몽주의로는 우리 앞에 놓인 사태에 적절히 대응할 수 없는 것이 현실이라면, 당연히 새로운 인간 이해가 요구된다.

계몽이성에 따르면 탈마법화한다고 믿었지만, 우리는 과학기술의 발전에 따른 새로운 불안과 위기에 직면하고 있다. 서구 근대 과학기술 역시 인류의 삶을 진보시키기보다는 또 다른 야만으로 치달았던 것이 사실이다.[111] 문명다운 문명, 사람 살만한 세상이 무엇인지에 대한 성찰이 없다면 인간의 설 자리를 더욱 위태로워질 것이다. 인류세는 '인간이 무엇을 해야 할 것인가' 라는 질문을 던지고 있다. 이분법적 사유 구조와 계몽주의, 그리고 그에 기반을 둔 과학기술로는 지구시스템과 인류의 공존을 모색할 수 없다면, 이분법적 사유를 넘어서 인간의 자리와 기술과의 관계 맺음에 대해 되묻고자 한다면, 우리는 낡고 쓸모없다고 치부했던 사상과 문화를 재성찰할 필요가 있다. 다만 성리학의 이론 체계에 대한 이해에 천착하기보다는 현재적 삶의 맥락에서 인류가 추구해야 할 '문명다움' 이 무엇인지를 되묻는 것이 바람직할 것이다. 유학의 격물치지는 계몽주의와 다른 길을 찾아가는 지침 역할을 할 수 있다. 성리학에서 격물치지는 천리체인을 위한 수양론이었다. 하지만 우리는 리기론을 철학적 기반으

111) 알프레트 노르트만 지음 조창오 옮김 『기술철학 입문』 서광사 2021 93쪽.

로 하고 있지 않기 때문에 천리체인이란 성리학적 이념으로 회귀할 수는 없다. 현대는 천리와 태극을 우주 만물의 근원으로 여기지 않는다. 그러나 성리학적 세계관이 해체되었다고 해서 삶의 윤리마저 불필요해진 것은 아니다. 리기심성론으로 인간 및 세계를 인식하지 않지만, 도덕적인 삶이 무엇인지 묻는 것이 무의미해진 것은 아니다. 성리학적 세계관이나 이분법적 사유 구조는 모두 지금 우리가 직면한 현실을 직시하고 해결 방향을 제시하는 데 일정한 한계가 있다. 전근대, 그리고 근대적 사유를 넘어서서 지금 여기 삶의 맥락을 제대로 이해하고 문명다운 문명을 건설하기 위해서는 새로운 이해가 필요하다. 과학기술이 삶의 중심에 자리잡고 인간이 기술을 통제하는 것이 사실상 어렵게 되었다. 인간과 기술, 인간과 다른 존재자의 관계에 대한 재성찰이 요구된다.

기술 우위의 시대이면서 인류세라는 새로운 지질시대를 살아가는 인간의 '자리'를 묻는다는 것은, 우리가 다시 '인간이란 무엇인가?'란 질문 앞에 섰다는 것을 의미한다. 기술의 영향력이 심대해졌지만, 인간과 기술의 관계맺음에 대한 비판적 성찰은 인간의 몫이다. 그렇다면 성리학에 얽매이지 않고 유학의 본지를 인류세 철학으로서 재음미할 수 있는가? 유학은 관계맺음에 관한 철학이다. 유학의 핵심 개념인 인은 인간은 물론 인간과 '관계맺음' 하고 있는 모든 비-인간 존재들 간의 관계에 관한 철학이다. 그리고 그 관계맺음이 놓인 자리, 즉 지금 여기라는 맥락에서 시중지도를 지향한다. 인은 인간과 인간, 인간과 자연, 인간과 기계 등 삶의 맥락을 구성하고 있는 모든 그물망〔倫〕에 대한 인간적 성찰〔道德〕을 비롯하여 이 거대한 관계망이 엮어내는 것이 지향해야 할 이치와 방향〔倫理〕을 모색하고, 그리고 각 존재자가 마땅히 있어야 할 자리와 책무〔각득기소〕를 묻는다. 관계맺음하는 존재들뿐만 아니라, 그 관계망에 존재하는 다양한 환경들도 중요한 판단 요소이다. 따라서 지금 여기에 놓인 다양한 관계망 전체를 통찰하는 과정을 통해 무엇을 어떻게 관계맺음할 것인가를 판별함으로써 인의 구현이 가능하다. 예를 들면, 군신 부자 관계에서도 처한 상황에 따라 시중의 구체적 내용은 달라질 수 있다. 맹자의 격군格君이나 요순의 효도 등의 사례에서도 보이듯이, 인은 상황적 맥락 속에서 구현된다〔時中之道〕는 현재적 가치를 담지하고 있다. 조선시대의 강상윤리를 고집하거나 형식적인 예법에 집착하면 안 되는 이유이다.

인仁은 인간의 도덕적 책임감과 모든 존재자의 직분을 중시한다. 인이란 나는 나답게 너는 너답게 각각의 자리에서 자신의 직분을 다하는 것〔각득기소〕이다. 예를 들면 군군신신부부자자와 오륜이 바로 그것이다. 나는 너와 뭇 생명을 살리는 생생지리生生之理를 토대로 공정과 공평을 실천하므로 사욕을 절제해야 할 것으로 여긴다. 인간 삶의 차원에서 말한다면 인의 실현은 효제로부터 시작하나, 애인愛人의 원리를 더 넓은 관계에서 실천하므로〔爲仁由己〕, 인의 관계맺음은 생태계 전체가 관계망으로 연결된다. 존재자들 '사이'의 인한 관계망은 자연한 생명성과 도덕성을 중시한다. 나는 관계망 속에 존재하며 관계맺음의 중심이다. 그것이 가능한 것은 혈구지도絜矩之道가 있기 때문이다. 혈구지도를 동심원적으로 확장해 나가면 친친親親 → 안민安民 → 애물愛物이 구현된다.

유학의 인仁 중심주의〔仁本主義〕는 이분법적 사유를 토대로 구축된 근대적 인간중심주의와는 구별된다. 첫째 인간은 관계맺음의 중심에 있으면서 다양한 지금 여기의 변화에 응대할 수 있는 존재로 간주한다. 둘째 관계맺음의 연결망은 근본적으로 도덕성에 기반을 둔다. 셋째 군신 · 부자 관계에서도 알 수 있듯이 모든 관계맺음은 상호적이기 때문에, 쌍방간에 영향을 주고받는다. 물론 실제적으로 사회적 위치에 따라 군주와 부모의 자리처럼 주된 자리가 있을 수 있다. 그러나 관계맺음은 상호적 작용이므로 상하적 위계질서보다는 각자의 직분과 상호 존중을 지향한다.

넷째 서구 근대의 주체와 객체는 인식 주체와 대상이었다. 그런데 인간-인간, 인간-기계 등의 모든 관계맺음은 '존재하는 모든 존재자가 한결같이 인하다〔萬物一體之仁〕' 는 거대한 관계망을 벗어나 존재할 수 없다. 천리와 태극이란 성리학의 핵심적인 본체 개념을 전제하지 않더라도 『대학』과 『중용』의 격물치지와 성의정심, 그리고 연비어약鳶飛魚躍의 가치는 결코 감소하지 않는다. 살리고 살리는 이치〔生生之理〕는 상호 관계맺음하는 존재자들이 모두 실현해야 할 원리로서, 자연한 생명성과 도덕성을 그 내용으로 한다. 생생지리의 관계망은 곧 인간의 가치와 행위를 결정짓는 기본적인 준거이다. 인류세에는 인간의 도덕성과 욕망에 대한 자율적 통제가 필요하다. 격물치지는 그것이 천리체인의 맥락에 놓이든, 과학적 탐구의 영역에 놓이든지 간에 모든 존재자가 유기적 연관성을 갖는다는 인적仁的 관계망을 벗어나 있지 않으며, 이러한 관계망의 중요성과 인간의 주체적 도덕성과 무관할 수 없다는 것을 단적으로 보여주기 때문이다. 『대학』의 8조목 가운데 격물치지는 곧 성의정심과 직결된다.

인본주의仁本主義는 모든 존재자들과 도덕적 관계망을 회복하여 지선의 경지에 이름을 지향한다. 인간의 차원에서는 격물치지를 비롯한 8조목이 그 구체적 내용이다. 이를 만물의 차원에서 본다면, 만물이 자기 본성대로 자기답게 삶을 영위하는 경지인 연비어약이다.

> 군자의 도는 쓰임이 넓으면서도〔費; 用之廣〕 체가 은미하다〔隱; 體之微〕. 『시경』에 이르기를 "솔개는 날아 하늘에 이르는데, 물고기는 연못에서 뛰논다." 고 하였으니, 상하의 이치가 밝게 드러남을 말한 것이다. 군자의 도는 부부에게서 시작되니, 그 지극함에 미쳐서는 천지에 밝게 드러난다.[112]

112) 『中庸』 12상: 君子之道 費而隱 夫婦之愚 可以與知焉 及其至也 雖聖人亦有所不知焉 夫婦之不肖 可以能行焉 及其至也 雖聖人亦有所不能焉 天地之大也 人猶有所憾 故君子語

인간이 도덕적 본성을 실현함과 마찬가지로 만물 역시 각각의 당연지리當然之理를 발현함으로써 지선의 경지에 도달하는 것이다. '지선至善' 은 인간뿐만 아니라 만물까지 포괄하는 경지이다. 뭇 생명이 살려는 생명성과, 그 생명성이 '다움' 이라는 도덕적 본성과 구별되는 것이 아니라 도덕성을 기반으로 한 생명성이 그대로 발현되는 지경을 뜻한다.

관계망 속의 인사와 만물이 자연한 생명성과 도덕성을 토대로 한다는 것은 계몽주의적 인간중심주의와는 구별된다. 인간중심주의에 대한 비판이 곧 '인간이 마땅히 인류세시대의 문제를 해결하는 중심에 서서 적극적으로 대처해야 한다' 는 당위를 해쳐서는 안 된다. 유학의 인은 모든 관계맺음에 대한 상황판단과 인간의 실천을 중요시한다. 연비어약으로 표현되는 지선의 경지는 인간이 자연과 기술을 통제하고 지배하는 것이 아니라 실제로 각 관계들 사이의 상호작용과 영향, 그리고 공존에 주목한다. 그 관계들의 상호 영향 관계가 복잡다단할수록 인간의 자리와 역할은 더욱 중요한 문제로 부상할 수밖에 없다. 인류세시대에 직면한 인류가 무엇을 할 것인지에 대한 물음과 답은 기술이 아니라 인간 자신에게서 찾아야 하기 때문이다. 각득기소에 관한 성찰은 인간의 물음이지 기계나 기술이 던질 수 있는 질문이 아니다. 인간과 자연, 모든 존재자들 사이의 도덕적 관계망, 즉 인륜을 재성찰한다는 것은 곧 인간의 자리에 대한 물음이다. 인륜적 관계맺음은 인간과 자연, 인간과 기계 등의 구분을 제거하는 방식이 아니라, 존재자들이 서로 깊은 연관성을 지니고 있다는 점을 자각하는 데 있다. 이는 물리적인 현상, 예를 들면 기후 재앙이 인간의 삶에 막대한 영향을 미치고 있다는 측면에서 자연은 인간의 밖이면서 동시에 안이 된다. 지구시스템의 다양한 현상이 인간 삶에 지대한 영향을 미치고 인간의

大 天下莫能載焉 語小 天下莫能破焉 詩云 鳶飛戾天魚躍于淵 言其上下察也 君子之道 造端乎夫婦 及其至也 察乎天地.

삶의 방식이 지구시스템에 막대한 영향을 미치고 있기 때문에, 이러한 관계성에 주목하지 않고 인간을 성찰한다는 것은 무의미해졌다.

존재하는 것들의 각득기소적 관계맺음에 주목하여 인간 주체와 객체, 그리고 과학기술 및 기계가 어떤 상호작용을 하는 것이 바람직한지를 물어야 한다. 기계는 지배와 통제가 가능한 단순한 도구가 아니라, 인간과 상호작용을 통해 사회적 관계를 형성하고 더 나아가 사회체계를 구성해가는 하나의 중심축이다. 이러한 관계맺음적 상호성을 전제한다면, 기계와 마주하고 있는 인간 역시 동일할 수 없다. 즉 계몽이성적 인간중심주의나 성리학적 인간관으로는 포착할 수 없는 새로운 '인간'이다. 관계망은 누가 형성하고 그 안에서 인간의 위상은 어떻게 설정되는가? 도덕적 관계맺음의 중심은 인간의 자리일 수밖에 없다. 기술을 만드는 것도 어떤 기술을 선택할지도 그것이 어떤 사회적 맥락에 놓여야 할지 선택하고 책임지는 존재가 인간이기 때문이다.

연비어약은 인간은 물론 만물이 자기 생명성과 도덕성을 발현하여 지선의 경지에 이름을 제시한다. 이 시대의 지선이란 지구시스템과 인류, 인간과 자연 생태계가 파멸에 이르지 않고 평화적으로 공존하는 것이며, 이것이야말로 인의 현재적 의미이다. 인간다움이 만물의 자연한 생명성과 '다움'을 해치지 않기 위해서 가장 경계해야 할 것은, 과학기술을 통한 인간과 자연에 대한 통제와 지배욕을 강화하여 자기다움〔인〕을 상실하는 것이다. 인의 회복, 즉 평화적 공존을 위해 필요한 이념은 무엇인가? 그것은 바로 무성무물無誠無物이다.

3) 무성무물無誠無物과 인仁의 관계망

유학은 시중지도를 추구한다. 그러므로 인을 구현하기 위해서는 지금 여기에 대한 적확한 시대 인식이 매우 중요하다. 삶의 토대가 안정적이지 않다면 도덕성은 실현되기 어렵다. 맹자가 왕도정치의 토대로서 정전제井田制와 항산恒產을 강조한 것에서도 드러나듯이, 유학은 윤리와 도덕 실천의 현실적 기반을 중시한다. 내성외왕의 인간되기를 추구한 성리학이 잘못된 이념이라고 말하기는 어렵다. 그런데 근대적 격변기에 '내성외왕'과 존천리 알인욕을 배치하면 이념의 당위성을 주장하기에 앞서 우리는 많은 질문에 직면하게 된다. 도덕성이 실현할 만한 가치가 있고 삶에서 매우 중요한 요소이지만, 시대적 맥락에서 '시중時中'을 명확히 인식하고 대처하기란 쉽지 않다. 개항기의 성리학은 존리적 사유를 공고히 하여 성리학적 이념에 기반을 둔 사회제도와 도덕을 유지하고자 했다. 하지만 실제적 맥락인 '형', 즉 형이하적인 기반을 통찰하지 못했기 때문에, 도리어 형이상적인 이념은 형해화되고 현실적 기반은 무너졌다. 양화론과 양물금지책 등이 현실적인 대안이 될 수 없었던 근본적인 이유이다. 가시적인 양물은 존천리와 무관한 과학적 지식을 토양으로 한 것이며, 서로 다른 지식체계에 있었다. 그렇다면 충돌적 만남 이후 유학은 무엇을 성찰하고 근대와 어떻게 만나야 하는가? 유학적 이념은 시대적 문제에 대한 성찰 속에서 되물어져야 할 것이다.

'지금 여기'는 인간과 인간이 관계맺음을 하는 장이기도 하지만, 인간과 다른 존재자들과 상호작용이 이루어지는 시공간이기도 하다. 지금 여기는 언제나 변화하고 유동적이어서, 상황에 따라 관계맺음의 양상은 달라질 수밖에 없다. 본성이 선한 인간은 누구와 언제 어떤 관계에서 만나느냐에 따라 무엇을 어떻게 할 것인가를 판별하며, 그 상황에 적절한 행동을 취할 수 있다. 시대적 상황을 직시하지 못하고 초월적 보편 담론을 고집하거나 형이상학에 치중해서는 시중지도를 실현하기 어렵다. 지금 여기에서 가장 중요하게 물어야 할 핵심적인 관계가 무엇인지 포착하는 것이 중요하다. 우리는 과학기술 우위의 시대를 살고 있으며, 과학기술은 자본과 권력으로부터 자유롭지 않다. 여전히 자연을 통제와 지배 대상으로 보고 자원화하는 것을 강화하거나 다른 한편으로 기술을 통해 인간 자체를 향상시키고자 한다면, 오늘날 우리가 직면한 생존 위기를 극복하기 어렵다. 그 어느 때보다 과학과 기술의 영향력이 인간 자체를 변화시킬 만큼 강력하다면, 인간과 자연, 그리고 기계가 어떤 관계맺음을 해야 할 것인지 묻는 것 역시 중요하다. 유학은 인본주의를 근간으로 하지만, 그것이 인간과 만물, 주체와 타자를 이분화하여 이해하지 않고, 인간과 인간 · 인간과 자연 · 인간과 기술의 관계맺음이 어떠해야 하는지에 관해 의미 있는 해답을 제시할 수 있다. 인간을 둘러싼 다양한 환경이 인간 자체와 삶의 양식에 심원하고도 중대한 영향을 미치고 있지만, 이러한 관계맺음의 중심은 여전히 인간이다. 인간은 인간-인간, 인간-만물, 인간-기계의 관계맺음에 대해 주체적으로 사고하고 행동할 수 있는 주체로서, 관계망이 존재자들 사이의 공존과 평화에 기여할 수 있도록 해야 할 것이다.

인仁은 도덕적 관계성에 집중한다. 모든 존재자들 '사이'의 상호작용 관계에 주목하되, 특히 인간의 도덕적 주체성과 자율성을 중시한다. 도덕적 관계망〔인륜〕의 중심에 성선의 인간을 자리매김하고, 인간은 인을 구현하는 구심점이 된다. 도덕적 관계망을 『중용』에서는 '성誠'이라고 하였다. '참되지 않으면 물은 없다〔無誠無物〕'는 언명言明은, 과학기술이 삶을 도리어 황폐화하는 기술만능주의 시대에 문명다움 즉 이 시대의 바람직한 인간다움과 기술다움을 성찰할 수 있는 도덕성의 기반을 제공할 것이다.

> 성이란 천의 도이고, 성하고자 하는 것은 인의 도이다. 성이란 힘쓰지 않아도 맞게 되며 생각하지 않아도 터득되어 조용히 도에 맞으니, 성인의 경지이

다. 성하고자 한다는 것은 선을 택하여 이를 굳게 잡는 자의 일이다.[113)]

'바른 몸-사람다움〔誠身〕' 은 우리가 살고 있는 세상에 대한 이해와 인간이 마주하고 선 '참된 자연' 에 대한 인식과 불가분의 관계에 있기〔誠〕 때문에, 지금 우리 삶을 이루고 있는 지평에 대한 깊은 성찰을 필요로 한다. 바른 몸은 성誠하고자 함〔誠之〕을 통해 시중時中을 실현하는 주체로 거듭나, 물物과도 바른 관계맺음한다. 택선고집擇善固執의 진실무망眞實無妄한 성은 물의 차원에서는 연비어약으로 구현되고, 인간의 차원에서는 치중화하여 천지의 화육에 참여하는 것이 된다.

『중용』은 치중화의 중용적 삶이 다른 존재와 어떤 관계맺음을 통해 가능한지를 보여주었다. 지성至誠한 삶은 인욕의 사사로움〔無人欲之私〕이 없는 도덕성을 근간으로 하지만, 성誠은 인간의 도덕성에 국한된 것이 아니다. 무성무물無誠無物은 인간과 과학기술〔物〕을 관통하는 철학적 원리가 될 수 있다. 『중용』의 추뉴樞紐인 성誠의 자연한 실체가 천지의 도이고 인간적 실현〔誠之〕이 성인의 도〔人道〕이다.

성은 물의 종시이니, 참되지 않으면 물이 있을 수 없다. 이런 까닭으로 군자는 성을 귀히 여긴다.[114)]

무성무물不誠無物은 성誠이 천天·인人·물物의 근원적 본질임을 천명하고, 뭇 생명이 참된 자기 본래성〔仁〕을 구현해야 한다는 지향점을 제시하였다. 인간 차원에서 성하고자 함〔誠之〕이란 곧 성신誠身이니, 택선고

113) 『中庸』 20장: 誠者 天之道也, 誠之者 人之道也. 誠者 不勉而中 不思而得 從容中道, 聖人也, 誠之者 擇善而固執之者也

114) 『中庸』 25장: 誠者 物之終始 不誠無物. 是故君子誠之爲貴.

집擇善固執을 실천하는 것이다.[115] 선을 밝게 알지 못하면 인욕의 사사로움으로 인해 자신을 참되게 할 수 없기 때문이다. 그래서 주자는 성誠을 진실무망眞實無妄으로 이해했다.[116]

지성至誠한 경지는 성신誠身을 통해 가능하기 때문에 성신誠身의 몸은 단순히 물질적 육체로서의 신체일 수 없다. 성신誠身이란 선을 바로 인식하고 실천하는 것이므로, 몸은 참됨〔誠〕을 실천하는 구체적인 장場이다. 성誠의 차원에서 몸은 우주적 생명〔仁〕을 실현하는 장이기 때문에 살신성인殺身成仁은 중요한 덕목이 된다. 몸은 생물학적 차원의 생명이나 기계적 신체가 아니다. 몸을 단순히 물질적 감각적 차원에서 이해하지 않았기 때문에 만물일체지인萬物一體之仁을 추구할 수 있다.

성지誠之를 통해 인도人道를 실현한 지성至誠이란 도덕적 본래성을 회복한 인간의 본래 모습〔聖人〕이다. 그러므로 진성盡性이란 성인의 덕德이 실實함이며, 인욕의 사사로움이 없는 경지이다. 『중용』에서 성지誠之는 내면적으로는 참된 자아의식〔仁〕을 실현하는 것이며, 타인과 만물을 바르게 인식하고 참다운 관계맺음을 하는 것을 의미하였다.[117]

> 성誠이란 자신을 이루어줄 뿐만 아니라 물을 이루어준다. 자기를 이룸은 인이요, 남을 이룸은 지이다.[118]

---

115) 『孟子』 「離婁」 상: 誠身有道 不明乎善, 不誠其身矣. 是故誠者 天之道也, 思誠者 人之道也.

116) 『中庸』 20장 주자주: 誠者 眞實無妄之謂 天理之本然也. 誠之者 (중략) 人事之當然也.

117) 『中庸』 22장: 惟天下至誠 爲能盡其性 能盡其性則能盡人之性 能盡人之性則能盡物之性 能盡物之性則可以贊天地化育 可以贊天地化育則可以與天地化參矣.

118) 『中庸』 25장: 誠者 非自成己而已也 所以成物也. 成己仁也 成物知也.
『孟子』 「盡心」 상: 孟子曰 萬物皆備於我矣. 反身而誠 樂莫大焉.

성기成己는 자신의 생물학적 자아 즉 신체적 몸을 인식하는 차원을 넘어서 성지誠之를 통해 천인합일의 경지에 도달하는 것이다. 그러므로 인사와 만물은 주체와 객체로 대립하여 투쟁하는 관계가 아니라, 저마다의 성을 실현해 나가는 도덕적 생명력이 충만한 존재들이다.

그렇다면 지금 여기에서 '인간다움' 은 무엇이며 그것은 과학기술과 어떤 관계맺음을 통해 실현할 수 있는가에 대한 실제적인 모색이 요구된다. 무성무물無誠無物과 성신誠身에 근거한다면 몸은 물질적 연장이 아니며 인간은 몸에 고립된 개체적 존재가 아니다. 천지만물의 질서 즉 윤리적 질서를 내재한 몸은 도덕을 실현하는 구체적인 장場이다. 그러므로 몸에 관한 담론은 도덕적 본성을 구체적으로 어떻게 구현할 것인지, 인간과 물의 관계맺음 즉 과학기술을 삶의 맥락에서 제한할 수 있는지에 중점을 두어야 할 것이다. 지금까지 과학기술은 인간 외부의 '자연' 에 적용되었다면, 오늘날 우리는 인간 향상 기술을 인간 '내부' 에 적용함으로써 인간의 신체적 한계와 조건을 새롭게 디자인하려 하기 때문이다.[119] 인간 향상 기술은 자연과 인간이란 이분화가 무의미함을 보여주고 있는 셈이다. 더욱이 인간 향상 기술이 인간 존엄의 향상과 보다 나은 인간성 실현에 이바지하는지는 의문이다. 과학기술에 관련한 많은 문제는 근본적으로 인간의 욕망 및 지배욕과 직결되어 있다. 무엇을 위한 과학기술인지 그 윤

119) 인간 향상 기술이란 융합기술(GNR=유전학genetics, 나노 테크놀로지nanotechnology, 로봇공학robotics)을 통해 인간의 건강 수명을 늘리고 노화를 획기적으로 제거하며, 지적 능력과 신체적 능력을 확장하고, 정서적 상태를 통제할 수 있는 심리적 능력을 향상시키는 것을 말한다. 융합기술은 인간의 '삶과 능력' 을 개선할 뿐만 아니라 인간의 '자연조건 자체' 를 변화시키고자 한다. 즉 기술은 늙지도 죽지도 않은 인간을 만들 수 있다. 지금까지 진화과정에 예속되어 있다고 여겼던 인간은 이제 진화과정 자체에 개입할 수 있게 된 포스트휴먼 단계에 도달한 것이다. 포스트휴먼시대의 인간은 더 이상 자연(본성)에 의해 통제되지 않고 오히려 자연적 본성을 통제하게 된다. 이진우 『테크노인문학』 책세상 2013 참조.

리적 함의를 묻지 않는다면, 자본화된 물질적 몸에 관한 지나친 탐닉은 도리어 몸을 황폐화할 수 있다. 그러므로 몸다운 몸에 관한 모색이 필요하며, 바른 몸은 '사람다움〔仁〕' 에 근거할 때라야 참된 의미를 지닐 것이다. 성誠은 기술적 효율성을 주재主宰할 수 있는 '바른 몸-사람다운 사람' 과 '바른 기술' 에 관한 모색할 수 있는 도덕적 준거가 될 수 있다.

각득기소各得其所적 관계맺음에서 '관계망' 은 인간이 개별적 단독자가 아님을, 독립적으로 존재할 수 없음을 전제한다. 또한 성선性善이란 인간 본성은 인간과 비인간 전체의 관계맺음을 가능하게 하는 토대가 된다. 유학의 인한 관계망은 위계적 질서가 아니라 상호간의 도덕적 관계맺음에서 각 존재자들의 자율성을 중시한다. 오늘날의 인은 시중적 실제성과 도덕적 생명성에 주목한다. '인, 그리고 도와 덕이 무엇인가' 는 인간의 물음이다. 우리는 인간이 마땅히 해야 할 도리와 걸어가야 할 길이 무엇인지, 인간다움을 실현하기 위해 갖추어야 할 덕성은 무엇인지를 제대로 물어야 생존이 가능하다. 기술에 관한 철학적 담론 역시 인간은 누구이며 어떤 삶을 살 것인가에 대한 문제와 결이 다르지 않다. 시중적 실제성은 기술이 놓인 현실적 맥락을 보다 정치하게 탐색하고 그 상황에서 인간으로서 취해야 할 도덕적 선택을 하는 것을 의미한다. 도덕적 생명성은 모든 존재자의 생명적 존엄성을 존중하지만, 실제로 그것을 일률적으로 적용하여 살생 자체를 금지하는 방향으로 갈 수는 없다. 마찬가지로 인간 향상 기술 역시 그 목적과 방향을 물어야 한다. 21세기 '융합기술' 은 무한한 진보를 원하는 인류의 진화론적 도구가 되었다. 기술 · 기계가 삶을 전체적으로 주조할 뿐만 아니라 인간본성마저 되묻게 하고 있다. 특히 인간 향상 기술을 장악한 과학자와 기술자들은 인간 삶에 가장 직접적이고 막강한 영향력을 행사할 것이다. 따라서 우리는 누가 거기에 접근할 수 있는가? 접근의 공정성에 문제는 없는가? 누가 결정을 하는가? 강제성은 없는가? 어떤 방식으로 향상이 이루어지는가? 그러한 향상이 야기할 외부적 영향이나 결과는 무엇인가? 회복할 수 없는 나쁜 결과를 초래하지는 않는가? 등등의 질문을 하지 않을 수 없다.[120]

성신〔誠身, 修身〕과 연비어약은 지성至誠으로써 지선至善의 경지를 구현하고자 한다. 인간은 천지 화육을 돕는 자인데, 이것은 택선고집을 실천함으로써 가능하다. 사욕에 엄폐되지 않아 참되어야만 인한 인간이 된다. 인인仁人으로서 인간이 인간 자리에 제대로 있을 때 비로소 연비어약이 가능하다. 그러므로 무성무물이라고 하지 않을 수 없다. 연비어약은 인간의 자연에 대한 지배를 벗어나 인간과 비인간 사이의 참다운 관계맺음의 경지이다. 인륜의 관계망이란 인간과 인간, 인간과 비인간의 사이의 직분이다. 직분이 다르다는 것은 위계적 질서에 의거한 수직적 윤리를 의미하지 않는다. 즉 인간과 자연은 지배적 위치와 도구적 수단으로 마주하지 않는다. 이는 인간만이 윤리적 지위를 갖는다는 인간우월주의가 아니라, 기술을 관계맺음의 대상으로 인식한다는 것이다. 기술은 더 이상 인간의 단순한 통제 범위에 있지 않기 때문이다. 실제로 바이오, 나노, 정보기술 등에 기초한 과학기술은 근대적 인간중심주의의 경계를 허물고 있다. 현대 과학기술의 발전이 출현시키는 포스트-휴먼적 존재들은 인간과 비인간, 인간과 기계, 인간과 동물의 이분법적이고 위계적인 경계를 교란하고 있다는 점에서 근대 인간 중심적, 이성 중심적, 서구 중심적 휴머니즘의 경계를 실제로 무너뜨리고 있다.[121] 그러나 우리는 기술 발전을 저

120) 이화인문과학원 편 『인간과 포스트휴머니즘』 이화여자대학교출판부 2013 177쪽.

121) 이화인문과학원 엮음 『분열된 신체와 텍스트』 아카넷 2017 258-9쪽. 앙코마우스는 다국적 기업인 뒤퐁사가 만들어낸 인간 유방암 유전자를 이식한 실험용 쥐이다. 이 쥐는 스스로 움직이는 '동물' 로 분류되지만, 초국적 자본이 만들어낸 상품이기도 하다. 그리고 그것은 과학기술 실험실을 서식지로 하는 과학도구이다. 무엇보다 이 쥐는 세계에서 첫 번째로 특허를 받은 동물이다. 유기체와 기계, 자연과 인공이 상

지할 실질적인 방법은 찾는 것은 불가능해 보인다. 그렇다고 기술 발전을 전면 거부하거나 혹은 맹신하는 것 역시 올바른 선택이라고 보기 어렵다. 우리 삶이 기술 발전으로 향상되기도 하지만, 그에 따른 심각한 위협에 직면해 있는 것도 엄연한 현실이기 때문이다. '관계맺기' 는 인간이 타자와 자연을 지배하고 통제하는 방식과는 다르다. 그리고 인간과 비인간 즉 자연과 기술이 동등한 자리에 있다는 것을 의미하지도 않는다. 예를 들면 브뤼노 라투르가 『인간과 인간이 아닌 것의 집합체』에서 논하고 있듯이, 사람이 총으로 살인을 했을 경우 사람을 죽인 것은 단순히 사람이거나 총이 아니다. 살인이나 무장 공격을 하게 되는 역학에 책임이 있는 것은 그 둘 사이의 교집합이다. 물론 우리는 총을 처벌하는 것이 가능하다고 보지 않으며, 총에 책임을 묻는 것이 범죄에 대한 책임을 경감시킨다고 생각하지도 않는다. 그렇지만 우리는 여전히 "우리는 인공물을 도덕적 행위자로 간주할 수 있는가?"라는 질문에 직면한다. 라투르는 계몽주의 휴머니즘을 극복하려는 기획에 직면하여 다음과 같은 질문을 던진다. "기술에 대해 도덕성의 그것과 동등한 존엄성을 부여하고, 그 결과 더 이상 도구 대 도구의 관계가 아닌 어떤 관계를 수립하기 위해 우리는 무엇을 할 수 있는가?" 이에 대한 생산적인 답변이 이원론의 전통을 대체할 인간에 대한 재정의를 비로소 가능하게 할 것이다.[122] 상호주체성을 강조하는 것이 기술이나 인공물에게 인간과 동일한 도덕적 책임을 부과한다는 것을 의미

호교차하고 함께 작동하는 현실을 드러낸다. 그리고 이 현실 위에는 첨단 과학기술의 욕망, 신자유주의 질서 내의 초국적 자본의 논리, 거기에 개입하는 국가 정책, 국제적 규제, 인류의 건강이라는 거대한 목표, 동물의 생명권과 같은 윤리적 문제 등이 교차한다. 상품이면서 생명이고, 인공적이고 기술적인 조작의 산물이면서 자기 삶을 가지고 있는, 순수하지도 단순하지도 않은 이 존재자는 오늘날의 포스트휴먼 세계를 묘사한다.

122) 이화인문과학원 편 『인간과 포스트휴머니즘』 이화여자대학교출판부 2013 36-8쪽.

하지는 않는다. 상호작용이 관계망 속에 있다면 인간의 본질과 도덕성에 대한 집중은 더욱 강화될 수밖에 없을 것이다. 살인을 저지른 총에 도덕적·법적 책임을 물을 수 없다고 생각한다면, 이는 명확하다.

유학은 '지금 여기' 에 대한 통찰을 통해 시중의 길을 묻는다. 관계망이 일방적일 수 없다면 인간의 '어떻게 살 것인가' 는, 곧 자연과 기술처럼 관계망 안에 놓인 존재자들과 어떤 관계를 맺어야 할 것인가와 깊이 연관되어 있는 문제이다. 또한 어떤 관계를 맺을 것인지는 궁극적으로 인간이 물을 수밖에 없지만, 인간만의 일방적이 물음일 수 없다. 즉 이분법적 인간중심주의로 회귀하지 않는다는 의미이다.

현대 기술은 한 개의 기계가 아닌 거대한 시스템을 구축한 '거대과학' 이고, 그 안에서 다양한 집단이 과정에 따라 여러 결정이 이루어지고 있다. 이러한 거대한 기술 체계가 우리의 삶을 변화시키는 영향력이 막대하다. 기술이 사회적 맥락에 놓여 있다면 기술이 던지는 물음 역시 중요한 인간의 물음이어야 할 것이다. 기술 자체가 인간처럼 사유하고 행위를 하는 것은 아니며, 기술을 개발하고 사용하는 것은 인간의 영역이기 때문이다. 인공지능·몸의 자본주의화 등은 이미 만들어졌고, 그 급속한 발전을 막을 현실적 방법도 없어 보인다. 하지만 기술 발전을 통해 이루려고 하는 세상이 무엇인지 물을 수는 있다. 언제 어디서든 인간다운 삶, 공존과 생존 평화 등은 보편적 가치가 있다고 생각한다. 그렇다면 질문은 '기술 우위의 시대에 어떻게 그것을 실현할 것인가?' 가 될 것이다.

명증한 해답을 제시할 수는 없지만 한 가지 분명한 것은, 기술에 대한 윤리적·사회적·환경적 영향들에 대해 다각적인 검토와 무분별한 기술 발전이 보편적 가치에 위배된다면, 특정 기술에 대한 적절한 통제가 필요하다는 것이다. 랭던 위너는 누구나 동의할 수 있는 기술의 발전에 한계를 설정할 기준들, 만약 그 기술의 사용이 대중의 건강과 안전을 위협, 매우 중요한 자원을 고갈시킴, 환경(공기 땅 물)의 질을 떨어뜨림, 보존되어야 할 자연종이나 미개지를 위협, 과도한 사회적 스트레스와 긴장을 유발하는 등의 경우에는 마땅히 제한하여야 한다는 경우를 제시하였다.[123] 그러나 이러한 제한 조건들이 실제로 실현되고 있다고 할 수 없는 것이 현실이다. 여전히 기술 발달에 힘입어 권력과 경제적 이득을 얻는 집단들의 결정과 영향력이 막강하다. 이런 상황에서도 분명한 것은 경제적 풍요로움을 포기할 수 없는 인간의 욕망보다, 어떻게 지구와 인류의 공존과 평화를 유지할 것인지야말로 인류가 고민해야 할 중대한 문제라는 점이다. 그런 차원에서 과학기술의 자리를, 과학자의 사회적 책무를, 그리고 인간이 무엇을 해야 할 것인지를 고민하지 않을 수 없는 시대, '인류세' 이다.

과학적 탐구만이 참이라는 사유 역시 반성적 물음의 대상이다. 근대 이후 과학적 지식만이 참이라고 여겼지만, 인간 행위의 당위성은 과학적 지식에 의존하지 않는다. 보다 적극적으로 말하자면 과학적 지식은 무엇이 올바른 행위인지, 무엇을 해야 하는지를 모두 말해주지 않는다. 랭던 위너는 "어떤 형태의 기술이 우리가 만들기 원하는 형태의 사회와 양립할 수 있을 것인가?" 라고 물어야 한다고 한다. 이에 관한 답은 생산성, 효율성, 경제적인 성장에 대한 논의만으로는 부족하다.[124] 기술 발전 양식이 집중화, 거대화, 위계적 권위 등으로 견고하지만, 우리는 자유 · 사회정의 · 공공선 그리고 다른 중요한 정치적 목적들과 양립할 수 있는 기술적 체제들을 상상하려 애써야 하고 그것들을 만들어낼 방법을 찾아야 한다. 주어진 기술에서 제시되는 가능성들이 허락하는 한, 그 기술의 하드웨어의 측면이나 사회적 구성요소라는 측면에서 우리가 바라는 사회의 모습에 맞아 들어갈 수 있도록 설계되어야 한다.[125]

123) 랭던 위너 저 손화철 역 『길을 묻는 테크놀로지』 씨아이알 2010 75쪽.
124) 랭던 위너 저 손화철 역 『길을 묻는 테크놀로지』 씨아이알 2010 77-9쪽 참조.

기술 산업의 성장으로 인간이 능력을 행사하는 입지에 서게 되었다는 사실을 부인할 수 없다. 일각에서는 우리가 이런 위치를 차지했다는 것을 믿으려 하지 않는다. 그러나 문제는 더 이상 우리가 이런 역할을 받아들일 것인지 여부가 아니다. '그 역할을 어떻게 행사할 것인가' 가 문제이다.[126)]

과학기술의 영향이 막강하지만, 그 과학기술의 자리와 역할을 물을 수 있는 것은 인간이다. 그것이 인류세시대 인류의 역할이다. 유학은 인간의 자율적 도덕성에 기반을 둔 인의 관계망을 구현함으로써 만물이 모두 인한 본성을 구현하는 것〔만물일체지인〕을 회복하고자 한다. 이성중심주의에 대한 비판적 성찰로서 객체이나 물질성을 강조하면 이성주의에 대한 비판적 성찰은 가능하나, 인류세시대의 핵심인 '인간의 자리와 역할' 에 관한 물음이 상대적으로 간과될 위험이 있다. 타자와 자연에 대한 지배와 통제의 방식으로 인간의 자리를 구획하지 않고, 성신을 통한 연비어약의 지선을 지향하는 것이 인간의 책무에 대한 하나의 성찰일 수 있다.

125) 랭던 위너 저 손화철 역 『길을 묻는 테크놀로지』 씨아이알 2010 81-2쪽.

126) 클리이빈 해밀턴 정서진 옮김 『인류세』 이상북스 2018 80쪽.

참고 문헌

『周易』『孟子』『孟子集註』『大學』『中庸』『大學或問』『性理大全』『朱子大全』
『朱熹集』『朱文公文集』『朱子語類』『傳習錄』『明儒學案』『退溪先生文集』
『退溪集』『栗谷全書』『華西先生文集』『華西雅言』『重菴先生文集』『毅庵集』
『儒學經緯』『申箕善全集』『兪吉濬全書』『朴殷植全書』

《漢城旬報》《漢城週報》《독립신문》《매일신문》『대한매일신보』

『大朝鮮獨立協會會報』『太極學報』『少年韓半島』『大東學會月報』『大韓自彊會月報』
『大韓協會會報』『大韓學會月報』『大韓留學生學報』『畿湖興學會月報』
『西北學會月報』『大東學會月報』『西友』『湖南學會月報』『青春』

권용선『이성은 신화다, 계몽의 변증법』그린비 2003
김근배『한국 근대 과학기술인력의 출현』문학과지성사 2005
노대환『문명』소화 2010
닐 포스트먼 지음 김균 옮김『테크노폴리』궁리 2005
다니엘 R. 헤드릭 지음 김영태 옮김『테크놀로지』다른세상 2016
레이 커즈와일 저, 김명남 · 장시형 역『특이점이 온다』김영사 2007
랭던 위너 저 손화철 역『길을 묻는 테크놀로지』씨아이알 2010
리하르트 반 뒬멘『개인의 발견』현실문화연구 2007
마루야마 마사오 · 가코슈이치 저 임성모 옮김『번역과 일본의 근대』이산 2003
마이클 에이더스 지음 김동광 옮김『기계, 인간의 척도가 되다』산처럼 2002
몸문화연구소 지음『인류세와 에코바디』필로소픽 2019
溝口雄三 외 편저, 김석근 외 옮김『중국사상문화사전』민족문화문고 2003
미조구치 유조『중국의 공과 사』신서원 2004
박성래『중국과학의 사상』전파과학사 1993
박영태 외『과학철학』창비 2011
박정심『한국근대사상사』천년의 상상 2016
박정심『박은식: '양지' 로 근대를 꿰뚫다』학고방 2021
손화철『랭던 위너』커뮤니케이션북스 2016
손화철『미래와 만날 준비』책숲 2021

사이토 고헤이 지음 김영현 옮김 『지속불가능 자본주의』 다다서재 2021
신상규 외 『포스트휴먼이 몰려온다』 아카넷 2021
알프레트 노르트만 지음 조창오 옮김 『기술철학 입문』 서광사 2021
어니스트 볼크먼 지음 석기용 옮김 『전쟁과 과학, 그 야합의 역사』 이마고 2003
외르크 피쉬 『코젤렉의 개념사사전 1 - 문명과 문화』 푸른역사 2010
李光洙 『新生活論』 박문서관 1925
이매뉴얼 월러스틴 『유럽적 보편주의』 창비 2008
이상욱 외 『욕망하는 테크놀로지』 동아시아 2011
이상익 『주자학의 길』 심산 2007
이진경 『근대적 시 · 공간의 탄생』 그린비 2010
이진우 『테크노인문학』 책세상 2013
이화인문과학원 편 『인간과 포스트휴머니즘』 이화여자대학교출판부 2013
이화인문과학원 엮음 『분열된 신체와 텍스트』 아카넷 2017
쩌우전환鄒振環 지음 한성구 옮김 『번역과 중국의 근대』 궁리 2021
蔡仁厚 『왕양명 철학』 서광사 1996
최규진 엮음 『근대를 보는 창 20』 서해문집 2007
클리이빈 해밀턴 정서진 옮김 『인류세』 이상북스 2018
프랜시스 베이컨 지음 진석용 옮김 『신기관』 한길사 2007
한림과학원 편 『한국근대 신어사전』「新語事典」 선인 2010
황오덕 이상현 편 『한국어의 근대와 이중어사전』 제1권 박문사 2012
황종원 외 『한국에 영향을 미친 중국 근대지식과 사상』 도서출판 경진 2019
휘트로 저 이종인 역 『시간의 문화사』 영림카디널 1998

임종태 『17 · 18세기 서양 지리학에 대한 조선 · 중국 學人들의 해석』 서울대 박사학위 논문 2003

강미정 김경남 「근대 계몽기 한국에서의 중국 번역 서학서 수용 양상과 의의」 『동악어문학』 제71집 2017
구희진 「한말 근대개혁의 추진과 '格物致知' 인식의 변화」 『歷史教育』 제114집 2010
김선희 「격물궁리학, 격치지학, 격치학 그리고 과학」 『개념과 소통』 17호 2016
김성근 「동아시아 근현대 물리학 용어의 성립」 『동서철학연구』 제85호 2017
김성환 「테크놀로지 시대의 동도서기론」 『창작과 비평』 2001 봄호 111집
김주성 「김옥균 · 박영효의 자유주의 정신」 『정치사상연구』 제2집 2000
나인호 「'문명' 과 '문화' 개념으로 본 유럽인의 자기 인식」 『역사문제연구』 10집 2003
문석윤 「퇴계에서 理發과 理動, 理到의 의미에 대하여」 『퇴계학보』 제110집 2001

박정심 「신기선의 『유학경위』를 통해 본 동도서기론의 사상적 특징 1」 『역사와 현실』 60호 2006
박정심 「개항기 격물치지학(science)에 관한 연구」 『한국철학논집』 2010
박정심 「자강기 신구학론의 '구학〔유학〕' 인식에 관한 연구」 『동양철학연구』 2011
박정심 「자강기 신구학론의 新學과 格物致知學에 관한 연구」 『동양철학연구』 2011
박정심 「근대문명과 세계 인식의 전환에 관한 연구」 『한국철학논집』 제34집 2012
박정심 「자강기 신구학체용론의 논리구조에 대한 비평적 연구」 『동양철학연구』 71집 2012
박정심 「근대적 몸〔신체〕의 발견: 修身에서 體育으로」 『한국철학논집』 36집 2013
박정심 「자강기 신구학체용론의 문명론과 주체인식에 관한 연구」 『동양철학연구』 73집 2013
白昇鉉 「17세기 지식혁명과 근대정치학의 인식론적 변환의 토대」 『시민정치학회보』 6권 2003
안대옥 「格物窮理에서 '科學'으로: 晩明 西學受容 이후 科學 概念의 變遷」 『儒教文化研究』 19집 2011
양일모 「번역과 개념으로 본 중국의 근대성」 『동양철학』 제33집 2010
이광린 「《한성순보》와 《한성주보》에 대한 일고찰」 『역사학보』 제38집 1968
이광린 「구한말 신학과 구학의 논쟁」 『동방학지』 제23·24합집 1980
이면우 「근대교육기(1876~1910) 학회지를 통한 과학교육의 전개」 『한국지구과학회지』 22집 2001
이상익 「華西 李恒老의 主理論과 退溪學」 『퇴계학보』 제117집 2005
이원준 「서세동점과 주자학적 格物窮理」 『율곡학 연구』 제47집 2022
이종흡 「근대과학의 성차별성, 계급차별성, 국가중심성에 대한 비판의 초점으로서의 프랜시스 베이컨」 『대구사학』 86집 2007
이진우 「인간과 기계의 융합 – 휴머니즘, 포스트휴머니즘, 그리고 트랜스휴머니즘」 『과학기술의 발전과 철학』 한국철학회 60주년 기념 춘계학술대회 발표문 2013
임종태 「도리의 형이상학과 형기의 기술」 『한국과학사회학회지』 제21권 제1호 1999
鄭大澈 「漢城旬報·週報의 開化方向에 관한 考察」 『韓國學論集』 제5집 1894
정진석 「서재필의 글에 나타난 실용적 사상」 『현상과 인식』 제20집 1996
주광호 「朱子의 격물공부 – 대상에 대한 해석학적 관심」 『東洋哲學』 제51집 2019
주진오 「1898년 독립협회 운동의 주도세력과 지지기반」 『역사와 현실』 제15집 1995
최인숙 「칸트와 데카르트에서 정신과 물질의 관계」 『칸트연구』 제16집 2005
한미라·이대화 「1930년대 『科學館報』에 나타난 '과학 기술'의 표상과 특징」 『문화와 융합』 제55집 2018
한성구 「중국 근대 "格致學"의 變遷과 中西 格致學 비교」 『한국철학논집』 제18집 2006

함동주「일본제국의 한국지배와 근대적 한국상의 창출」『日本歷史硏究』 제25집 2007
허재영「근대 중국과 한국에서의 '格致' 개념 형성과 변화과정」『한중인문학연구』 제71집 2021

찾아보기

〔지은이 소개〕

박정심

성균관대학교에서 한국철학을 전공하였으며, 「백암 박은식의 철학사상에 관한 연구」로 박사학위를 받았다. 현재 부산대학교 철학과에 재직 중이며, 한국 근대사상과 유학을 주로 연구해왔다. 근래에는 '근대' 에 중점을 두되 전근대와 근대 이후로 연구의 지평을 넓혀, 지금 여기에 살고 있는 한국인의 삶을 이해하고 성찰할 수 있는 철학을 고민하고 있다.

주요 저서로는 『한국근대사상사』(천년의 상상, 2016) 『단재 신채호- 조선의 아비아와 마주서다』(문사철, 2019 세종우수학술도서) 『박은식: '양지' 로 근대를 꿰뚫다』(학고방, 2021 세종우수학술도서)가 있다. 『한국철학사: 16주제로 읽는 한국철학』(새문사, 2009) 『한국철학사상사』(심산, 2003) 『한국실학사상사』(심산, 2008) 『동아시아 개념연구 기초문헌 해제 Ⅲ』(선인, 2015) 『동아시아지식학의 세계를 열다』(부산대학교 출판문화원, 2021) 『해체와 연속, 근현대 한국의 유학사상』(블루앤노트, 2023) 등의 공저와, 『역주 호락논쟁 1』(학고방, 2009) 『역주 호락논쟁 2』(학고방, 2009) 등의 역서 및 다수의 논문이 있다.

격물치지학, 성리학을 해체하다

초판 1쇄 발행일 2025년 01월 31일

지은이 | 박정심
발행인 | 최원필
발행처 | 심산출판사
주 소 | 서울시 은평구 불광로 13가길 18, 101호
전 화 | 02-357-0633
팩시밀리 | 02-357-0631
E-mail | simsan21c@hanmail.net
등록번호 | 제1-2114호(1996년 11월 28일)

ISBN 978-89-94844-84-8 93150

* 책값은 뒤표지에 표시되어 있습니다.